最新

社会保険審査会
裁決事例集

健康保険編

H&P 健康と年金出版社

は し が き

　我が国の法律では、国や地方公共団体が行う「処分」に対し、不服を申し立てる制度が整備されています。多くの分野では行政不服審査法に規定する行政不服審査制度に基づいて行われますが、社会保険など専門的な分野は特別に規定された制度によって行われます。それが社会保険審査官による審査請求と、社会保険審査会による(再)審査請求です。

　社会保険においては、行政の「処分」の取り消しを求める訴訟は、原則として社会保険審査官による審査請求を経たあとでなければ提起することができません。そういう意味では、こうした審査請求の決定および裁決は社会保険における「判例」のようなものといってもいいでしょう。しかし、法律の分野の判例と違い、社会保険の審査請求の決定および裁決は必ずしも誰もが閲覧しやすいように公開されているとはいえない状況です。かつては、社団法人全国社会保険協会連合会が「社会保険審査会裁決集」を定期的に刊行していましたが、平成14年版を最後に刊行されていないようです。

　直近の裁決については厚生労働省のWebサイトで閲覧することができ、下記の件数がPDFファイルで公開されています(令和5年2月現在　単位：件)。

	健康保険	厚生年金保険	健保・厚年共通	船員保険	国民年金	計
過去の裁決例(平成21年～平成24年)	16	72	9	3	28	128
平成26年	27	90	6	0	39	162
平成27年	14	56	1	0	30	101
平成28年～平成29年	17	45	7	0	13	82
平成30年～令和元年	7	12	3	2	9	33

　また、国立国会図書館デジタルコレクションでは平成26年(162件)と平成27年(101件)の閲覧が可能です。

　「社会保険審査会　年度別(再)審査請求受付・裁決件数等の推移」(P.7)をみると、毎年度1,000件以上の裁決が行われており、公開されているのはそのほんの一部にすぎないことがわかります。また、公開の方法や時期、年度などに法則があるわけではないようなので、現在公開されている裁決文が取り下げられ、いつ閲覧できなくなるかもわかりません。

　本書は令和5年2月現在で公開されている裁決のうち、健康保険関連のものを中心に取り上げ、編集したものです。裁決文は必ずしも読みやすいものではないので、収録したすべての裁決について、読みやすいよう概要をまとめました。

本書は4部からなっています。「社会保険審査会による再審査と裁決」では社会保険審査制度の概要を解説、「裁決事例」ではWebサイトで公開されている裁決文を底本とし、健康保険の裁決91事例を網羅しました。そのうち34事例には裁決文と概要、それに簡単な解説や周辺情報を取り上げたポイントを付け、関連する法律や通知を適宜掲載しています。57事例は基本的に概要のみで、必要に応じてポイントや裁決文からの引用を掲載しています。「裁決文からみた定義事例」では、本書で取り上げた裁決事例のなかから、労務不能や社会的治癒などといった健康保険にかかわる事項が、裁決のなかでどのように言及されているかを抜き出してまとめました。これらは当該裁決のなかでの定義とはいえ、社会保険審査会の見解ととらえることができるものと考えます。最後に、関連法律と主な通知をまとめました。

現在、厚生労働省のWebサイトで公開されている裁決は、健康保険81事例、健康保険・厚生年金保険共通26事例となっており、そこから、健康保険は79事例（船員保険の2例を除いています）、健康保険・厚生年金保険共通から12事例を掲載しています。健康保険・厚生年金保険共通において、26事例中12事例というのは少なく感じるかもしれませんが、収録しなかった事例は判例として他のケースに適用しにくいと判断し、割愛しました。

概要、ポイントともに、弊社編集部の裁決文解釈によって構成しています。公開されている裁決文では組織や日付などが伏字になっているため、事件の経過・推移が読み取れないこともあり、そうしたところは推測や省略するなどして構成しています。誤解や間違いは弊社編集部の責となるものです。解釈違いなど、ご指摘いただければ幸いです。

本書の読者は健康保険の実務に携わる方や健康保険の知識のある方を想定していますので、健康保険に関する用語については改めて解説をしていません。

裁決文は字下げや見出しなどを読みやすいように改変するとともに、明らかな誤植と思われるものは訂正してあります。

なお、事例の概要において、保険者の処分は基本的に健保組合の理事長、全国健康保険協会○○支部長など、組織の長の名で出されていますが、「長」を省略したり、「原処分」を「処分」としたりするなどして、ところどころ表現を簡略化しながら話を進めています。ご了承ください。

令和5年2月　健康と年金出版社編集部

目　次

関連法と主な通知 ——————————————————————— 199

社会保険審査会による
再審査と裁決

行政不服審査法による不服申立てと審査請求

　国や地方公共団体は、法律に基づく「処分」という形で多くの行政事務を行っています。ここでいう「処分」とは、法令に基づいて行政に認められた権限を、国や地方公共団体が国民や住民などに対して行使することです。例えば、下記などはそうした「処分」に当てはまります。

- 営業許可などの許認可やその取消し
- 改善命令など特定の作為・不作為を命ずる命令
- 人や物を強制的に収容・留置する行為

　これらの処分は法令に基づいて行われますが、その処分に納得できない場合もあります。そうしたときに不服申立てをすることができるのが「行政不服審査制度」です。

　このような場合の権利の救済手段として裁判制度がありますが、これは手続きが煩雑で、長期にわたったり、多額の費用を要したりするなど、気軽に利用できるものではありません。そこで、より簡易迅速に権利の救済を図るため、行政不服審査制度が設けられています。行政不服審査制度は、不服申立てを書面で行うことができる、裁判よりも短い期間で結論を得ることができる、手続に費用がかからないなど、裁判制度よりも利用しやすいものとなっています。

　行政不服審査制度は「行政不服審査法」（平成26年法律第68号）で定められ、行政庁の違法または不当な処分に関し、国民が簡易迅速かつ公正な手続の下で広く行政庁に対する不服申立てをすることができるための制度で、国民の権利利益の救済を図るとともに、行政の適正な運営を確保することを目的としています。

　例えば、飲食店の営業許可を申請したところ、許可の要件を満たしたつもりなのに不許可となった場合、これについて不服があるときは、飲食店の営業許可は保健所長等が行うため、保健所を設置する都道府県の知事等に対して審査請求をすることができます。

　審査請求は下記のような段階になっており、審理終了後、裁決が決定します。

●審査の流れ

①審査請求	審査請求の趣旨・理由などを記載した「審査請求書」を作成し、期限内に審査を行う行政機関（審査庁）宛てに提出
②形式審査	審査庁が審査請求書に必要な記載事項が記されているかどうかなどを審査
③審理員の指名	審査庁が審査庁の職員から個別の審理を行う「審理員」を指名。審理員は審査対象となっている処分に関係していない者が指名される。委員会や審議会が審査庁である場合など、審理員が指名されない場合もある
④審理手続	審理員が行い、審査請求人や処分庁からそれぞれの主張や証拠などの提出を求めることがある。審査請求人は自ら証拠を提出したり、口頭で意見を述べたりすることができる
⑤審理員意見書	審理手続の結果を踏まえた審理員の意見を審査庁に提出
⑥諮問・答申	審理員の意見を踏まえ第三者機関に諮問し、第三者機関は第三者の立場から審査庁の判断の妥当性をチェックし、その結果を答申
⑦裁決	審査庁は第三者機関の答申を踏まえて審査請求の裁決を行う

裁決には次の3つがあります。

却下	審査請求の要件を満たしていないなど適法でない場合
棄却	審査請求に理由がない場合（行政庁の処分に違法または不当な点がない場合）
容認※	審査請求に理由がある場合（行政庁の処分に違法または不当な点がある場合）

※行政不服審査法では「認容」となっていますが、社会保険審査会の場合は「審査官は、審理を終えたときは、遅滞なく、審査請求の全部又は一部を容認し、又は棄却する決定をしなければならない」（社会保険審査官及び社会保険審査会法第13条）と、「容認」となっています。本書では以後、「容認」で統一します。

　仮に、行政庁の処分が違法または不当であっても、その処分を取消しまたは撤廃すると公共の利益が著しく損なわれる場合、審査庁は「棄却」することができますが、その際、裁決の主文で、対象となった処分が違法または不当であることを宣言しなければなりません。

　裁決の内容に不服がある場合、審査請求人は裁判に訴えることができます。また、特に法律で定められた場合には、特定の行政庁に対して再審査請求をすることもできます。

社会保険における不服申立てと審査請求

　社会保険における不服申立ては、行政不服審査法による行政不服審査制度ではなく、特別に社会保険のための審査請求制度が設けられているため、それによって行われます。

　特別な審査請求制度にはこのほか、労働基準監督署長の労災保険給付決定に不服があるときに行える労働者災害補償保険審査官への審査請求（審査官の決定に不服がある場合は労働保険審査会に対して再審査請求が可能）や、税務署長の課税処分や差押えなどの滞納処分に不服があるときに行える国税不服審判所長に対する審査請求などがあります。

　なお、行政に対する不服について、申立てをせずにいきなり処分取り消しの訴訟を提起することもできます。行政事件訴訟法では次のように定められています。

　第8条　処分の取消しの訴えは、当該処分につき法令の規定により審査請求をすることができる場合においても、直ちに提起することを妨げない。ただし、法律に当該処分についての審査請求に対する裁決を経た後でなければ処分の取消しの訴えを提起することができない旨の定めがあるときは、この限りでない。

　2　前項ただし書の場合においても、次の各号の一に該当するときは、裁決を経ないで、処分の取消しの訴えを提起することができる。

　一　審査請求があった日から三箇月を経過しても裁決がないとき。

　二　処分、処分の執行又は手続の続行により生ずる著しい損害を避けるため緊急の必要があるとき。

三　その他裁決を経ないことにつき正当な理由があるとき。

　社会保険においては「審査請求に対する裁決を経た後でなければ処分の取消しの訴えを提起することができない旨の定め」があるため、審査請求を経ないでいきなり取消訴訟を提起することはできません（行政事件訴訟法第8条第2項の一〜三の場合を除く）。これを審査請求前置主義と言います。

　社会保険のための審査請求制度は「被保険者の資格、標準報酬又は保険給付に関する処分に不服がある者は、社会保険審査官に対して審査請求をし、その決定に不服がある者は、社会保険審査会に対して再審査請求をすることができる」（健康保険法第189条）と規定され、社会保険審査官に対する審査請求と、社会保険審査会に対する再審査請求の2審制となっています。

　被保険者の資格、標準報酬または保険給付に関する処分を取り消すための訴訟は、審査請求に対する社会保険審査官の決定を経た後でなければ提起することができません（健康保険法第192条）。

　なお、社会保険審査官が行うのは「決定」で、社会保険審査会が行うのは「裁決」という違いがあります。

　審査請求に関する詳細は「社会保険審査官及び社会保険審査会法」（昭和28年法律第206号。以下、「社審法」）に定められています。

社会保険審査官に対する審査請求

　社会保険審査官は審査請求の事件を取り扱うため各地方厚生局（地方厚生支局を含む）に置かれ（社審法第1条）、審査官は厚生労働省の職員のうちから厚生労働大臣が任命します（社審法第2条）。各事件を担当する社会保険審査官は、審査請求に係る処分に関与した者や、審査請求人、審査請求人の配偶者、4親等内の親族または同居の親族、審査請求人の代理人や後見人、保険者以外の利害関係人ではなることができません（社審法第3条第2項）。

　社会保険審査官に対しては、保険者の行った①被保険者の資格に関する処分、②標準報酬月額および標準賞与額に関する処分、③保険給付に関する処分について審査請求を行うことができます（健康保険法第189条）。審査請求をした日から2ヵ月以内に決定がないときは、社会保険審査官が審査請求を棄却したものとみなすことができ（健康保険法第189条2項）、社会保険審査会に再審査請求ができます。審査請求は代理人によって行うことも可能です（社審法第5条の2）。

　審査請求は、処分があったことを知った日の翌日から起算して3ヵ月以内に行う必要がありますが、正当な事由によりこの期間内に審査請求をすることができなかったことを疎明したときはこの限りではありません（社審法第4条）。また、被保険者資格、標準報酬または標準給与に関する処分に対する審査請求は、原処分があった日の翌日から起算して2年を経過したときはすることができません（同条2項）。請求人は、決定があるまではいつでも審査請求を取り下げることができます（社審法第12条の2）。

　審査請求がされたとき原処分をした保険者やその他の利害関係人に通知され（社審法第9条）、通

知を受けた人は審査官に対し事件についての意見を述べることができるとともに(同条2項)、証拠となるべき文書その他の物件を提出することができます(社審法第10条の3)。また、審理を行うために必要があるとき、社会保険審査官は審査請求人や参考人の出頭を求めて意見をきくことや、文書の提出を命じること、鑑定人に鑑定させること、事件に関係のある事業所その他の場所に立ち入って事業主や従業員その他の関係人に質問し、帳簿、書類その他の物件を検査することなどが職権でできます(社審法第11条)。なお、請求人や保険者、その他の利害関係人が正当な理由がなく出頭、陳述、報告をしなかったり、虚偽の陳述や報告をしたりした場合や、検査を拒んだり、妨げたりした場合は、社会保険審査官は審査請求を棄却するか、その意見を採用しないことができます(社審法第11条第5項)。

　審査請求をしても原処分の執行は停止されませんが、緊急の必要があると認めるときは、審査官は職権でその執行を停止することができます(社審法第10条)。

　審理終了後、社会保険審査官は審査請求の全部または一部を容認するか、棄却する決定を行い(社審法第13条)、「主文、事案の概要、審査請求人や保険者等の主張の要旨、理由」を記載した決定書を作成します(社審法第14条)。決定は請求人に決定書の謄本が送達されたときにその効力を生じ(社審法第15条)、通知を受けた保険者その他の利害関係人を拘束します(社審法第16条)。

社会保険審査会に対する(再)審査請求

　社会保険審査官の決定に対し不服があるときは社会保険審査会に対して審査を請求できます(再審査請求)。また、保険料その他の徴収金の賦課、もしくは徴収の処分または滞納処分については、社会保険審査官に対する審査請求ではなく、社会保険審査会に審査請求をすることになります。つまり、保険料その他の徴収金の賦課、もしくは徴収の処分または滞納処分については社会保険審査会のみの1審制であり、また、審査請求をせずにいきなり訴訟を提起することも可能です。

　社会保険審査会は再審査請求と保険料その他の徴収金の賦課等の事件を取り扱うために厚生労働大臣の所轄の下に設置され(社審法第19条)、委員長および委員5人をもって組織されます(社審法第21条)。委員長と委員は、人格が高潔であって社会保障に関する識見を有し、かつ、法律または社会保険に関する学識経験を有する者のうちから両議院の同意を得て、厚生労働大臣が任命します(社審法第22条)。任期は3年ですが再任が可能で(社審法第23条)、破産手続開始の決定を受けたときや禁錮以上の刑に処せられたとき、心身の故障のため職務の執行ができないと認められたとき、職務上の義務違反その他委員長もしくは委員たるに適しない非行があると認められたときを除いて罷免することはできません(社審法第24条)。社会保険審査会は委員長および委員のうちから社会保険審査会が指名する3人で構成する合議体によって再審査請求または審査請求の事件を取り扱います(社審法第27条)。

また、厚生労働大臣は、健康保険、船員保険および厚生年金保険ごとに被保険者の利益を代表する者および事業主の利益を代表する者各2名を関係団体の推薦により指名するとともに、国民年金の被保険者および受給権者の利益を代表する者4名を指名します(社審法第30条。以下、「参与」)。

　再審査請求は、社会保険審査官の決定書の謄本が送付された日の翌日から起算して2ヵ月以内に行う必要がありますが、正当な事由によりこの期間内に審査請求をすることができなかったことを疎明したときはこの限りではありません(社審法32条)。なお、保険料その他の徴収金の賦課、もしくは徴収の処分または滞納処分についての審査請求は、当該処分があったことを知った日の翌日から起算して3ヵ月以内に行う必要があります(同条2項)。

　再審査請求または審査請求がされたときは、原処分をした保険者と参与に通知されます(社審法第33条)。

　再審査請求または審査請求をしても原処分の執行は停止されませんが、緊急の必要があると認めるときは、審査会は職権でその執行を停止することができます(社審法第35条)。

　社会保険審査会は必要があると認めるとき、申立てまたは職権によって、利害関係のある第三者を当事者として再審査請求または審査請求の手続に参加させることができますが(社審法第34条)、代理人による参加も可能です(同条3項)。審理は公開制ですが、当事者の申立があったときは公開しないことができます(社審法第37条)。また、社会保険審査会の合議は公開されません(社審法第42条)。

　当事者またはその代理人は審理で意見を述べることができ(社審法第39条)、参与も意見を述べるか意見書を提出することができます(同条2項3項)。また、審理を行うため必要があるとき、社会保険審査会は当事者や参与の申立てまたは職権で、当事者や参考人の出頭を求めて意見をきくことや、文書の提出を命じること、鑑定人に鑑定させること、事件に関係のある事業所その他の場所に立ち入って事業主や従業員その他の関係人に質問し、帳簿、書類その他の物件を検査すること、必要な調査を官公署、学校その他の団体に嘱託することなどができます(社審法第40条)。なお、当事者が正当な理由なく出頭、陳述、報告をしなかったり、虚偽の陳述や報告をしたりした場合や、検査を拒んだり、妨げたりした場合は、社会保険審査会は再審査請求または審査請求を棄却するか、その意見を採用しないことができます(同条4項)。

　社会保険審査会は審理および合議後、「主文、事案の概要、当事者等の主張の要旨、理由」を記載した裁決を行います(社審法第43条)。社会保険審査会による裁決には、社会保険審査官の決定のように、「決定は、第九条第一項の規定により通知を受けた保険者その他の利害関係人を拘束する」(社審法第16条)というような条文はありませんが、行政不服審査法の第52条に「裁決は、関係行政庁を拘束する」とあります。

●社会保険審査会　年度別（再）審査請求受付・裁決件数等の推移（単位：件）

年　度	受付状況			処理状況							繰越し
				取下げ※1	裁決状況					計	
	前年度繰越し	受付	計		容認	棄却	却下	小計			
平成23年	1,238	2,178	3,416	138(107)	123	1,561	283	1,967		2,105	1,311
平成24年	1,311	1,974	3,285	70(50)	126	1,757	359	2,242		2,312	973
平成25年	973	2,152	3,125	114(84)	209	1,414	250	1,873		1,987	1,138
平成26年※2	1,138	2,163	3,301	259(233)	219	1,273	252	1,744		2,003	1,298
平成27年※2	1,298	2,149	3,447	272(236)	227	1,399	158	1,784		2,056	1,391
平成28年	1,391	2,011	3,402	218(170)	152	1,449	342	1,943		2,161	1,241
平成29年	1,241	1,459	2,700	171(130)	99	1,475	102	1,676		1,847	853
平成30年	853	1,627	2,480	136(113)	91	1,149	105	1,345		1,481	999
令和元年	999	1,718	2,717	187(172)	90	1,051	115	1,256		1,443	1,274
令和2年	1,274	1,294	2,568	179(157)	89	1,040	115	1,244		1,423	1,145
令和3年	1,145	1,165	2,310	168(146)	93	1,155	51	1,299		1,467	843

※1　取下げ件数の（　）内は、社会保険審査会の審査に当たって保険者が再検討を行った結果、原処分の変更が行われ、（再）審査請求が取り下げられた件数（取下げ件数の内数）。

※2　平成26年度、平成27年度は、上記の他に特例水準の段階的解消に関する再審査請求についてそれぞれ10,726件、16,694件の裁決（却下）をしている。

出典）厚生労働省ホームページ

●社会保険審査会　年度別・制度別（再）審査請求受付状況（単位：件）

制　度		令和元年度	令和２年度	令和３年度
健康保険	療養費	21	36	29
	傷病手当金	33	36	36
	任意継続被保険者	1	0	0
	その他	9	4	6
	計	64	76	71
厚生年金保険・健康保険	保険料	63	12	6
	被保険者資格・標準報酬	24	22	156
	その他	2	0	0
	計	89	34	162
厚生年金保険	老齢関係	26	32	29
	障害関係	696	534	423
	遺族関係	37	35	36
	その他	34	51	29
	計	793	652	517
船員保険	傷病手当金	0	0	0
	障害年金	0	0	0
	遺族年金	1	0	0
	その他	0	0	0
	計	1	0	0
厚生年金保険・船員保険	被保険者資格	0	0	0
	計	0	0	0
国民年金	老齢関係	12	7	10
	障害関係	696	463	368
	遺族関係	4	3	2
	保険料免除	40	41	25
	その他	19	18	10
	計	771	532	415
総　計		1,718	1,294	1,165

出典）厚生労働省ホームページ

●社会保険審査会　年度別（再）審査請求裁決等の状況（被用者保険・国民年金別）

年度		裁決				取下げ		計
		容認	棄却	却下	小計		原処分変更に伴うもの（内数）	
被用者保険	令和元年度	57	552	65	674	107	(99)	781
	令和2年度	65	557	61	683	114	(101)	797
	令和3年度	69	706	39	814	90	(77)	904
国民年金	令和元年度	33	499	51	583	80	(73)	663
	令和2年度	24	483	54	561	65	(56)	626
	令和3年度	24	449	12	485	78	(69)	563
合計	令和元年度	90	1,051	116	1,257	187	(172)	1,444
	令和2年度	89	1,040	115	1,244	179	(157)	1,423
	令和3年度	93	1,155	51	1,299	168	(146)	1,467

出典）厚生労働省ホームページ

●社会保険審査官所在地一覧表

厚生（支）局名	管轄区域	所在地	電話番号
北海道厚生局	北海道	〒060-0808　札幌市北区北7条西2-15-1 野村不動産札幌ビル2階	011-796-5158
東北厚生局	青森県、岩手県、宮城県、秋田県、山形県、福島県	〒980-8426　仙台市青葉区花京院1-1-20 花京院スクエア21階	022-208-5331
関東信越厚生局	茨城県、栃木県、群馬県、埼玉県、千葉県、東京都、神奈川県、新潟県、山梨県、長野県	〒330-9713　埼玉県さいたま市中央区新都心1番地1 さいたま新都心合同庁舎1号館5階	048-851-1030
東海北陸厚生局	富山県、石川県、岐阜県、静岡県、愛知県、三重県	〒461-0001　名古屋市中区三の丸2-2-1 名古屋合同庁舎第1号館6階	0570-666-445 （ナビダイヤル）
近畿厚生局	福井県、滋賀県、京都府、大阪府、兵庫県、奈良県、和歌山県	〒540-0011　大阪市中央区農人橋1-1-22 大江ビル8階	06-7711-8001
中国四国厚生局	鳥取県、島根県、岡山県、広島県、山口県	〒730-0017　広島市中区鉄砲町7-18 東芝フコク生命ビル2階	082-223-0070
四国厚生支局	徳島県、香川県、愛媛県、高知県	〒760-0019　高松市サンポート2-1 高松シンボルタワー10階	087-851-9564
九州厚生局	福岡県、佐賀県、長崎県、熊本県、大分県、宮崎県、鹿児島県、沖縄県	〒812-0011　福岡市博多区博多駅前3-2-8 住友生命博多ビル4階	092-707-1135

出典）厚生労働省ホームページ

●社会保険審査会のしくみ

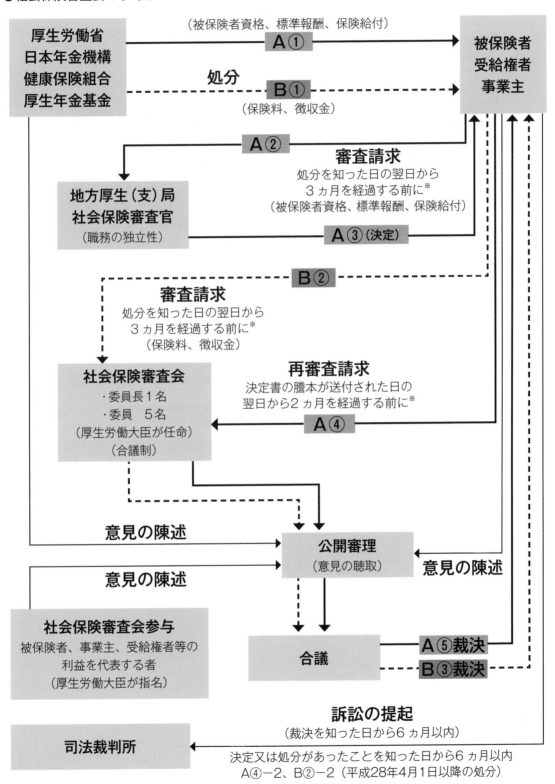

出典）厚生労働省ホームページ

●社会保険審査会における(再)審査請求の流れ

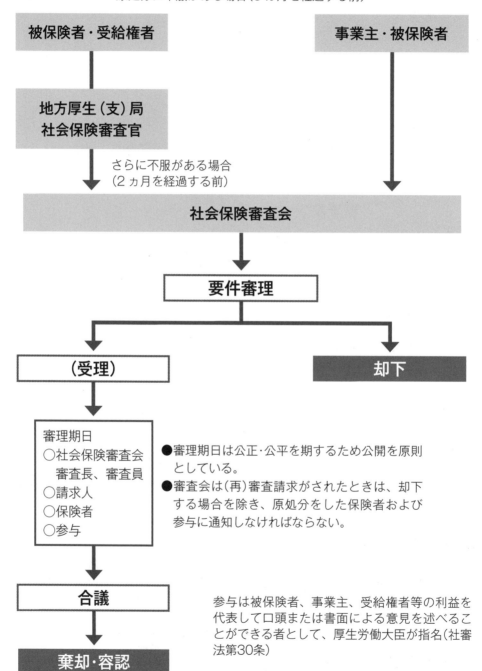

出典)厚生労働省ホームページ

審 査 請 求 書

令和　年　月　日

関東信越厚生局社会保険審査官　殿

請求人　住所又は居所　〒
　　　　所 在 地

　　　　氏 名 又 は
　　　　名　　称

　　　　電　　話　　（　　）　　番

代理人　住所又は居所　〒

　　　　氏　　名

　　　　電　　話　　（　　）　　番

（請求人との関係　　　　）

次のとおり、審査請求をします。

被保険者もしくは被保険者であった者	住 所 又 は 居 所		「記号及び番号」欄には、被保険者証・年金手帳・基礎年金番号通知書・年金証書等の記号番号を記入してください。
	（ふりがな）		
	氏　　名		
	生 年 月 日	大正・昭和・平成　　年　　月　　日生	
	記 号 及 び 番 号		
	事 業 所 名及 び 所 在 地		電話（　）番
給付を受けるべき者	住 所 又 は 居 所		被保険者もしくは被保険者であった者の死亡にかかる給付について、審査請求する場合にだけ記入してください
	（ふりがな）		
	氏　　名		
	生 年 月 日	大正・昭和・平成　　年　　月　　日	
	死亡者との続柄		
原処分者	所 在 地		あなたが不服とする処分をした保険者等の代表者名を記入してください
	名　　称	厚生労働大臣	
		日本年金機構理事長（　　年金事務所）全国健康保険協会支部長（　　支部）健康保険組合理事長（　健康保険組合）企業年金基金連合会理事長　厚生年金基金理事長国民年金基金連合会理事長　　国民年金基金理事長	

原処分があったことを知った日	令和　年　月　日	あなたが不服とする処分をあなたが知った日（その通知書をあなたが受け取った日）を記入してください。
審査請求の趣旨及び理由		あなたが、どんな処分を受けたので不服申立をするのか、その理由及び社会保険審査官にどういう決定をしてもらいたいかを、なるべくくわしく記入してください。（別紙に書いても結構です。）
添付書類例	原処分の決定通知書（審査請求ができる旨が記載されているもの）の写し（※必ず添付してください）例「国民年金・厚生年金保険支給額変更通知書」「国民年金・障害基礎年金不支給決定通知書」「健康保険・傷病手当金不支給通知書」等	
添付書類（その他）	1.　　　　　　　　　　　　2.	ここには診断書等を証拠として提出するときに、それ等の文書や物件の名前が判別してください。
委 任 状	この審査請求については（代理人）　　　　　を私の代理人にいたします。審査請求人氏名令和　年　月　日関東信越厚生局社会保険審査官　殿	

注意事項　1．代理人が審査請求するときは、代理人の住所又は居所、氏名を記載するとともに「委任状」欄にも記入してください。
　　　　　2．この審査請求は、あなたが原処分があったことを知った日の翌日から起算して3か月以内に社会保険審査官（地方厚生局内）に送付しないと、特別な事情がない限り審査してもらえないことになります。審査請求が遅れた正当な事情がある場合は、「審査請求の趣旨及び理由」欄に記載してください。

（　／　）

審 査 請 求 書

令和　年　月　日

社会保険審査会　御中

私は下記の原処分に不服があるため、次のとおり審査請求をします。

原処分を受けた者	フリガナ氏　名（法人の場合は名称）	
	住　所	〒　－
原処分者処分をした年金事務所、健康保険組合等	名　称	
	所 在 地	〒　－
原処分があったことを知った年月日	令和　年　月　日	
審査請求をすることができる旨の教示の有無	あった　　なかった	
審査請求人	フリガナ氏　名（法人の場合は名称）	
	住　所	〒　－
	連絡先電話番号	（　　）
	フリガナ法人の代表者の氏名	
	住　所	〒　－
	連絡先電話番号	（　　）

※　代理人が請求される場合、以下に記入の上、委任状と併せて提出してください。

代理人代理人が複数いる場合は、代表者を記入してください。	フリガナ氏　名	
	住　所	〒　－
	連絡先電話番号	（　　）

（添付書類）　※　原処分の処分通知書の写しを添付してください。
　　　　　　　※　審査請求人が法人であるときは、代表者の資格を証する書面（登記事項証明書等）を添付してください。

再 審 査 請 求 書

令和　年　月　日

社会保険審査会　御中

私は下記のように社会保険審査官の決定を受けましたが、なお不服があるため再審査請求をします。

審査の決定をした社会保険審査官		厚生（支）局　　　　　社会保険審査官
社会保険審査官の決定年月日		令和　年　月　日
決定書の謄本が送付された年月日		令和　年　月　日
再審査請求をすることができる旨の教示の有無		あった　　なかった
再審査請求の趣旨及び理由（右のいずれかに○を付けてください。）	1．審査官に対して行った審査請求の趣旨及び理由と同じ。2．別紙（2枚目）「再審査請求の趣旨及び理由」に記載のとおり。	
再審査請求人	フリガナ氏　名	
	住　所	〒　－
	連絡先電話番号	（　　）

※　代理人が請求される場合、以下に記入の上、委任状を併せて提出してください。

代理人代理人が複数いる場合は、代表者を記入してください。	フリガナ氏　名	
	住　所	〒　－
	連絡先電話番号	（　　）

以下の欄は、審査官からの決定書に記載されている内容と異なる場合のみ記入してください。

被保険者、被保険者であった者又は受給権者、受給権者であった者	氏　名			記号及び番号又は基礎年金番号
	生 年 月 日	明・大昭・平・令　年　月　日		
	住　所	〒　－		
遺族年金、未支給給付、埋葬料等を請求した場合に、死亡された方のことを記入すること。	事 業 所 名及び所在地			
給付を受けるべき者	氏　名		死亡者との続柄	
	生 年 月 日	明・大昭・平・令　年　月　日		
遺族年金、未支給給付、埋葬料等を請求した場合に、請求された方のことを記入すること。	住　所	〒　－		
原処分者				
原処分があったことを知った年月日	令和　年　月　日			

公開されている裁決一覧（健康保険）

厚生労働省のホームページより

※令和5年2月現在。

※「分類」については、本書で独自に分類している箇所があるため、厚生労働省ホームページのと本書の分類とは一致しない場合があります。

●過去の裁決例

制度	分類	事件番号	概要	裁決	事例No.
健康保険	傷病手当金	20健603	乳がん	棄却	1
		21健71	性同一性障害	一部容認	2
		21健424	脳腫瘍	棄却	3
		21健534 22健104	心因反応、抑うつ状態	容認	4
		21健597	左自然気胸、強直性脊椎炎	容認	5
		22健268	社会的治癒（うつ病、脳性マヒ）	容認	6
		22健461	社会的治癒（クローン病）	容認	7
		23健1192	切迫流産、不正性器出血	棄却	35
	療養費	20健558	脳出血後、左片マヒ、左大腿骨大転子骨折	棄却	20
		21健146 21健156	外傷性頚髄損傷	容認	28
		21健161	療養の給付の範囲	棄却	15
		21健143	消滅時効	容認	16
		21健363	治療用装具	容認	59
		22健654	柔道整復師施術	棄却	21
		23健596	業務上（被扶養者）	棄却	60
	任意継続被保険者	21健86	資格喪失確認	棄却	27
健康保険・厚生年金保険共通	被保険者資格・標準報酬	20健厚524	保険者算定	容認	24
		20健厚560	保険者算定	棄却	26
		21健厚345	代表取締役	棄却	30
		22健厚168	保険者算定	容認	83
	保険料	21健108	被保険者資格取得未確認	容認	25
		21健厚171 21健厚181	差押え	棄却	29
		21健厚453	延滞金納入告知	棄却	31
		22健厚694	差押え	棄却	32
		23健厚851	東日本大震災特別法による保険料免除	棄却	84

制度	分類	事件番号	概要	裁決	事例No.
健康保険	傷病手当金	25健328	左膝内側側副靭帯断裂、左膝関節滑膜炎、左膝内障（同一関連傷病）	棄却	36
		25健418	腰椎変性側湾症（同一関連傷病、社会的治癒）	容認	37
		25健488	右乳癌（労務不能）	棄却	39
		25健612	辺縁系脳炎（労務不能）	棄却	8
		25健830	クローン病（同一関連傷病）	容認	40
		25健912	辺縁系脳炎（労務不能）	棄却	38
		25健1002	適応障害（同一傷病）	棄却	9
		25健1158	糖尿病（労務不能）	棄却	43
		25健1168	糖尿病（労務不能）	棄却	10
		25健1246	適応障害（業務外の事由）	容認	41
		25健1293 25健1303	左変形性股関節症（労務不能）	容認	42
		25健1392	うつ病（同一関連傷病）	棄却	46
		25健1436	気分障害（既決傷病との同一性）	容認	44
		25健1451	糖尿病網膜症、左硝子体出血（労務不能）	容認	45
		25健1524	うつ状態（同一関連傷病）	容認	50
		25健1630	慢性腎臓病、クローン病（同一傷病）	棄却	51
		26健18	躁うつ病、うつ状態（同一関連傷病）	容認	47
		26健130	脳腫瘍（社会的治癒）	容認	52
		26健310	左耳急性感音性難聴（労務不能）	棄却	48
		26健320	両側性原発性股関節症、両側性原発性膝関節症、腰部脊椎脊柱管狭窄症（同一関連傷病）	容認	49
		26健326	うっ血性心不全の急性憎悪（同一関連傷病）	容認	53
	療養費	25健862	頚部捻挫、背部挫傷（保険適用外）	棄却	72
		25健1656	頭部外傷、脳挫傷による両下上肢軽度機能障害、体幹機能障害及び座位不能（往療による施術の必要性）	容認	73
		26健258	両外反母趾、両扁平足（治療遂行上必要不可欠）	容認	61
	その他	25健1016	療養の給付（故意に給付事由を生じさせたとき）	棄却	17
		25船1030	船保法による職務外の事由による傷病に係る下船後3か月の期間に係る療養補償の承認	棄却	—
		26健255	脊髄硬膜外血腫（移送の緊急性）	棄却	62
健康保険・厚生年金保険共通	被保険者資格・標準報酬	25健厚1085	保険者算定	棄却	—
	保険料	25健厚548	差押え（法律上の利益）	却下	—
		25健厚595	差押え	棄却	33
		25健厚1360	差押え（法律上の利益）	却下	—
		25健厚1396	納入告知書不発行通知	棄却	—
		25健厚1648	延滞金納入告知	棄却	—

●平成27年

制度	分類		事件番号	概要	裁決	事例No.
健康保険	傷病手当金		26健478	双極性障害（相当因果関係）	一部容認	54
			26健608	抑うつ反応状態（労務不能）	棄却	11
			26健791	外傷性頚部症候群、斜角筋症候群、腰部捻挫（労務不能）	棄却	55
			26健823	胆管癌、静脈血栓症、糖尿病（労務不能、資格喪失後の継続受給要件）	容認	12
			26健958	腰部脊柱管狭窄症、パーキンソン病（相当因果関係、労務不能）	棄却	56
			26健1470	左眼虹彩毛様体炎（労務不能）	容認	13
	療養費		26健428	頚部捻挫、右肩関節捻挫（支給要件）	棄却	74
			26健458	左膝関節捻挫（支給要件）	棄却	75
			26健808	左足関節捻挫、腰部捻挫、左股関節捻挫（支給基準）	棄却	76
			26健1066	神経痛（支給要件）	棄却	77
			27健151	両変形性足関節症、左片麻痺、変形性腰椎症、両肩関節周囲炎（支給要件）	棄却	22
			27健220	両下肢原発性リンパ浮腫の治療のための弾性ストッキング（支給対象）	容認	63
	被保険者資格・標準報酬		24船42	船員保険の被保険者に係る被保険者報酬月額変更届	容認	－
			26健1237	被保険者資格喪失届（役員報酬）	容認	85
健康保険・厚生年金保険共通		保険料	26健厚798	差押え	棄却	－

●平成28・29年

制度	分類	事件番号	概要	裁決	事例No.
健康保険	傷病手当金	27健1113	支給請求権の消滅時効	容認	14
		28健459 28健5049	末期腎不全（労務不能）	容認	57
		28健5466 28健5486	線維筋痛症（障害厚生年金との併給調整）	棄却	58
	療養費	27健548	右変形性膝関節症の治療のために装着した膝装具軟性（治療遂行上、必要不可欠な範囲の装具）	容認	64
		27健527	海外療養費	容認	65
		27健673	重度両外反扁平足の治療のための両靴型装具（治療遂行上、必要不可欠な範囲の装具）	容認	66
		27健801 27健811	左膝関節捻挫、左肩関節捻挫（支給要件）	一部容認	78
		27健1117	右大腿部筋損傷（下部）、左大腿部筋損傷（下部）、左胸部筋損傷（側胸）（支給要件）	棄却	79
		28健65	左下肢原発性リンパ浮腫の治療のための弾性ストッキング（支給対象）	容認	67
		28健289	往療料	容認	23
		28健494	頸腕症候群（はり・きゅうの施術に係る同意書）	棄却	80
		28健664	頸髄損傷（給付制限）	棄却	18
		28健5177	左下肢の血管形成異常の治療のための弾性ストッキング（支給対象）	一部容認	68
		28健5244	悪性胸膜中皮腫（支給対象）	一部容認	81
	任意継続被保険者	28健5439	納付遅延	棄却	88
	被保険者資格・標準報酬	27健1251	被保険者報酬月額算定基礎届（短時間就労者）	容認	86
	その他	28健642	被扶養者認定の処分性	却下	87
健康保険・厚生年金保険共通	被保険者資格・標準報酬	27健厚568	被保険者資格確認請求	容認	34
		27健厚1196	被保険者資格確認請求（常用的使用関係）	棄却	－
		28健厚711	被保険者資格確認請求（常用的使用関係）	容認	－
		28健厚648	被保険者資格喪失届・資格取得届（休職期間の被保険者資格）	容認	－
	保険料	28健厚5086	差押え（全喪後）	一部容認	－
		28健厚5209	延滞金の納入告知	棄却	－
		29健厚5311	差押え（不服申立ての利益）	却下	－

●平成30・31・令和元年

制度	分類		事件番号	概要	裁決	事例No.
健康保険	傷病手当金		30健621 30健631	適応障害（労働審判手続の解決金）	棄却	91
	療養費		29健5397	左下肢原発性リンパ浮腫の治療のための弾性ストッキング（支給対象）	容認	19
			30健121	不眠症（第三者行為との調整）	容認	70
			30健921	腰部捻挫（支給要件）	容認	82
	任意継続被保険者		29健5874	任意継続申請遅延の正当な理由	棄却	89
	その他		30健308	高額療養費（支給申請書の未送付）	容認	71
			30健671	高額療養費（特定給付対象療養）	容認	69
健康保険・厚生年金保険共通	被保険者資格・標準報酬		29健厚5472	被保険者資格確認請求（常用的使用関係）	棄却	－
			30健厚479	被保険者資格確認請求（常用的使用関係）	容認	－
	保険料		30健厚1147	差押え（所有権の帰属）	容認	90

裁決事例

傷病手当金

傷病手当金の支給にあたって、療養の必要性や労務不能であったことを客観的に確認させるような事実を見い出すことはできない

棄却

平成20年（健）第603号　　平成21年8月31日裁決

概 要

　請求人は乳がんの手術とその療養のため、傷病手当金の支給を受けていた。請求人はその後、被保険者資格を喪失したが、健康保険法第104条（要件を満たせば、資格喪失後も継続して給付を受けられる）に基づき継続給付を請求したところ、○○社会保険事務所は「療養のための労務不能とは認められない」として、傷病手当金を支給しない処分を行った。請求人はこれを不服として再審査請求を行った。

　社会保険審査会は、

- 手術後の化学療法による嘔吐や吐き気のため短期入院をしているが、すぐに軽快している。
- 継続給付を求めている期間の診療実日数が1日である。
- 担当医師は労務不能であることを認める記載をしているが、その理由を「本人の訴えのみによる」とし、また、「労務不能に関しては不明」と回答している。

　といった理由から、「その余の資料からも、本件請求期間における療養の必要性や、それゆえに労務不能であったことを客観的に確認させるような事実を見い出すことはできない」として、請求を棄却した。

ポイント

　健康保険の傷病手当金は、条件を満たしていれば資格喪失後も継続して受給できる。その条件は裁決文にも記載されているが、要約すると次のとおりである。

　①被保険者の資格を喪失した日の前日まで、引き続き1年以上被保険者であること。

　②資格喪失日に傷病手当金を受給しているか、受給できる状態であること。

　このほかに、運用のうえでは以下の2点が加えられる。

　③資格喪失後も引き続き同一傷病の療養のため、労務不能であること。

　④資格喪失日に労務に就いていないこと。

　請求人は一定期間、資格喪失後の継続給付を受けており、それが一度終了したあと（裁決では「○か月」とあり、具体的に何カ月後かは不明）、再び労務不能を主張して傷病手当金を請求している。しかし、診療実日数がわずか1日であることや医師の所見などから、客観的にみて本請求期間が療養のための労務不能とは認めがたい、と判断されている。

　なお、同99条第4項の「傷病手当金の支給期間は、同一の疾病又は負傷及びこれにより発した疾病に

関しては、その支給を始めた日から起算して一年六月を超えないものとする」は、令和4年1月より「傷病手当金の支給期間は、同一の疾病又は負傷及びこれにより発した疾病に関しては、その支給を始めた日から通算して一年六月間とする」と改正されている。

「通算化」改正に伴い、厚生労働省が作成したQ&Aで、「資格喪失後の継続給付の取扱いはどうなるのか？」の問いに対し、

- 資格喪失後の傷病手当金の継続給付については、健保法第104条において、「継続して」受けるものとされているため、従来どおり、被保険者として受けることができるはずであった期間において、継続して同一の保険者から給付を受けることができる。
- ただし、一時的に労務可能となった場合には、治癒しているか否かを問わず、同一の疾病等により再び労務不能となっても傷病手当金の支給は行わない。

との回答を付している。

資格喪失後の傷病手当金継続給付については社会保障審議会医療保険部会でもたびたび取り上げられ、

- 傷病手当金受給者のうち、精神及び行動の障害を受給原因とする方の割合が多くなっており、特に若年層に占める割合が大きいこと、さらに支給期間も長期化している。
- 本来、傷病手当金は傷病から回復し、再び勤務できるように支援するための制度であるところ、資格喪失者の方の支給期間が現存者の2倍以上の長期にわたっている状況を見ると、職場復帰支援ではなく、むしろ退職後の所得保障として機能しているのではないか。
- 資格喪失者の継続給付をどうするのかということが大きな問題、資格喪失後の継続給付のあり方を考え直す時期ではないか。

（令和2年3月26日　第127回社会保障審議会医療保険部会　資料1「傷病手当金について」より）

といった意見も出されている。

裁決文

主文

本件再審査請求を棄却する。

理由

第1　再審査請求の趣旨

再審査請求人（以下「請求人」という。）の再審査請求の趣旨は、平成○年○月○日から平成○年○月○日までの期間（以下「本件請求期間」という。）について、健康保険法（以下「法」という。）による傷病手当金（以下、単に「傷病手当金」という。）の支給を求める、ということである。

第2　再審査請求の経過

1　請求人は、左乳癌（以下「当該傷病」という。）の療養のため労務に服することができなかったとして、平成○年○月○日から同月○日まで（以下「期間A」という。）、同年○月○日から同月○日まで（以下「期間B」という。）、同年○月○日から○月○日まで（以下「期間C」という。）、及び同年○月○日から○月○日まで（以下「期間D」という。）の各期間（以下、併せて「既支給期間」という。）について傷病手当金の支給を受けていた。

2　請求人は、既支給期間に引き続き、当該傷病の療養のため労務に服することができなかったとして、平成○年○月○日（受付）、○○社会保険事務所長（以下「事務所長」という。）に対し、本件請求期間についても、傷病手当金の支給を請求したところ、事務所長は、同年○月○日付で、請求人に対し、本件請求期間については、「療養のための労務不能とは認められないため。」として、傷病手当金を支給しない旨の処分（以下「原処分」という。）をした。

3　請求人は、原処分を不服とし、○○社会保険事務局社会保険審査官に対する審査請求を経て、当審査会に対し、再審査請求をした。

第3 問題点

1 傷病手当金の支給については、法第99条第1項に「被保険者が療養のため労務に服することができないときは、その労務に服することができなくなった日から起算して3日を経過した日から労務に服することができない期間、傷病手当金…を支給する」と規定されている。

　また、法第104条によれば、「被保険者の資格を喪失した日…の前日まで引き続き1年以上被保険者…であった者…であって、その資格を喪失した際に傷病手当金…の支給を受けているものは、被保険者として受けることができるはずであった期間、継続して同一の保険者からその給付を受けることができる。」(以下、単に「継続給付」という。)と規定されている。

　本件の場合、請求人は、平成○年○月○日に健康保険の被保険者の資格を喪失しており、その後の支給は上記法の規定する継続給付によるものである。

2 本件の問題点は、本件請求期間について、請求人が当該傷病の療養のため労務に服することができなかったと認めることができるかどうかである。

第4 審査資料

　「(略)」

第5 事実の認定及び判断

1 「略」

2 請求人の当該傷病の病状とその経過をみると、次のとおりである。すなわち、請求人は、平成○年○月○日に当該傷病の治療のため左乳房部分切除術(○○○)を受け、術後出血が認められたものの、止血術によって、その後の経過は問題なく、同月○日には軽快退院となり、同年○月○日から同年○月○日まで左乳房に○○Gy/○○Frの放射線照射治療を受けているが、特段の問題の記載はなく、また、術後補助化学療法(注:抗がん剤治療)が1回目は同年○月○日に、2回目は同年○月○日に、3回目は同年○月○日に、4回目は同年○月○日にそれぞれ行われ、その後に嘔気・嘔吐がひどくなり、2～3日の短期入院が必要となったものの、いずれも一過性で、軽快していることが窺われる。また、上記の化学療法4回目以後である本件請求期間における請求人の当該傷病の診療実日数は1日のみとされているのであり、それは、請求人が、審査請求書及び再審査請求書で、「略」などと述べていることをしんしゃくしても、当該傷病についての診療の必要性の度合いを示しているものと言わざるを得ないところである。そして、E医師は、請求人が本件請求期間において労務不能であったことを認める趣旨の記載をしている理由を問われ、「本人の訴えのみによる。」と回答し、「傷病手当金の書類に記入したように労務不能に関して不明です」とも述べているのであり、その余の資料からも、本件請求期間における療養の必要性や、それゆえに労務不能であったことを客観的に確認させるような事実を見い出すことはできない。

　以上の諸事情と、請求人が健康保険の被保険者の資格を喪失する前に勤務していた仕事の内容は、いわゆる内勤の事務であったこと(この点は当事者間に争いがないものと認められる。)を併せ考えると、請求人が当該傷病に係る手術を受け、○か月を経過しようとする平成○年○月○日からの本件請求期間において、なお当該傷病の療養のため労務に服することができなかったとまで認めることはできないというべきである。

　なお、再審査請求書中には、「略」との記載があるが、それが本件請求期間中のことであることを確認できる資料は全く存しないので、本件ではこれをしんしゃくすることはできない。

3 したがって、原処分は妥当であるから、本件再審査請求は理由がない。

以上の理由によって、主文のとおり裁決する。

性同一性障害の療養にあたり、相当の理由がある場合は、手術後の労務不能に対する傷病手当金の支給は妥当である

平成21年(健)第71号　　平成22年2月26日裁決

概要

　請求人は生物学的には男性として生まれたが、心理的には女性であると確信を持ち(性同一性障害)、精神療法やホルモン治療を経て、医師のアドバイスを受けたうえで性別適合手術(いわゆる性転換手術)を海外において受けた。この手術と療養のため、労務に服することができなかったとして、請求人は傷病手当金の支給を申請したが、○○健康保険組合は次の理由によって傷病手当金を支給しない処分を行った。

①性別適合手術は、「ほかの治療が十分に行われたにもかかわらず、治療効果に限界があると認識された場合に実施するもの」と政府が見解を示しているが、請求人のケースはこれに該当するとは考えられない。よって、この手術のために海外へ渡航して受けた診療と手術には健康保険が適用されない。

②「昭和4年6月29日保理第1704号　社会局保険部長回答」では、「保険事故タル疾病ノ範囲ニ属セサル疾病ノ手術」で労務不能になった者には傷病手当金を支給しない、としている。

　請求人はこれを不服として、再審査請求を行った。

　社会保険審査会の判断は以下のとおりである。

❶手術前の欠勤は療養と認めず、請求を棄却

　手術前に会社を欠勤していたのは、請求人の医療機関の受診状況などを考えると、療養というよりは手術のための渡航準備などによるものだったとうかがわれるので、この期間については処分を支持し、請求を棄却した。

❷手術後の労務不能については、傷病手当金の支給を認める

　請求人における性別適合手術自体は、

①医師による診断書が請求人の性別変更を適格と認め、精神療法やホルモン療法といった治療も受けている。また、手術後は性別変更の審判を申し立て、家裁に認められている。以上のことから、政府見解の条件を満たしているといえる。

②昭和4年通知は、療養の給付の対象とならない手術(美容整形手術など)のために労務不能となった場合の傷病手当金支給に関するものと解するのが相当である。

③請求人の場合、性別適合手術を受けなければ、特例法(性同一性障害者の性別の取扱いの特例に関する法律)による審判によって性別の取扱いの変更を図ることが不可能であり、しかも、我が国には性別適合手術ができる医療機関が極めて少ないことから、海外で手術を受けるのはやむを得ない。

　といった理由から療養の給付の対象となるといえるため、手術後のリハビリを含めた労務不能期間については原処分を取り消し、傷病手当金の支給を認めた。

ポイント

　法律では性同一性障害者を「生物学的には性別が明らかであるにもかかわらず、心理的にはそれとは別の性別(以下「他の性別」という。)であるとの持続的な確信を持ち、かつ、自己を身体的及び社会的に他の性別に適合させようとする意思を有する者であって、そのことについてその診断を的確に行うために必要な知識及び経験を有する二人以上の医師の一般に認められている医学的知見に基づき行う診断が一致

しているものをいう」（「性同一性障害者の性別の取扱いの特例に関する法律」第2条）と定義している。同法は平成15年に定められ、翌平成16年に施行されている。

　平成30年4月から、性同一性障害の身体的治療は一定の条件を満たせば乳房切除術と性別適合手術に健康保険の適用が可能となっているが、ホルモン療法については「性同一性障害に対する有効性と安全性の医学的エビデンスの欠如」などの理由で健康保険適用の対象外となっている。このため、ホルモン治療を行ってしまうと混合診療禁止の原則から自由診療の扱いとなり、結果として一連の治療であれば両方とも自由診療となり、健康保険は適用されない。

　日本精神神経学会による「性同一性障害に関する診断と治療のガイドライン（第4版改）」（平成30年2月6日）では「治療は原則的に第1段階（精神的サポート）、第2段階（ホルモン療法と乳房切除術）、第3段階（性器に関する手術）という手順を踏んで進められるが、しかし治療は画一的にこの順序通りに受けなければならないというものではない」とされているように、性同一性障害の治療においてホルモン療法は重要な位置づけとなっている。それにもかかわらず、ホルモン療法を実施すれば性別適合手術は健康保険適用にはならないということになってしまっており、

　　「性同一性障害（GID）の性別適合手術に公的医療保険の適用が始まった昨年4月からの1年間で、生殖器の摘出や形成の適合手術に保険が適用されたケースが4件だったことが24日までに、GID学会（事務局・岡山市）のまとめで分かった。この間、保険適用が認められる認定病院で実施された手術は約40件で、適用は1割程度にとどまる。」（「日本経済新聞」令和元年6月24日）

という現状となっている。

　こうしたことから、現在においても、我が国における性別適合手術はハードルが高いものとなっている。本裁決の時点では性別適合手術に健康保険が適用されていないため、請求人は海外で性別適合手術を行っているが、裁決文にもあるように事前にホルモン療法を行っていることから、仮に現在、国内で性別適合手術を行ったとしても健康保険が適用されるかどうかは疑問である。

　ただし、本事例で請求人が求めているのは手術の保険適用ではなく、それに伴う傷病手当金の支給である。裁決では、

　　　診断書が性別変更診断書としての適格を有するものとされ、精神療法及びホルモン療法に係る治療経過等も是とされた上で、性別変更審判がなされていることに照らすならば、本件手術は、「ほかの療法による治療が十分にも行われたにもかかわらず、治療効果に限界があるといった場合」に当たり、「治療上やむを得ない」ものであったと認めるのが相当である。したがって、本件手術は、それ自体としては、健康保険の適用のある療養の給付の対象となるものというべきである。

として、手術後のリハビリを含めた労務不能期間について傷病手当金の支給を認めているが、政府見解に基づく治療経過や裁判所での性別変更審判などの条件がそろっているうえでの判断であるため、この裁決がただちにすべての性同一性障害治療における労務不能の指針となるかについては、現時点では何ともいえないところである。

　なお、「療養の給付として認められなかった疾病や先天的な障害に対して自己負担で手術を行い、それによって労務不能となった場合、①傷病手当金は支給するべきではないか、②傷病手当金は支給するべきか」（質問を意訳）という伺いに対し、前段、つまり①により取り扱うべきであるとした昭和4年通知（昭和4年6月29日　保理第1704号）について、社会保険審査会が「昭和4年通知は、例えば、美容整形手術など、療養の給付の対象とならない手術のため労務不能となった場合における傷病手当金の支給に関するものと解するのが相当」と指摘しているのは注目するべき点である。

主文

1 後記第2の2記載の原処分のうち、平成○年○月○日から同年○月○日までの期間について傷病手当金を支給しないとした部分を取り消す。

2 その余の本件再審査請求を棄却する。

理由

第1 再審査請求の趣旨

再審査請求人(以下「請求人」という。)の再審査請求の趣旨は、後記第2の2記載の原処分を取り消すことを求めるということである。

第2 再審査請求の経過

1 請求人は、健康保険法(以下「法」という。)上の健康保険組合である○○健康保険組合(以下「保険者組合」という。)の組合員である被保険者であった者であるが、その被保険者期間中の平成○年○月○日から同年○月○日までの期間(以下「本件請求期間」という。)、性同一性障害(以下「当該疾病」という。)の療養のため、労務に服することができなかったとして、同年○月○日(受付)、保険者組合に対し、法による傷病手当金(以下、単に「傷病手当金」という。)の支給を申請した。

2 保険者組合は、平成○年○月○日付で、請求人に対し、本件請求期間について、「傷病手当金は、「療養の給付をなさないこととした疾病等について被保険者が自費で手術を施し、そのため労務不能となった場合には、これに対し支給すべきではない」こととされています。(昭和4年6月29日保理第1074号)そのため、今回請求のあった平成○年○月○日から平成○年○月○日については、療養の給付の対象とならない疾病による労務不能のため、傷病手当金は支給されません。」との理由で、傷病手当金を支給しない旨の処分(以下「原処分」という。)をした。

3 請求人は、原処分を不服として、平成○年○月○日(受付)、○○社会保険事務局社会保険審査官(以下「審査官」という。)に対して審査請求をしたが、同日から60日以内に決定がないため、審査官が審査請求を棄却したものとみなして、同年○月○日(受付)、当審査会に対し、再審査請求をした。

不服の理由は、審査請求書及び再審査請求書の当該部分をそのまま掲記すると、次のとおりである。

(審査請求書)

「略」

(再審査請求書)

「略」

4 なお、保険者組合が原処分に付記した理由は、上記2に記載したとおりであり、本件請求期間のすべてについて、「療養の給付の対象とならない疾病による労務不能のため、傷病手当金は支給されません」というものであったが、保険者組合は、請求人が出席した本件審理期日(平成○年○月○日)において、再審査請求に対し、本裁決書添付別紙の「保険者意見陳述書」記載のとおりの意見を述べている。それは、上記の理由とは必ずしも同じではなく、単にそれを補足・敷延しただけのものと解するのは相当とはいえないから、保険者組合は、上記の理由を「保険者意見陳述書」のように変更し、その旨を本件審理期日に出席していた請求人に告知したことになるというべきである。

変更後の不支給の理由(以下、単に「不支給理由」という。)は、これを要約すると、次のとおりである(以下、個別に挙げる場合は、「不支給理由(1)」、「不支給理由(2)の①」などという。)。

(1)平成○年○月○日から同月○日までの期間(以下「A期間」という。)については、当該疾病による療養のための労務不能であるとは認めることができない。

(2)平成○年○月○日から同年○月○日までの期間(以下「B期間」という。)については、請求人が、日本を出国して○○国へわたり、○月○日に「性別適合手術」(以下、当該疾病についての手術療法としての性別適合手術を「当該手術」といい、請求人が受けたこの手術を「本件手術」という。)を受けたことによる術後のリハビリを含めての労務不能の期間に係るものと認められるけれども、次の理由により、傷病手当

金を支給することはできない。

①当該手術の健康保険の適用については、政府見解において、「精神療法やホルモン療法など、ほかの療法による治療が十分に行われたにもかかわらず、治療効果に限界があるといった場合に実施されるものと認識」するとされており（以下、これを「政府見解」という。）、本件手術をこの見解に照らしてみると、それは、「ほかの療法による治療が十分に行われたにもかかわらず、治療効果に限界があるといった場合」に該当しているとは認められないから、健康保険は適用されず、療養の給付の対象とはならないものと考えられる。

②また、本件手術は、それを受ける目的で○○国へわたって施行されたものであることが明らかであるところ、このような治療目的で海外へ出かけて診療・手術を受けた場合の療養費については健康保険は適用されず、療養の給付の対象とはならないものと解されている。

③そして、このような療養の給付の対象とはならない手術等のために労務不能となった場合の傷病手当金の支給については、「昭和4年6月29日保理第1704号社会局保険部長回答」（以下「昭和4年通知」という。）の「保険事故タル疾病ノ範囲ニ属セサル疾病ノ手術ヲ為シタル為労務ニ服シ能ハサリシ者ニ対スル傷病手当金ニ関スル件」において、傷病手当金は支給しないこととされている。

④したがって、本件手術に係る労務不能について傷病手当金を支給することはできない。

第3　問題点

1　傷病手当金の支給については、法第99条第1項に「被保険者…が療養のため労務に服することができないときは、その労務に服することができなくなった日から起算して3日を経過した日から労務に服することができない期間、傷病手当金……を支給する。」と規定されている。

2　本件は、この規定に基づく請求人の傷病手当金の支給申請について、保険者組合がこれを不支給とする原処分を行ったことに対する再審査請求であり、同組合は、第2の4記載の不支給理由を主張して原処分を維持しているものと解されるから、本件の問題点は、上記の規定に照らし、この不支給理由を是認して、原処分を適法・妥当なものと認めることができるかどうかである。

第4　審査資料

「（略）」

第5　当審査会の判断

1　「略」

2　本件の問題点である保険者組合の主張する不支給理由を是認することができるかどうかを検討すると、次のとおりである。

(1)平成○年○月○日から同月○日までのA期間について

請求人は、当時a社に勤めていたところ、A期間の勤務時間はゼロであり、同期間、同社を欠勤していたことは明らかであるが、それは、請求人の医療機関への受診状況等にかんがみると、当該疾病の治療のための医療機関への受診や、医師の指示による療養の必要のために余儀なくされたものというよりは、主として、同月○日に控えた○○国への渡航と、同国で受けることを予定した当該手術のための準備の必要によるものであったとうかがわれる。したがって、A期間については、請求人が当該疾病の療養のためにa社における労務に服することができなかったことは認めることはできないというべきである。不支給理由(1)は相当であり、これを是認することができる。

(2)平成○年○月○日から同年○月○日までのB期間について

ア　請求人が、B期間、本件手術による療養のため労務に服することができなかったことについては、保険者組合も認めているところであり、1で認定した事実経過に照らしても、これを是認するのが相当である。

イ　問題は、不支給理由(2)の①及び②の当否であるが、当審査会は、いずれも相当ではないものと判断する。その理由は、次のとおりである。

(ア)　不支給理由(2)の①について

i　これは、本件手術は、当該手術の健康保険の適用に関する政府見解に照らすと、いまだ、「ほか

の療法による治療が十分に行われたにもかかわらず、治療効果に限界があるといった場合」に該当しているとはいえないから、療養の給付の対象とはならず、昭和4年通知は、療養の給付の対象とはならない手術等のために労務不能となった場合については傷病手当金は支給しないとしているから、本件手術に係る労務不能については傷病手当金を支給することはできない、とするものであり、本件手術をもって療養の給付の対象と認めることができないことをその前提とするものである。

ⅱ　政府見解については、それ自体としては頷けるところである。また、「ほかの療養による治療が十分にも行われたにもかかわらず、治療効果に限界があるといった場合」に当たるとして、「治療上やむを得ない」ものといえるかどうかも、当該疾病に係る性同一性障害者の個別的・具体的条件いかんによって必ずしも同じではないであろうが、請求人の場合についていえば、請求人は、生物学的には男子として出生したが、心理的には女子であるとの持続的な確信を持ち、自己を身体的及び社会的に女子に適合させようとする意思を有し、それを現実化するために、精神療法及びホルモン療法を経て、精神療法に係る医師のアドバイスも受けた上、本件手術を受けるに至ったものであるところ、自己を社会的に女子に適合させるためには、例えば、普段の生活においてはもとより、プール、海水浴場、温泉場等の公衆浴場などにおいても、周囲から女子と認識されて、違和感なく受け入れられるようになるだけでなく、特に、特例法が公布・施行されている状況下においては、同法による性別の取扱いの変更の審判を受け、民法その他の法令の規定の適用上も女子と扱われるのでなければ、十分とはいえないであろうことが明らかである。しかるところ、特例法は、第3条第1項で、「家庭裁判所は、性同一性障害者であって次の各号のいずれにも該当するものについて、その者の請求により、性別の取扱いの変更の審判をすることができる。」と規定し、第4号に「生殖腺がないこと又は生殖腺の機能を永続的に欠く状態にあること。」、第5号に「その身体について他の性別に係る身体の性器に係る部分に近似する外観を備えていること。」を挙げており、請求人が、この第4号及び第5号の挙げる要件を満たして、性別の取扱いの変更の審判を受けるためには、当該疾病に対する精神療法及びホルモン療法を受けるだけでは足りず、当該手術を施行されなければならなかったことは明らかである。そして、同条第2項は、「前項の請求をするには、同項の性同一性障害者に係る前条の診断の結果並びに治療の経過及び結果その他の厚生労働省令で定める事項が記載された医師の診断書を提出しなければならない。」と規定しているところ、請求人は、資料2の診断書を同項所定の性別変更診断書として提出して、性別の取扱いの変更の審判を申し立て、○○家裁は、これを認容する性別変更審判を行っているのである。

ⅲ　以上を総合勘案するならば、請求人の場合、精神療法及びホルモン療法が、当該疾病に対する治療として十分に行われたことになるか否かについては、いろいろな評価があり得ないではないかもしれないが、これらの療法による治療をさらに受けたところで請求人の望む状態が現出されることはないのであり、また、診断書が性別変更診断書としての適格を有するものとされ、精神療法及びホルモン療法に係る治療経過等も是とされた上で、性別変更審判がなされていることに照らすならば、本件手術は、「ほかの療法による治療が十分にも行われたにもかかわらず、治療効果に限界があるといった場合」に当たり、「治療上やむを得ない」ものであったと認めるのが相当である。したがって、本件手術は、それ自体としては、健康保険の適用のある療養の給付の対象となるものというべきである。

ⅳ　不支給理由(2)の①は、本件手術が療養の給付の対象とならないことを前提とする点において、理由がない。なお、不支給理由(2)の③で援用されている昭和4年通知は、例えば、美容整形手術など、療養の給付の対象とならない手術のため労務不能となった場合における傷病手当金の支給に関するものと解するのが相当であるから、もとより、それは上記の認定・判断を妨げるものではない。

(イ)　不支給理由(2)の②について

ⅰ　治療を目的として海外に出かけて診療・手術を受けた場合、その診療・手術については、それ自体

が療養の給付の対象となり得るものであっても、健康保険は適用されず、療養の給付の対象とはならないものと解されている。これは、法の原則的・一般的解釈・運用としては、例えば、療養の給付の対象とされており、我が国でも容易に受けられる手術を殊更に海外に出かけて受けたような場合を考えると、もっともなことと思料されるところである。

ii　しかしながら、本件における請求人の場合、当該手術を受けなければ、特例法による審判によって性別の取扱いの変更を図ることが不可能であり、しかも、我が国には当該手術の施行を標榜している医療機関が全国的に見ても数箇所といった程度で極めて少なく、その生活状態等に照らすと、請求人が我が国の医療機関を受診して、一定期間にわたって事前に必要とされる治療等を受けた上、当該手術を受けることは極めて困難で、それでもなお我が国の医療機関で手術を受けるべきであったというのは、事実上、当該手術を受けることを諦めることを余儀なくさせるものであったというべき事情が存したものと認めるのが相当であり、このような場合についても、本件手術は、それを目的として○○国へ出かけて受けたものであるから療養の給付の対象とはならないとの一事のみをもって、それによる療養のための労務不能についても傷病手当金を支給することができないと解するのは、法の解釈・運用として、些か形式的・硬直的にすぎ、相当ではないというべきである。本件手術に係る費用について、それをいわゆる海外療養費として扱い、法による療養の給付として支給することができるかどうかはさておき、少なくとも、傷病手当金の関係では、本件手術による療養のため労務に服することができなかったと認められるB期間について、これを支給すべきものと解するのが相当である。不支給理由(2)の②は理由がない。

(ウ)　したがって、不支給理由(2)の①及び②は、これを是認することができない。

(3)　以上のとおりであるから、原処分は、A期間に係る部分は相当であるが、B期間に係る部分は相当でない。

3　よって、原処分は、A期間に係る部分は相当であるが、B期間に係る部分は相当ではないからこれを取り消し、本件再審査請求のうちA期間に係る部分は理由がないからこれを棄却することとし、主文のとおり裁決する。

■ 関連する法律・通知等

■性同一性障害者の性別の取扱いの特例に関する法律(平成十五年法律第百十一号)

第一条　この法律は、性同一性障害者に関する法令上の性別の取扱いの特例について定めるものとする。

第二条　この法律において「性同一性障害者」とは、生物学的には性別が明らかであるにもかかわらず、心理的にはそれとは別の性別(以下「他の性別」という。)であるとの持続的な確信を持ち、かつ、自己を身体的及び社会的に他の性別に適合させようとする意思を有する者であって、そのことについてその診断を的確に行うために必要な知識及び経験を有する二人以上の医師の一般に認められている医学的知見に基づき行う診断が一致しているものをいう。

第三条　家庭裁判所は、性同一性障害者であって次の各号のいずれにも該当するものについて、その者の請求により、性別の取扱いの変更の審判をすることができる。

　　一　十八歳以上であること。
　　二　現に婚姻をしていないこと。
　　三　現に未成年の子がいないこと。
　　四　生殖腺せんがないこと又は生殖腺の機能を永続的に欠く状態にあること。
　　五　その身体について他の性別に係る身体の性器に係る部分に近似する外観を備えていること。

2　前項の請求をするには、同項の性同一性障害者に係る前条の診断の結果並びに治療の経過及び結果その他の厚生労働省令で定める事項が記載された医師の診断書を提出しなければならない。

第四条　性別の取扱いの変更の審判を受けた者は、民法(明治二十九年法律第八十九号)その他の法令の規定の適用については、法律に別段の定めがある場合を除き、その性別につき他の性別に変わったものとみなす。

2　前項の規定は、法律に別段の定めがある場合を除き、性別の取扱いの変更の審判前に生じた身分関係及び権利義務に影響を及ぼすものではない。

傷病手当金を受けていた者が被保険者資格喪失後、違う症状で改めて傷病手当金を受けるためには、被保険者期間から同じ症状で労務不能である必要がある

棄却

平成21年(健)第424号　　平成22年5月31日裁決

概要

　請求人は、A期間(てんかん発作疑い、脳腫瘍)とB・C期間(脳腫瘍疑い、脳腫瘍、片頭痛、身体表現性障害、頚椎椎間板ヘルニア)の3つの期間において、療養のため労務に服することができず、傷病手当金の支給を受けた(期間中、一部不支給処分あり)。請求人はその後、被保険者資格を喪失したが、資格喪失時に片頭痛や身体表現性障害といった精神疾患であったので、喪失時受給要件を満たしているとして傷病手当金の請求を行った。しかし、全国健康保険協会○○支部は「請求人の場合、継続給付の要件を満たしているものの、被保険者資格の喪失時、傷病手当金の支給を受けていない。また、先に傷病手当金の支給を受けた傷病と異なる」として、傷病手当金を支給しない処分を行った。請求人はこれを不服として再審査請求を行った。

　社会保険審査会は、

- 請求人はA期間において心疾患を疑わせる症状を訴えているものの、その存在は否定され、身体表現性障害によって労務不能であった可能性が高い。

- 継続給付による傷病手当金の支給要件充足の有無を検討するに当たって、資格喪失の際に労務不能であると保険者が認めた傷病手当金の対象傷病が事後的に誤っていたことが判明した場合は、誤ったことが判明した対象傷病によって判断するのではなく、請求人が実際に労務不能となった傷病で判断すべきであり、傷病手当金が支給されるためには、B・C期間および請求期間を通じて身体表現性障害の療養のため労務不能であることが必要である。しかし、B・C期間の労務不能は、身体表現性障害よりも、A期間の傷病(てんかん発作疑い、脳腫瘍)を対象傷病として判断されたものである。

- 医師の申立てがあるものの、その間の診療実日数が少なく、その間継続して身体表現性障害で労務不能であったと認めることは難しい。

などの理由から、請求を棄却した。

　　編注：身体表現性障害とは、ストレスが身体の症状となって表れる病気で、体のどこも悪くないにもかかわらず、明
　　　　らかに本人にとって症状がある障害。

ポイント

　各期間の傷病がいりくんでいるうえ、資格喪失の時期などの日付が伏字になっているため、経緯のつかみにくい事例である。

　裁決文で、

　　　　被保険者資格喪失の際それによって労務不能であると保険者が認めた傷病手当金の対象傷病が事後的に誤っていたことが判明した場合は、喪失時受給要件充足の有無は、当該誤ったことが判明した対象傷病によって判断するのではなく、傷病手当金の継続給付を支給請求した者が実際にその傷病で労務不能となったもので判断すべきであることは、傷病手当金制度の趣旨・目的からして当然であると言える。

とあることから、支給済みの傷病手当金の対象傷病がのちに誤っていたと判明したようだが、そのあ

たりの経緯は詳しく述べられていない。そして、

　　　たとえ既決期間Ｂ及び同Ｃの全期間につき傷病手当金を支給するという判断が誤りであったとしても、当審査会が果たすべき責務が被保険者等の速やかな権利救済であることからいって、それの取消しを求めるということはするべきではないが、しかし、そうであるからといって、既決期間Ｂ及び同Ｃの期間内に労務が可能な期間があっても、法令の規定を無視して、新たに当該請求期間につき傷病手当金を支給することまで、認めなければならないというものではない。

と述べている。

　つまり、過去、傷病手当金を支給した判断に誤りがあっても、だからといってその誤った判断を他の期間にも適用するべきではない、ということであろう。

裁決文

主文

本件再審査請求を棄却する。

理由

第1　再審査請求の趣旨

　再審査請求人(以下「請求人」という。)の再審査請求の趣旨は、健康保険法(以下「法」という。)による傷病手当金(以下、単に「傷病手当金」という。)の支給を求めるということである。

第2　再審査請求の経過

1　請求人は、a病院に勤務する○○○○であるところ、同病院に係る健康保険の被保険者資格(以下、単に「被保険者資格」という。)を平成○年○月○日に取得し、平成○年○月○日にそれを喪失した。

2　請求人は、てんかん発作疑い、脳腫瘍(以下、併せて「既決傷病」という。)の療養のため、平成○年○月○日から同○年○月○日までの期間(ただし、平成○年○月○日は、事業主から受けた報酬の額が傷病手当金の額以上であるとして不支給。以下、同日を除いた上記期間を「既決期間Ａ」という。)、労務に服することができなかったとして、全国健康保険協会(以下「保険者」という。)から、傷病手当金の支給を受けた。

3　請求人は、平成○年○月○日から同年○月○日までの期間(以下「既決期間Ｂ」という。)及び同年○月○日から同年○月○日までの期間(以下「既決期間Ｃ」という。)、脳腫瘍疑い(以下、この「脳腫瘍疑い」と既決傷病のうちの「脳腫瘍」を併せて「既決傷病Ａ」という。)の療養のため、労務に服することができなかったとして、保険者から傷病手当金の支給を受けた。なお、既決期間Ｂ及び同Ｃの請求傷病としては、上記の外に、片頭痛、身体表現性障害、頚椎椎間板ヘルニア(以下、併せて「本件請求傷病」という。)があったが、既決期間Ｂについては、「被保険者資格を喪失した際、傷病手当金の支給を受けていないため。」として、不支給処分がなされた。

4　請求人は、本件請求傷病の療養のため、平成○年○月○日から同年○月○日までの期間(以下「当該請求期間」という。)、労務に服することができなかったとして、平成○年○月○日(受付)、保険者の○○支部長(以下、単に「支部長」という。)に対し、傷病手当金の支給を申請した。

5　支部長は、平成○年○月○日付で、請求人に対し、「被保険者資格を喪失した際、傷病手当金の支給をうけていないため。」との理由で、傷病手当金を支給しない旨の処分(以下「原処分」という。)をした。

6　請求人は、原処分を不服として、○○社会保険事務局社会保険審査官(以下「審査官」という。)に対する審査請求を経て、当審査会に対し、再審査請求をした。

　　その不服の内容は、再審査請求書の「再審査請求書の趣旨及び理由」の欄に記載され、それに追記されたものを、そのまま掲記すると、次のとおりである。

　　「略」

第3　問題点

1　傷病手当金の支給については、法第99条第1項は、「被保険者(……)が療養のため労務に服することができないときは、その労務に服することができなくなった日から起算して3日を経過した日から労務に服す

ることができない期間、（……）支給する。」と規定し、また、その継続給付については、法第104条において、「被保険者の資格を喪失した日（……）の前日までに引き続き1年以上被保険者（……）であった者であって、その資格を喪失した際に傷病手当金の支給を受けているものは、被保険者として受けることができるはずだった期間、継続して同一の保険者からその給付を受けることができる。」と規定されている（以下、上記「被保険者の資格を喪失した日（……）の前日までに引き続き1年以上被保険者（……）であった者」という要件を、「1年要件」といい、「その資格を喪失した際に傷病手当金の支給を受けているもの」との要件を「喪失時受給要件」といい、「被保険者として受けることができるはずだった期間」という要件を「継続労務不能要件」という。

2　本件の場合、請求人が1年要件を満たしていることは、前記第2の1から明らかであるところ、保険者は、既決傷病Aと本件請求傷病が異なるので喪失時受給要件を満たさず、一方、請求人は、前記第2の6にあるように、被保険者資格喪失時に片頭痛や身体表現性障害といった精神疾患であったので喪失時受給要件を満たしている旨申し立てているから、本件でまず検討すべきは、請求人の上記申立てを前記1の法規定及び本件における具体的事実関係に照らして認めることができるかどうかである。そして、これが肯定的に解される場合に、次に請求人が継続労務不能要件を満たしているかどうかである。

第4　審査資料

　　「（略）」

第5　事実の認定及び判断

1　「略」

2　本件の問題点を検討し、判断する。

　　(1)請求人は既決期間Aにおいて既決傷病Aないし心疾患を疑わせる症状を訴えているものの、その存在は否定され、既決期間Aにおいて、本件請求傷病のうちの身体表現性障害によって労務不能であった可能性が高いと言わざるを得ない。

　　(2)継続給付による傷病手当金の支給要件充足の有無を検討するに当たって、被保険者資格喪失の際それによって労務不能であると保険者が認めた傷病手当金の対象傷病が事後的に誤っていたことが判明した場合は、喪失時受給要件充足の有無は、当該誤ったことが判明した対象傷病によって判断するのではなく、傷病手当金の継続給付を支給請求した者が実際にその傷病で労務不能となったもので判断すべきであることは、傷病手当金制度の趣旨・目的からして当然であると言える。

　　(3)そうすると、請求人は、当該請求期間につき、喪失時受給要件を満たしているとみることができるが、しかし、請求人が継続労務不能要件を満たしているかどうかについては、極めて疑問が残ると言わざるを得ない。すなわち、当該請求期間につき傷病手当金が支給されるためには、身体表現性障害の療養のため、既決期間B及び同Cを通じて一貫して労務不能であり、かつ、当該請求期間を通じて労務不能であることが必要である。既決期間B及び同Cについては、その全期間について、労務不能とされているが、それは身体表現性障害と比べると、その生命・身体・精神により大きな損傷を与えうる既決傷病Aを対象傷病として判断されたものである。また、D医師の申立てがあるものの、その間の診療実日数が○日であることからすると、その間継続して身体表現性障害で労務不能であったと認めることには、ちゅうちょを感じざるを得ない。当審査会は、たとえ既決期間B及び同Cの全期間につき傷病手当金を支給するという判断が誤りであったとしても、当審査会が果たすべき責務が被保険者等の速やかな権利救済であることからいって、それの取消しを求めるということはするべきではないが、しかし、そうであるからといって、既決期間B及び同Cの期間内に労務が可能な期間があっても、法令の規定を無視して、新たに当該請求期間につき傷病手当金を支給することまで、認めなければならないというものではない。

　　(4)以上のことと、前記第2の6の請求人の申立て内容、請求人に対し、当該請求期間において、本件請求傷病をその対象傷病とした傷病手当金を支給しないとした原処分は、結果としては妥当であり、これを取り消すことはできない。

以上の理由によって、主文のとおり裁決する。

事例 4	本来業務ではない副業や内職、一時的な軽い労務をしていても、労務不能に該当する──リハビリ出勤のケース	容認

平成21年(健)第534号・平成22年(健)第104号　　平成23年4月28日裁決

概要

　請求人は状況反応(編注：原文どおり。「心因反応」の間違いか)の療養のため労務に服することができなかったとして、傷病手当金の支給を受けた。その後、心因反応、抑うつ状態の療養のため労務に服することができなかったとして傷病手当金を請求したところ、先の傷病と同一疾病であると判断され、引き続き傷病手当金の支給を受けた。さらにその後、この傷病による療養のため、3つの期間(期間①〜③)について傷病手当金を請求したが、全国健康保険協会○○支部は「傷病手当金支給申請書」の「療養担当者が意見を書くところ」に、A医師の見解として、「就労に支障があると思われる精神症状は改善しており、復職可能の診断書を会社に提出したが承認されていない」「治療の継続は必要とされるものの、労務不能と認められる所見はない」「精神症状は安定しており、改善傾向が続いている」などと記載されていることから、「療養のための労務不能とは認められない」として、傷病手当金を支給しない処分を行った。請求人はこれを不服として社会保険審査官に審査請求を行ったが、①と③は棄却された。このうち②の期間については「60日の法定期間が経過した後にされた不適法なものであって補正することができない」との理由の却下だったため、請求人は①と③の期間について再審査請求を行った。

　請求人は不服の理由として、「医師により医学的には復職可能と判断されたとしても、職場復帰準備いわゆるリハビリ出勤の期間であって、労務の提供をしたものではない」としている。実際、請求人は会社の理解と支援のもとリハビリ出勤を行っており、その間、給与は支給されていない。

　社会保険審査会は、

- 最高裁判決では、「療養のため本来の職場における労務に服することができなかった被保険者が、その間他の労務に服して賃金を得ていたとしても、本来の職場における労務に対する代替的性格を持たない労務に従事していた場合や、当然受けうるはずの傷病手当金の支給があるまでの一時的なつなぎとして軽微な労務に服していたという事情がある場合には、これにより健康保険法45条所定の傷病手当金の受給権を喪失するものではない」としている。
- 通知では、「被保険者がその提供する労務に対する報酬を得ている場合に、そのことを理由に直ちに労務不能でない旨の認定をすることなく、労務内容、労務内容との関連におけるその報酬額等を十分検討のうえ労務不能に該当するかどうかの判断をされたい」としている。
- リハビリ出勤の期間、会社は請求人の勤怠管理をしておらず、労務に対する対価である給与も支払っていなかった。
- リハビリ出勤の期間は、他社員とのチームプレーを要することもある本来業務への労務復帰ということはできず、職場復帰手引きに基づく訓練期間であると認めるのが相当である。

などとして、処分を取り消した。

ポイント

　裁決文にも触れられているとおり、厚生労働省は、メンタルヘルス不調により休業した労働者に対する職場復帰を促進するため、事業場向けマニュアルとして「心の健康問題により休業した労働者の職場復帰支援の手引き」(平成16年10月発行、平成21年3月改訂)を発行し、周知を図っている。そのなかで「職

業生活等において強い不安、ストレス等を感じる労働者は約6割に上っており、また、メンタルヘルス上の理由により過去1年間に連続1か月以上休業した労働者の割合は0.4%となっており、事業所規模が大きくなるほどその割合は高くなっています。このような状況の中、心の健康問題により休業する労働者への対応は、事業場にとって大きな課題となっています」と述べ、その中で試し出勤制度（本事例にいうリハビリ出勤）について次のように説明している。

　　　正式な職場復帰決定の前に、社内制度として試し出勤制度等を設けると、より早い段階で職場復帰の試みを開始することができます。休業していた労働者の不安を和らげ、労働者自身が職場の状況を確認しながら、復帰の準備を行うことができます。

　　　＜試し出勤制度等の例＞

　　　①模擬出勤：勤務時間と同様の時間帯にデイケアなどで模擬的な軽作業を行ったり、図書館などで時間を過ごす。

　　　②通勤訓練：自宅から勤務職場の近くまで通勤経路で移動し、職場付近で一定時間過ごした後に帰宅する。

　　　③試し出勤：職場復帰の判断等を目的として、本来の職場などに試験的に一定期間継続して出勤する。

　また、精神障害を原因とする労災認定件数の増加等を受け、労働者の安全と健康の確保対策を一層充実するため、「労働安全衛生法の一部を改正する法律」（平成26年法律第82号）が定められ、平成27年12月以降、一定規模以上の事業場でストレスチェック制度の実施が義務づけられている。

　リハビリ出勤中でも労務不能を認め、傷病手当金の支給を可能とした本裁決は、今後も増えていくと予想されるメンタルヘルス不調による職場復帰における指針の一つになると思われる。

　ただし、本事例にもみられるように、リハビリ出勤については職場の理解と協力が欠かせない。こうしたバックアップはある程度の規模の企業でないと難しい側面もある。

　労働政策研究・研修機構が行った「メンタルヘルス、私傷病などの治療と職業生活の両立支援に関する調査」によれば、「メンタルヘルスや私傷病の治療と仕事を両立させるための課題」について、55.6％と最も多い回答だったのが「休職者の復帰後の仕事の与え方、配置」で、次いで「代替要員の確保が困難」「再発防止」「休業期間中の給与の保障が困難」などとなっている。こうした課題があるなか、リハビリ出勤にも協力的な会社であったからこそ、請求人に有利な材料がそろい、容認の裁決となった面も否定できない。

　参考までに、同調査では次のような結果報告も見られる。

・今後3年間程度でみた疾病への対策を経営・労務管理上の重要課題と考えるかについては、「重要」とする割合が「メンタルヘルス」で72.2％ともっとも高くなっており、次いで「糖尿病・高血圧等の生活習慣病」「がん」「心疾患」などとなっている。

・病気休職制度がある企業のうち、「非正社員には適用されない」が48.5％。

・過去3年間の復職率の平均値は51.9％で、2人に1人は復職。一方、退職率が高いのは「がん」「メンタルヘルス」「脳血管疾患」。

・継続就業のパターンでは、正社員の場合、「退職・計」「休職期間中（もしくは復職直後）に退職している」「休職を経て復職後、しばらく勤務した後に退職している」「休職をせずに退職している」の合計）の割合は、「メンタルヘルス」が27.0％でもっとも高い。「休職をせずに退職している」割合は「難病」がもっとも高く、次いで「脳血管疾患」「B型肝炎もしくはC型肝炎」などとなっている。

　なお、原処分の一つが「60日の法定期間が経過した後にされた不適法なものであって補正することができない」との理由の却下となっているが、「処分があったことを知った日の翌日から60日」という法定期間は現在、「60日」が「3ヵ月」となっている。

裁決文

主文

後記第2の4記載の原処分①及び同③の各処分はこれを取り消す。

理由

第1 再審査請求の趣旨

再審査請求人(以下「請求人」という。)の再審査請求の趣旨は、主文と同旨の裁決を求めるということである。

第2 再審査請求の経過

1 請求人は、傷病名:状況反応(以下「既決傷病」という。)の療養のため、平成○年○月○日から平成○年○月○日までの期間について、労務に服することができなかったとして、健康保険法(以下「法」という。)による傷病手当金(以下、単に「傷病手当金」という。)の支給を受けた。

2 請求人は、傷病名:心因反応、抑うつ状態(以下、併せて「請求傷病」という。)の療養のため労務に服することができなかったとして、平成○年○月○日から同月○日までの期間について、傷病手当金の請求をしたところ、請求傷病は既決傷病と同一疾病であるとして、引き続き、当該期間について傷病手当金の支給を受けた(以下、上記1の期間と併せた期間を「既決支給済期間」という。)。

3 請求人は、請求傷病の療養のため、①平成○年○月○日から同月○日までの期間(同年○月○日(受付)。以下「本件請求期間①」という。)、②平成○年○月○日から同月○日までの期間(同年○月○日(受付)。以下「本件請求期間②」という。)、③平成○年○月○日から同月○日までの期間(同年○月○日(受付)。以下「本件請求期間③」という。)の各期間について労務に服することができないとし、全国健康保険協会○○支部長(以下「本件支部長」という。)に対し、傷病手当金の支給を請求した。

4 本件支部長は、請求人に対し、本件請求期間①については、平成○年○月○日付で「療養のための労務不能とは認められないため。」との理由(以下「本件不支給理由」という。)で、傷病手当金を支給しない旨の処分をし(なお、同日付不支給通知書の摘要欄には、「療養担当者欄に○/○から復職可能の診断書を事業所に提出したとの記載があり、また被保険者本人よりの申立でも自覚症状を認めていないため。」との記載がある。)、本件請求期間②については、同年○月○日付で、本件請求期間③については、同年○月○日付で、それぞれ本件不支給理由により傷病手当金の支給をしない旨の処分(以下、本件請求期間①に係る処分を「原処分①」、同②に係る処分を「原処分②」、同③に係る処分を「原処分③」という。)をした。

5 請求人は、原処分①ないし同③を不服とし、それぞれの各処分について○○社会保険事務局社会保険審査官(原処分②及び同③は、○○厚生局社会保険審査官。以下「審査官」という。)に対する審査請求をしたが、審査官は、原処分②に係る審査請求については、60日の法定期間が経過した後にされた不適法なものであって補正することができないとして却下し、原処分①及び同③に係る審査請求はこれを棄却する決定をした。

6 請求人は、原処分①及び同③を不服とし、当審査会に対し、再審査請求をした(原処分①に係る再審査請求は平成21年(健)第534号事件。同③に係る再審査請求は平成22年(健)第104号事件。)。その不服の理由は、本裁決書に添付の平成21年(健)第534号事件及び平成22年(健)第104号事件に係る各再審査請求書の2.別紙「再審査請求の趣旨及び理由」に記載のとおりである(以下「請求人主張」という。)。

第3 当審査会の判断

1 傷病手当金の支給について、法第99条第1項は、「被保険者(……)が療養のため労務に服することができないときは、その労務に服することができなくなった日から起算して3日を経過した日から労務に服することができない期間、傷病手当金……を支給する。」と規定し、同条第2項は、「傷病手当金の支給期間は、同一の疾病又は負傷及びこれにより発した疾病に関しては、その支給を始めた日から起算して1年6月を超えないものとする。」と規定している。

2 本件の場合、保険者が持つ請求人に係る給付記録照会及び請求人主張によれば、既決傷病は平成○年○月○日が起算日であること及び既決傷病と請求傷病は同一疾病とすることについて、当事者間に争いはないと解される。そうして、保険者は、本件請求期間①に係る「健康保険傷病手当金支給申請書」の「療養担当者

が意見を書くところ」(以下「療養担当者意見」という。)は、a病院・A医師(以下「A医師」という。)が、「就労に支障があると思われる精神症状は改善しており、平成〇年〇月〇日以降復職可能の由　診断書を会社に提出したが承認されていない。」と記載していることから、本件請求期間①は請求傷病の療養のため労務不能と認められず、また、本件請求期間②及び本件請求期間③に係るいずれの療養担当者意見にも、治療の継続は必要とされるものの、労務不能と認められる所見はない旨(本件請求期間②)、あるいは精神症状は安定しており、改善傾向が続いている旨(本件請求期間③)の記載があることから、請求人に対し、傷病手当金を支給しないとしたものであると解される。

3　請求人主張によれば、本件請求期間①及び同③は、医師により医学的には復職可能と判断されたとしても、職場復帰準備いわゆる「リハビリ出勤」の期間であって、労務の提供をしたものではないこと、本件のように、精神疾患における原職復帰については、「本来の業務に耐えうるか否かを標準として社会通念に基づき判断」するべきであるなどと主張するので、その主張を理由があるものと認めることができるかどうかを検討すると次のとおりである。

(1)当審査会委員長に対するb会社(以下「本件会社」という。)作成の回答書面(平成〇年〇月〇日付)及び審理期日における再審査請求代理人の陳述並びに本件手続の全趣旨によれば、次の事実が認められる。

ア　請求人は本件会社に平成〇年〇月〇日から勤務し、製本機械のオペレーション業務を担当しているが、その業務内容としては、1日立ち仕事のうえ、異なる機械全般を管理するなど、他の社員とのチームプレーを要することもあるため、心身ともに神経を使う業務であった。

イ　請求人は平成〇年に精神疾患で休業をした後に、既決支給済期間について既決傷病で休業していたこともあり、今回の同人の勤務再開については、本件会社では慎重に対応しなければならないと考えていた。

ウ　本件会社は産業医の選任をしていなかったが、請求人の復職に当たって、事業主としての安全配慮義務を考慮して、c病院で行われているB医師の指導に基づき、請求人とその上司を交えて話合ったうえ、本件請求期間①以降に係る請求人のリハビリ出勤について具体的な計画を立てたうえ、それを社内の関連部署に周知させ、請求人の職場復帰を後押ししていた。

エ　請求人のリハビリ出勤の内容については、①規則正しい生活をする。②平成〇年〇月〇日から自宅から会社までの通勤経路に沿って、段階的に電車通勤訓練を行う。③①及び②を達成後に、同年〇月〇日から平日の午前中もしくはフリーな時間帯で、特定の業務を行うなどの指示はせず、同僚のお手伝い程度を行わせる、というものであったが、請求人はそのリハビリ出勤を同年〇月〇日まで行い、同月〇日から職場復帰したものの、勤務状況は不安定であった。

オ　本件会社は、上記リハビリ出勤中における勤怠管理はしておらず、請求人に対し、労務の対価となる給与の支給はしていない。

(2)審理期日における保険者意見及び保険者の代理人の陳述によれば、傷病手当金に係る労務不能の基準として、「必ずしも医学的基準によらず、その被保険者の従事する業務の種別を考え、その本来業務に堪え得るか否かを標準として社会通念に基づき認定する。」とする通知(昭和31年1月19日保文発第340号)があるが、その後、「療養のため本来の職場における労務に服することができなかった被保険者が、その間他の労務に服して賃金を得ていたとしても、本来の職場における労務に対する代替的性格を持たない労務に従事していた場合や、当然受けうるはずの傷病手当金の支給があるまでの一時的なつなぎとして軽微な労務に服していたという事情がある場合には、これにより健康保険法45条所定の傷病手当金の受給権を喪失するものではない。」(判決要旨)と判示した最高裁判所昭和42年(行ツ)第98号同49年5月30日第一小法廷判決(民集28巻4号551頁)を承けて、「被保険者がその本来の職場における労務に就くことが不可能な場合であっても、現に職場転換その他の措置により就労可能な程度の他の比較的軽微な労務に服し、これによって相当額の報酬を得ているような場合は、労務不能には該当しないものであるが、本来の職場における労務に対する代替的性格をもたない副業ないし内職等の労務に従事したり、あるいは傷病手当金の支給があるまでの間、一時的に軽微な他の労務に服することにより、賃金を得るような場合その他これらに準ずる場合には、通常なお労務不能に該当するものであること。したがっ

て、被保険者がその提供する労務に対する報酬を得ている場合に、そのことを理由に直ちに労務不能でない旨の認定をすることなく、労務内容、労務内容との関連におけるその報酬額等を十分検討のうえ労務不能に該当するかどうかの判断をされたいこと。」(平成15年2月25日保発第0225007号。以下、この通知を「15年通知」という。)が新たに発出されている。

(3)そして、最近顕著に増加した精神疾患については、厚生労働省労働基準局長名で発出された「当面のメンタルヘルス対策の具体的推進について」(平成21年3月26日基発第0326002号)によれば、職場におけるメンタルヘルス対策の推進が一層必要であるとして、その対策の一つに事業所における職場復帰支援を挙げているが、その具体的な対策については「心の健康問題により休業した労働者の職場復帰支援の手引き」(以下「職場復帰手引き」という。)の活用を促している。そして、職場復帰手引きは、請求傷病のような、心の健康問題で休業している労働者がその傷病について診察を受ける主治医により職場復帰が可能と判断された場合に、その診断書に就業上の配慮に関する具体的な意見を含めてもらうことが望ましいとしており、また労働者が職場復帰に対して十分な意欲を示すことができるよう、模擬出勤、通勤訓練及び試し出勤の制度を導入することが必要としているところである。なお、本件については、保険者の照会に対するA医師作成の回答書(平成○年○月○日付)によれば、同医師は、請求人が初めて同医師の診療を受けたのは平成○年○月○日であるが、請求人の診察態度等から就労再開は可能であると判断したとしているものの、「前医通院中より一年を超える休職をしており、更には月○○時間程度の残業が休職の原因だったとのことであり、復職に関してならし勤務等、条件付き労務可能とするのが常識的な判断である。」との意見を述べていることが認められる。

4 以上の認定事実によれば、請求人はA医師の診断に基づき、本件請求期間①から労務可能との診断されてはいるものの、請求人が平成○年○月○日から電車通勤訓練を行い、その達成後の同年○月○日からリハビリ出勤を行っていたことは前記3の(1)のウからオまでにおいて認定したとおりであるが、その認定に供した本件会社作成の「請求人復職の件」と題する書面(○○年○月○日付管理グループ作成に係るもの)には、

「1　請求人が担当する業務の検討案

1、従来の製本業務…製造の最終段階、納期のプレッシャーが大、立ち仕事、残業多案2、工務…用紙手配、座り仕事、PC案3、倉庫…用紙の管理、立ち仕事案4、オンデマンド…座り仕事が半分、PC、納期プレッシャー有以上の中から選択したい。

2、リハビリ出勤の実施復職する前に、リハビリ出勤を実施したい。平日、朝9：00～12：00もしくはフリー業務は特定せず、工務課Cさんのお手伝い。○月○日より平日のみ実施、3、復職の時期目標を○月○日頃にする。」との記載があることが認められるのであり、このことに、本件会社が同年○月○日までは請求人の勤怠管理をしておらず、労務に対する対価である給与も支払っていなかったことを併せ考慮すれば、本件請求期間①から本件請求期間③までの期間については、製本機械のオペレーション業務を担当し、異なる機械全般を管理することから他の社員とのチームプレーを要することもあるという請求人の本来業務への労務復帰とは到底いうことはできず、職場復帰手引きに基づく訓練期間であると認めるのが相当である。そして、法第99条第1項は「被保険者(・・・)が療養ため労務に服することができない」ことを要件として傷病手当金を支給することとしているのであるが、それは、療養のための就労不能により報酬を受けることができない被保険者に、一定の限度でその生活を保障して療養に専念しうる状態を与えようとするものにほかならないのであって、傷病手当金の支給を得られないために、療養中の被保険者が可能な限度をこえて労務に服することを余儀なくされるような結果を来たすことは、傷病手当金の制度の目的に反することであり、このような点を考えれば、その受給要件をあまり厳格に解することは相当でないものといわなければならない(最高裁判所昭和42年(行ツ)第98号同49年5月30日第一小法廷判決・民集28巻4号551頁)のであって、これに、前記15年通知の趣旨を併せて考慮すると、請求人主張は理由があるから、これを採用することが相当である。そうすると、本件2つの再審査請求の対象とする原処分①及び同③は妥当ではなく、取り消さなければならず、主文のとおり裁決する。

■ **関連する法律・通知等**

■資格喪失後の継続給付に係る関係通知の廃止及び「健康保険法第98条第1項及び第99条第1項の規定の解釈運用」について（平成15年2月25日／保保発第0225007号）➡P.254

事例 5	2つの異なる疾病に関連が認められるか――資格喪失日をまたいだ別の疾病による傷病手当金の請求	容認

平成21年(健)第597号　　平成23年5月31日裁決

概　要

　請求人は、左自然気胸(術後を含む。傷病A)により傷病手当金の支給を受けた。その後、傷病Aおよび強直性脊椎炎(傷病B)の療養のため労務に服することができなかったとして、全国健康保険協会○○支部に傷病手当金の請求をした。

　しかし全国健康保険協会○○支部は、

- 傷病Bは、傷病Aと同一疾病ないしこれより発した疾病ではない。
- 被保険者資格喪失時に傷病Bによる傷病手当金の支給を受けていない。

　ことから、療養のための労務不能とは認められないとして、傷病手当金を支給しない処分を行った。請求人はこれを不服とし、「資格喪失日において労務不能と認められた対象傷病は、傷病Aだけでなく傷病Bも含まれている」として、再審査請求を行った。

　社会保険審査会は、

- 根本的な治療がない傷病Bが若い頃から徐々に進行し、胸郭拡張障害等の後遺障害を残してある程度固定化した状態と解され、傷病手当金の支給期間において傷病Aと傷病Bは合併していたと認められる。
- 傷病Aのみでは労務不能には至らないものの、傷病Bの胸郭拡張障害による呼吸困難症状が傷病手当金の支給期間から継続していたことで労務不能だったと認められる。

　などとして、処分を取り消した。

ポイント

　傷病手当金を受給していた傷病と、その後の傷病が同一傷病であるかどうかなどが争われた事例である。

　事例の傷病Bである強直性脊椎炎とは指定難病となっている。

　　主に脊椎・骨盤(仙腸関節)及び四肢の大関節を侵す慢性進行性の炎症性疾患である。多くが30歳前の若年者に発症し、頸～背～腰殿部、胸部、さらには股、膝、肩関節など全身広範囲に炎症性疼痛が拡がり、次第に各部位の拘縮(運動制限)や強直(運動性消失)を生じる。このため、身体的のみならず心理的・社会的にもQOLの著しい低下を招き、特に若年者では就学・就労の大きな障壁となる。(中略)

　　遺伝的背景により、我が国の患者数は欧米に比べ極めて少なく、医師の間でも十分に周知されていないため診断が遅れがちとなり、初発から診断までに平均9.3年を要している。(中略)

　　根治療法はなく、治療は、薬物療法及び各種物理療法・運動療法などの対症療法に終始する。

　　　　　　　　　　　　　　　　　　(出典：公益財団法人難病医学研究財団「難病情報センター」)

　裁決では、「資格喪失日において労務不能と認められた対象傷病は、傷病Aだけでなく傷病Bも含まれている」という請求人の主張、つまり、傷病手当金の支給を受けた傷病「左自然気胸」と、後日傷病手当金を請求し不支給処分となった「指定難病である強直性脊椎炎」は関連したものである、ということが医学的知見や医師の判断をもとに認められた形だが、指定難病ということもあり、特殊な事例といえよう。

裁決文

主文

後記第2の3記載の、再審査請求人に対し傷病手当金を支給しないとした処分は、これを取り消す。

理由

第1 再審査請求の趣旨

再審査請求人(以下「請求人」という。)の再審査請求の趣旨は、主文と同旨の裁決を求めるということである。

第2 再審査請求の経過

1 請求人は、左自然気胸により、平成○年○月○日から平成○年○月○日まで、また、左自然気胸(術後)(左自然気胸と左自然気胸(術後)は、同一の疾病と認められるので、以下、併せて「傷病A」という。)により、平成○年○月○日から同年○月○日までの期間(以下、上記各期間を併せて、単に、「既支給期間」という。)療養のため労務に服することができなかったとして、健康保険法(以下「法」という。)による傷病手当金の支給を受けていた。

2 請求人は、平成○年○月○日(受付)、傷病A及び強直性脊椎炎(以下「傷病B」という。)の療養のため、平成○年○月○日から同年○月○日までの期間(以下「本請求期間」という。)労務に服することができなかったとして、全国健康保険協会○○支部長(以下「保険者」という。)に対し、傷病手当金の請求をした。

3 保険者は、平成○年○月○日付で、請求人に対し、本請求期間については「療養のための労務不能とは認められないため。」として、傷病手当金を支給しない旨の処分(以下「原処分」という。)をした。なお、審理期日における保険者の意見書によれば、保険者は、上記の理由に、請求人の傷病Bは、傷病Aと同一疾病ないしこれより発した疾病ではないこと、請求人は、健康保険の被保険者資格喪失時に傷病Bによる傷病手当金の支給を受けていないとの理由を加えている。

4 請求人は、原処分を不服とし、○○厚生局社会保険審査官に対する審査請求を経て、当審査会に再審査請求をした。

　　不服の理由は、本裁決書に添付した別紙記載のとおりである。

第3 問題点

1 傷病手当金の支給については、法第99条第1項に「被保険者が療養のため労務に服することができないときは、その労務に服することができなくなった日から起算して3日を経過した日から労務に服することができない期間、傷病手当金・・・を支給する」と規定されている。

2 法第104条に「被保険者の資格を喪失した日の前日まで引き続き1年以上被保険者であった者であって、その資格を喪失した際に傷病手当金の支給を受けているものは、被保険者として受けることができるはずであった期間、継続して同一の保険者からその給付を受けることができる。」と規定されている

3 本件の場合、請求人が健康保険の被保険者資格を喪失した日(平成○年○月○日。以下「資格喪失日」という。)において、1年以上被保険者であったこと、同日において傷病Aにより傷病手当金の支給を受けていたことに関しては、当事者間に争いがないと認められるところ、保険者は、傷病Aと傷病Bは、同一疾病またはこれにより発した疾病ではないという前提の上で原処分を行ったのに対し、請求人は、資格喪失日において労務不能と認められた対象傷病は、傷病Aだけでなく傷病Bも含まれているのであり、本請求期間においても傷病Aと傷病Bによる療養のため労務に服することができないとして傷病手当金の支給を求めると主張しているものと解される。したがって、本件で検討すべき点は、まずは、請求人は、資格喪失日当時において、傷病Aだけでなく傷病Bによっても療養のため労務に服することができなかったと認められるかどうかであり、これが認められた場合、次に、本請求期間において、傷病Aと傷病Bによる療養のため労務に服することができないと認められるかどうかである(なお、以下においては、療養のため労務に服することができない状態を、単に「労務不能」という。)。

第4 審査資料

　　「(略)」

第5 事実の認定及び判断

1 「略」

2 当審査会の判断

  (1)本件記録よれば、請求人の病状経過は、左自然気胸にて、平成○年○月○日から同月○日まで入院し、平成○年○月○日から同年○月○日まで再入院し、同月○日胸腔鏡下肺切除術を受け、以後外来通院し、呼吸困難症状の持続を訴えている。

  (2)医学的知見によれば、自然気胸は胸郭内の肺のブラ、ブレブからの空気の漏れにより肺虚脱を生じるものであり、強直性脊椎炎は、10歳から35歳の男性に多く、靭帯付着部炎などにより、徐々に進行すると、連続的に融合する骨性の強直を引き起こすとされ、初期には、仙腸関節、股関節、肩関節など躯幹に近い部位の関節に痛みや運動制限が起こり、胸郭の関節炎のため、胸郭拡張の制限を生じ、脊柱後弯の増強、腰椎前湾の減少等が加わり、呼吸機能障害の症状等を生ずるものとされている。

  (3)請求人は、再審査請求書中に「強直性脊椎炎は若い頃からの持病で傷病固定し、他の医療機関にも通院していない。」旨主張しているところ、A医師は、傷病Aと傷病Bの関連性について、「全く別の疾病」とし、B医師は、傷病Bは「若い頃からの強直性脊椎炎としてよろしいでしょうか。」との照会に対して、「よいと考える。」旨回答している。そうすると、本件では、上記(2)の説示のように、根本的な治療はない傷病Bが若い頃から徐々に進行し、胸郭拡張障害等の後遺障害を残し、ある程度固定化した状態と解され、既支給期間において、既に、傷病Aと傷病Bは合併していたと認めるのが相当である。

  (4)自然気胸と強直性脊椎炎の関連性についてみると、自然気胸と強直性脊椎炎は異なる別の疾病であるものの、自然気胸が強直性脊椎炎から低頻度ながら引き起こされること(メルクマニュアル18版・日本語版「気胸：・縦隔および胸膜の疾患」による)及び強直性脊椎炎の合併症として自然気胸が数％あるとの報告や、合併症例の報告が散見されることから、本件の場合、若い頃から強直性脊椎炎が存在したのは、上記(2)(3)からも明らかであり、その後自然気胸が発生したものであると認められる。したがって、本件では、傷病Aと傷病Bは関連した疾病であると扱うのが相当である。

  (5)既支給期間について、傷病A及び傷病Bの病状による労務不能であったか否かについてみると、資料2によれば、％VC○○.○％との記載があり、60％未満であり、医学的に、これは、著しい肺機能障害(拘束性)であると認められる。上記測定値がいつ測定されたのかは不明であるが、術後の状態を示したものと判断でき、傷病Aの胸腔鏡下手術では通常呼吸機能の大きな影響はないとされることから、上記(2)の説示のように、傷病Bによる著しい拘束性換気障害を示す客観的数値であると解される。したがって、既支給期間について、従前の職種である代表取締役(営業、作業)(資料2)に対し、上記病状を勘案すれば、傷病Aおよび傷病Bにより労務不能であったと認めるべきであり、傷病Bについての保険者の見解は妥当ではなく、採用できない。

  (6)本請求期間についての労務不能についてみると、A医師は、傷病Aについては、「治ゆ状態」であり、単独では「労務不能と認められない」とし、傷病Bのみで労務不能と認められ、その理由は、「胸郭運動障害が呼吸苦に関与している可能性あり、呼吸苦が著しいため。」と説明しているところ、上記1(4)によれば、保険者医師は、「自然気胸と強直性脊椎炎の同時存在による呼吸困難の可能性はありうると考えられる。」旨の見解を示している。また、診療実日数が2日(○月○日、○月○日)であることについては、A医師は「当科的に打てる手がほとんどない為」とされており、それは、医師の指示によるものであると認められる。そうすると、本請求期間において、傷病Aのみでは労務不能には至らないものの、傷病Bによる胸郭拡張障害による呼吸困難症状が既支給期間から継続したことにより、従前の職種に対して労務不能であると言わざるをえない。

  (7)以上により、既支給期間及び本請求期間において、傷病A及び傷病Bにより労務不能であると認めるのが相当である。

よって、これと趣旨を異にする原処分は妥当でないので、取り消すこととし、主文のとおり裁決する。

同一傷病であっても、その間に社会的治癒があった場合は再発として取り扱われる①——精神障害のケース

容認

平成22年(健)第268号　　平成23年8月31日裁決

概　要

　請求人はうつ病と脳性マヒの療養のため労務に服することができなかったとして、傷病手当金の支給を受けた(既決受給期間)。その後、労務に復帰し、従前同様の勤務を行っていたが(検討期間)、再び、うつ病と脳性マヒの療養のため労務に服することができなかったとして、傷病手当金の請求を行った(請求期間)。これに対し、○○健康保険協会○○支部は「法定給付期間(1年6ヵ月)を超えた請求である」として、傷病手当金を支給しない処分を行った。請求人はこれを不服として再審査請求を行った。

　社会保険審査会は裁決の中で、社会的治癒を「社会保険の運用上、過去の傷病が治癒した後再び悪化した場合は、再発として過去の傷病とは別傷病として取り扱い、治癒が認められない場合は、過去の傷病と同一傷病が継続しているものとして取り扱われるが、医学的には治癒していないと認められる場合であっても、軽快と再度の悪化との間に社会的治癒があったと認められる場合には、再発として取り扱われるものとされている」としている。

　「再発」の場合は過去の傷病とは別傷病として取り扱われ、「法定給付期間(1年6ヵ月)を超えた請求」に該当しなくなるため、傷病手当金の支給が可能となる。そのため、検討期間が社会的治癒に相当するかどうかがポイントとなった。

　社会保険審査会は、「既決受給期間終了時から検討期間および請求期間を通じて、外来に通院し、通院精神療法と薬物治療を受けており、その間の処方内容と医師の回答から、既決受給期間の傷病と請求期間の傷病は連続した同一傷病と判断できる」としたものの、

- 大部分の精神障害では理想的治癒はなかなか得られないところ、多くの精神障害については、「日常生活にあまり障害を与えない治療を続けて受けていれば、生体の機能が正常に保持され、悪化の可能性が予測されない状態」を「社会的治癒」の状態とみることができることに鑑み、当審査会は、薬物の持続的服薬が予防的服薬の範疇にあると認められ、健常者と変わりのない社会生活を送ってきたと判断できる場合は、社会的治癒を認めてきた。
- 既決受給期間の傷病と同一傷病と判断される請求期間の傷病は、定期的な通院と予防的な範疇の薬物療法によって安定した状態が維持されていたと認められる。
- 検討期間の就労状況をみると、従前の勤務を行うことができていたと認められる。検討期間において医学的に完全な治癒があったとは認められないものの、予防的治療を続けな

同一傷病

うつ病・脳性マヒの療養 → 傷病手当金を受給(既決受給期間)

外来通院で通院精神療法と薬物治療を受診 → 労務復帰(検討期間)

うつ病・脳性マヒの療養 → 傷病手当金を請求(請求期間)

1年6カ月超

1年6カ月の法定給付期間を超えた請求であるとして保険者は傷病手当金を支給しない処分を決定(原処分)

社会保険審査会の判断	医学的に完全な治癒があったとは認められないものの、予防的治療を続けながら従前の職務が可能な状態にあり、保険制度運用上の「社会的治癒」があったと認めるのが相当

がら従前の職務が可能な状態にあったとして、保険制度運用上の「社会的治癒」があったと認めるのが相当である。

として、検討期間の社会的治癒を認め、処分を取り消した。

ポイント

　傷病手当金の支給期間は、令和４年１月より「傷病手当金の支給期間は、同一の疾病又は負傷及びこれにより発した疾病に関しては、その支給を始めた日から通算して一年六月間とする」と改正された。本事例では既決受給期間と請求期間が同一傷病であると判断されていることもあり、通算１年６ヵ月を超えていないのであれば現在は問題なく傷病手当金を受給することができるケースだろう。

　裁決文では労務復帰のあった検討期間について○年○カ月間とあるだけで、具体的な期間は不明だが、相当年数が経過していることがわかる。令和４年１月からの傷病手当金の支給期間の「通算化」によって、この事例のように受給・不支給期間が長期化し、数年に及ぶことにもなると現場の混乱も予想される。実際、社会保障審議会医療保険部会において、「支給期間の通算化に当たり、不支給期間が長くなった場合、実務的に支給情報をどう管理するのか整理すべき」（令和２年10月28日　第132回　資料１-３「傷病手当金について」より）という意見も出ている。また、不支給期間が長くなると、その期間において再発や社会的治癒が認められるケースも多くなるかもしれない。もちろん、請求時には医師の診断があるが、仮に再発や社会的治癒が認められた場合、そこでいったん通算がリセットされることになろうから、長期にわたって傷病手当金の支給が続く可能性もある。

　前出の社会保障審議会医療保険部会の資料で、「傷病手当金の支給期間が『支給開始から１年６月』とされているのは、当初の支給期間６ヶ月から給付を充実させたことに加え、障害年金が初診日から起算して１年６月後から支給可能となることとの接続性を担保したものであり、支給期間が１年６月を上回ることを妨げるものではない」との意見もあるが、社会保障財政がひっ迫するなか、傷病手当金のあり方については今後も検討が重ねられることになるだろう。

裁決文

主文

　全国健康保険協会が、平成○○年○月○○日付で再審査請求人に対してした、後記第２の３の原処分を取り消す。

理由

第１　再審査請求の趣旨

再審査請求人（以下「請求人」という。）の再審査請求の趣旨は、主文と同旨の裁決を求めるということである。

第２　再審査請求の経過

1　請求人は、うつ病、脳性マヒ（以下「既決受給傷病」という。）の療養のため労務に服することができなかったとして、平成○年○月○日から同年○月○日までの期間（以下「既決受給期間」という。）について傷病手当金の支給を受けた。

2　請求人は、うつ病、脳性マヒ（以下、併せて「当該傷病」という。）の療養のため、労務に服することができなかったとして、平成○年○月○日から同月○日までの期間（以下「本件請求期間」という。）について、○○健康保険協会（以下「協会」という。）に対し、傷病手当金の支給を請求した。

3　協会○○支部長は、平成○年○月○日付で、請求人に対し、本件請求期間について「法定給付期間（１年６カ月）を超えた請求であるため。」という理由により、傷病手当金を支給しない旨の処分（以下「原処分」という。）をした。

4　請求人は、原処分を不服として、○○厚生局社会保険審査官（以下「審査官」という。）に対する審査請求を経て、当審査会に対し、再審査請求をした。その理由は、本裁決書添付別紙のとおりである。

第3 問題点

1 傷病手当金の支給について、法第99条第1項は「被保険者が療養のため労務に服することができないときは、その労務に服することができなくなった日から起算して3日を経過した日から労務に服することができない期間、傷病手当金・・・を支給する」と定め、同条第2項には「傷病手当金の支給期間は、同一の疾病又は負傷及びこれにより発した疾病に関しては、その支給を始めた日から起算して1年6月を超えないものとする」と規定されている。

2 本件の問題点は、当該傷病は既決受給傷病と同一傷病又はこれにより発した疾病(以下、これを併せて「同一傷病」という。)かどうかであり、同一疾病と認められる場合には、既決受給期間の翌日から本件請求期間の前日までのおよそ〇年〇か月間(以下「本件検討期間」という。)がいわゆる社会的治癒に相当すると認められるかどうかである。

第4 当審査会の判断

1 当該傷病と既決受給傷病は同一疾病かどうかについて判断する。

(1)a病院(以下「a病院」という。)・A医師(以下「A医師」という。)作成の本件請求期間に係る健康保険傷病手当金支給申請書の「療養担当者が意見を記入するところ」(平成〇年〇月〇日付)によれば、請求人は、平成〇年〇月頃から頭痛、倦怠感、集中力低下及び記憶力低下を訴えて、同月〇日にa病院を受診し、傷病名「うつ病、脳性マヒ」、発病または負傷の原因「心理的ストレス」とされ、本件請求期間について、症状経過からみて従来の職種について労務不能と認められた医学的な所見は、「中等度のうつ状態(易疲労性、意欲低下、不安、活動性低下)内科的にはとくに問題なし。就労不可の状態にある。」とされている。

そして、協会〇〇支部の照会に対するA医師作成の回答書(平成〇年〇月〇日付)によれば、平成〇年〇月〇日から平成〇年〇月〇日までの間、同一の疾病にて傷病手当金を受け取られておりました。レセプトにて、ほぼ毎月受診し、投薬にて加療を受けていることを確認しておりますが、今回の疾病については、“継続"したものと解してよろしいでしょうか、という照会に対し、同医師は、治療は御指摘の通り継続しておりましたが、この間、就労状況も良好で、うつ症状は軽快しておりました。(うつ病ではいったん軽快して再発するということは良く知られている所だと思われます。)、今回の傷病休暇は、別傷病ではありません。再発と考えております。たしかに、御指摘の通り、上の欄で「H〇年〇月〇日当科初診。以来通院を継続」として、下の欄に「今回のうつ状態の説明」を記載している訳ですので、今回の症状悪化についての記載、たとえば、上の欄の最後に「〇月末頃から、妻の病気や経済的問題などの心理的ストレスのためにうつ状態が悪化。」といった記載が抜け落ちていたように思います、と回答している。

(2)既決受給期間終了時から本件請求期間までの請求人に係るa病院、b病院、c病院及びd病院作成の診療報酬明細書並びに、e薬局f店及びg薬局h店作成の調剤報酬明細書によれば、請求人は、平成〇年〇月までは月2回、それ以降は月1ないし2回程度の頻度で外来を通院し、通院精神療法と薬物治療を受けている。その間の処方内容は、平成〇年〇月は抗うつ薬(アモキサンカプセル10mg、デプロメール25mg錠、スペサニール50mg錠)と睡眠薬(ハルシオン0.25mg錠、デパス1mg錠)、平成〇〇年〇月からは、アモキサンカプセル、パキシル10mg錠、デパス錠に減量され、同年〇月からはパキシル錠、デパス錠(0.5mg)だけとなり、同年〇月からは、スルピリド50mg錠とジェイゾロフト25mg錠に、同年〇月からは抗うつ薬としてジェイゾロフト25mg錠の単剤に減量され、その内容は平成〇年〇月まで継続されている。

(3)以上のように、請求人は、既決受給期間終了時から本件検討期間及び本件請求期間を通じて、外来に通院し、通院精神療法と薬物治療を受けており、その間の処方内容とA医師の回答によれば、既決受給傷病と当該傷病は連続した同一傷病と判断するのが相当である。

2 次に、本件検討期間に社会的治癒があったかどうかについて判断する。

(1)社会保険の運用上、過去の傷病が治癒した後再び悪化した場合は、再発として過去の傷病とは別傷病として取り扱い、治癒が認められない場合は、過去の傷病と同一傷病が継続しているものとして取り扱わ

れるが、医学的には治癒していないと認められる場合であっても、軽快と再度の悪化との間に社会的治癒があったと認められる場合には、再発として取り扱われるものとされている。

　医学的知見によれば理想的な「疾病の治癒」は、原状の完全回復であって、「治癒操作、すなわち、薬物の持続的服薬、日常生活の制限、補助具の装用などを行わなくても生体の機能が正常に営まれ、かつ、病気の再発が予測されない状態」と定義することができるが、大部分の精神障害では上記の理想的治癒はなかなか得られないところ、多くの精神障害については、「日常生活にあまり障害を与えない治療を続けて受けていれば、生体の機能が正常に保持され、悪化の可能性が予測されない状態」を「社会的治癒」の状態とみることができることに鑑み、当審査会は、薬物の持続的服薬が予防的服薬の範疇にあると認められ、健康保険の被保険者として、健常者と変わりのない社会生活を送ってきたと判断できる場合は、社会的治癒を認めてきた。

(2)本件についてこれをみると、前記1の(3)に記したように、本件検討期間において、請求人は医療機関に通院し、定期的に通院精神療法と薬物治療を受けてはいるものの、その処方内容からは、平成○年○月当時3種類の抗うつ薬は、平成○年○月から2種類に、同年○月からは1種類となり、同年○月に抗うつ薬が変更されたものの、そのまま平成○年○月まで継続されていることから、既決受給傷病と同一傷病と判断される当該傷病は、定期的な通院と予防的な範疇の薬物療法によって安定した状態が維持されていたと認められる。

　次に、就労状況をみると、当審査会委員長の照会に対する社会福祉法人○○障害者労働センター（以下「障害者労働センター」という。）理事長B作成の回答書並びにこれに添付して提出された請求人に係る出勤簿（平成○年○月から平成○年○月まで）、賃金台帳（平成○年○月から平成○年○月まで）及び「「別紙」理事長見解」と題する書面によれば、請求人は、平成○年○月の法人設置以来、障害者労働センターの施設長として勤務しているところ、本件検討期間における勤務状況をみてみると、この間欠勤は全くなく、利用者の支援や職員の統括などの作業所の運営に従事したほか、全国各地に出かけ、障害者福祉への理解を深めるための講演活動等を行う等、従前の勤務を行うことができていたと認められる。

　そうすると、請求人は、本件検討期間において、医学的に完全な治癒があったとは認められないものの、予防的治療を続けながら、従前の職務が可能な状態にあったとして、保険制度運用上の「社会的治癒」があったと認めるのが相当である。

3　以上みてきたように、本件請求期間について、「法定給付期間（1年6カ月）を越えた請求であるため。」として傷病手当金を支給しない原処分は妥当ではなく、これを取り消すこととし、主文のとおり裁決する。

同一傷病であっても、その間に社会的治癒があった場合は再発として取り扱われる②——難病のケース

平成22年（健）第461号　　平成23年9月30日裁決

概　要

　請求人は、難病であるクローン病の療養のため労務に服すことができなかったとして、傷病手当金を請求した。請求人はそれ以前（数年前）にも同一の傷病で傷病手当金の支給を受けており、○○健康保険組合はその点を指摘し、「以前の発症以来の投薬が継続されており、社会的治癒は認められず、以前の発症時を支給開始日とする傷病の継続によるもの」であり、法定給付満了日を超えているとして、傷病手当金支給を支給をしない処分を行った。

　請求人はこれを不服とし、「症状の悪化による入院治療に伴う請求であるので、社会的治癒を認めるべきである」として、再審査請求を行った。

　社会保険審査会は、「薬治下にある場合や、単に症状がなく一般人と同様の勤務をして相当期間経過したという状態だけでは、社会的治癒を認めることはできないとされている」が、

- クローン病はその活動性をコントロールし、緩解導入したあとも再発再燃を予防し、できるだけ長く緩解を維持するための治療・投薬が必須であるとされている。
- 最初の傷病手当金の支給から約○年後までは大きな再燃増悪が予防され、寛解を維持していたが、再発による悪化のため入院となったことが認められ、それまでの投薬は活動期の治療ではなく、寛解を維持するための予防的治療と認めるのが相当である。
- 請求人の就労状況は約○年の相当期間、一般人と同様の通常勤務をし、経過したということなどを総合的に勘案すれば、復職期間において社会的治癒を認めることが相当である。

として、処分を取り消した。

ポイント

　法定給付期間を超えた傷病手当金について、社会的治癒が認められ、さらなる傷病手当金の支給が認められたケースである。クローン病は指定難病で、令和元年度における医療受給者証保持者数は44,245人となっている。

　　クローン病は主として若年者にみられ、口腔にはじまり肛門にいたるまでの消化管のどの部位にも炎症や潰瘍（粘膜が欠損すること）が起こりえますが、小腸と大腸を中心として特に小腸末端部が好発部位です。非連続性の病変（病変と病変の間に正常部分が存在すること）を特徴とします。それらの病変により腹痛や下痢、血便、体重減少などが生じます。

（出典：公益財団法人難病医学研究財団「難病情報センター」）

　本事例でも、復職期間の治療が「予防的服薬」「予防的医療」と認められていることがポイントとなっている。

　なお、クローン病による傷病手当金の請求事例は、事例40（平成25年（健）第830号）や事例51（平成25年（健）第1630号）があるが、同じ請求人かどうかは判断できない。

裁決文

主文

後記第2の2記載の原処分は、これを取り消す。

理由

第1　再審査請求の趣旨

再審査請求人(以下「請求人」という。)の再審査請求の趣旨は、健康保険法(以下「法」という。)による傷病手当金の支給を求めるということである。

第2　再審査請求の経過

1　請求人は、クローン病(以下「当該傷病」という。)の療養のため、労務に服することができなかったとして、平成○年○月○日から平成○年○月○日までの期間(以下「本件請求期間」という。)について、平成○年○月○日(受付)、○○健康保険組合理事長(以下「保険者」という。)に対し、傷病手当金の支給を請求した。

2　保険者は、平成○年○月○日付で、請求人に対し、傷病手当金を支給できる期間が平成○年○月○日で切れたため(健康保険法第99条第2項)として、傷病手当金を支給しない旨の処分(以下「原処分」という。)をした。そして、支給できない理由については、「平成○年○月○日から傷病名「クローン病」にて傷病手当金の支給開始をしております。傷病手当金をお支払いできる期間は、お支払い開始日から暦日数で1年6ケ月を超えない期間となっております。」と説明している。

3　請求人は、原処分を不服として、○○厚生局社会保険審査官(以下「審査官」という。)に対する審査請求を経て、当審査会に再審査請求をした。不服の理由の要旨は、平成○年○月○日付で復職して平成○年○月○日まで、健常者と同様何等の問題もなく、残業等も含め通常に勤務しており、その間通院、投薬を続けていることは、生命を永らえ、通常の生活をしようと思えば、難病認定の「クローン病」に対して当然の対応であり、社会的治癒をみとめて、平成○年○月に症状の悪化による入院治療に伴う傷病手当金の請求は、全部支給されるべきである、ということである。

第3　問題点

1　傷病手当金の支給については、法第99条第1項に「被保険者が療養のため労務に服することができないときは、その労務に服することができなくなった日から起算して3日を経過した日から労務に服することができない期間、傷病手当金……を支給する。」と規定されている。また、同条第2項には「傷病手当金の支給期間は、同一の疾病又は負傷及びこれにより発した疾病に関しては、その支給を始めた日から起算して1年6月を超えないものとする。」と規定されている。

2　本件の場合、保険者が、当該傷病の支給開始日は平成○年○月○日であり(以下、すでに支給のなされた期間につき「既支給期間」という。)、本請求期間は、1年6か月の法定給付満了日を超えているという原処分を行ったことに対し、請求人は、上記第2の3のように不服を申し立てているのであるから、本件の問題点は、当該傷病による平成○年○月○日からの療養が、支給開始日を平成○年○月○日とする従前の傷病の継続によるものであるかどうかであり、換言すれば、平成○年○月○日から平成○年○月○日までの約○年○か月間の復職期間をもって社会的治癒があり、本件請求期間はその後の再発症による労務不能であると認められるかどうかである。

第4　審査資料「(略)」

第5　事実の認定及び判断

1　「略」

2　当審査会の判断

(1)法に定める「同一の疾病」とは、一つの疾病の発病から治癒までをいうが、同一の疾病として扱うか否かは、現在の疾病が以前からの疾病と因果関係があるかないかを判断して決めるものであり、また、「治癒」とは、医学的に厳密な治癒のみではなく、社会的治癒を含むと解され、前の疾病が医学的治癒又は社会的治癒した後、再び悪化した場合は、前の疾病の継続として扱わず、再発症した別の疾病として取り扱うとされているところ、「社会的治癒」とは、臨床的に症状がなくなったか又は悪化の恐れのない状

態に固定して治療の必要がないと判断され、かつ、このような状態が相当期間継続し、その間一般人と同様、労務に服することができた場合には、疾病が治癒したとみる考え方である。したがって、薬治下にある場合や、単に症状がなく一般人と同様の勤務をして相当期間経過したという状態だけでは、社会的治癒を認めることはできないとされている。

(2)クローン病は、医学的知見によれば、いわゆる難病であり、根治する方法は今のところなく、増悪寛解を繰り返すのを特徴とするもので、活動期重症例では、消化管の多発潰瘍、狭窄、腸閉塞、瘻孔形成、痔瘻、下痢、低栄養等が生じ、抗炎症薬物治療、経腸栄養（FULL・EDなど）、腸管切除術などが必要となり、著しくQOLを低下させることから、治療の目標はクローン病の活動性をコントロールし、患者のQOLを高め、緩解導入したあと、再発再燃を予防し、出来るだけ長く緩解を維持するための治療・投薬が必須であるとされている。

　　難治性炎症性腸管障害に関する厚労省研究班の「クローン病の食事脂肪の関与を確定する研究」によれば、再燃率は、一日脂肪摂取量20gで10％、30gで57％、40gで63％とされており、エレンタールは、主な経腸栄養剤のなかで100kcalあたり脂質0.17gと低値であることなどから、クローン病の腸管炎症の再燃予防、寛解維持のため、エレンタール（half・ED）服用、及び、炎症細胞からの活性酸素除去とロイコトルエン産生抑制による炎症細胞浸潤の抑制等（注：医療用医薬品添付文章による）による腸管炎症増悪予防のため、ペンタサは主要な治療薬となっているものと思料される。

(3)請求人のクローン病の病状経過について、上記1の(3)、(4)によれば、平成○年○月○日からa病院にて診療開始し、その後の受診日数は、平成○年○月まで毎月○日から○日であり、投薬内容はペンタサ錠、エレンタールの処方が認められ、根来医師は、「エレンタール、ペンタサ錠は、クローン病に対する大事な治療薬で、メインはED療法でエレンタールが治療の根幹となっているもので、ラックビー微粒・フェロミア錠はクローン病に対する補助的な治療薬です。」との旨を述べ、請求人は、その効果によりsubilus（注：亜イレウスで回腸末端の狭窄による軽い通過障害と解される。）を繰り返したとされるものの、約○年○か月後の平成○年○月頃まではおおきな再燃増悪が予防され、寛解を維持していたと解され、同年○月○日に再発による全身状態及び栄養状態の悪化のためb病院に入院となったことが認められる。したがって、これら投薬は、上記(2)の説示のとおり、活動期の治療ではなく、寛解を維持するための予防的治療と認めるのが相当である。

(4)請求人の就労状況について、事業主は、資料4によれば、平成○年○月の職場復帰後、「休職前と何等変わりなく、他の社員同様に残業にも充分対応し、勤務していた。勤務時間○：○○から○：○○、業務は、担当の生産部門と営業担当及び外部取引先との受注・発送等の調整等とされており、時々、腹痛と下痢がみられるが、月2回程度の通院と投薬で日常生活及び就労には特に支障なし」との旨を述べ、出勤日数は平成○年○月から平成○年○月の間各月○日から○日、残業が平成○年○月から平成○年○月まで、○○時間から○○時間、毎月行われていたことが認められる。

(5)以上により、上記寛解期のこれら投薬は、上記(3)の説示のとおり、活動期の治療ではなく、寛解を維持するための予防的治療であり、かつ、請求人の就労状況は、平成○年○月から平成○年○月までの約○年○か月の相当期間、一般人と同様の通常勤務をし、経過したということなど、総合的に勘案すれば、上記復職期間において社会的治癒を認めることが相当であると言わざるを得ない。

　　保険者は、当該傷病による平成○年○月○日の発症が、投薬が継続され薬治下にあったもので社会的治癒は認められず、支給開始日を平成○年○月○日とする傷病の継続によるものであるとの見解であるが、上記説示のとおり、その主張は採用できない。

(6)そうすると、本件請求期間における当該傷病による労務不能に対する傷病手当金は、支給されるべきものであることとなり、これと主旨を異にする原処分は妥当でなく、これを取り消すこととし、主文のとおり裁決する。

事例 8

労務不能であったと認められるか——医師により軽作業の勤務が認められていたケース

棄却

平成25年(健)第612号　　平成26年2月28日裁決

概要

　請求人は辺縁系脳炎の療養のため労務不能であったとして傷病手当金を受給した。その後、引き続き労務に服することができなかったとして傷病手当金の支給を申請したが、全国健康保険協会○○支部は「療養のための労務不能とは認められない」として傷病手当金を支給しない処分を行った。請求人はこれを不服として、再審査請求を行った。

　社会保険審査会は、

- 医師によれば、労務不能と認めた期間は31日間で、その後、軽作業の勤務に就くことは可能と判断されている。
- 請求人は請求期間において、請求傷病と相当因果関係の認められない別傷病である左耳突発性難聴、右橈骨神経麻痺のために医療機関を受診したが、請求傷病の療養のために医療機関を一度も受診することはなく、特段の治療や処方などは受けておらず、自宅で無理をしない普通の生活、軽い仕事をしていたとされる。
- 請求期間に請求人は職場復帰をし、当初は軽作業から開始して徐々に身体を慣らしながら従前の仕事である建設現場での管理、予算、職人管理をすることが望ましく、それが可能な状態にあったと認められる。また、請求期間は請求傷病の初診日から7ヵ月程が経過して日常生活活動も自立しており、発作もなく、症状は安定していたとされており、軽作業の勤務が可能と判断されていたのであるから、労務不能と認めることはできない。

などとして、請求を棄却した。

ポイント

　リハビリ出勤期間が「労務不能」と認められた事例4（平成21年(健)第534号・平成22年(健)第104号）と違い、労務不能が認められなかった事例である。医師の「発作を起こし救急車で当院を受診するなどしていたが、以降は症状として安定しており、軽作業勤務可能との見込み」といった所見や、請求傷病の療養のために医療機関を一度も受診していない、初診日から7ヵ月程が経過しているなど、状況としては労務不能を認めるには難しいと思われる。

　辺縁系脳炎は指定難病とはなっていないが、未解明な点もあり、診断が困難な疾患だという。

　　辺縁系脳炎は亜急性に近時記憶障害や痙攣、見当識障害をきたす重篤な脳疾患であり、原因としてウイルス感染や細菌感染、腫瘍随伴、自己免疫などが知られています。自己免疫性脳炎は、主に成人に発症し、国内患者は年間約700人と推定されています。

　　　　　　　　（出典：「大学共同利用機関法人自然科学研究機構　生理学研究所」ホームページ）

　なお、病名などから、事例38（平成25年(健)第912号）と同じ請求人、保険者だと思われる。

裁決文

主文

本件再審査請求を棄却する。

理由

第1　再審査請求の趣旨

再審査請求人(以下「請求人」という。)の再審査請求の趣旨は、健康保険法(以下「法」という。)による傷病手当金(以下、単に「傷病手当金」という。)の支給を求めるということである。

第2　再審査請求の経過

1　請求人は、辺縁系脳炎(以下「請求傷病」という。)の療養のため、平成○年○月○日から平成○年○月○日までの期間について、労務不能であったとして傷病手当金を受給した。

2　請求人は、請求傷病の療養のため、引き続き平成○年○月○日から同月○日までの期間(以下「本件請求期間」という。)について、労務に服することができなかったとして、全国健康保険協会○○支部長(以下「支部長」という。)に対し、傷病手当金の支給を申請した。

3　支部長は、平成○年○月○日付で、請求人に対し、本件請求期間については「療養のための労務不能とは認められないため。」という理由により、傷病手当金を支給しない旨の処分(以下「原処分」という。)をした。

4　請求人は、原処分を不服として、標記の社会保険審査官に対する審査請求を経て、当審査会に対し、再審査請求をした。

第3　当審査会の判断

1　傷病手当金の支給について、法第99条第1項は「被保険者が療養のため労務に服することができないときは、その労務に服することができなくなった日から起算して3日を経過した日から労務に服することができない期間、傷病手当金を支給する。」と規定している。

2　本件の場合、前記第2の3に記載した理由によってなされた原処分に対し、請求人はこれを不服としているのであるから、本件の問題点は、本件請求期間について、請求人は本件請求傷病の療養のため労務不能であったと認められないかどうかである。

3　労務不能であったかどうかについて判断する。

　　請求人にかかる健康保険傷病手当金支給請求書(第9回)のa病院・A医師作成の平成○年○月○日付「療養担当者が意見を書くところ」欄によれば、傷病名には請求傷病が掲げられた上で、療養の給付開始年月日は「○年○月○日」、労務不能と認めた期間は「○年○月○日から○年○月○日まで31日間」、診療実日数は「0日」とされている。そして、労務不能と認めた期間中における「主たる症状および経過」、「治療内容、検査結果、療養指導」等には、「痙攣と遷延する意識障害を認めた。精査加療目的にて○月○日に当院b科に転院しその後○月他院転院。○月に退院し外来通院中。平成○年○月中は本来○月○日に予約が入っていたが自ら変更したため受診されず。b科の最終受診日は○月○日。」、症状経過からみて従来の職種について労務不能と認められた医学的な所見は、「ADL自立にて自宅退院となったが、高次脳機能障害残存しているため、労務不能を認める。現時点では、平成○年○月より軽作業の勤務に就くことは可能と判断した。○月に3回発作を起こし救急車で当院を受診するなどしていたが、○月以降は症状として安定しており、○月より軽作業勤務可能との見込みはそのままである。」とされている。a病院作成の請求人に係る診療報酬明細書(医科入院外)(平成○年○月分)によれば、傷病名は、平成○年○月○日を診療開始日とするヘルペス脳炎(主)、てんかん、髄膜脳炎、同年○月○日を診療開始日とする嚥下障害、失語症、辺縁系脳炎などとされ、外来診療料、傷病手当金意見書交付料、c病院への診療情報提供書料などが算定されている。また、請求人作成の記入日を平成○年○月○日とする日常生活・療養状況申立書によると、仕事の内容は、「会社員、建築現場での管理、予算、職人管理など(現在休職中)」、本件請求期間における医師に診ていただいた日は、平成○年○月○日、同月○日の○日とされ、受けた治療については、「末梢神経に針をさし、神経の通り具合をみる検査」、療養について医師から受けた注意事項や指示は、「・薬を一日3回必ず飲み、規則正しい生活をする。・右手を下にして寝ないect」、受診した医療機関はc病院で、平

成〇年〇月〇日とされている。平成〇年〇月〇日の受診を取りやめたのは、「〇月中旬から、左耳が聴こえなくなり、その1週間後に、右手（肘から下）が動かなくなり、a病院やb病院、d病院など受診したが、c大学を紹介され、〇／〇に受診。その後、あまり体調が良くならず、家に引きこもるようになった為、受診を〇／〇から〇／〇に変更しました。」、体の調子（自覚症状等）は、「左耳→突発性難聴　右手→橈骨神経麻痺（とうこつしんけいまひ）右手は〇／〇にまたc大学を受診します　耳は少し良くなってきました。」、毎日の日常生活は、「5)無理をしない、普通の生活をしていた6)家の軽い仕事をしていた　その他（右手のマッサージしたり動かす練習をした）」とされている。

4　以上によれば、請求人は、痙攣と遷延する意識障害があり、平成〇年〇月〇日にa病院b科に入院、同年〇月に日常生活活動（ADL）は自立して自宅退院となった。その後、平成〇年〇月に3回発作を起こして救急車で受診しているが、同年〇月以降は症状として安定しており、同年〇月より軽作業は可能と指示されていた。そうして、本件請求期間中、請求人は、平成〇年〇月中旬から左耳突発性難聴、右橈骨神経麻痺を併発、右橈骨神経麻痺に対する針筋電図など電気生理学的検査のために同年〇月〇日にc病院を受診していることが認められるものの、本件請求傷病に対する受診はなく、特段の治療、処方などは受けていない。

　　そうすると、本件請求期間について、請求人は、請求傷病と相当因果関係の認められない別傷病である左耳突発性難聴、右橈骨神経麻痺のために医療機関を受診したが、給付対象である請求傷病の療養のために医療機関を一度も受診することはなく、自宅で無理をしない普通の生活、軽い仕事をしていたとされるのであるから、請求人は、平成〇年〇月から職場復帰をし、当初は軽作業から開始して、徐々に身体を慣らしながら従前の仕事である建設現場での管理、予算、職人管理をすることが望ましく、それが可能な状態にあったと認められる。リハビリテーション学的にも、本件請求期間は、請求傷病の初診日あるいは発病から既に7か月程が経過した時期に相当し、日常生活活動も自立しており、発作もなく、症状として安定したとされており、平成〇年〇月から軽作業の勤務が可能と判断されていたのであるから、本件請求期間については、請求傷病の療養のために労務不能と認めることはできない。

5　そうすると、本件請求期間について傷病手当金を支給しないとする原処分は相当であって、取り消すことはできず、本件再審査請求は理由がないので、これを棄却することとし、主文のとおり裁決する。

診療内容や投薬量に変更がなければ傷病は治癒することなく継続しており、同一傷病であると認められる

棄却

平成25年(健)第1002号　　平成26年5月30日裁決

概　要

　請求人はうつ病とアルコール依存症(既決傷病)の療養のため労務不能であったとして、傷病手当金を受給した。その後、適応障害(請求傷病)の療養のため労務不能であったとして、傷病手当金を請求した。全国健康保険協会○○支部は「法定給付期間(1年6ヵ月)を超えた請求である」として傷病手当金を支給しない処分を行った。請求人は「前回はアルコール依存症によるアルコール大量摂取からくるうつ状態で、アルコール依存症に関しては定期的に通院し予防薬を処方されているが、今回の傷病の適応障害は違う傷病である。復職する際、主治医からうつ状態は寛解していると診断されている」などと主張し、処分を不服として再審査請求を行った。

　社会保険審査会は、

- 既決傷病の受給期間終了後から請求傷病の開始までの間、既決傷病の治療のために継続してa病院を受診しており、既決傷病のアルコール依存症、うつ病および統合失調症に対する薬物療法を継続して受けていた。薬物の種類や投与量などの変更はないことから、既決傷病は一度も寛解または治癒することなく継続していたと認められる。また、診療報酬明細書から請求傷病名を見い出すことはできず、請求傷病に係る新たな検査、診断、治療等が実施された事実はない。
- 既決傷病の受給期間終了後も既決傷病のために継続して定期的に通院し、予防的薬物療法の範疇を超える薬物療法等の治療を受けおり、既決傷病の受給期間終了後から請求傷病の開始日までのおよそ1年2ヵ月間、仮に安定した就労等がなされていたとしても、その間をいわゆる「社会的治癒」に相当する期間と認めることはできない。

などとして、請求傷病は既決傷病と同一傷病であると認め、請求を棄却した。

ポイント

　傷病手当金の支給期間は、令和4年1月より「傷病手当金の支給期間は、同一の疾病又は負傷及びこれにより発した疾病に関しては、その支給を始めた日から通算して一年六月間とする」と改正されたため、法定給付期間(1年6ヵ月)の争点については現在は当てはまらないが、同一傷病および社会的治癒についての社会保険審査会の判断としては参考となる。

　事例6(平成22年(健)第268号)、事例7(平成22年(健)第461号)では、傷病手当金が支給されていない期間の治療が「予防的」と判断されているが、ここでは「既決受給期間終了後も、既決傷病のために継続して定期的に通院し、予防的薬物療法の範疇を超える薬物療法等の治療を受けていたのであるから、既決受給期間終了後から本件請求期間開始日までのおよそ1年2か月間、仮に安定した就労等がなされていたとしても、当該1年2か月間を、いわゆる『社会的治癒』に相当する期間と認めることはできない」「復職時に一旦症状が軽快したとされているが、同時期以降において、請求人のうつ病に対する治療薬物の種類も投与量も変化はなく、その後も継続して受診していることが認められることから、同時期においてうつ病が一旦軽快あるいは寛解、治癒したとする根拠を見出すことはできない」と判断され、社会的治癒や再発は認められなかった。

　昨今、うつ病によって傷病手当金を受給するケースが増加している。再発も多いとされる傷病なだけ

に、運用においては明確な指針が求められる。社会保障審議会医療保険部会でも、「精神疾患については、本当に労務不能であるのかどうかという点について、判断に大変悩む事例が多い。さらに、これが資格喪失後となると、本当に労務不能なのかどうかということも含めて、保険者のほうで把握することが極めて困難。そういう面でも、実態把握もさらにした上で、この支給についての適正化を図ること、また、保険者としての調査方法や判断基準についても検討いただきたい」（令和2年10月28日 第132回 資料1-3「傷病手当金について」より）といった意見が出されている。

裁決文

主文
本件再審査請求を棄却する。

理由

第1 再審査請求の趣旨
再審査請求人（以下「請求人」という。）の再審査請求の趣旨は、健康保険法（以下「法」という。）による傷病手当金（以下、単に「傷病手当金」という。）の支給を求めるということである。

第2 再審査請求の経過
1 請求人は、うつ病・アルコール依存症（以下、併せて「既決傷病」という。）の療養のため、平成○年○月○日から平成○年○月○日までの期間（以下「既決受給期間」という。）について、労務不能であったとして傷病手当金を受給している。

2 請求人は、適応障害（以下「本件請求傷病」という。）の療養のため、平成○年○月○日から同月○日までの期間（以下「本件請求期間A」という。）及び同年○月○日から同月○日までの期間（以下「本件請求期間B」といい、「本件請求期間A」と併せて、「本件請求期間」という。）について、同年○月○日（受付）、全国健康保険協会○○支部長（以下「支部長という。）に対し、いずれも労務不能であったとして傷病手当金の支給を請求した。

3 支部長は、平成○年○月○日付で、請求人に対し、本件請求期間A及びBについて、いずれも、法定給付期間（1年6か月）を超えた請求であるためという理由により傷病手当金を支給しない旨の2個の処分（以下、併せて「原処分」という。）をした。

4 請求人は、原処分を不服として、標記の社会保険審査官に対する審査請求を経て、当審査会に対し、再審査請求をした。

第3 当審査会の判断
1 傷病手当金の支給について、法第99条第1項は、被保険者が療養のため労務に服することができないときは、その労務に服することができなくなった日から起算して3日を経過した日から労務に服することができない期間、傷病手当金を支給する。と規定し、法定支給期間について法第99条第2項は、同一の疾病又は負傷及びこれにより発した疾病に関しては、その支給を始めた日から起算して1年6月を超えないものとする。と定めている。

2 本件の場合、前記第2の3記載の理由によってなされた原処分に対し、請求人は、前回は、アルコール依存症によるアルコール大量摂取からくるうつ状態であり、今回は、アルコール依存症に関しては、定期的に通院し予防薬を処方されている為継続して断酒中であり、今回の傷病の適応障害とは、違う傷病であり、平成○年○月に復職する際、主治医からうつ状態は寛解していると診断されているなどと主張しているのであるから、本件の問題点は、本件請求期間における本件請求傷病は、既決受給期間における既決傷病と連続する同一傷病と認められるかどうかである。

3 同一傷病かどうかについて判断する。請求人にかかる各健康保険傷病手当金支給請求書のa病院（以下「a病院」という。）・A医師（以下「A医師」という。）作成の平成○年○月○日付「療養担当者が意見を記入するところ」欄によれば、本件請求期間Aについては、傷病名には本件請求傷病が掲げられた上で、療養の給付開始年月日（初診日）は、平成○年○月○日、労務不能と認めた期間には本件請求期間Aが、診療実日

数は4日、その期間における主たる症状および経過、治療内容、検査結果、療養指導等は、平成○年○月頃より、職場での人間関係などの悪化より、不眠、抑うつ、希死念慮などが出現し、同年○月○日からの自宅静養が必要と考えるとされ、当該期間中について労務不能と認められた医学的な所見は、現時点での早急な就労により、症状の悪化が懸念されるとされ、本件請求期間Bについては、傷病名には本件請求傷病が掲げられた上で、療養給付開始年月日(初診日)は平成○年○月○日、診療実日数は2日、労務不能と認めた期間は本件請求期間B、当該期間における主たる症状および経過、治療内容、検査結果、療養指導等は、本件請求期間Aと同一の記載がなされ、さらに、平成○年○月○日より外来通院しながら自宅静養しているとされている。また、a病院作成の請求人に係る診療報酬明細書(医科入院外)(平成○年○月分から平成○年○月分までのもの)によれば、請求人は、平成○年○月○日を診療開始日とするアルコール依存症、不眠症、平成○年○月○日を診療開始日とする統合失調症、同年○月○日を診療開始日とするうつ病のために、既決受給期間終了月から本件請求期間開始月までの期間も、毎月欠かさずa病院を受診しており、その間、アルコール依存症に対する抗酒薬(ノックビン原末)、うつ病、統合失調症に対する抗精神病薬(リスパダール、ジェイゾロフト、ヒルナミン)、不眠症に対する睡眠薬(ベンザリン、アモバン)が継続して処方されていることが認められる。

　以上のように、請求人は、既決受給期間終了後から本件請求期間開始までの間、既決傷病の治療のために、継続してa病院を受診しており、既決傷病のアルコール依存症、うつ病及び統合失調症に対する薬物療法を継続して受けていた。そうして、それら薬物療法の内容を経時的にみても、薬物の種類、投与量などの変更はされていないことから、既決傷病は、既決受給期間終了後も本件請求期間開始までの間、一度も寛解ないしは治癒することなく継続していたと認められ、本件請求期間Aも、それらの治療内容はそのまま継続されており、請求人に係る診療報酬明細書からは本件請求傷病名を見い出すことはできず、また、本件請求傷病に係る新たな検査、診断、治療等が実施された事実を見い出すことはできない。

　以上のような請求人の臨床経過から判断すると、本件請求期間において療養のため労務不能の原因となっている本件請求傷病は、既決受給期間から連続する既決傷病と同一傷病であると認めるのが相当である。

　なお、医学的な治癒に至っていない場合でも、医療を行う必要がなくなって社会復帰している状態がある程度の期間継続しているときには、これを、いわゆる「社会的治癒」として、治癒と同様に扱うこととし、その後症状が顕著になった再発病時点を新たに初診日として取り扱うことができるとされているところ、本件においてこれをみると、請求人は、既決受給期間終了後も、既決傷病のために継続して定期的に通院し、予防的薬物療法の範疇を超える薬物療法等の治療を受けていたのであるから、既決受給期間終了後から本件請求期間開始日までのおよそ1年2か月間、仮に安定した就労等がなされていたとしても、当該1年2か月間を、いわゆる「社会的治癒」に相当する期間と認めることはできない。

　なお、請求人は、審査請求時にA医師作成の平成○年○月○日付診断書(以下「審査請求時提出診断書」という。)を提出し、本件請求傷病と既決傷病の連続性はない旨主張している。審査請求時提出診断書によれば、請求人は、平成○年○月○日より通院しているが、以前の診断名のうつ病は、平成○年○月の復職時に、一旦軽快したが、当院に通院していた理由は、アルコール依存症(平成○年○月より現在まで断酒を継続している)に対し、再飲酒防止のための診療を行う必要があったからであり、今回の適応障害は、以前の病状との連続性はないと臨床上考えられるとしている。しかしながら、請求人が、平成○年○月の復職時に一旦症状が軽快したとされているが、同時期以降において、請求人のうつ病に対する治療薬物の種類も投与量も変化はなく、その後も継続して受診していることが認められることから、同時期においてうつ病が一旦軽快あるいは寛解、治癒したとする根拠を見出すことはできない。また、請求人に係る診療報酬明細書から、本件請求期間において、請求人に新たに「適応障害」が生じ、新たな療養の必要性が生じたと認められる根拠も見出すことはできないし、診療内容もそれ以前の既決傷病に対する診療内容、薬物療法が継続して行われている。そうすると、請求人の上記主張によって、前記の判断が左右されることにはならない。

4　以上のように、本件請求傷病と既決傷病は同一傷病であり、既決受給期間終了後から本件請求期間開始日

までの間には、いわゆる「社会的治癒」と認められる期間は存在しない。

5　よって、本件請求期間については、法定支給期間（1年6か月）を超えた請求として傷病手当金を支給しないとする原処分は相当であって、取り消すことはできず、本件再審査請求は理由がないので、これを棄却することとし、主文のとおり裁決する。

糖尿病で医師により、「自分でインスリン注射ができる状況下なら労務に従事することは可能」と判断されており、労務不能とは認められない

棄却

平成25年(健)第1168号 平成26年7月31日裁決

概　要

　請求人は糖尿病の療養のため労務に服することができなかったとして、傷病手当金を請求したが、a健康保険組合は「調査の結果、健康保険法第99条第1項不該当のため」という理由により傷病手当金を支給しない処分を行った。請求人はこれを不服として、再審査請求を行った。

　社会保険審査会は、

- 請求人の「機械のメンテナンス業務等」という職種について、A医師は照会に対し「今後もインスリン注射での加療は必要だが、食事前と眠前のインスリン注射が可能な状況であれば問題ない」と回答している。
- 糖尿病で労務不能と認められた医学的な所見では、「外食や接待の回数の多い業職は、自制がきかず困難」とされているが、機械のメンテナンス業務等に従事することは可能と判断されていることからすると、糖尿病の療養のために労務不能と認めることはできない。
- 請求期間における請求人のHbA1cは8%台と認められ、治療に専念するとされている9%には至っていないことからすると、療養のため労務不能としたのは医学的な判断よりも、むしろ請求人の希望に沿っての判断がなされたことが伺われる。
- リハビリテーション医学的な観点からすると、Ⅰ型糖尿病の治療にはインスリンによる長期的な治療が不可欠だが、そのために休職して自宅安静等の療養が必要というほどではなく、食生活や適切な運動に留意しながら早期に社会復帰することが望ましいと判断される。

などとして、請求を棄却した。

ポイント

　「食事前と眠前のインスリン注射が可能な状況であれば労務が可能」という主治医の意見に基づいて労務不能が認められなかった事例である。主治医と産業医との意見の間に温度差があったが、産業医の判断を「医学的な判断よりも、むしろ請求人の希望に沿っての判断」と退け、主治医の判断を採用した形になった。

　糖尿病も重度化すると障害年金を受給できるようになる。傷病手当金と障害年金の違いを簡単にまとめると、以下のようになる。

	傷病手当金	障害年金
根　拠　法	健康保険法	国民年金法および厚生年金保険法
支　給　機　関	協会けんぽや健康保険組合などの医療保険者	日本年金機構
支　給　開　始　時　期	休業してから最短で4日目以降	原則初診日から1年6ヵ月を経過した日以降
支　給　期　間	通算1年6カ月間（治っていなくても終了）	基準に該当している期間ずっと
労　務　不　能	絶対条件	働いていても受給可（傷病による）
支　給　日　額	支給開始日の以前12ヵ月間の各標準報酬月額を平均した額÷30×(2/3)	等級・制度・生計維持者の人数などによって異なる

　傷病手当金支給期間を超えても障害認定基準に該当するような障害状態が残存した場合は、傷病手当

金から障害年金に移行することになる。

　なお、国民年金・厚生年金保険の「障害認定基準」の第15節は「代謝疾患による障害」で、「代謝疾患は、糖代謝、脂質代謝、蛋白代謝、尿酸代謝、その他の代謝の異常に分けられるが、認定の対象となる代謝疾患による障害は糖尿病が圧倒的に多い」ため、第15節は糖尿病の基準を定めるものとなっている。

　糖尿病の障害認定については、必要なインスリン治療を行ってもなお血糖のコントロールが困難なもので、症状、検査成績が下記にあてはまるものとなっている。

- 内因性のインスリン分泌が枯渇している状態で、空腹時又は随時の血清Cペプチド値が0.3ng/mL未満
- 意識障害により自己回復ができない重症低血糖の所見が平均して月1回以上あるもの
- インスリン治療中に糖尿病ケトアシドーシス又は高血糖高浸透圧症候群による入院が年1回以上あるもの

　また、同一疾病による傷病手当金と障害厚生年金は重複して受給することはできないが、併給調整によって傷病手当金の差額分を受給することができる（健康保険法第108条）。

　労働安全衛生規則第14条に規定されている産業医の職務について、要約すると下記のとおりである。
①健康診断の実施とその結果に基づく措置
②長時間労働者に対する面接指導・その結果に基づく措置
③ストレスチェックとストレスチェックにおける高ストレス者への面接指導その結果に基づく措置
④作業環境の維持管理
⑤作業管理
⑥上記以外の労働者の健康管理
⑦健康教育、健康相談、労働者の健康の保持増進のための措置
⑧衛生教育
⑨労働者の健康障害の原因の調査、再発防止のための措置

　また、傷病手当金の請求に当たって被保険者から産業医の意見が提出された場合の取扱いについて、厚生労働省は事務連絡「傷病手当金の支給に係る産業医の意見の取扱いについて」（平成26年9月1日）でQ&Aを作成している。以下に抜粋し、要約したものを挙げる。

Q　傷病手当金の支給申請書に添付する医師等の意見書は、産業医が作成することはできるのか。

A　意見書を作成する医師等は、被保険者の主症状、経過の概要等を記載することとされているため、被保険者が診療を受けている医師等である必要がある。したがって、被保険者が診療を受けている医師が企業内で当該被保険者の診療を行う産業医であれば、当該産業医が意見書を作成することは差し支えない。なお、産業医が意見書の作成に当たって企業内で被保険者の診療を行う場合には、医療法の規定に基づき、企業内に診療所等の開設がなされていることが必要となる。また、被保険者が診療を受けている医師等から労務不能であることについての意見が得られなかった場合、当該医師等とは別の産業医に対し、労働者としての立場で就業についての意見を求め、意見を求められた当該産業医が任意に作成した書類を保険者に提出することは差し支えない。この場合、健康保険法施行規則第84条に規定する医師等の意見書には、労務不能と認められない疾病又は負傷に係る意見の記載を求めることとされたい。また、このような場合、保険者が、被保険者本人の同意を得た上で、当該産業医の意見を聴くことも差し支えない。保険者においては、これらの書類の提出を受けた場合等には、双方の意見を参酌し、適切な判断をされたい。

Q　主治医が就労して差し支えないと診断した一方で、産業医がまだ就労することには慎重であるべきであり、休業を要するという意見であった場合、傷病手当金を支給することはできるのか。

A 保険者においては、被保険者が診療を受けている医師等の意見に加え、産業医からの当該被保険者に係る就業上の意見も参酌し、傷病手当金の支給の可否について判断されたい。

裁決文

主文

本件再審査請求を棄却する。

理由

第1 再審査請求の趣旨

再審査請求人(以下「請求人」という。)の再審査請求の趣旨は、健康保険法(以下「法」という。)による傷病手当金(以下、単に「傷病手当金」という。)の支給を求めるということである。

第2 再審査請求の経過

1 請求人は、糖尿病(以下「当該傷病」という。)の療養のため、平成○年○月○日から同年○月○日までの期間(以下「本件請求期間」という。)について、労務に服することができなかったとして、平成○年○月○日(受付)、a健康保険組合(以下「保険組合」という。)理事長(以下「理事長」という。)に対し、傷病手当金の支給を請求した。

2 理事長は、平成○年○月○日付で、請求人に対し、本件請求期間について、「請求のあった傷病手当金(傷病名)「糖尿病」について調査した結果、健康保険法第99条第1項不該当のため。」という理由により、傷病手当金を支給しない処分(以下「原処分」という。)をした。

3 請求人は、原処分を不服とし、標記の社会保険審査官に対する審査請求を経て、当審査会に対し、再審査請求をした。

第3 当審査会の判断

1 傷病手当金の支給については、法第99条第1項に「被保険者が療養のため労務に服することができないときは、その労務に服することができなくなった日から起算して3日を経過した日から労務に服することができない期間、傷病手当金(中略)を支給する」と規定されている。

2 本件の場合、前記第2の2記載の理由によってなされた原処分に対し、請求人は、主治医、産業医の意見をもとに、会社が平成○年○月○日以降に2か月の自宅療養期間が必要と判断したものであると主張しているのであるから、本件の問題点は、本件請求期間について、請求人が当該傷病の療養のため労務に服することができなかったといえるかどうかということである(なお、以下においては、療養のため労務に服することができない状態を、単に「労務不能」という。)。

3 労務不能かどうかについての判断

　　請求人にかかる健康保険傷病手当金請求書(第1回)のb病院(以下「b病院」という。)・A医師(以下「A医師」という。)作成の平成○年○月○日付「療養を担当した医師が意見を記入するところ」によれば、傷病名は当該傷病、療養の給付を開始した年月日(初診日)は平成○年○月○日、労務不能と認めた期間は本件請求期間、診療実日数は「3日間」とされ、上記期間における「主たる症状および経過」は、「血糖コントロール悪く、デバイスの変更を行ったため2週ごとの受診で経過をみたが、使用感悪くデバイス変更(以前のものにもどした)インスリン手技確認し、問題は認めなかった。」、上記期間の症状経過からみて、従来の職種について労務不能と認められた医学的な所見は、「外食や接待の回数の多い業職は、自制がきかず困難。」とされている。請求人に係るb病院作成の診療報酬明細書(平成○年○月分、同年○月分)によれば、請求人は、b病院を平成○年○月に1回、同年○月に2回通院しており、在宅自己注射指導管理料、血糖自己測定器加算を算定されており、c薬局作成の請求人に係る調剤報酬明細書(平成○年○月分、同年○月分)によれば、請求人には、インスリン注射液として、同年○月に、ヒューマログN注ミリオペン300単位、トレシーバ注フレックスタッチ300単位、同年○月に、ランタス注ソロスター300単位が処方されたほか、同年○月にインスリン注射針として万年筆型注入器用注射針(針折れ防止型)、降圧薬(オルメテック錠)、同年○月に鎮痛薬(カロナール錠)が処方されている。また、保険組合の照会に対するA医師

作成の平成○年○月○日付「回答書」(以下「A医師回答書」という。)によれば、本件請求期間における治療内容・投薬等及び具体的な症状について、平成○年○月○日は、「インスリンを打ち忘れて翌日うち血糖変動するためランタス注ソロスターからトレシーバ注フレックスタッチへ変更し、手技指導を実施した。」、空腹時血糖192mg/dℓ、HbA1c8.6%とされ、同年○月○日は、「血糖値改善傾向にあったがトレシーバにかえてから感冒症状出現し、トレシーバでの使用感に不満あり、(注入に時間がかかる)。」とされ、同日の自己血糖測定値(mg/dℓ)は、朝食前184、昼食前95、夕食前90、眠前65、同月13日には、トレシーバからランタスへ戻し、同日の朝食後2時間血糖は264mg/dℓ、HbA1cは8.7%とされている。そして、従来の職種(機械のメンテナンス業務等)から考えて、インスリン注射を打ちながらの労務は可能かどうかについての照会に対し、A医師は、今後もインスリン注射での加療を必要とした上で、「食事前と眠前のインスリン注射が可能な状況であれば問題ないと考えます。今のところ低血糖症状、測定での血糖70未満を呈することもないので、高所作業、運転も可能ですが、変則勤務はコントロール悪化しやすく、注意(上司　産業医等からの)の上で労務可能と判断します(※インスリン注射可能な状況:手洗うことが出来る、食事直前又は直後に注射することができる。)」と回答している。

　そうすると、本件請求期間において、請求人は、当該傷病に対してインスリン注射による治療が必要であり、外食や接待の回数の多い業職は、自制がきかず困難であり、変則勤務は血糖コントロールを悪化させやすく注意が必要な状況であるとされているが、高所作業や運転も含め従来の職種である機械のメンテナンス業務などに従事することが可能と判断されていることからすると、本件請求期間について、これを当該傷病の療養のために労務不能と認めることはできない。

　なお、産業医・B医師(以下「B医師」という。)作成の「請求人の状態について」と題する書面(以下「B医師書面」という。)によれば、B医師は、復職後平成○年○月末に数値が悪化(HbA1c9.0)、会社の健康管理基準にも抵触し、本人へ確認を行ったところ、再度の休職加療を望んだため、会社として再度の休職を行ったとして、本件請求期間について傷病手当金が不支給になったことを妥当性を欠くと批判している。また、B医師作成の平成○年○月○日付「産業医面談のガイドラインについて」と題する書面によれば、「従業員の方の健康診断の事後処置として産業医面談のガイドラインを以下のようにご提案いたします。」として、HbA1c(%)については、8を超える値の場合に産業医面談とし、9を超える場合に就業制限・赴任中止を考慮するとしており、平成○年○月○日付「面談指導結果報告書」によれば、「今回1/28の再検にてHbA1cJPSが9.0と上昇を認め、本人も、これではいけないと再度思い直され、2度目の教育入院をご希望されたとのこと。」、「○年○月上旬に再度教育入院し、もう一度しっかり治療に専念するために休職します、とのこと。」などと記載されている。そうすると、本件請求期間における請求人のHbA1c(JPS)は、8%台と認められ(A医師回答書及びB医師書面の「〈ご参考:経過まとめ〉」欄)、治療に専念するとされている9%には至っていないことからすると、本件請求期間を療養のため労務不能とした理由には、医学的な判断よりも、むしろ請求人の希望に沿っての判断がなされたことが伺われる。

4　以上のような状況を総合勘案するならば、本件請求期間における請求人の当該傷病による状況は、月に1ないし2回の外来通院、インスリン自己注射による継続的な加療が必要な状況にあったものの、HbA1cは8%台に維持されており、通院による加療を受けながらも出張業務を含めた従来の業務に従事することが可能と判断され、出張業務中の生活リズムを考慮しても、当該傷病の療養のため労務不能と認定することは相当ではないというべきである。また、リハビリテーション医学的な観点からすると、請求人のように、Ｉ型糖尿病の治療にはインスリンによる治療が不可欠であり、今後も長期間にわたって継続して治療することが求められるにしても、そのために休職して自宅安静等の療養は要することはなく、食生活や適切な運動に留意しながら早期に社会復帰することが望ましいと判断される。

5　このようにみてくると、本件請求期間について、請求人に傷病手当金を支給しないとした原処分は妥当であって、取り消すことはできず、本件再審査請求は理由がないので、これを棄却することとし、主文のとおり裁決する。

医師の指示どおりに治療薬を服用せず、医師の指揮に従わなかったと判断され、労務不能が認められず

棄却

平成26年（健）第608号　　平成27年3月31日裁決

概要

　請求人は、抑うつ反応状態の療養のため労務に服することができなかったとして、傷病手当金の支給を受けた。その後、引き続き傷病手当金を請求したが、全国健康保険協会○○支部は「療養のための労務不能とは認められない」として傷病手当金を支給しない処分を行った。請求人は、これを不服として再審査請求を行った。

　社会保険審査会は、

- 全国健康保険協会○○支部の照会に対する医師の回答書によれば、診察の際に処方箋が交付されているが、請求人が調剤薬局で薬を購入していないことについて、「薬物療法は必要であって薬物療法を行わない場合、病状は悪化する可能性がある」「請求人が薬の内服を自分で調整したり薬を購入しないことを許可しておらず、医師の服薬指導に対し請求人はこれに従っていない」と回答している。

- 請求人の「日常生活等申立書」によると、「a病院を受診した際に処方箋が交付されているが、調剤薬局で購入されたかどうか」の照会に対し、「処方箋を交付されたが、以前に処方された同じ薬が自宅に余っていて、頓服なので眠れないときだけ飲んでいた」「うつ以外にも持病がありd病院e科に通っているが、そちらの薬を飲まないと体調がひどくなるので、そちらの購入を優先していた」などとして、「薬を購入しません（できません）」と回答している。

- 請求人がd病院e科を受診したのは請求期間のうちの1日だけであり、うつ病以外の処方箋と一緒に当該傷病の処方箋を提出し、服用を指示された治療薬を購入することができたのであり、他の持病を優先したことによって、当該傷病の治療薬を購入できなかったとする主張についてはそのまま認めることはできない。

- 医師は定期的な薬物療法が必要と認めており、医師が指示をした必要な調剤を受けず、指示どおりに治療薬を服用しなかったことは事実であり、療養を担当する医師による指揮に従わなかったと判断されることもやむを得ない。

- 傷病手当金の支給要件として定められている「療養のため労務に服することができないとき」の「療養」とは、医師による医学的管理の下において行われる療養でなければならない。医師の療養に関する指示に正当な理由なく従わなかった請求人は、当該傷病の療養のため労務に服することができない状態であったと認めることはできない。

　などとして、請求を棄却した。

ポイント

　近年、Webを中心にさまざまな情報があふれ、多くの人がそれに振り回される場合がある。新型コロナウイルス感染症のワクチン接種でも奇想天外な説や陰謀論までも飛び出し、それに関する書籍まで出版されるなどして世間の耳目を集めた。また、それだけでなく、医療の常識を否定するような情報も飛び交い、ともするとそれに固執する患者を生み出してしまうこともある。

　本事例における請求人がそのような患者だったかどうかは定かではないが、医師の指導に従わず、自

分の判断で服薬をしなかったにもかかわらず労務不能を主張し、再審査請求まで行ったという事例である。傷病手当金どころか、「正当な理由がなく医師の指導に従わなかったり保険者の指示による診断を拒んだとき」という給付制限の条件に該当する可能性もあるのではないだろうか。

裁決文

主文

本件再審査請求を棄却する。

理由

第1　再審査請求の趣旨

再審査請求人(以下「請求人」という。)の再審査請求の趣旨は、健康保険法(以下「法」という。)による傷病手当金(以下、単に「傷病手当金」という。)の支給を求めるということである。

第2　再審査請求の経過

1　請求人は、抑うつ反応状態(以下「当該傷病」という。)の療養のため、平成○年○月○日から平成○年○月○日までの期間(以下「既受給期間A」という。)、及び、同年○月○日から同年○月○日までの期間(以下「既受給期間B」といい、「既受給期間A」と併せて、「既受給期間」という。)について、労務に服することができなかったとして傷病手当金の支給を受けていた。

2　請求人は、既決支給期間に引き続き、平成○年○月○日から同月○日までの期間(以下「本件請求期間」という。)についても、当該傷病の療養のため労務に服することができなかったとして、同年○月○日(受付)、全国健康保険協会○○支部長(以下「支部長」という。)に対し、傷病手当金の支給を請求した。

3　支部長は、平成○年○月○日付で、請求人に対し、本件請求期間については、「療養のための労務不能とは認められないため。」という理由により傷病手当金を支給しない旨の処分(以下「原処分」という。)をした。

4　請求人は、原処分を不服とし、標記の社会保険審査官に対する審査請求を経て、当審査会に対し再審査請求をした。

第3　問題点

1　傷病手当金については、法第99条第1項に「被保険者(……)が療養のため労務に服することができないときは、その労務に服することができなくなった日から起算して3日を経過した日から労務に服することができない期間、傷病手当金……を支給する。」と規定されている。

2　本件の問題点は、本件請求期間について、請求人が当該傷病の療養のため労務不能であったと認められないかどうかである。

第4　当審査会の判断

1　傷病手当金は、本来、労働者が負傷、疾病などのため労務の提供ができず、そのため賃金の支払を受けることができない場合、労働者が再び労働の現場に復帰し得るまでの間、労働者全体でいわば共助の考え方に基づいて、その賃金喪失を一定範囲で補償して療養に専念できる状態を与える趣旨で設けられていることは疑いのないところであり、療養のため労務不能かどうかについては、傷病手当金の支給にかかわる重要なことであり、また、制度を正しく運営して行く上においても、その判断は、上記の趣旨に沿って客観的、かつ、公正・公平になされなければならないことはいうまでもないことである。そして、労務不能であるかどうかの判断は、必ずしも医学的基準のみによらず、その被保険者の従事する業務・職種を考え、その本来の業務に耐え得るかどうかを標準とし、社会通念に基づき判断すべきものである。

2　このような観点から本件の場合をみると、請求人に係る健康保険傷病手当金支給申請書(第5回)のa病院(以下「a病院」という。)・A医師(以下「A医師」という。)作成の平成○年○月○日付療養担当者が意見を記入するところ欄によれば、傷病名は当該傷病とされた上で、療養の給付開始年月日(初診日)は平成○年○月○日、発病または負傷の年月日は平成○年○月頃、発病または負傷の原因は不詳、労務不能と認めた期間は本件請求期間とされ、診療実日数は同月○日、○日、○日の3日とされ、労務不能と認めた期間中における主たる症状および経過、治療内容、検査結果、療養指導等は、「抑うつ状態を認め、当科に通院加

療を行っていた。」とされ、症状経過からみて従来の職種について労務不能と認められた医学的な所見は、「上記状態のため労働不能であった事を認める。」と記載されている。

　また、支部長の照会に対するA医師作成の平成○年○月○日付回答書によれば、請求人に係る診療報酬明細書から、請求人は平成○年○月から同年○月までの診察の際、処方箋が交付されているが、請求人が調剤薬局で薬を購入していないことについて、A医師は、請求人に対する薬物療法は必要であって、薬物療法を行わない場合、病状は悪化する可能性があると回答していることが認められ、さらに、同医師は、請求人が薬の内服を自分で調整したり、薬を購入しないことを許可しておらず、医師の服薬指導に対し、請求人は、これに従っていないと回答をしている。

　なお、支部長の照会に対する請求人作成の「日常生活等申立書」と題する平成○年○月○日付の書面によると、請求人は、平成○年○月～○月及び同年○月～○月にa病院を受診した際、処方箋が交付されているが、調剤薬局で購入されたかどうかの照会に対し、○月には処方箋は交付されていないが、○月～○月及び○月には処方箋を交付されたが、「薬を購入しません（できません）」と回答しており、その理由については、「・以前に処方された同じ薬が自宅に余っていて、頓服なので眠れないときだけ飲んでいました。」、「・○月に再発したことで不安になり、安心のために処方箋をもらいましたが、薬が余っていたことと、診察後に具合が悪くなって薬局に行くのを後日に回していて結局買えていませんでした。」、「・うつ以外にも持病があり、家から近所の医師（b科）に通っていますが、そちらの受診・検査や、薬をきちんと飲まないと体調がすぐにひどくなるので、そちらの購入を優先していました。」と回答している。

　そうして、a病院作成の請求人に係る診療報酬明細書（医科入院外）（平成○年○月分）をみると、請求人は、平成○年○月○日を診療開始日とする「うつ病」、同年○月○日を診療開始日とする「不眠症」のために、平成○年○月にa病院c科外来を3日受診しており、通院精神療法（30分未満）を受け、処方箋の交付を受けている。また、d病院e科（以下「d病院e科」という。）の請求人に係る診療報酬明細書（医科入院外）（平成○年○月分）をみると、請求人は、平成○年○月○日を診療開始日とする「高血圧症」、同月○日を診療開始日とする「脂質異常症」、同年○月○日を診療開始日とする「急性薬物性肝炎の疑い」のために、平成○年○月に1日だけd病院e科を受診し、末梢血液一般、生化学検査などを受け、治療として、長期投薬加算料を付記した処方箋の交付を受け、f薬局g店作成の請求人に係る調剤報酬明細書（平成○年○月分）によれば、高血圧治療薬（アムロジン5mg錠）朝・夕食後各1錠服用とする処方を○日分受けていることが認められる。

3　以上の各資料によると、請求人は、平成○年○月○日を診療開始日（初診日）とする当該傷病の療養のため労務不能であったとして、既受給期間について、傷病手当金を受けており、今回は、本件請求期間について傷病手当金の支給を求めているところ、本件請求期間における請求人の療養・受診状況をみると、a病院精神科に3日間受診し、通院精神療法（30分未満）を受け、さらに薬物療法を継続する必要があるとして、処方箋の交付を受けたが、以前の薬が余っていて、頓服なので眠れないときだけ飲んでいるとして、また、うつ病以外にも持病があり、そちらを優先していたことなどを理由に、当該傷病に対する治療薬を調剤薬局から購入していなかったことが認められる。そうして、請求人は、当該傷病以外の持病のために神経内科を受診することを優先したために、当該傷病の薬を購入できなかったなどと主張しているが、本件資料によれば、請求人が、d病院e科を受診したのは、本件請求期間のうちの1日だけであり、うつ病以外の処方箋と一緒に、当該傷病の処方箋を提出し、当該傷病に対する治療として、服用を指示された治療薬を購入することができたのであり、他の持病を優先したことによって、当該傷病の治療薬を購入できなかったとする主張については、それをそのまま認めることはできない。臨床医学の観点からも、請求人の当該傷病はうつ病であり、その薬物治療のために、担当医師は、複数の作用機序の異なるさまざまな抗うつ薬など気分（感情）障害治療薬の中から、患者の自覚症状、他覚所見、背景となる個人の性格や社会的因子であるストレス耐性など内的な要因、あるいは家庭環境、生活様式や就労状況などの外的要因も考慮した上で、受診毎にその時々の病態やその程度を評価し、最適な治療薬剤を選択し、その投与量、服用回数、服用時間等を吟味し、治療薬として処方箋を交付するものであり、また、担当医師は、患者がその処方箋に記載された指示に従ってきちんと服用していること確認し、それを前提として、次の治療方針を定

めているのであるから、請求人の場合のように、数か月前に処方された、あるいは以前に処方されて余った薬を、それが例え頓服薬であれ、定期的に服用するものであるものかにかかわらず、患者自身の判断で服用したり、しなかったりすることは、治療上最も避けるべきことであり、むしろ全く服用しない場合よりも、当該傷病の治療にとって大きな阻害要因となるものである。

　また、法第119条の規定による保険給付の一部制限についてみると、昭和26年5月9日保発第37号厚生省保険局長通知によれば、法119条の規定の趣旨とするところは、被保険者が療養の指揮に従わないために給付費の増嵩を招来し、他の被保険者に対し不当な負担を生ずることを避けんとするものであるから、同条の規定による保険給付の一部を制限する場合は、これらの趣旨によって左記の方針によることと決定したので了知されたいとして、療養の指揮に従わない者とは、①保険者又は療養担当者の療養の指揮に関する明白な意志表示があったにも拘わらず、これに従わない者(作為又は不作為の場合も含む。以下同様とする。)、②診養担当者より受けた診断書、意見書等により一般的に療養の指揮と認められる事実があったにも拘わらず、これに従わないため、療養上の障碍を生じ著しく給付費の増嵩をもたらすと認められる者が掲げられているところ、A医師作成の「請求人殿の傷病手当金不支給決定についての申立書」と題する平成○年○月○日付書面によると、A医師は、請求人は療養に専念していなかったわけではなく、通院は定期的に行っており、薬の内服をしていなかったことについては自己申告なので、A医師は把握してなかったが、薬物療法を行わず療養をしている方はいるなどと記載しているが、請求人は、本件請求期間に当該傷病以外の持病のためには医療機関を受診し、処方薬物購入のために調剤薬局を訪れているのであり、A医師の処方した治療薬も、同じ調剤薬局で一緒に調剤を受けることは、社会通念上、通常なされていることであり、また、十分に可能なことと判断される。また、A医師は、薬物療法を行わず療養をしている方はいると記載しているが、請求人の場合には、定期的な薬物療法が必要と認めており、薬物療法を行わず療養をしている患者がいるにしても、請求人の場合は、それに該当すると認めることはできないし、作為であれ、不作為であれ、医師が指示をした必要な調剤を受けず、指示どおりに治療薬を服用しなかったことは動かしがたい事実であり、療養を担当する医師による指揮に従わなかったと判断されることもやむを得ないのであり、この事実を確実に否定し得る他のいかなる資料も根拠をも見いだすことはできない。

　そして、先に見た傷病手当金制度の趣旨からすれば、医療保険制度に基づく保険給付としての傷病手当金は、その支給要件として、「療養のため」労務に服することができないときと定められているのであるから、その「療養のため」とは、医療、すなわち、医師による医学的管理の下において行われる療養のためでなければならないことは論を俟たないところである。ところが、請求人の本件請求期間における「療養」の実態は、上記認定のとおりであり、A医師の療養に関する指示に正当な理由なく従わないものであっただけでなく、却って、当該傷病の治療にとって大きな阻害要因となると評価できるものであったのであるから、これをもって、労働者全体で請求人の賃金損失を一定範囲で補償して、請求人に専念させるべき「療養」と認めることはできないのであり、請求人は、本件請求期間において、当該傷病の療養のため、労務に服することができない状態であったと認めることはできない。

4　以上みてきたように、本件請求期間について傷病手当金を支給しないとする原処分は、妥当なものであり、本件再審査請求は理由がないのでこれを棄却することとし、主文のとおり裁決する。

療養中に勤務し賃金を得ていても、病状や勤務時間、賃金などの状況によっては「療養のため労務に服することができないとき」に該当する

容認

平成26年（健）第823号　　平成27年7月30日裁決

概　要

　被保険者であったＡは胆管癌、静脈血栓症および糖尿病の療養のため労務に服することができなかったとして、傷病手当金の支給を受けていた。その後も同じ傷病の療養のため労務に服することができなかったとして、傷病手当金を請求した。Ａが胆管細胞癌で死亡したことから、母である請求人がＡの相続人として請求したものである。

　全国健康保険協会○○支部は、一部期間については傷病手当金を支給するが、「その他の一部期間についてはＡは出勤しており、療養のための労務不能とは認められない」として、その後の期間は「被保険者資格喪失後の継続受給要件を満たしていないため」として、傷病手当金を支給しない処分を行った。請求人はこれを不服とし再審査請求を行った。

　社会保険審査会は、

- 不支給期間についてＡは出勤していたが、胆管癌に罹患しその病期はステージⅣまで進行しており、化学療法の副作用に加え静脈血栓により長時間の立位は血栓を悪化させるリスクがあって労務に服することができないとされる状況であったことが認められ、それはＡが死亡するまで続いた。

- 請求傷病で休務する前までは賃金は月給制だったが、復職後は時間給制となっている。また、復職後は休務する前に比べて出勤日数、労働時間、賃金が著しく少なくなっていることから、Ａが自らの体調や病状をみながら、労働時間や出勤日数を制限して行っていたと考えられ、相当額の報酬を得ていたとはいえない。

- 本件事業主による傷病手当金の手続の遅れにより支給が遅れ、Ａは生活費・医療費の支払や住宅ローンの返済等のための収入を得るため、勤務できる状態ではないにもかかわらずやむを得ず勤務していたことがうかがわれる。

- これらのことから、請求期間を通して相当額の報酬を得ているような場合には該当しないし、通知の「本来の職場における労務に対する代替的性格をもたない副業ないし内職等の労務に従事したり、あるいは傷病手当金の支給があるまでの間、一時的に軽微な他の労務に服することにより、賃金を得るような場合その他これらに準ずる場合に該当する」と考えるのが相当であり、報酬は得ていたものの、「療養のため労務に服することができないとき」に該当するものとして取り扱うべきである。

- Ａが資格を喪失した後の支給期間についても、被保険者であったときから継続して請求傷病による療養のため労務に服することができなかったといえるから、継続給付の受給要件を充足しており、傷病手当金が支給されるべきである。

などとして、処分を取り消した。

ポイント

　社会保険審査会も妥当なものと認めている通知「資格喪失後の継続給付に係る関係通知の廃止及び『健康保険法第98条第1項及び第99条第1項の規定の解釈運用』について」（平成15年2月25日付保保発第0225007号）の適用がポイントになった事例である。

　健康保険法第99条第1項は「被保険者（任意継続被保険者を除く。第百二条第一項において同じ。）が療養のた

め労務に服することができないときは、その労務に服することができなくなった日から起算して三日を経過した日から労務に服することができない期間、傷病手当金を支給する」と、傷病手当金の支給を「療養のため労務に服することができないとき」と定めている。

原則的には、労務の対価として賃金が支給されているれば「療養のため働けない」状態にあてはまらないため、傷病手当金は支給されない。しかし、通知はこの「労務不能」を「労務内容、労務内容との関連における報酬額などを十分検討」し、柔軟に解釈・運用するようにとしている。

社会保険審査会では、休務する前に比べると「1月当たり出勤日数約40%、1日当たり労働時間約44%、1月当たりの労働時間20%未満、1月当たり支給合計15%未満」であるとして、被保険者が自らの体調や病状によって勤務を制限していたと推測し、「相当額の報酬を得ていたものとは到底いえない状況」としている。ただし、これらの割合について、数字で線引きできる明確な基準の設定は難しいだろう。通知にいう「労務内容、労務内容との関連における報酬額などを十分検討のうえ、労務不能に該当するかどうか判断」という、ケースバイケースにならざるをえない。

通知は平成15年に出されているから、健康保険法第99条の解釈運用について、保険者は十分理解していたと思われる。また、社会保険審査官の審査請求でも労務不能が認められなかったために再審査請求となったわけだが、双方で「十分検討」されたにもかかわらず認められなかったものが、再審査請求で容認となったことになる。裁決文から、すでに死亡していることや、ローン支払いのために無理をしたと考えられる被保険者の事情に同情的な印象が読み取れるが、やはり明確な基準のない場合の運用は難しいといわざるをえない。

なお、下記に当てはまる場合、傷病手当金の支給額の一部または全部の調整が行われる。

- 給与の支払いがあった場合……休んだ期間に給与の支払いがある場合、傷病手当金は支給されないが、その給与の日額が傷病手当金の日額より少ない場合、傷病手当金と給与の差額が支給される。
- 障害厚生年金または障害手当金を受けている場合……同一の傷病等による厚生年金保険の障害厚生年金または障害手当金を受けている場合は傷病手当金は支給されない。ただし、障害厚生年金の額（同一支給事由の障害基礎年金が支給されるときはその合算額）の360分の1が傷病手当金の日額より少ない場合は、その差額が支給される。傷病手当金の合計額が障害手当金の額に達する日まで、傷病手当金の支給はない。
- 老齢（退職）年金を受けている場合……資格喪失後に傷病手当金の継続給付を受けている人が老齢（退職）年金を受けているときは傷病手当金は支給されない。ただし、老齢（退職）年金の額の360分の1が傷病手当金の日額より少ない場合は、その差額が支給される。
- 労災保険から休業補償給付を受けていた（受けている）場合……過去に労災保険から休業補償給付を受けていて、休業補償給付と同一の病気やけがのために労務不能となった場合、傷病手当金は支給されない。また、業務外の理由による病気やけがのために労務不能となった場合でも、別の原因で労災保険から休業補償給付を受けている期間中は、傷病手当金は支給されない。ただし、休業補償給付の日額が傷病手当金の日額より少ないときはその差額が支給される。
- 出産手当金を同時に受けられるとき……傷病手当金の額が出産手当金の額よりも多ければがその差額が支給される。

また、保険給付を受ける権利を有したまま被保険者または被保険者であった人が死亡した場合、公的年金各法、労災保険法および船員保険法では未支給の保険給付として生計同一関係のあった遺族に支給されるが、健康保険と労災保険では特に規定がないため、民法の規定により未支給権利者の相続人に支給されることになる。本事例では被保険者の相続人である母が再審査請求を行っている。審査請求中の死亡については、「審査請求人が、審査請求の決定前に死亡したときは、承継人が、審査請求の手続を受け継ぐものとする」（社会保険審査官及び社会保険審査会法第12条）と定められている。

裁決文

主文

後記理由欄第2の2記載の原処分を取り消す。

理由

第1 再審査請求の趣旨

再審査請求人(以下「請求人」という。)の再審査請求の趣旨は、主文と同旨の裁決を求めるということである。

第2 再審査請求の経過

1 被保険者であったＡ（以下「亡Ａ」という。)は、胆管癌、静脈血栓症及び糖尿病(以下「請求傷病」という。)の療養のため労務に服することができなかったとして、平成〇年〇月〇日から同年〇月〇日まで(以下「期間Ａ」という。)及び同月〇日から平成〇年〇月〇日まで(以下「期間Ｂ」という。)の各期間(以下、併せて「既支給期間」という。)について、健康保険法(以下「健保法」という。)による傷病手当金(以下、単に「傷病手当金」という。))の支給を受けていた。なお、期間Ａに係る請求は平成〇年〇月〇日(受付)になされて、同月〇日に支給され、また、期間Ｂに係る請求は同月〇日(受付)になされて、同月〇日に支給されたものである。

2 亡Ａは、既支給期間に引き続き、請求傷病の療養のため労務に服することができなかったとして、平成〇年〇月〇日(受付)、全国健康保険協会〇〇支部長(以下「本件支部長」という。)に対し、同年〇月〇日から同年〇月〇日まで(以下「本件請求期間Ａ」という。)の期間について、傷病手当金の支給を請求した。そして、亡Ａが平成〇年〇月〇日に胆管細胞癌を原因として死亡したことから、母である請求人が、亡Ａの相続人として、平成〇年〇月〇日(受付)、本件支部長に対し、平成〇年〇月〇日から平成〇年〇月〇日まで(以下「本件請求期間Ｂ」といい、本件請求期間Ａと併せて、以下「本件請求期間」という。)の期間について、傷病手当金の支給を請求した。

　本件支部長は、本件請求期間Ａについては、平成〇年〇月〇日付で、亡Ａに対し、本件請求期間Ａのうち26日間(平成〇年〇月〇日・〇日・〇日～〇日・〇日・〇日、同年〇月〇日・〇日・〇日・〇日・〇日・〇日・〇日・〇日・〇日・〇日・〇日、同年〇月〇日・〇日・〇日・〇日・〇日・〇日・〇日・〇日、以下「不支給期間Ａ」という。)を除く期間については傷病手当金を支給するが、不支給期間Ａについては出勤しており、療養のための労務不能とは認められないためとして、傷病手当金を支給しない旨の処分(以下、不支給とした部分を「処分①」という。)をし、本件請求期間Ｂについては、平成〇年〇月〇日付で、請求人に対し、本件請求期間Ｂのうち、平成〇年〇月〇日については傷病手当金を支給するが、同月〇日(以下「不支給期間Ｂ」という。)は出勤しており、療養のための労務不能とは認められないためとして、また、同月〇日から平成〇年〇月〇日まで(以下「不支給期間Ｃ」という。)は、被保険者資格喪失後の継続受給要件を満たしていないためとして、傷病手当金を支給しない旨の処分(以下、この不支給とした部分を「処分②」といい、処分②と処分①を併せて「原処分」という。)をした。

3 請求人は、原処分を不服とし、〇〇厚生局社会保険審査官に対する審査請求を経て、当審査会に対し、再審査請求をした。その不服の理由は、本件裁決書に添付の別紙に記載のとおりである。

第3 問題点

1 傷病手当金の支給については、健保法第99条第1項に「被保険者・・・が療養のため労務に服することができないときは、その労務に服することができなくなった日から起算して3日を経過した日から労務に服することができない期間、傷病手当金・・・・・を支給する」と規定されている。

　また、健保法第104条によれば、「被保険者の資格を喪失した日・・・の前日まで引き続き1年以上被保険者・・・であった者・・・であって、その資格を喪失した際に傷病手当金・・・の支給を受けているものは、被保険者として受けることができるはずであった期間、継続して同一の保険者からその給付を受けることができる。」(以下、単に「継続給付」という。)と規定されている。

　本件の場合、亡Ａは、平成〇年〇月〇日に健康保険の被保険者の資格を喪失しており、その後の支給は継続給付によるものとなる。

2 本件の問題点は、第2の2記載の原処分を不服としているのであるから、不支給期間A及び不支給期間B
について、亡Aが請求傷病の療養のため労務に服することができなかったと認められないかどうかであ
り、また、不支給期間Cについて、被保険者資格喪失後の継続受給要件を満たしていると認められないか
どうかである。

第4　審査資料（略）

第5　事実の認定及び判断

1　審査資料及び審理期日における再審査請求代理人（以下「代理人」という。）の陳述によれば、次の事実を認
定できる。（略）

2　以上の認定した事実に基づいて、本件の問題点について検討し、判断する。

(1)健保法第99条第1項に規定する「療養のため労務に服することができないとき」（以下「労務不能」とい
う。）の解釈運用については、「資格喪失後の継続給付に係る関係通知の廃止及び「健康保険法第98条第1
項及び第99条第1項の規定の解釈運用」について」（平成15年2月25日付保保発第0225007号厚生労働省
保険局保険課長通知。以下「本通知」という。）が発出されており、本通知によれば、被保険者がその本来
の職場における労務に就くことが不可能な場合であっても、現に職場転換その他の措置により就労可能
な程度の他の比較的軽微な労務に服し、これによって相当額の報酬を得ているような場合は、労務不能
には該当しないものであるが、本来の職場における労務に対する代替的性格をもたない副業ないし内職
等の労務に従事したり、あるいは傷病手当金の支給があるまでの間、一時的に軽微な他の労務に服する
ことにより、賃金を得るような場合その他これらに準ずる場合には、通常なお労務不能に該当するもの
であるとされ、被保険者がその提供する労務に対する報酬を得ている場合でも、そのことを理由に直ち
に労務不能でない旨の認定をすることなく、労務内容、労務内容との関連におけるその報酬額等を十分
検討のうえ労務不能に該当するかどうかの判断をすることとされている。当審査会においても、本通知
を妥当なものと認めているところである。

(2)本件を、本通知に照らして検討してみると、上記1の(2)によれば、不支給期間Aについて亡Aが出勤し
ていたことは認められるものの、上記1の(3)、(4)及び(6)によれば、亡Aが勤務を再開した平成〇年〇月
以降も、亡Aは、胆管癌に罹患しその病期はステージⅣまで進行していたところ、胆管癌に対する化
学療法の副作用に加え、静脈血栓により長時間の立位は血栓を悪化させるリスクがあるとして労務に
服することができないとされる状況であったことが認められ、その状況は、亡Aが死亡するまで続い
たものと認められる。また、上記1の(4)及び(7)によれば、請求傷病で休務する前の平成〇年〇月度給与
（同年〇月勤務分）までは、賃金は月給制で支払われ、同年〇月度給与から同年〇月度給与までの期間
の、出勤日数の合計は247日、総労働時間の合計は2829時間30分、支給合計の合計は283万9803円で
あるから、当該期間の1月当たり出勤日数は20.6日、1日当たり労働時間は11.5時間、1月当たり支給合
計は23万6650円であることが認められる。一方、復職した平成〇年〇月度給与（同年〇月勤務分）から
は、賃金は時間給制で支払われ、同年〇月度給与から同年〇月度給与までの期間の、出勤日数の合計は
75日、総労働時間の合計は382時間41分、支給合計の合計は31万8583円であるから、当該期間の1月
当たり出勤日数は8.3日、1日当たり労働時間は5.1時間、1月当たり支給合計は3万5398円であること
が認められるところ、休務する前に比べて1月当たり出勤日数はその約40%、1日当たり労働時間もそ
の約44%にとどまり、1月当たりの労働時間は休務する前の20%にも満たない状況であり、1月当たり
支給合計も15%に満たない状況である。これは、亡Aが、自らの体調や病状をみながら、1日当たり短
時間の勤務を出勤日数も制限して行っていたものと考えられるのであり、相当額の報酬を得ていたもの
とは到底いえない状況であることが認められる。

さらに、上記1の(4)及び(5)によれば、本件事業主による傷病手当金の手続の遅れにより、その支給が
平成〇年〇月〇日まで行われなかったところ、亡Aは生活費・医療費の支払や住宅ローンの返済などが
あり、生計維持に要する収入を得るため、請求傷病により、通常、勤務できる状態ではないにもかかわ
らず、やむを得ず勤務していたことがうかがわれる。

そうすると、本件請求期間を通して、相当額の報酬を得ているような場合には該当しないし、本件通

知にいうところの、本来の職場における労務に対する代替的性格をもたない副業ないし内職等の労務に従事したり、あるいは傷病手当金の支給があるまでの間、一時的に軽微な他の労務に服することにより、賃金を得るような場合その他これらに準ずる場合に該当すると考えるのが相当であり、報酬は得ていたものの、療養のため労務に服することができないときに該当するものとして取り扱うべきである。

したがって、不支給期間A及び不支給期間Bについては、いずれも請求傷病による療養のための労務不能であったものとして、傷病手当金が支給されるべきであり、また、亡Aが資格を喪失した後の不支給期間Cについても、被保険者であったときから継続して、請求傷病による療養のため労務に服することができなかったといえるのであるから、継続給付の受給要件を充足していることが認められ、傷病手当金が支給されるべきである。

(3)以上のことからすると、不支給期間A、不支給期間B及び不支給期間Cのいずれについても、傷病手当金を支給すべきであり、これと異なる趣旨の原処分は取り消されなければならない。

以上の理由によって、主文のとおり裁決する。

■ **関連する法律・通知等**

■資格喪失後の継続給付に係る関係通知の廃止及び「健康保険法第98条第1項及び第99条第1項の規定の解釈運用」について（平成15年2月25日／保保発第0225007号）➡P.254

事例 13 療養のための労務不能かどうかは、特段の事情がない限り、診療に当たった医師の病状や治療経過などを踏まえた医学的判断が重視される　**容認**

平成26年(健)第1470号　　平成27年10月30日裁決

概要

　請求人は左眼続発性緑内障による療養のため労務不能であったとして傷病手当金を請求した。全国健康保険協会○○支部は「療養のための労務不能とは認められない」として、傷病手当金を支給しない処分を行った。請求人はこれを不服として再審査請求を行った。なお、請求人はこれ以前に「急性期右脳梗塞、右脳梗塞、脳梗塞後遺症」の療養のための労務不能で1回、「左眼虹彩毛様体炎」の療養のための労務不能で1回と、2回にわたって傷病手当金を受給している。

　社会保険審査会は、
- 傷病手当金の支給要件としての労務不能とは、必ずしも医学的見地からのみ判断されるべきではないものの、ことは傷病の療養のための労務不能といえるかどうかの問題であることを考えると、特段の事情がない限り、当該傷病の診療に当たった医師が病態や病状の程度、治療の経過等を踏まえた結果として、労務不能かどうかについてどのような医学的判断をしているかが重視されなければならない。
- 医師は「左不全四肢麻痺に加えて、左眼の後天性の失明の状態により作業困難と考えられる」などの医学的理由から、「左不全麻痺と合わせた状態で労務不能と認められた」と回答している。
- 別傷病による影響を除いても左眼失明のため両眼視ができない状況であることから、勤務にたずさわることは不可能であったと判断するのが相当である。

として、原処分を取り消し、傷病手当金の支給を認めた。

ポイント

　「労務不能については医学的判断が重視されるべき」という原則が確認された事例ではあるが、医師が労務不能としているにもかかわらず、保険者が「療養のための労務不能とは認められない」と判断した理由や背景が不明である。

　請求人はこれより前に左眼虹彩毛様体炎の療養のため労務不能であったとして1回、それとは別の期間に急性期右脳梗塞、右脳梗塞、脳梗塞後遺症の療養のため労務不能であったとして1回、あわせて2回、傷病手当金を受給している。裁決文では、

　　　なお、本件記録によれば、請求人は、平成○年○月○日から平成○年○月○日までの期間について、急性期右脳梗塞、右脳梗塞、脳梗塞後遺症(以下、これら3傷病は関連した同一傷病と認められるが、当該傷病及び後記の「左眼続発性緑内障」とはいずれも相当因果関係のない別傷病と認められることから、これら3傷病を、便宜上、「別傷病」という。)の療養のため労務不能であったとして、傷病手当金を支給されている。

とあるが、どのような経緯で、脳梗塞後遺症等が、傷病手当金を受給した左眼虹彩毛様体炎とも、今回の請求傷病である左眼続発性緑内障とも「因果関係のない別傷病である」と判断されたのかは明らかでない。

　一方で、「請求人は、平成○年○月○日発症の『右脳梗塞』により左不全麻痺が残存しているとした上で、請求人は、本件請求期間において、本件請求傷病は、左不全麻痺がない状態でも労務不能と認めら

れたかどうか」という保険者の照会に対し、医師は「『左不全麻痺』と合わせた状態で労務不能と認められた」と回答している。「左不全麻痺」と合わせた状態での労務不能であれば、脳梗塞後遺症等と同一傷病と認められ、1年6ヵ月が経過していた場合、傷病手当金は支給されない(ただし、不支給事由に「1年6ヵ月経過しているため」とはない)。

　保険者としては、どちらの傷病による労務不能か判別しがたいために不支給としたのかもしれないが、社会保険審査会は「別傷病による影響を除いても左眼失明のため両眼視ができない状況であることから上記の勤務にたずさわることは不可能であったと判断するのが相当」と、請求傷病である左眼続発性緑内障のみで労務不能を認定している。

　3回目の傷病手当金の請求ということで、それ以前の傷病との関連性を判断するのが難しかったとも考えられるが、はじめから争点を「左眼続発性緑内障」のみに絞っていれば、再審査請求とまではならなかったのかもしれない。

裁決文

主文

後記「理由」欄第2の3記載の原処分を取り消す。

理由

第1　再審査請求の趣旨

再審査請求人(以下「請求人」という。)の再審査請求の趣旨は、健康保険法(以下「健保法」という。)による傷病手当金(以下、単に「傷病手当金」という。)の支給を求めるということである。

第2　再審査請求の経過

1　請求人は、左眼虹彩毛様体炎(以下「当該傷病」という。)による療養のため労務不能であったとして、平成○年○月○日から同年○月○日までの期間(以下「既決受給期間」という。)について、傷病手当金を受給した。

　　なお、本件記録によれば、請求人は、平成○年○月○日から平成○年○月○日までの期間について、急性期右脳梗塞、右脳梗塞、脳梗塞後遺症(以下、これら3傷病は関連した同一傷病と認められるが、当該傷病及び後記の「左眼続発性緑内障」とはいずれも相当因果関係のない別傷病と認められることから、これら3傷病を、便宜上、「別傷病」という。)の療養のため労務不能であったとして、傷病手当金を支給されている。

2　請求人は、当該傷病及び左眼続発性緑内障(以下、併せて「本件請求傷病」という。)の療養のために、既決受給期間に引き続いた平成○年○月○日から同年○月○日までの期間(以下「本件請求期間」という。)について、労務に服することができなかったとして、平成○年○月○日(受付)、全国健康保険協会○○支部長(以下「支部長」という。)に対し、傷病手当金の支給を申請した。

3　支部長は、平成○年○月○日付で、請求人に対し、本件請求期間について、「療養のための労務不能とは認められないため。」という理由により、傷病手当金を支給しない旨の処分(以下「原処分」という。)をした。

4　請求人は、原処分を不服とし、標記の社会保険審査官に対する審査請求を経て、当審査会に対し、再審査請求をした。

第3　当審査会の判断

1　本件は、傷病手当金の支給に係るものであるところ、その支給要件について、健保法第99条第1項によれば、被保険者が療養のため労務に服することができないときは、その労務に服することができなくなった日から起算して3日を経過した日から労務に服することができない期間、傷病手当金の支給を受けることができると定められている。

2　本件の場合、請求人は、上記第2の3記載の理由によってなされた原処分に対し、これを不服としているのであるから、本件の問題点は、請求人が、本件請求期間について当該傷病の療養のため労務不能と認められないかどうかである。

3 傷病手当金の支給要件としての労務不能については、被保険者が本来の業務に堪え得るか否かを標準として、社会通念に基づいて認定されるべきであることはいうまでもないことから、労務不能とは、必ずしも、医学的見地からのみ判断されるべきではないものの、ことは「傷病の療養のため」労務不能といえるかどうかの問題であることを考えると、特段の事情の存しない限り、まずは、当該傷病の診療に当たった医師が、当該傷病の病態、病状の程度及び治療の経過等を踏まえた結果として、被保険者が労務不能かどうかについてどのような医学的判断をしているかが重視されなければならないというべきである。すなわち、傷病手当金の請求に用いられる定型の「傷病手当金支給申請書」に「療養担当者が意見を記入するところ」欄(以下「医師意見欄」という。)が設けられ、療養担当医師において、「傷病名」、「労務不能と認めた期間」、「診療実日数」、「労務不能と認めた期間中における主たる症状および経過、治療内容、検査結果、療養指導等」及び「症状経過からみて従来の職種について労務不能と認めた医学的な所見」等を記入することとされているのも、この趣旨から出たものと解される。

4 本件においてこれをみると、本件請求期間に係る健康保険傷病手当金支給申請書のa病院・A医師(以下「A医師」という。)作成の平成○年○月○日付の医師意見欄によれば、傷病名は平成○年○月○日を療養の給付開始年月日(初診日)とする本件請求傷病が掲げられた上で、本件請求期間における主たる症状および経過、治療内容、検査結果、療養指導等には、左眼眼圧上昇による疼痛がしばしば生じ、軽度の虹彩炎が持続しているとされ、症状経過からみて従来の職種について労務不能と認めた医学的な所見には、左眼圧の調整が不安定であり、時々疼痛を伴うこともあり、本件請求期間の労務は不能と考えると記載されていることが認められる。また、支部長からの照会に対するA医師作成の平成○年○月○日付「健康保険被保険者の症状経過等について(照会)」と題する回答書によれば、請求人は、平成○年○月○日発症の「右脳梗塞」により左不全麻痺が残存しているとした上で、請求人は、本件請求期間において、本件請求傷病は、左不全麻痺がない状態でも労務不能と認められたかどうかの照会に対し、A医師は、「左不全麻痺」と合わせた状態で労務不能と認められたと回答しており、その医学的理由は、左不全四肢麻痺に加えて、左眼の後天性の失明の状態により作業困難と考えられ、さらに、左眼失明と高眼圧による疼痛があり、左眼は虹彩炎発作もしばしば伴い、左眼圧は初診時68mmHgと高く、その後眼圧降下剤を増量するも、眼圧降下は30mmHg程度であり、その間も眼圧は60mmHg近く上昇発作が生じ、ダイアモックス(注：眼圧降下作用を有する利尿薬)内服使用しなくてはならなかったとされ、現在も30～48mmHgの眼圧が継続しており、点眼は既に限界量を超えており、頓服として内服薬を使用しつつ、疼痛を緩和している状態で、さらに、請求人の主訴以外で労務不能と認められた医学的見地からの理由として、左眼失明のため両眼視を必要とする仕事は不可能で、眼圧コントロールも次第に困難となりつつあるのでしばらくは労務は困難と考えたと判断している。そして、請求人の従来の職務内容は、請求人の作成の平成○年○月○日付「日常生活療養状況報告書」によれば、熱処理工場勤務で、処理品の浸戻、焼入、戻し作業、重量物の運搬、電気サンダー他仕上げ作業、処理品の検査管理を1日8時間から10時間の勤務、夜勤の勤務であったとされることからすると、別傷病による影響を除いても左眼失明のため両眼視ができない状況であることから上記の勤務にたずさわることは不可能であったと判断するのが相当である。

5 そうすると、本件請求期間について、請求人に傷病手当金を支給しないとした原処分は相当ではなく、これを取り消すこととし、主文のとおり裁決する。

傷病の治癒が焦点となっていた訴訟で、訴訟確定後に傷病手当金請求権の時効が進行すると判断されたケース

容認

平成27年(健)第1113号　　平成28年11月30日裁決

概　要

　請求人は低髄液圧症候群の療養のため労務に服することができなかったとして、傷病手当金および傷病手当金付加金を請求したが、○○健康保険組合は「給付を受ける権利が時効消滅している」として、傷病手当金等を支給しない処分を行った。請求人はこれを不服として、再審査請求を行った。

　請求人は休職期間満了時に就労不能を理由に解雇されたが、「休職事由だった傷病は治癒している」と主張し、解雇の効力を争って賃金仮払仮処分と地位確認請求訴訟を提起した。そして、「訴訟の係争中に傷病手当金等の支給申請を行うと、地位確認請求訴訟での主張と矛盾した行動と評価され、訴訟に不利に影響する可能性がある」として、訴訟の係争中は傷病手当金等の支給の請求を行わなかった。上告審まで行われた係争終了後、傷病手当金等の支給の請求を行ったところ、○○健康保険組合によって時効と判断されたのである。

　社会保険審査会は、

- 最高裁判所では、民法第166条の「権利を行使することができる時」の解釈に関して、「単にその権利の行使につき法律上の障害がないというだけではなく、さらに権利の性質上、その権利行使が現実に期待のできるものであることをも必要と解するのが相当である」と判示している。
- 請求人は胸郭出口症候群および低髄液圧症候群が治癒し復職可能であるとして解雇無効を主張して訴訟を提起している。本件傷病手当金等は対象傷病を低髄液圧症候群としているから、請求人の賃金支払請求権と傷病手当金等支給請求権は両立しないものであり、請求人に対し二つの請求権を同時に行使することを要求するのは無理があるというべきである。
- 請求人が傷病手当金等の支給を申請し、低髄液圧症候群が治癒していない旨を積極的に主張・立証することは、係属中の訴訟における自己の主張を否定し、その正当性を大きく減殺することは明らかである。
- 請求人が退職手当金を請求したからといって、本件傷病手当金等の支給請求権の行使も期待することができたということにはならない。
- 以上のことなどから、請求人の敗訴が確定するまでの間は傷病手当金等支給請求権の権利行使が現実に期待できるものとはいえず、請求権の時効は敗訴確定後に進行するというべきであり、請求人が支給申請した時点では消滅時効は完成していないことが明らかである。

などとして、処分を取り消した。

ポイント

　事例16（平成21年(健)第143号）は、請求人が労災保険の補償を求めて労働保険審査会に再審査請求をし、結果として棄却されたが、療養費に係る2年の消滅時効の起算点は再審査請求が棄却された日より後となることが認められた。本事例は解雇の効力を争った賃金仮払仮処分と地位確認請求訴訟において、上告審まで行われた係争終了後の時効についての再審査請求である。事例16と同様に、本事例でも請求人の主張が認められた。

　申請時に2年の消滅時効は完成していたため傷病手当金等は支給しないとした保険者の主張を要約す

ると、

- 支給申請期間の始期で権利行使は現実に期待できた。
- 地位確認請求訴訟が棄却された第1審判決および請求人の控訴を棄却する旨の控訴審判決時に権利行使が現実に期待できるものであった。
- 請求人は、傷病が完全に治癒していないことを承知していながら、傷病手当金等の支給請求ではなく解雇を争って仮処分申請から地位確認請求訴訟に踏み切った判断は誤りで、根拠をも欠くものであったから、権利行使が現実に期待できないという場合に当たらない。

となっており、最高裁判所大法廷判決を念頭に置いたものであることがわかるが、それでも裁決ではこれらの主張が認められることとはならなかった。

民法第166条第1項		最高裁判所大法廷判決
消滅時効は、**権利を行使することができる時から進行する**	←解釈	単にその権利の行使につき法律上の障害がないというだけではなく、さらに権利の性質上、**その権利行使が現実に期待のできるものであることをも必要**と解するのが相当である

　傷病手当金等を請求するための主張が訴訟での主張と矛盾してしまうのは、事例16の労働保険審査会に再審査請求したケースと同様である。地位確認のために「傷病は治癒している」と主張していたはずが、敗訴後、その傷病のための傷病手当金等を請求するというのは、権利としては正当なものであっても、当事者としては納得できないものがあるかもしれない。

裁決文

主文

後記理由欄第2の2記載の原処分を取り消す。

理由

第1　再審査請求の趣旨

　再審査請求人(以下「請求人」という。)の再審査請求の趣旨は、後記第2の2記載の原処分を取り消し、健康保険法(平成27年法律第31号による改正前のもの。以下「健保法」という。)による傷病手当金及び○○健康保険組合(以下「保険組合」という。)の規約に基づく傷病手当金付加金の支給を求めるということである。

第2　事案の概要

1　請求人は、平成○年○月○日から平成○年○月○日までの期間について、低髄液圧症候群の療養のため労務に服することができなかったとして、平成○年○月○日(受付)、保険組合に対し、傷病手当金及び傷病手当金付加金(以下「本件傷病手当金等」という。)の支給を請求した。

2　保険組合は、平成○年○月○日付で、請求人に対し、健保法第193条の規定により給付を受ける権利が時効消滅しているとして、本件傷病手当金等を支給しない旨の処分(以下「原処分」という。)をした。

3　本件は、請求人が、原処分を不服とし、標記の社会保険審査官に対する審査請求を経て、当審査会に対し再審査請求をした事案であり、争点は本件傷病手当金等の支給請求権の消滅時効の成否である。

第3　当事者の主張

1　請求人の主張は、別紙1記載のとおりであり、その要旨は以下のとおりである。

　民法第166条第1項は「消滅時効は、権利を行使することができる時から進行する」と定めているところ、最高裁判所昭和45年7月15日大法廷判決は、この規定の解釈として「単にその権利の行使につき法律上の障害がないというだけではなく、さらに権利の性質上、その権利行使が現実に期待のできるものであることをも必要と解するのが相当である。」と判示している。

　請求人は、平成○年○月○日付で、休職期間満了(休職期間満了時における就労不能)を理由に解雇されたが、休職事由であった傷病の治癒を主張して解雇の効力を争い、賃金仮払仮処分を申し立て、その後、

地位確認請求訴訟を提起して係争中であったから、この間に本件傷病手当金等の支給申請を行えば、裁判官から賃金仮払仮処分及び地位確認請求訴訟での主張と「矛盾した行動」と評価され、賃金仮払仮処分及び地位確認請求訴訟に不利に影響する蓋然性があった。したがって、賃金仮払仮処分及び地位確認請求訴訟の係争中、とりわけ仮払仮処分が認容され仮払金受領後である地位確認請求訴訟の係争中においては、本件傷病手当金等の支給請求の権利を行使することが現実に期待できるものではないというべきである。

　　よって、請求人が賃金仮払仮処分及び地位確認請求訴訟の手続中であった平成○年○月○日までは、本件傷病手当金等の支給請求権の消滅時効は進行しなかったというべきであり、消滅時効は完成していないから、原処分は取り消されるべきである。

2　保険者の主張は、別紙2記載のとおりであり、その要旨は以下のとおりである。

　　本件傷病手当金等については、支給申請期間の始期である平成○年○月○日から権利行使は現実に期待できたものであり、そうでないとしても、地位確認請求訴訟において請求人の請求を棄却する旨の第1審判決があった平成○年○月○日、又は請求人の控訴を棄却する旨の控訴審判決があった平成○年○月○日には、権利行使が現実に期待できるものであったから、支給申請時の平成○年○月○日の時点で2年の消滅時効は完成していたといえる。請求人は、傷病が完全に治癒していないことを承知していながら、本件傷病手当金等の支給請求ではなく、解雇を争って、仮処分申請から地位確認請求訴訟に踏み切ったものである。その判断は誤りであって、それなりの根拠をも欠くものであったから、本件傷病手当金等の支給請求につき、権利行使が現実に期待できないという場合に当たらない。

第4　当審査会の判断

1　法律の規定等について傷病手当金の支給については、健保法第99条第1項において「被保険者（……）が療養のため労務に服することができないときは、その労務に服することができなくなった日から起算して3日を経過した日から労務に服することができない期間、傷病手当金……を支給する。」と規定されており、資格喪失後の傷病手当金の継続給付については、健保法第104条に「被保険者の資格を喪失した日（……）の前日まで引き続き1年以上被保険者（……）であった者（……）であって、その資格を喪失した際に傷病手当金……の支給を受けているものは、被保険者として受けることができるはずであった期間、継続して同一の保険者からその給付を受けることができる。」と規定されている。また、健保法第108条第1項は、傷病手当金と報酬との調整について、「疾病にかかり、負傷し……た場合において報酬の全部又は一部を受けることができる者に対しては、これを受けることができる期間は、傷病手当金……を支給しない。ただし、その受けることができる報酬の額が、傷病手当金……の額より少ないときは、その差額を支給する。」と規定している。

　　傷病手当金付加金の支給については、保険組合規約第60条に、被保険者が傷病手当金の支給を受けるときは、その支給を受ける期間、傷病手当金付加金を支給する旨が規定されている。

　　そして、保険給付を受ける権利の時効については、健保法第193条第1項に「…保険給付を受ける権利は、2年を経過したときは、時効によって消滅する。」と規定され、健保法第194条に「…期間の計算については、民法の期間に関する規定を準用する。」と規定されており、民法第166条第1項に「消滅時効は、権利を行使することができる時から進行する。」と規定されている。

　　なお、消滅時効の起算日については、「傷病手当金及び出産手当金の請求権消滅時効の起算日について」（昭和30年9月7日保険発第199号の2厚生省保険局健康保険課長・船員保険課長通知）によれば、傷病手当金の請求権の消滅時効は、労務不能であった日ごとにその翌日から起算されるものであるとされている。

　　また、最高裁判所昭和45年7月15日大法廷判決は、前記民法第166条第1項の「権利を行使することができる時」の解釈に関して、「単にその権利の行使につき法律上の障害がないというだけではなく、さらに権利の性質上、その権利行使が現実に期待のできるものであることをも必要と解するのが相当である。」と判示している。

2　本件傷病手当金等の請求権は、法律上は、労務不能であった平成○年○月○日から平成○年○月○日まで日々行使が可能である。そこで、以下、請求人について、本件傷病手当金等の請求権の権利行使が現実に期待できるものであったか否かを検討する。

3 本件記録によれば、以下の事実が認められる。（略）

4 以上の事実によると、請求人は、傷病（胸郭出口症候群及び低髄液圧症候群）が治癒して復職可能であることを理由に、本件解雇の無効を主張し、地位確認（地位保全）及び平成○年○月○日以降の賃金の支払を求める別件仮処分及び別件訴訟を提起しているのである（当初は胸郭出口症候群の治癒の有無が争点であったが、その後の審理の経過により、胸郭出口症候群及び低髄液圧症候群の双方の治癒の有無が争点となっている。）。他方、傷病手当金は、「療養のため労務に服することができない」ことが支給の要件とされ、また、事業主から傷病手当金の額よりも多い報酬の支給を受けたときは、傷病手当金の支給はされないものであるところ、本件傷病手当金等は、対象傷病を低髄液圧症候群とし、対象期間を平成○年○月○日から平成○年○月○日とするものであるから、請求人の賃金支払請求権と本件傷病手当金等支給請求権は両立しないものであり、請求人に対し、二つの請求権を同時に行使することを要求することには無理があるというべきである。

　　そして、復職可能か否かは、請求人本人の問題ではあるが、復職の可否を判断する際の基準となるべき従前の職種が何であるのか、請求人の傷病につき復職可能（治癒）の証明が尽くされたといえるか否かは、法律的、医学的な判断を含む事柄であり、請求人本人にとっても一義的に明確な事柄ではない。したがって、請求人が、まず、地位確認（地位保全）及び賃金支払を求める別件仮処分及び別件訴訟を選択したことをもって不当ということはできない。そして、別件仮処分決定は請求人の賃金仮払の申立てを認容したのであり、保全処分における暫定的な判断にせよ、裁判所において、請求人の主張に沿う内容の判断が示されたのである。このような状況の下で、請求人が本件傷病手当金等の支給を申請し、低髄液圧症候群が治癒していない旨を積極的に主張・立証することは、既に認容された別件仮処分及び現に係属中の別件訴訟における自己の主張を否定することになり、その主張の正当性を大きく減殺することは明らかである。したがって、別件仮処分決定により請求人の賃金仮払の申立てが認容された後においては、請求人に本件傷病手当金等の支給請求権を行使することを期待することは、困難を強いるものである。

　　保険組合は、請求人が国に対し退職手当金を請求し平成○年○月○日に退職手当金を受領していることを根拠に、本件解雇の無効を主張しながらこれと矛盾する本件傷病手当金等の支給請求権を行使することも可能であったと主張する。確かに保険組合主張の事実は認められるが、解雇有効を主張している相手方当事者に対して、相手方の主張を前提として退職手当金を請求することと、第三者である保険組合に対して、自ら解雇有効（療養中であること）を積極的に主張・立証して本件傷病手当金等の支給を請求することとは、質的に異なる行為であり、両者を同列に論ずることはできない。したがって、請求人が退職手当金を請求したからといって、本件傷病手当金等の支給請求権の行使も期待することができたということにはならない。

　　また、保険組合は、そうだとしても、別件訴訟において請求人敗訴の第1審判決又は控訴審判決が言い渡された時点（平成○年○月○日又は平成○年○月○日）以降は、本件傷病手当金等の支給請求は困難ではないと主張する。しかし、訴訟においては不服申立として上告制度が用意されており、請求人は現実に上告の提起及び上告受理の申立てをしていたこと、上告審係属中も別件仮処分決定の効力が維持されていたことなどを考慮すると、なお上告審の決定が示されるまでは、請求人に本件傷病手当金等の支給請求を期待することは困難であるといわざるを得ない。

　　以上によれば、別件訴訟において請求人の敗訴が確定した平成○年○月○日までの間は、本件傷病手当金等支給請求権の権利行使が現実に期待できるものであったということはできないから、本件傷病手当金等支給請求権の時効は、平成○年○月○日から進行するというべきである。

　　そして、請求人が本件傷病手当金等の支給を申請したのは、平成○年○月○日であるから、本件傷病手当金等については、未だ消滅時効は完成していないことが明らかである。時効消滅を理由に本件傷病手当金等を不支給とした原処分は相当ではなく、取消しを免れない。保険組合は本件傷病手当金等のその余の支給要件について実体的な判断を行うべきである。

5 よって、原処分を取り消すこととし、主文のとおり裁決する。

■ 関連する法律・通知等

■民法第166条

債権は、次に掲げる場合には、時効によって消滅する。

　一　債権者が権利を行使することができることを知った時から五年間行使しないとき。

　二　権利を行使することができる時から十年間行使しないとき。

2　債権又は所有権以外の財産権は、権利を行使することができる時から二十年間行使しないときは、時効によって消滅する。

3　前二項の規定は、始期付権利又は停止条件付権利の目的物を占有する第三者のために、その占有の開始の時から取得時効が進行することを妨げない。ただし、権利者は、その時効を更新するため、いつでも占有者の承認を求めることができる。

■傷病手当金及び出産手当金の請求権消滅時効の起算日について（昭和30年9月7日／保険発第199号の2）➡ P.247

療養費

療養費は、本来消費税が課税されない療養の給付に代えて支給されるものであるから、療養の給付の範囲外である消費税相当額は療養費として支給されない

平成21年(健)第161号　　平成22年5月31日裁決

概要

　請求人は大腸ファイバースコープによる検査およびポリープ切除のため、a病院で診療を受けたが、診療した日には被保険者証が本人に交付されていなかったことから、a病院は自由診療として取扱い、費用に消費税相当額を上乗せした。後日、請求人は保険者に療養費を申請したことで自己負担分を除く費用の7割が支給されたが、消費税相当額は支給されなかった。Aはこれを不服として、再審査請求を行った。

　社会保険審査会は、

- a病院が自由診療として取り扱い、消費税相当額を請求人から領収したことは明らかであるから、その時点でa病院のとった措置には何ら問題がない。
- 療養費は、本来消費税が課税されない療養の給付に代えて支給されるものであるから、療養の給付の範囲外である消費税相当額について療養費が支給されないことは理にかなっている。

などとして、請求を棄却した。

ポイント

　「消費税法基本通達」の「第6章第6節　医療給付等関係」には、医療費の非課税範囲として、「健康保険法、国民健康保険法等の規定に基づく療養の給付及び入院時食事療養費、入院時生活療養費、保険外併用療養費、療養費、家族療養費又は特別療養費の支給に係る療養並びに訪問看護療養費又は家族訪問看護療養費の支給に係る指定訪問看護」とあり、また、国税庁の「タックスアンサー（よくある税の質問）」のNo.6201「非課税となる取引」では、「健康保険法、国民健康保険法などによる医療、労災保険、自賠責保険の対象となる医療など」としたうえで、「ただし、美容整形や差額ベッドの料金および市販されている医薬品を購入した場合は非課税取引に当たりません」とある。

　裁決は「療養費は、本来消費税が課税されない療養の給付に代えて、支給されるものであるから、療養の給付の範囲外である消費税相当額について療養費が支給されないことは理にかなっている」と原則に基づいた判断となっている。

　保険証を忘れて受診して自由診療扱いとなり、全額自己負担になっても、後日、保険証と領収証を持っていけば保険診療に切り替えて精算してくれる場合があるが、可否や期限などは医療機関によるため、確認が必要である。事前に医療機関に確認し、保険証が発行されてすぐに医療機関の窓口で手続きを行えば、消費税負担はなかったかもしれない。

裁決文

主文

本件再審査請求を棄却する。

理由

第1　再審査請求の趣旨

再審査請求人(以下「請求人」という。)の再審査請求の趣旨は、請求人に対し、健康保険法(以下「法」という。)による療養費として、後記第2の2記載の原処分に係る○万○○○○円に加えて、同3の(2)記載の○○○○円を支給することを求めるということである。

第2　再審査請求の経過

1　健康保険の被保険者である請求人は、平成○年○月○日、大腸ファイバースコープによる検査及びポリープ切除のため、a病院(以下「a病院」という。)で診療(以下「本件診療」という。)を受け、本件診療に要した費用の額が○万○○○○円であったとして、平成○年○月○日(受付)、全国健康保険協会○○支部長(以下「支部長」という。)に対し、法による療養費(以下、単に「療養費」という。)の支給を申請した。

2　支部長は、平成○年○月○日付で、請求人に対し、○万○○○○円の療養費を支給する旨の処分(以下「原処分」という。)をした。

3　請求人は、原処分を不服とし、○○社会保険事務局社会保険審査官に対する審査請求を経て、当審査会に対し、要旨、次のように述べて、再審査請求をした。

(1)健康保険の保険証が未発行だったため、本件診療については、全額(○万○○○○円)自費で支払った。後日、職場を通じて、療養費の支給手続を行い、○月○日付の支給決定通知書を受け取った。

(2)上記の○万○○○○円には医療費である○万○○○○円のほかに消費税が含まれているところ、支給決定通知書に記載の療養費の金額(○万○○○○円)は、消費税を控除した○万○○○○円の7割であり、消費税を含む○万○○○○円の7割ではないから、原処分に係る○万○○○○円は、本件診療について請求人に支給されるべき療養費の額に○○○○円不足していることになる。

第3　問題点

1　法第87条第1項は、「保険者は、療養の給付若しくは入院時食事療養費、入院時生活療養費若しくは保険外併用療養費の支給(以下、この項において「療養の給付等」という。)を行うことが困難であると認めるとき、又は被保険者が保険医療機関等以外の病院、診療所、薬局その他の者から診療、薬剤の支給若しくは手当を受けた場合において、保険者がやむを得ないものと認めるときは、療養の給付等に代えて、療養費を支給することができる。」と規定している。

法第87条第2項は、「療養費の額は、当該療養(食事療養及び生活療養を除く。)について算定した費用の額から、その額に第74条第1項各号に掲げる場合の区分に応じ、同項各号に定める割合(注:請求人の場合は、100分の30)を乗じて得た額を控除した額及び当該食事療養又は生活療養について算定した費用の額から食事療養標準負担額又は生活療養標準負担額を控除した額を基準として、保険者が定める。」と規定している。

法第87条第3項は、「前項の費用の額の算定については、療養の給付を受けるべき場合においては第76条第2項の費用の額の算定、入院時食事療養費の支給を受けるべき場合においては第85条第2項の費用の額の算定、入院時生活療養費の支給を受けるべき場合においては第85条の2第2項の費用の額の算定、保険外併用療養費の支給を受けるべき場合においては前条第2項の費用の額の算定の例による。ただし、その額は、現に療養に要した費用の額を超えることができない。」と規定している。

法第76条第2項は、「前項の療養の給付に要する費用の額は、厚生労働大臣が定めるところにより、算定するものとする。」と規定している。

2　本件診療が法第87条第1項に規定する療養費の支給要件を満たすものであることについては当事者間に争いがないものと認められるから、本件の問題点は、前記1の関係法令に照らし、原処分が適法かつ妥当と認められるかどうかである。

第4　審査資料

「(略)」

第5　事実の認定及び判断

1　「略」

2　本件の問題点を検討し、判断する。

(1)請求人が健康保険の被保険者証を提示して本件診療を受けたとすれば、その診療に要した費用○万○○○○円の3割を負担するにとどまり、消費税相当額○○○○円を負担することはなかったところ、本件診療の当日において、被保険者証は請求人に交付されておらず、その結果として、a病院が本件診療を自由診療として取り扱い、消費税相当額を請求人から領収したことは明らかであるから、その時点でa病院の執った措置には何らの問題も存しないというべきである。また、保険者が、療養費は、本来消費税が課税されない療養の給付に代えて、支給されるものであるから、療養の給付の範囲外である消費税相当額について療養費が支給されないことは理にかなっているというべきである。そうすると、本件診療に要した費用は○万○○○○円とするのが相当であり、その7割の○万○○○○円を療養費として支給するとした原処分は、適法であり、何ら不当な点も存しないものというべきである。

(2)なお、a病院が本件診療について請求人から支払を受けた消費税相当額の今後の処理の問題が、本件再審査請求における審査・判断の対象とはならないものであることはいうまでもない。

以上の理由によって、主文のとおり裁決する。

■ 関連する法律・通知等

■消費税法基本通達

第6章　非課税範囲

第6節　医療給付等関係

(医療費の非課税範囲)

6-6-1　法別表第一第6号《医療等の給付》の規定による医療関係の非課税範囲は、次のようになるのであるから留意する。

(平12課消2-10、平18課消1-11、平18課消1-43、平19課消1-18、平20課消1-8、平22課消1-9、平25課消1-34により改正)

(1)　健康保険法、国民健康保険法等の規定に基づく療養の給付及び入院時食事療養費、入院時生活療養費、保険外併用療養費、療養費、家族療養費又は特別療養費の支給に係る療養並びに訪問看護療養費又は家族訪問看護療養費の支給に係る指定訪問看護

(2)　高齢者の医療の確保に関する法律の規定に基づく療養の給付及び入院時食事療養費、入院時生活療養費、保険外併用療養費、療養費又は特別療養費の支給に係る療養並びに訪問看護療養費の支給に係る指定訪問看護

(3)　精神保健及び精神障害者福祉に関する法律の規定に基づく医療、生活保護法の規定に基づく医療扶助のための医療の給付及び医療扶助のための金銭給付に係る医療、原子爆弾被爆者に対する援護に関する法律の規定に基づく医療の給付及び医療費又は一般疾病医療費の支給に係る医療並びに障害者の日常生活及び社会生活を総合的に支援するための法律の規定に基づく自立支援医療費、療養介護医療費又は基準該当療養介護医療費の支給に係る医療

(4)　公害健康被害の補償等に関する法律の規定に基づく療養の給付及び療養費の支給に係る療養

(5)　労働者災害補償保険法の規定に基づく療養の給付及び療養の費用の支給に係る療養並びに同法の規定による社会復帰促進等事業として行われる医療の措置及び医療に要する費用の支給に係る医療

(6)　自動車損害賠償保障法の規定による損害賠償額の支払(同法第72条第1項《業務》の規定による損害を填補するための支払を含む。)を受けるべき被害者に対する当該支払に係る療養

(7)　その他これらに類するものとして、例えば、学校保健安全法の規定に基づく医療に要する費用の援助に係る医療、母子保健法の規定に基づく養育医療の給付又は養育医療に要する費用の支給に係る医療等、国又は地方公共団体の施策に基づきその要する費用の全部又は一部を国又は地方公共団体により負担される医療及び療養(いわゆる公費負担医療)

(医療品、医療用具の販売)

6-6-2　医療品又は医療用具の給付で、健康保険法、国民健康保険法等の規定に基づく療養、医療若しくは施設療養又はこれらに類するものとしての資産の譲渡等は非課税となるが、これらの療養等に該当しない医薬品の販売又は医療用具の販売等(法別表第一第10号《身体障害者用物品の譲渡等》に規定する身体障害者用物品に係る資産の譲渡等に該当するものを除く。)は課税資産の譲渡等に該当する。

(保険外併用療養費、療養費等の支給に係る療養)

6-6-3　健康保険法等の規定に基づく保険外併用療養費、医療費等の支給に係る療養は非課税となるが、これには、被保険者又は被保険者の家族の療養に際し、被保険者が負担する一部負担金に係る療養も含まれるのであるから留意する。（平12官総8-3、平18課消1-43により改正）

（注）平成元年大蔵省告示第7号「消費税法別表第一第6号に規定する財務大臣の定める資産の譲渡等及び金額を定める件」の規定により定められた金額を超える部分の金額については、非課税とされる療養の対価に該当しないことに留意する。

労災保険の審査請求・再審査請求期間中は健康保険法の請求についての消滅時効は完成しない

平成21年（健）第143号　　平成23年3月31日裁決

概要

　請求人は、皮脂欠乏性湿疹と間質性肺炎に罹り、その診療に支払った費用について、労災保険の療養補償給付として請求したが不支給の処分となり、その処分を不服として労災保険に関する審査請求、再審査請求をするも棄却された。

　そこで請求人は改めて健康保険の療養費として申請したが、全国健康保険協会○○支部は「請求された期間はすでに時効が完成している」「労災保険申請期間中の審査に要する期間は時効中断に当たらない」として、療養費は支給しない処分を行った。請求人はこれを不服として、再審査請求を行った。

　社会保険審査会は、

- 労災保険法または健康保険法のいずれか一方の保険給付が支給される現行制度に照らすと、両給付は別の給付ではあるが、その設計上は表裏一体のものというべきである。
- 両給付を同時に請求することは理論的には可能であるが、労災については業務上の事由によるものであることを、健康保険については業務外の事由によるものであることを同時に主張しなければならず、それは極めて困難である。
- 本件のような場合の健康保険療養費支給請求権の消滅時効については、労災療養給付の支給請求および審査請求・再審査請求を行っていた間は、同時に健康保険療養費の支給請求をも行っていたものとみなすべきである。
- 健康保険法に規定する健康保険療養費に係る2年の消滅時効の起算点は、労働保険審査会が請求人に係る再審査請求を棄却した日より後となるものと認めるのが相当である。

として、処分を取り消した。

ポイント

　第2審として行政不服審査を行う国の機関として、健康保険、船員保険、厚生年金保険および国民年金の給付等処分に関しては社会保険審査会が、労災保険および雇用保険の給付処分に関しては労働保険審査会がその役割を担っている。

　本事例では、請求人は当初、労災保険の療養補償給付を請求したが、審査請求、再審査請求ともに棄却された。その後、健康保険の療養費の支給を申請したが、時効を理由に療養費が支給されなかった。健康保険給付を受ける権利は、受けることができるようになった日の翌日から2年で時効（療養費の場合、起算日は療養に要した費用を支払った日の翌日）になることから、労働保険審査会での再審査の裁決が出されたときにはすでに2年以上が経過していたということになる。

　労災療養給付の支給請求、審査請求、再審査請求を行っていた間がいわゆる「時効の中断」となるかどうかが争点となっているが、社会保険審査会は、健康保険と労働保険の両給付は別の給付ではあるが、「その設計上は表裏一体のものというべき」などとして、「健保療養費に係る2年の消滅時効の起算点は、労働保険審査会が請求人に係る再審査請求を棄却した平成○年○月○日より後となるものと認めるのが相当」と判断している。

裁決文

主文

全国健康保険協会○○支部長(以下「支部長」という。)が、平成○年○月○日付で、請求人に対してした後記第2の4記載の原処分は、これを取り消す。

理由

第1 再審査請求の趣旨

再審査請求人(以下「請求人」という。)の再審査請求の趣旨は、主文と同旨の裁決を求めるということである。

第2 再審査請求の経過

1 請求人は、平成○年○月○日から同○年○月○日までの間、a病院b科において皮脂欠乏性湿疹(以下「請求傷病①」という。)の診療を受け、その診療に要した費用の額として○万○○○○円を支払い、さらに、同人は、平成○年○月○日から同○年○月○日までの間、c病院において間質性肺炎(以下「請求傷病②」といい、請求傷病①と併せて、以下「請求傷病」という。)の診療を受け、その診療に要した費用の額として○万○○○○円を支払った。

2 請求人は、請求傷病について、○○労働基準監督署長(以下「監督署長」という。)に対し、労働者災害補償保険法(以下「労災保険法」という。)による療養補償給付(以下「労災療養給付」という。)の請求をしたところ、監督署長は、平成○年○月○日付で、請求人に対し、請求傷病は業務上の事由又は通勤によるものとは認められないとして、これを支給しない旨の処分をした。

　請求人は、この処分を不服として、○○労働者災害補償保険審査官に審査請求をしたが、同審査官は、平成○年○月○日付で、これを棄却したので、請求人は、さらに労働保険審査会に再審査請求したところ、同審査会は、同○年○月○日付で、この再審査請求を棄却した。

3 健康保険法(以下「健保法」という。)上の任意継続被保険者であった請求人は、平成○年○月○日(受付)、支部長に対し、請求傷病①及び②について、それぞれ健保法による療養費(以下「健保療養費」という。)の支給を申請した。

4 支部長は、平成○年○月○日付で、請求人に対し、請求傷病①及び②について、「労災申請期間中の審査に要する期間は、時効中断事由に当たらず、請求された平成○年○月から平成○年○月分については、既に時効が完成しているため。」として、いずれも療養費を支給しない旨の処分(以下、併せて「原処分」という。)をした。

5 請求人は、原処分を不服とし、○○社会保険事務局社会保険審査官に対する審査請求を経て、当審査会に対し再審査請求をした。

　請求人の不服の理由は、請求傷病については、それが業務上の事由によるもの又は通勤によるものであれば労災療養給付が、それが業務外の事由によるものであれば健保療養費が支給されるものであり、同人が労災療養給付の支給を求めて審査請求していた間は、健保法に規定する時効は中断するから、時効完成を理由に健保療養費を不支給とした原処分は不当であり、取り消されるべきである、ということと解される。

第3 当審査会の判断

1 審理期日において、保険者の代理人は、労災保険法による保険給付と、健保法による保険給付はその趣旨・目的を異にする別の給付であるから、請求人が、請求傷病について、労災療養給付の支給請求や審査請求・再審査請求を行っていても、これを健保療養費の請求とみなすことはできず、健保法に規定する時効の進行を中断する事由もなかったと陳述したが、請求傷病が業務上外若しくは通勤によるものかどうかにより、労災保険法又は健康保険法のいずれか一方の保険給付が支給される現行制度に照らすと、両給付は別の給付ではあるが、その設計上は表裏一体のものというべきであり、また、両給付を同時に請求することは理論的には可能であるが、労災療養給付については業務上の事由又は通勤によるものであることを主張し、健保療養費については業務外の事由によるものであることを同時に主張しなければならず、それは事実上極めて困難であるといわざるを得ないから、本件のような場合における健保療養費支給請求権の

消滅時効に関しては、請求人が、請求傷病について、労災療養給付の支給請求及び審査請求・再審査請求を行っていた間は、同時に健保療養費の支給請求をも行っていたものとみなしてこれを考えるのが相当というべきである。

2　監督署長が平成○年○月○日付で、請求人に対し、請求傷病についての労災療養給付を支給しない旨の処分をしたことをもって、最終的ではないとしても、行政庁による一応の判断が示されたから、請求人において、その時点で、健保療養費の請求をすることは十分可能であったとする考え方もあるが、これは審査請求制度及び再審査請求制度の趣旨・目的をないがしろにするものであり、当審査会として到底採用できるものではない。

3　そうすると、健保法第193条第1項に規定する健保療養費に係る2年の消滅時効の起算点は、労働保険審査会が請求人に係る再審査請求を棄却した平成○年○月○日より後となるものと認めるのが相当であり、同人が請求傷病①及び②のそれぞれについて、健保療養費の支給を支部長に申請した同○年○月○日時点においては、2年の消滅時効は完成していなかったというべきであるから、原処分は取消しを免れない。

以上の理由によって、主文のとおり裁決する。

■ 関連する法律・通知等

■労働者災害補償保険法第38条

保険給付に関する決定に不服のある者は、労働者災害補償保険審査官に対して審査請求をし、その決定に不服のある者は、労働保険審査会に対して再審査請求をすることができる。

2　前項の審査請求をしている者は、審査請求をした日から三箇月を経過しても審査請求についての決定がないときは、労働者災害補償保険審査官が審査請求を棄却したものとみなすことができる。

3　第一項の審査請求及び再審査請求は、時効の完成猶予及び更新に関しては、これを裁判上の請求とみなす。

事例 17 給付事由の発生自体に「故意」があれば、療養の給付の制限は妥当である

平成25年(健)第1016号　　平成26年3月31日裁決

概　要

　請求人は右第3趾中足骨骨折によって保険医療機関を診療し、療養の給付を受けたところ、a健康保険組合は「当該傷病は健保法第116条所定の"被保険者が故意に給付事由を生じさせたとき"に当たる」として療養の給付の支給決定を取り消す処分を行ったうえ、支給した療養の給付に係る費用の返納を求めた。請求人はこれを不服として再審査請求を行った。

　請求人は当該傷病の療養のため労務に服することができなかったとして、傷病手当金を請求したのだが、その際、請求書の負傷原因欄に「道路上で鉄パイプを蹴ったため」と記載した。a健康保険組合はこれを問題視し、請求人に対して状況等を照会したところ、「道路のガードレールの鉄パイプを腹立って自ら蹴った」との回答があったため、給付の制限処分を行ったという経緯である。

　社会保険審査会は、

- 健康保険法第116条の「故意に給付事由を生じさせたとき」とは健康保険制度の本質から、故意の場合はもちろん、給付事由の発生自体について故意があれば足りるものと解するのが相当である。
- 請求人は腹立ちからガードレールの鉄パイプを蹴って当該傷病を生じさせたのであり、故意に当該傷病を生じさせたものといえるから、当該傷病についての療養の給付を受けることはできないというべきで、処分は適法かつ妥当である。
- 請求人は「自らが負傷するという意思で鉄パイプを蹴るという明確な意思がなければ、故意に給付事由を生じさせたとはいえない」と主張するが、鉄パイプを蹴るという行為は、足部に骨折等の傷害を生じさせることを容易に予見できるにもかかわらず蹴るという行為に及んだのであるから、当該傷病を発する結果が生じるかもしれないことを表象しながら、それを認容してその行為に及んだものと認めるのが相当である。

などとして、請求を棄却した。

ポイント

　いわゆる給付制限に関する事例である。社会保険審査会は、健康保険法第116条の「故意に給付事由を生じさせたとき」について、「給付事由の発生それ自体について故意があれば足りる」と判断している。負傷事由の経過などから、きわめて妥当な裁決である。

　請求人はケガをした際、療養の給付を受けている。さらに傷病手当金を請求したことで、療養を担当した医師が意見を書くところ欄の記載から負傷事由が明らかとなった。請求人が受診時、負傷原因を偽って医師に申告していれば、傷病手当金も支給されていたかもしれない。

　保険者は「負傷原因届」の提出を求めたり、負傷原因の照会を実施したりすることがあるが、これは主に業務上や第三者行為によるケガかどうかの確認に主眼が置かれている場合が多く、これによって「故意に給付事由を生じさせたとき」を明らかにするには難しい面がある。

　全国健康保険協会では、下記のような場合に給付制限または調整を行うとしている。

- 故意の犯罪行為又は故意に事故をおこしたとき
- けんか、よっぱらいなど著しい不行跡により事故をおこしたとき

- 正当な理由がなく医師の指導に従わなかったり保険者の指示による診断を拒んだとき
- 詐欺その他不正な行為で保険給付を受けたとき、又は受けようとしたとき
- 正当な理由がないのに保険者の文書の提出命令や質問に応じないとき
- 感染症予防法等他の法律によって、国又は地方公共団体が負担する療養の給付等があったとき

「国民健康保険の保険給付の制限に関する要綱」（平成18年3月20日　告示第152号）では、「国保法第60条の規定に基づく絶対的給付制限は、次に掲げる要件を具備するに至った者がある場合に行うものとする」として以下を規定している。

(1) 自己の故意の犯罪行為によるとき。

　ア　法令に違反し、かつ、処罰の対象となるべき行為を行ったこと。

　イ　当該行為を行うにつき、故意が認められること。

　ウ　当該行為と事故による傷病との間に相当因果関係が認められること。

(2) 故意に疾病にかかり、又は負傷したとき。

　ア　傷病の発生について認識があること。

　イ　道徳的、社会的に非難される行為であること。

一方で、自殺未遂による傷病は、「その傷病の発生が精神疾患等に起因するものと認められる場合は故意に給付事由を生じさせたことに当たらず、保険給付等の対象となる」ということが通知で周知されている（「自殺未遂による傷病に係る保険給付等について」〔平成22年5月21日　保保発0521第1号〕）。

裁決文

主文

本件再審査請求を棄却する。

理由

第1　再審査請求の趣旨

再審査請求人の再審査請求の趣旨は、a健康保険組合理事長が平成〇年〇月〇日付で請求人に対してした、後記第2記載の原処分を取り消すことを求める、ということである。

第2　事案の概要

本件は、再審査請求人（以下「請求人」という。）は、平成〇年〇月〇日に生じた右第3趾中足骨骨折（以下「当該傷病」という。）につき、平成〇年〇月から同年〇月までの間に、保険医療機関において診療を受け、保険薬局において調剤を受けたため、その療養に要した費用について、a健康保険組合（以下「保険者組合」という。）から、健康保険法（以下「健保法」という。）に基づく療養の給付（以下「本件療養の給付」という。）を受けたところ、保険者組合理事長（以下「理事長」という。）が平成〇年〇月〇日付で請求人に対し、当該傷病は健保法第116条所定の「被保険者が故意に給付事由を生じさせたとき」に当たるとして、本件療養の給付の支給決定を取り消した上、支給した療養の給付に係る〇万〇〇〇〇円の返納を求める旨の通知をした（本件療養の給付の支給決定を取り消した処分を、以下「原処分」という。）ため、請求人が原処分を不服として、標記の社会保険審査官に対する審査請求を経て、当審査会に再審査請求をした事案である。

第3　当審査会の判断

1　本件記録によると、次の各事実が認められる。

　(1)請求人は、平成〇年〇月〇日に保険者組合の被保険者資格を取得した者である。

　(2)請求人は、平成〇年〇月〇日午後〇時〇分頃、〇〇区〇〇〇町〇〇番地〇付近の道路において、腹を立てて、道路のガードレールの鉄パイプを右足で蹴ったことにより、右第3趾中足骨を骨折して、当該傷病を発した。

　(3)請求人は、当該傷病のため、平成〇年〇月〇日を診療開始日として、同年〇月に3日、同年〇月に3日、同年〇月に2日の合計8日、保険医療機関であるb病院において診療を受け、同年〇月に1回、保険薬局であるc薬局において薬剤の処方を受け、これらの診療及び調剤にかかる費用合計〇万〇〇〇〇円（同

年○月分診療費○万○○○○円、同年○月分診療費○万○○○○円、同年○月分診療費○○○○円、調剤費○○○○円)について、療養の給付を受けた。

(4)請求人は、平成○年○月○日(受付)、保険者組合に対し、平成○年○月○日から平成○年○月○日までの期間、当該傷病の療養のため労務に服することができなかったとして、傷病手当金の請求をした。保険者組合は、傷病手当金請求書の発病又は負傷の原因及び経過欄に「平成○年○月○日道路上で鉄パイプをけったため」と記載され、療養を担当した医師が意見を書くところ欄に、発病又は負傷の原因として「鉄パイプをけったため」と記載されていたことから、健保法第116条所定の給付制限事由に該当すると考え、平成○年○月○日に臨時理事会を開催して、給付制限を行うことの可否を諮ったところ、全会一致でその承認を得た。

(5)保険者組合は、平成○年○月○日付で、請求人に対し、当該傷病に係る受傷の状況、病状等について照会したところ、請求人は、次のとおり回答した。

　　照会事項：負傷の原因について、「平成○年○月○日に道路上で鉄パイプをけったため」とありますが、詳しい状況を再度教えてください。

　　回答：「平成○年○月○日午後○時○分頃」「○○区○○○町○○-○辺りの道路」で、「道路のガードレールの鉄パイプを腹立って自らけった。」

(6)理事長は、平成○年○月○日付で請求人に対し、本件療養の給付について、当該傷病は健保法第116条所定の「被保険者が故意に給付事由を生じさせたとき」に当たるとして、本件療養の給付の支給決定を取り消す旨の原処分をした。

2　ところで、健保法は、労働者の業務外の事由による疾病、負傷若しくは死亡又は出産及びその被扶養者の疾病、負傷、死亡又は出産に関して保険給付を行い、もって、国民の生活の安定と福祉の向上に寄与することを目的とするものであり(健保法第1条(原処分当時のもの))、被保険者の疾病又は負傷に関しては、診察、薬剤又は治療材料の支給、処置、手術その他の治療、居宅における療養上の管理及びその療養に伴う世話その他の看護、病院又は診療所への入院及びその療養に伴う世話その他の看護の療養の給付を行うものとされている(健保法第63条第1項)が、第116条において「被保険者又は被保険者であった者が、自己の故意の犯罪行為により、又は故意に給付事由を生じさせたときは、当該給付事由に係る保険給付は、行わない。」と規定している。健保法が、このような給付制限条項を設けた所以は、故意に生じさせた給付事由に基づいて健康保険上の給付をすることは、偶然的に発生する給付事由に対し、これを相互に救済しようとする健康保険制度の本質から許されないことであり、健康保険制度の秩序を乱し、適正な運営を阻害し、その財政を危機に陥れるものであるから、その給付を行わないこととすることにある。

　　そして、「故意に給付事由を生じさせたとき」とは、健康保険制度の本質からして、保険給付を受けようとすることについての故意がある場合はもちろん、給付事由の発生それ自体について故意があれば足りるものと解するのが相当である。したがって、故意により自らの身体を傷つけた場合は、故意に給付事由を生じさせたときに当たると解すべきところ、請求人は、腹立ちからガードレールの鉄パイプを蹴って当該傷病を生じさせたのであり、故意に当該傷病を生じさせたものといえるから、当該傷病についての療養の給付を受けることはできないというべきである。原処分は、健保法の定めに則ってされたものであり、それ自体は、適法かつ妥当なものということができる。

3　請求人は、自らが負傷するという意思で、その目的下に鉄パイプを蹴るという明確な意思がなければ、故意に給付事由を生じさせたとはいえないと主張するので検討する。

　　そこで、本件のようにガードレールの鉄パイプを蹴って足に当該傷病を発した場合に、いかなる主観的事情があれば、故意に給付事由を生じさせたといえるかという観点から上記主張について検討する。故意に給付事由を生じさせたというためには、負傷という結果を意図・意欲した場合を含め、結果の発生を確実なものとして表象して鉄パイプを蹴った場合である必要はなく、負傷という結果の発生自体は不確実であるが、そのような結果が発生するかもしれないことを表象し、かつ、結果が発生してもかまわないと認容して鉄パイプを蹴るという行為に及んだ結果、当該傷病を発した場合には、故意に給付事由を生じさせたものと認めるのが相当である。これを本件についてみるに、請求人は、腹を立ててガードレールの鉄パ

イプを蹴ったというのであるが、鉄パイプを蹴るという行為は、自己の足に鉄パイプという堅固な構造物により物理的な外力を加える行為と同視できるものであり、蹴る力の強弱及びその加減、蹴る足の部位及び方向、蹴る方法、鉄パイプとの位置関係等によっては、意図したよりも強い物理的外力が足に加えられることとなり、その結果、当該足部に挫傷、挫滅、あるいは骨折等の傷害を生じさせることは容易に予見できるものというべきところ、請求人は、それにもかかわらず、蹴るという行為に及んだのであるから、当該傷病を発する結果が生じるかもしれないことを表象しながら、それを認容してその行為に及んだものと認めるのが相当である。なお、他人の身体に暴行を加えた場合は「暴行を加えた者が人を傷害するに至らなかったとき」(刑法第208条)として、暴行罪により処断されるのであるが、刑法理論上は、人を傷害する故意がなくても、暴行の故意があれば、その暴行により傷害の結果が生じたときは、傷害罪が成立するものとされており、最高裁判所昭和25年(れ)第1196号同年11月9日第一小法廷判決・刑集第4巻11号2239頁も、「傷害罪は結果犯であるから、その成立には傷害の原因たる暴行についての意思が存すれば足り、特に傷害の意思の存在を必要としないのであり、被告人には被害者に傷害を加える目的をもたなかったとしても、傷害の原因たる判示の暴行についての意思が否定されえない限り」傷害罪が成立すると判示しているところに照らしても、上記認定、判断は相当というべきである。請求人の上記主張は採用することができない。

4 以上の認定及び判断の結果によると、原処分は適法かつ妥当であるから、これを取り消すことはできない。よって、本件再審査請求は理由がないから、これを棄却することとして、主文のとおり裁決する。

事例 18	「飲酒運転によって起こした交通事故は健康保険法の"保険給付の制限"に該当する」とした保険者の判断は合理的裁量の範囲を逸脱していない	棄却
	平成28年(健)第664号　　平成29年6月30日裁決	

概要

　請求人は交通事故による頚髄損傷の療養のために要した費用について、療養費の支給を申請した。○○健康保険組合は、「自己の故意の犯罪行為又は泥酔若しくは著しい不行跡により給付事由を生じさせた場合に該当する」として、療養費を支給しない処分を行った。請求人はこれを不服として再審査請求を行った。

　社会保険審査会は、

- 健康保険法は第116条において、「被保険者又は被保険者であった者が、自己の故意の犯罪行為により、又は故意に給付事由を生じさせたときは、当該給付事由に係る保険給付は行わない」とし、同法第117条において、「被保険者が闘争、泥酔又は著しい不行跡によって給付事由を生じさせたときは、当該給付事由に係る保険給付は、その全部又は一部を行わないことができる」と規定している。

- 請求人は職場での飲み会で相当程度のアルコールを摂取したのち、自ら自動車を運転して帰宅途中、高速道路で走行車線上の左端に停車しているところを大型貨物自動車に追突されて交通事故を起こしたものである。事故後の請求人の血中アルコール濃度は1.34mg/mLであったが、この数値は道交法の酒気帯び運転の基準0.3mg/mLを大きく上回る極めて高いものであり、かなり酒に酔った状態で運転し、高速道路の走行車線上に停車させるという危険な行為に及んだことに疑いはなく、アルコールの影響により正常な運転および判断ができないおそれがある状態にあったとみるのが相当である。

- 請求人の行為は道交法に違反していることは明らかであり、交通事故の発生につながる可能性の高い、社会的に許容されない危険な行為であった。

- 請求人が交通事故を発生させた行為は、健康保険法の「保険給付の制限」に該当するということができ、保険者に委ねられた合理的裁量の範囲を逸脱するものではない。

などとして、請求を棄却した。

ポイント

　いわゆる「給付制限」が酒気帯び運転でのケガにも適用されると判断された事例である。自身は追突されて負傷したとはいうものの、酒気帯び運転をしたうえ、高速道路の走行車線上に停車させたことによる事故であることから、給付制限を適用した保険者の裁量が認められている。

　しかし、昨今、酒気帯び運転に対して社会の厳しい目が注がれていることから考えると、酒気帯び運転によるケガ等に健康保険を使えるかどうかの判断を保険者の裁量に委ねるよりも、制度として整備をした方がいいのではないかと思われる。

　なお、通知「健康保険法第六十条に該当する者に対する埋葬料の支給について」(昭和三六年七月五日　保険発第六三号の二➡P.249)では、制限速度超過、無免許運転などの道路交通法規違反による処罰せられるべき行為で起こした事故によって死亡した場合でも、埋葬を行う者に対して埋葬料を支給することを認めており、酒気帯び運転での死亡もこれに準ずると考えていいだろう。

余談ではあるが、自殺の場合の埋葬料についても、「被保険者の自殺による死亡は故意に基く事故ではあるが、死亡は絶対的な事故であるとともに、この死亡に対する保険給付としての埋葬料は、被保険者であつた者に生計を依存していた者で埋葬を行う者に対して支給されるという性質のものであるから、法第六十条後段に該当しないものとして取り扱い埋葬料を支給しても差支えない」(通知「法第六十条の疑義解釈について」(昭和26年3月19日 保文発第721号))として、支給が認められている。

なお、自動車保険では、酒気帯び運転による事故について、被害者救済の観点から対人賠償や対物賠償は補償されるが、運転者については保険金は支払われない(日本損害保険協会のQ&Aによる)。

裁 決 文

主文
本件再審査請求を棄却する。

理由

第1 再審査請求の趣旨
再審査請求人(以下「請求人」という。)の再審査請求の趣旨は、健康保険法(以下「健保法」という。)による療養費(以下、単に「療養費」という。)の支給を求めるということである。

第2 再審査請求の経過

1 請求人は、○○健康保険組合(以下「保険者組合」という。)の被保険者であるが、平成○年○月○日午前○時○分頃に発生した交通事故(以下「本件交通事故」という。)による頸髄損傷(以下「当該傷病」という。)の療養のため、平成○年○月○日から平成○年○月○日までの○日間(以下「本件請求期間」という。)において、その療養に要した費用○万○円について、平成○年○月○日(受付)、保険者組合に対し、療養費の支給を申請した。

2 保険者組合は、平成○年○月○日付で、請求人に対し、自己の故意の犯罪行為又は泥酔若しくは著しい不行跡により給付事由を生じさせた場合に該当するとして、本件請求期間について、療養費を支給しない旨の処分(以下「原処分」という。)をした。

3 請求人は、原処分を不服として、○○厚生局社会保険審査官に対する審査請求を経て、当審査会に対し、再審査請求をした。

第3 問題点

1 療養費の支給については、健保法第87条第1項において、保険者は、療養の給付を行うことが困難であると認めるとき、又は被保険者が保険医療機関等以外の病院、診療所、薬局その他の者から診療、薬剤の支給若しくは手当を受けた場合において、保険者がやむを得ないものと認めるときは、療養の給付に代えて、療養費を支給することができると規定している。

2 また、保険給付の制限については、健保法第116条において、被保険者又は被保険者であった者が、自己の故意の犯罪行為により、又は故意に給付事由を生じさせたときは、当該給付事由に係る保険給付は行わないとし、同法第117条において、被保険者が闘争、泥酔又は著しい不行跡によって給付事由を生じさせたときは、当該給付事由に係る保険給付は、その全部又は一部を行わないことができると規定している。

3 本件の問題点は、原処分が、前記の法規定に照らし、適法かつ妥当であると認められるかどうかである。

第4 審査資料(略)

第5 事実の認定及び判断

1 審査資料によると、次の事実が認められる。(略)

2 前記認定事実に基づいて、本件の問題点について検討し、判断する。

(1)道路交通法(以下「道交法」という。)において、運転者の義務として、道交法第65条第1項に「何人も、酒気を帯びて車両等を運転してはならない。」と規定されている。

なお、同項に違反した場合の罰則に係る規定に該当する者として、同法第117条の2第1号において、「第65条(…)第1項の規定に違反して車両等を運転した者で、その運転をした場合において酒に酔った

状態（アルコールの影響により正常な運転ができないおそれがある状態をいう。…）にあったもの」と規定されている。また、同法第117条の2の2第3号において、「第65条（…）第1項の規定に違反して車両等（…）を運転した者で、その運転をした場合において身体に政令で定める程度以上にアルコールを保有する状態にあったもの」と規定され、政令に定める程度として、道交法施行令第44条の3において、身体に保有するアルコールの程度は、血液1ミリリットルにつき0.3ミリグラムとするとされている。

さらに、自動車の交通方法として、同法第75条の8において、自動車は、高速自動車国道等においては、法令の規定若しくは警察官の命令により、又は危険を防止するため一時停止をする場合のほか、停車し、又は駐車してはならないと規定されている。

(2)請求人は、交通事故を負傷原因とする当該傷病において、療養に要した費用を○万○円及び○万○円として、平成○年○月○日(受付)、保険者組合に対し、療養費の支給をそれぞれ申請していることが認められる。

(3)陳述書によると、請求人は、平成○年○月○日の○時より開催された職場の飲み会において、1件目の店でビールをジョッキで3杯、赤ワインをグラスで5杯程度飲み、○時頃からの二次会の店で赤ワインを2杯程度飲み、深夜○時過ぎに解散となって店を出ている。帰宅途上において、請求人は、参加グループから一人離れ、ふらつくようなそぶりをみせどこかに歩いて行ってしまった。その後、飲酒した状態のまま車を運転したとみられ、帰宅途中の○時○分頃本件交通事故に遭っている。

また、検察官回答によると、事故発生後に行われた請求人の血液検査において、血中アルコール濃度が、いわゆる酒気帯び運転の道交法の基準0.3mg/mLを上回る1.34mg/mLの数値であったことが認められる。

(4)請求人は、平成○年○月○日午前○時○分頃、○○市○○高速道路上り線で発生した交通事故において、普通乗用自動車を運転した状態での大型貨物自動車との追突事故の当事者であることが認められる。なお、再審査請求代理人が提出した再審査請求書において、本件交通事故は、請求人の運転車両が高速道路の走行車線上の左端で停止していたところに、後方から相手方運転の大型トラックの衝突を受けたものとの記載が認められる。

(5)以上によれば、請求人は、職場での飲み会において、相当程度のアルコールを摂取したのち、自ら普通乗用自動車を運転して、帰宅途中である○○高速道路上り線において、走行車線上の左端に停車中、大型貨物自動車に追突されて、交通事故を起こしたものであることが確認できる。事故後の請求人の血中アルコール濃度は1.34mg/mLであったが、この請求人の数値は、道交法の酒気帯び運転の基準0.3mg/mLを大きく上回る極めて高いものであり、かなり酒に酔った状態で自動車を運転し、深夜に高速道路を走行し、その走行車線上に停車させるという危険な行為に及んだことに疑いはなく、アルコールの影響により正常な運転及び判断ができないおそれがある状態にあったとみるのが相当である。

請求人の行為は、上記道交法に違反していることは明らかであり、交通事故の発生につながる可能性の高い社会的に許容されない危険な行為であったということができる。

(6)したがって、請求人の本件交通事故を発生せしめた行為は、前記健保法の保険給付の制限に該当するということができ、保険者組合が本件請求期間に係る療養費について、自己の故意の犯罪行為又は泥酔若しくは著しい不行跡により給付事由を生じさせた場合に該当するとして不支給とした判断は、保険者に委ねられた合理的裁量の範囲を逸脱するものということはできない。

なお、請求人は、本件の療養費は、症状固定後の治療に係るものであることから、請求人の運転行為との相当因果関係を欠く旨主張するが、本件の療養は、請求人の上記危険な行為と相当因果関係があるものと認めることができる。以上のほか、請求人は、再審査請求書において、種々理由を述べ、原処分は取り消されるべきであると主張しているが、その理由を考慮したとしても、上記判断を違法不当とまで認めることはできない。

3 そうすると、原処分は適法かつ妥当であり、これを取り消すことはできず、本件再審査請求を棄却することとし、主文のとおり裁決する。

■ 関連する法律・通知等

■ 道路交通法第65条

何人も、酒気を帯びて車両等を運転してはならない。

2　何人も、酒気を帯びている者で、前項の規定に違反して車両等を運転することとなるおそれがあるものに対し、車両等を提供してはならない。

3　何人も、第一項の規定に違反して車両等を運転することとなるおそれがある者に対し、酒類を提供し、又は飲酒をすすめてはならない。

4　何人も、車両(トロリーバス及び旅客自動車運送事業の用に供する自動車で当該業務に従事中のものその他の政令で定める自動車を除く。以下この項、第百十七条の二の二第六号及び第百十七条の三の二第三号において同じ。)の運転者が酒気を帯びていることを知りながら、当該運転者に対し、当該車両を運転して自己を運送することを要求し、又は依頼して、当該運転者が第一項の規定に違反して運転する車両に同乗してはならない。

■ 道路交通法第75条の8

自動車(これにより牽引されるための構造及び装置を有する車両を含む。以下この条において同じ。)は、高速自動車国道等においては、法令の規定若しくは警察官の命令により、又は危険を防止するため一時停止する場合のほか、停車し、又は駐車してはならない。ただし、次の各号のいずれかに掲げる場合においては、この限りでない。

一　駐車の用に供するため区画された場所において停車し、又は駐車するとき。

二　故障その他の理由により停車し、又は駐車することがやむを得ない場合において、停車又は駐車のため十分な幅員がある路肩又は路側帯に停車し、又は駐車するとき。

三　乗合自動車が、その属する運行系統に係る停留所において、乗客の乗降のため停車し、又は運行時間を調整するため駐車するとき。

四　料金支払いのため料金徴収所において停車するとき。

同一事由での2回目の再審査請求は、その後の事情変更がなければ前回裁決と同じ判断となる──治療用弾性ストッキングの療養費のケース

容認

平成29年(健)第5397号　　平成30年3月30日裁決

概要

　請求人は左下肢原発性リンパ浮腫の治療のため、弾性ストッキングの購入に要した費用について、○○健康保険組合に対し療養費の支給を申請したが、○○健康保険組合は支給対象となる疾病に該当しないとして、療養費を支給しない処分を決定した。請求人はこれを不服として、再審査請求を行った。

　実は、この再審査請求より以前、請求人は、同じ傷病の治療のため弾性ストッキングの購入に要した費用について療養費の支給を申請したが、○○健康保険組合は療養費を支給しない処分を行った。請求人はこれを不服として再審査請求を行い、社会保険審査会は、「当該傷病の治療上における弾性ストッキングの必要性、有用性に照らすと、その原発性であることを理由に療養費の支給対象から除外することは療養費支給の趣旨・目的に照らして合理的なものであるとはいえない」として、○○健康保険組合の処分を取り消す裁決を行っている。今回、同じ傷病による弾性ストッキングの継続分として購入したものについて療養費を請求したにもかかわらず、○○健康保険組合は不支給の処分を行った。これに対し社会保険審査会は、

- 前回の処分と今回の処分の○○健康保険組合の不支給理由は全く同一であり、かつ、前回の再審査請求と異なる認定判断をすべき新たな資料はない。
- 「弾性ストッキングを一生装着する必要がある状態は症状固定である」と○○健康保険組合は主張するが、弾性ストッキングを装着しないと浮腫が悪化するのであるから、症状固定といえないことは明らかである。

と、前回の審査請求同様、当該傷病が原発性であることを理由に療養費の支給対象から除外することは不合理であるとして、原処分の取り消しを行った。

　さらに、「当審査会が前回の裁決において、療養費の支給対象から除外することは不合理であると判断し、その後の事情変更がないにもかかわらず、同一当事者の同一傷病に基づく後続の請求について、当審査会で否定された意見をもって、前回の処分と全く同一の理由で不支給としたことは、健保法第189条および社会保険審査会法等に定められた被保険者のための不服申立て制度を実質的に没却するものであり、遺憾である」と付言した。

ポイント

　本事例に先立つ再審査請求は事例63（平成27年(健)第220号）か事例67（平成28年(健)第65号）だと思われる。この3件は同一の請求人および保険者だと思われる。

　一度、再審査請求で処分が取り消されたにもかかわらず、保険者が同じ不支給理由で再び同様の処分を行ったことについて、何か事情や背景があったのかもしれないが、明らかではない。社会保険審査会は保険者に対し、「当審査会で否定された保険者意見に従い、前件処分と全く同一の理由で不支給としたことについては、健保法第189条及び社会保険審査官及び社会保険審査会法に定められた被保険者のための不服申立て制度を実質的に没却するものであり、遺憾であるといわざるを得ない」と強く批判している。

　なお、こうした裁決を受けてか、通知「四肢のリンパ浮腫治療のための弾性着衣等に係る療養費の支

給について」(平成20年3月21日保発第0321002号)では、支給対象となる疾病を、

> リンパ節郭清術を伴う悪性腫瘍(悪性黒色腫、乳腺をはじめとする腋窩部のリンパ節郭清術を伴う悪性腫瘍、子宮悪性腫瘍、子宮附属器悪性腫瘍、前立腺悪性腫瘍及び膀胱をはじめとする泌尿器系の骨盤内のリンパ節郭清を伴う悪性腫瘍)の術後に発生する四肢のリンパ浮腫

としていたが、これは、通知「四肢のリンパ浮腫治療のための弾性着衣等に係る療養費の支給における留意事項について」の一部改正について(令和2年3月27日保医発0327第7号)で、

> 鼠径部、骨盤部若しくは腋窩部のリンパ節郭清を伴う悪性腫瘍の術後に発生する四肢のリンパ浮腫又は原発性の四肢のリンパ浮腫

と変更された。

裁決文

主文

後記「事実」欄第2の2記載の原処分を取り消す。

事実

第1 再審査請求の趣旨

再審査請求人(以下「請求人」という。)の再審査請求の趣旨は、健康保険法(以下「健保法」という。)による療養費(以下「療養費」という。)の支給を求めるということである。

第2 再審査請求の経過

1 請求人は、左下肢原発性リンパ浮腫(以下「当該傷病」という。)の治療のため、弾性ストッキング(以下「本件ストッキング」という。)の購入に要した費用(平成○年○月○日作製分○万○○○○円、平成○年○月○日作製分○万○○○○円)について、平成○年○月○日(受付)、○○健康保険組合(以下「保険者組合」という。)に対し、療養費の支給を申請した。

2 保険者組合は、平成○年○月○日付けで、請求人に対し、「四肢のリンパ浮腫治療のための弾性着衣等に係る療養費の支給については、支給対象となる疾病が「リンパ節郭清術を伴う悪性腫瘍(悪性黒色腫、乳腺をはじめとする腋窩部のリンパ節郭清を伴う悪性腫瘍、子宮悪性腫瘍、子宮附属器悪性腫瘍、前立腺悪性腫瘍及び膀胱をはじめとする泌尿器系の骨盤内のリンパ節郭清を伴う悪性腫瘍)の術後に発生する四肢のリンパ浮腫」となっております。よって、本件は上記疾病に該当しないためお支払いできません。」として、療養費を支給しない旨の処分(以下「原処分」という。)をした。

3 請求人は、原処分を不服として、標記の社会保険審査官に対する審査請求を経て、当審査会に対し、再審査請求をした。

第3 当事者の主張

(略)

理由

第1 問題点

1 健保法による療養の給付は、健保法第63条第3項の規定により、厚生労働大臣の指定を受けた病院若しくは診療所又は薬局において、いわゆる現物支給としての療養の給付をなすことを原則としており、この療養の給付の補完的給付とされる法による現金給付としての療養費の支給については、健保法第87条第1項に「保険者は、療養の給付若しくは入院時食事療養費、入院時生活療養費若しくは保険外併用療養費の支給(以下この項において「療養の給付等」という。)を行うことが困難であると認めるとき、又は被保険者が保険医療機関等以外の病院、診療所、薬局その他の者から診療、薬剤の支給若しくは手当を受けた場合において、保険者がやむを得ないものと認めるときは、療養の給付等に代えて、療養費を支給することができる。」と規定されていることから、現金給付としての療養費の支給は、療養の給付等の範囲内のものに限られるのである。そして、この療養の給付等の範囲については、健保法第63条第1項に「被保険者の疾病又は負傷に関しては、次に掲げる療養の給付を行う。」と規定され、その第2号に「薬剤又は治療材料の支

給」と規定されている。

2 本件の場合、保険者組合が、前記「事実」欄第2の2記載の理由により原処分をしたことに対し、請求人はこれを不服としているのであるから、本件の問題点は、本件ストッキングの購入に要した費用が、療養費の支給対象と認められないかどうかである。

第2　当審査会の判断

1 当審査会に顕著な事実によれば、請求人は、当該傷病の治療のため、弾性ストッキングの購入に要した費用（平成○年○月○日作製分○万○○○○円）について、平成○年○月○日（受付）、保険者組合に対し、療養費の支給を申請（以下「前件申請」という。）したこと、保険者組合は、同月○日付けで、請求人に対し、原処分と全く同一の理由により、療養費を支給しない旨の処分（以下「前件処分」という。）をしたこと、このため、請求人は、前件処分を不服として、社会保険審査官に対する審査請求を経て、当審査会に対し、再審査の請求（平成○年（健）第○号。以下「前件再審査請求」という。）をしたところ、当審査会は、平成○年○月○日付けで、当該傷病の治療上における弾性ストッキングの必要性、有用性に照らすと、当該傷病について、その原発性であることを理由に健保法第87条の療養費の支給対象から除外することは、療養費支給の趣旨・目的に照らして合理的なものであるとはいえないとして、前件処分を取り消す旨の裁決（以下「前件裁決」という。）をしたことが認められる。

2 本件再審査請求は、前件申請に係る弾性ストッキングの継続分として作製された本件ストッキングの購入に要した費用についての不支給処分（原処分）の取消しを求めるもので、前件処分と原処分の不支給理由は全く同一であり、本件再審査請求と前件再審査請求は争点を同じくしているところ、本件再審査請求において前件再審査請求と異なる認定判断をすべき新たな資料があるとはいえないところである（保険者は、弾性ストッキングを一生装着する必要がある状態は症状固定であると主張するが、弾性ストッキングを装着しないと浮腫が悪化するのであるから、症状固定といえないことは明らかである。）。このような事情に鑑みれば、本件審査請求においても、当該傷病が原発性であることを理由に健保法第87条の療養費の支給対象から除外することは、不合理であると判断するのが相当である。

　そして、前件再審査請求において審理期日を開いて審理していることを考慮すると、本件再審査請求については、審理期日を指定せずに裁決することが許されるものと解される。

　したがって、弾性ストッキングの購入に要した費用は、療養費支給の対象と認められるべきであり、原処分は妥当でない。

3 なお、前件裁決において、当審査会が請求人の当該傷病について原発性であることを理由に健保法第87条の療養費の支給対象から除外することは、不合理であると判断することを明らかにしており、その後の事情変更がないにもかかわらず、保険者が、同一当事者の同一傷病に基づく後続の請求について、当審査会で否定された保険者意見に従い、前件処分と全く同一の理由で不支給としたことについては、健保法第189条及び社会保険審査官及び社会保険審査会法に定められた被保険者のための不服申立て制度を実質的に没却するものであり、遺憾であるといわざるを得ない。

以上の理由によって、原処分を取り消すこととして、主文のとおり裁決する。

療養の給付の対象ではないリハビリで、その一環としての"あはき"の施術は、療養費の支給対象とはならない

棄却

平成20年(健)第558号 平成21年8月31日裁決

概　要

　請求人は脳出血後、左片マヒと左大腿骨大転子骨折により、あん摩・マッサージ指圧師から施術を受け、その療養費の支給を申請したが、○○社会保険事務局長は「医師の同意がない」として療養費を支給しない決定をした。この決定を不服として、請求人は再審査請求を行った。

　社会保険審査会は、原処分の「医師の同意がないため」との理由は適切ではないが、

- 療養の給付等の対象はいずれも「治療上必要」な範囲のものに限られ、療養の給付の対象範囲外のものについては、療養費の支給はあり得ない。
- 左片マヒと左大腿骨大転子骨折のリハビリテーションについて療養の給付が行われない状況下では、リハビリテーションの一環として行われたと認められるあん摩・マッサージ指圧師の施術に対しても療養費の支給は認められない。

との理由から、結果として、療養費を支給しないとした原処分が適法・妥当であるとして再審査請求を棄却した。

ポイント

　左片マヒと左大腿骨大転子骨折によってあん摩マッサージ指圧師からの施術を受けたことについて、請求人がその療養費の支給を求めた事案である。

　保険者は不支給の理由を「医師の同意がないため」としており、社会保険審査会も通達を引用しつつ「医師の同意」の必要性を強調してはいるが、本件においては「あん摩マッサージ指圧師による施術は、当該傷病に係るリハビリテーションの一環として行われたものであり、当該傷病に係るリハビリテーションについての療養の給付が行われない状況下での、それに代わる療養費の支給請求と認められる。であるとしたならば、療養費の支給の補完的性格からして、療養の給付の支給対象外のものにこれが認められないことは明らかである」という理由での棄却となっている。保険者による原処分の理由は適切ではないが、結果として適法・妥当ということである。裁決文では傷病の経緯を「脳出血（H○・○・○）後、左片マヒ、左大腿骨大転子骨折（H○・○・○）（以下、これらの傷病又は症状を併せて「当該傷病」という。）」としている。脳出血とその後の「左片マヒ、左大腿骨大転子骨折」との関連は明らかではないが、「左片マヒ、左大腿骨大転子骨折」について請求人は医療機関にかからないのにあん摩マッサージ指圧師の施術を受け、それを社会保険審査会は「当該傷病に係るリハビリテーションについての療養の給付が行われない状況下」と表現していると考えられる。仮に医師の同意下での施術であったとしたら、医師の同意や傷病の詳細な判断が争点となったのだろう。

　なお、当該保険者が従来から療養費の支給対象となるマッサージを限定して取り扱っていることについて、「その通達上の根拠は必ずしも明らかではない」と言及しているが、その取扱いが適当かどうかについては踏み込んで判断をしていない。

主文

本件再審査請求を棄却する。

理由

第1　再審査請求の趣旨

再審査請求人(以下「請求人」という。)の再審査請求の趣旨は、あん摩マッサージ指圧師による施術(往療を含む。)につき、健康保険法による療養費の支給を求めるということである。

第2　再審査請求の経過

1　請求人は、健康保険法(以下「法」という。)第37条による任意継続被保険者であるところ、○○社会保険事務局長に対し、「傷病名又は症状」をいずれも、脳出血(H○・○・○)後、左片マヒ、左大腿骨大転子骨折(H○・○・○)(以下、これらの傷病又は症状を併せて「当該傷病」という。)として、①平成○年○月○日、②同年○月の○日、○日、○日、○日、○日、○日、○日、○日の○日間、③同年○月の○日、○日、○日、○日、○日、○日、○日、○日の○日間、及び、④同年○月の○日、○日、○日、○日、○日、○日の○日間(以下、①ないし④の期間を併せて「本件請求期間」という。)にあん摩マッサージ指圧師から施術(往療を含む。以下「本件施術」という。)を受けたとして、それに要した費用につき、①の期間につき平成○年○月○日(受付)、②の期間につき同年○月○日(受付)、③の期間につき同年○月○日(受付)、④の期間につき同年○月○日(受付)で、それぞれ、療養費の支給を申請した。なお、請求人は本件請求期間に係る療養費の受領に関してすべて、a社取締役・代理人(以下「代理人」という。)に委任をしている。

2　○○社会保険事務局長は、平成○年○月○日付で代理人に対し、本件請求期間に係るいずれの請求についても、「あんま・マッサージ師の施術又ははり・きゅう師等の施術について、医師の同意がないため。」として、療養費を支給しない旨の処分(以下「原処分」という。)をした。

3　請求人は、原処分を不服として、○○社会保険事務局社会保険審査官(以下「審査官」という。)に対する審査請求を経て、当審査会に対し再審査請求をした。その不服の理由は、再審査請求書上に記載はないが、審査請求書記載のものと同様と解され、その要旨は次のとおりである。

　　　「略」

第3　問題点

1　法上の療養費は、①療養の給付等を行うことが困難であると認めるとき、又は、②療養の給付等を行う保険医療機関以外の病院等から診療等を受けた場合において、保険者がやむを得ないものと認めるときに、「療養の給付等に代えて」支給されることになっており(法第87条第1項)、任意継続被保険者もその支給を受けることができる。

2　前記1の①に該当するものとして、a:無医村などで療養の給付等を受けることが物理的に困難な場合、b:事業主が健康保険の被保険者資格取得届を懈怠していた場合等、被保険者が療養の給付等を受ける権利を実際上、主張できない場合、c:移送、治療装具や柔道整復師による治療など、診療報酬算定の困難さや歴史的経緯等のいわば制度的な理由から療養費等支給の対象とされる場合の3分類があるが、本件のようなあん摩マッサージ指圧師による施術は、上記分類のcに当たるものであるとされ、後記第5の2の(3)にあるような通達が出ている。

3　本件の問題点は、その具体的事実関係と前記法規定に照らして、原処分を適法かつ妥当なものと認めることができるかどうかである。

第4　審査資料

　　　「(略)」

第5　事実の認定及び判断

1　「略」

2　本件の問題点を検討し、判断する。

　(1)療養費は、法第87条第1項の規定から明らかなように、療養の給付に代えて提供されるものであるから、

療養の給付と療養費支給の対象は、抽象的には重なる。そして、健康保険が医療保険としての性格を有していることから、療養の給付等の対象は、いずれも「治療上必要」な範囲のものに限られ、これは療養費の支給においても同様であり、療養の給付の対象範囲外のものについては、療養費の支給はあり得ない。

(2)健康保険制度の構造上、具体的な事案において、療養の給付をすべきかどうか、すなわち、それが「治療上必要」かどうか、具体的には、その時点での一般的な臨床医学の水準に合致しそれが必要かどうかの判断は、一次的には、それを提供する医師に委ねられていると解されている。これに対し、施術の場合には、療養費の支給をすべきかどうかの一次的判断は、当該施術を行ったあん摩マッサージ指圧師等に委ねられているのでなく、被保険者による療養費支給申請に対する応答の中で、保険者が個別的に決定するという仕組みとなっていることは、法第87条第1項の規定上、明らかである。そして保険者は、請求に係る施術が療養の給付の対象となる傷病又は症状に対するものであるが、医師による適当な治療手段がない、と認めることができるかどうか、すなわち、法第87条第1項の「療養の給付・・・を行うことが困難であると認める」ことが出来るかどうかの判断の参考にするため、療養費の支給が療養の給付に代えて行われるという本質に鑑み、実務上、申請者の診療を担当した医師の意見を徴することにしている。

(3)すなわち、保険者は、あん摩マッサージ指圧師等が行う施術につき療養費を請求する場合には、「緊急その他真にやむを得ない場合を除いては、すべて医師の同意書を添付する等、医師の同意があったことを確認するに足る証憑を添えるように指導すること(昭和25年1月19日保発第4号)とする一方、「療養費支給申請書に添付する、はり、きゅう及びマッサージの施術に係る医師の同意書については、病名、症状(主訴を含む。)及び発病年月日の明記された診断書であって療養費払の施術の対象の適否の判断が出来るものに限り、これを当該同意書に代えて差し支えないものとすること。ただし、脱臼又は骨折に施術するマッサージについては、なお従前のとおり医師の同意書により取り扱うものとすること」(昭和42年9月18日保発第32号)との取扱いをしている。

なお保険者は、従来から、その通達上の根拠は必ずしも明らかではないが、療養費の支給対象となるマッサージについては、筋麻痺、片麻痺に代表されるように、「麻痺の緩解措置としての手技、あるいは関節拘縮や筋委縮が起こっているところに、その制限されている関節可動域の拡大と筋力増強を促し、症状の改善を目的とする医療マッサージ」に限定するとの取扱いをしていることが窺われる。

(4)以上のことから明らかなように、前記(3)の医師の同意は、狭義の医業類似行為の取締りとあん摩マッサージ指圧師等が行う施術による衛生上の危害の防止を主目的とする衛生法規である、あはき法のその第5条の「あん摩マッサージ指圧師は、医師の同意を得た場合の外、脱臼又は骨折の患部に施術をしてはならない。」との規定の「同意」と趣旨を異にするものであり、療養の給付の対象となる傷病又は症状が存在するが、医師による適当な治療手段がない、と認めるとの趣旨の「同意」であると言える。そうして、現にこの意味での「同意」は、保険者が施術の対象の適否の判断をその他の手段(診断書)によりできるのであれば、必要とされないのである。

(5)本件の場合は、あん摩マッサージ指圧師による施術は、当該傷病に係るリハビリテーションの一環として行われたものであり、当該傷病に係るリハビリテーションについての療養の給付が行われない状況下での、それに代わる療養費の支給請求と認められる。であるとしたならば、療養費の支給の補完的性格からして、療養の給付の支給対象外のものにこれが認められないことは明らかである。

そうすると、前記の「同意」の有無にかかわらず、療養費の支給は問題とならないので、原処分の不支給の理由が「医師の同意がないため」というのは、適切ではない。

(6)よって、請求人に対し療養費を支給しないとした原処分は、その理由は必ずしも適切ではなく、この点は極めて遺憾ではあるが、結果として、適法かつ妥当であり、これを取り消すことはできない。

以上の理由によって、主文のとおり裁決する。

■ 関連する法律・通知等

■按摩、鍼灸術にかかる健康保険の療養費について(昭和25年1月19日／保発第4号)➡P.247
■はり、きゅう及びマッサージの施術に係る療養費の取扱いについて(昭和42年9月18日／保発第32号)➡P.249

急性または亜急性の外傷性のケガと認定できない場合、柔道整復師による施術の療養費は認められない

平成22年(健)第654号　　平成23年5月31日裁決

概要

　請求人は頚椎捻挫、腰椎捻挫、右大腿部挫傷、左肩関節捻挫等について、柔道整復師の施術に要した費用の療養費を○○健康保険組合に請求した。○○健康保険組合は、「療養費請求のあった部位は従来から医科にて"急性、亜急性以外の原因"として治療を受けているため、柔道整復施術が保険適用となる"急性もしくは亜急性の外傷性のケガ"と認定することができない」として、療養費を支給しない処分を行った。請求人はこれを不服として、再審査請求を行った。

　社会保険審査会は、それぞれの施術の不自然な点や、医学的観点からも急性、亜急性の負傷に対する施術とは認められないことを指摘したうえで、すべての施術について処分を支持した。そして、請求人の主張に対し、「療養費支給申請書は、医療行為における診療報酬明細書と同様の意味をもつものであり、保険者はすべて療養費支給申請書の記載内容から判断するのであるから、記載内容から直ちに急性または亜急性のケガとして認めることが困難な場合などには、疼痛、圧痛、機能障害などの局所所見を附記して診断の根拠を示すなど、保険者が実際に行われた施術に対し、療養費の支給を認めることのできるような努力をすることもまた必要である」との見解を示した。

ポイント

　柔道整復療養費の支給対象となる負傷は「急性又は亜急性」の外傷性の骨折、脱臼、打撲及び捻挫を対象とし、内科的原因による疾患は含まれない。裁決で「施術が不自然」「医学的観点からも急性、亜急性の負傷に対する施術とは認められない」と指摘されているほどの杜撰さにも関わらず、「柔道整復師の専門性を認め、業務の独立性を訴えてるてる主張」したり、亜急性という言葉の定義について持論を述べたりするなど、処分に対する不服というよりも、主張の場を求めて再審査請求を行ったのではないかと思わせる事例である。

裁決文

主文

本件再審査請求を棄却する。

理由

第1　再審査請求の趣旨

再審査請求人(以下「請求人」という。)の再審査請求の趣旨は、健康保険法(以下「法」という。)による療養費(以下、単に「療養費」という。)の支給を求めるということである。

第2　再審査請求の経過

1　請求人は、○○健康保険組合(以下「保険者組合」という。)の被保険者であるところ、○○健康保険組合理事長(以下「理事長」という。)に対し、平成○年○月○日から同月○日までの間の頚椎捻挫、腰椎捻挫、右大腿部挫傷(下部)に係る柔道整復師による施術に要した費用、また、平成○年○月○日から同月○日まで間の左肩関節捻挫に係る施術に要した費用について、平成○年○月○日(受付)に、ならびに、平成○年○月○日の頚椎捻挫、腰椎捻挫、左肩関節捻挫に係る施術に要した費用について、平成○年○月○日(受付)に、それぞれの療養費の支給を請求した。

2 理事長は、平成○年○月○日付で、請求人に対し、「貴殿が施術を受けたとの事で療養費請求のあった部位は、従来から医科にて【急性、亜急性以外の原因】として、治療を受けておられますので、柔道整復施術が保険適用となる「急性もしくは亜急性の外傷性のケガ」と認定することが出来ません。また、併給となりますので、療養費として給付を行うことはできません。」という理由により、療養費を支給しない旨の処分（以下「原処分」という。）をした。

3 請求人は、原処分を不服として、○○厚生局社会保険審査官に対する審査請求を経て、当審査会に対し再審査請求をした。その理由は、再審査請求書に添付し提出された「再審査請求の趣旨及び理由」と題する書面（以下「別紙1」という。）及び、平成○年○月○日付の「再審査請求の趣旨及び理由（其の二）」と題する書面（以下「別紙2」という。）の記載をそのまま掲げると、本裁決書添付別紙1及び同2のとおりである。

第3 問題点

1 法第87条第1項は、保険者は、被保険者が保険医療機関等以外の病院、診療所、薬局その他の者から診療、薬剤の支給若しくは手当を受けた場合において、保険者がやむを得ないものと認めるときは、療養の給付等に代えて、療養費を支給することができる旨規定している。

2 本件に関連する療養費の支給については、「柔道整復師の施術に係る療養費の算定基準の実施上の留意事項等について」（平成20年5月26日保医発第0526001号厚生労働省保険局医療課長通知。以下「本件通知」という。）が発せられており、本件通知は、柔道整復師の施術に係る包括的な取扱い指針とされているものであるところ、本件通知は、次のとおり定められている。

　ア　療養費の支給対象となる負傷は、急性又は亜急性の外傷性の骨折、脱臼、打撲及び捻挫であり、内科的原因による疾患は含まれないこと（第1「通則」の5）。

　イ　患者が異和を訴え施術を求めた場合で、初検の結果何ら負傷と認むべき徴候のない場合は、初検料のみ算定できること（第2「初検料及び初検時相談支援料」の6）。

3 本件の問題点は、前記1の法の規定及び2の本件通知の定める趣旨に照らして、保険者理事長が請求人に対してした原処分が妥当と認められるかどうかである。

第4 審査資料

　「（略）」

第5 事実の認定及び判断

1 「略」

2 当審査会の判断

　(1)請求人は、平成○年○月○日に硝子体茎顕微鏡下離断術（網膜付着組織を含むもの）及び水晶体再建術（眼内レンズを挿入する場合）の手術を受け、同年○月○日に退院、その後、腹部と右大腿部の2度の熱傷のため同月○日と○日に処置を受けている。請求人は、平成○年○月○日にA柔道整復師から施術を受けており、その受療理由について、同人は「自然に痛くなったもの、外傷性のけがではなく、原因がはっきりしないもの」、「原因として具体的には不明ですが、多分目の手術の為無理な姿勢での検査の為」と考えられる体の不調のためとしている。施術を受けた箇所について、請求人は、「首、右肩、左肩」と回答している。請求人は、頚肩腕症候群（初診日：平成○年○月○日）、及び、右足関節捻挫（初診日：平成○年○月○日）の治療のために、平成○年○月○日と同年○月○日に消炎鎮痛薬を処方されており、同年○月初旬頃は消炎鎮痛薬を継続して服用していたことを推認することができる。

　(2)各療養費支給申請書の負傷名記入欄に記載されている「頚椎捻挫・腰椎捻挫」の負傷年月日は「平成○年○月○日」「右、大腿部挫傷（下部）」の負傷年月日は「平成○年○月○日」、また、「左肩関節捻挫」の負傷年月日は「平成○年○月○日」と記入されていることが認められるが、これらを確認できる資料は提出されていない。また、各負傷名について、それぞれの負傷年月日は、いずれも施術開始年月日の前日として記載されていると認められるところ、請求人は、理事長の照会に対し、「自然に痛くなったもの、外傷性のけがではなく、原因がはっきりしないもの」と回答している。なお、請求人は、平成○年○月○日から頚肩腕症候群の診断の下、診療を開始しているが、その負傷年月日は平成○年○月ころと考えるのが合理的であるから、施術を受けた平成○年○月当時は、負傷から○か月以上が経過した慢性期の時期に相当しており、医学的

観点からみると、その時期における頚椎捻挫に対する施術は、急性又は亜急性の負傷に対する施術と認めることは困難である。また、請求人は、a病院b科を平成○年○月○日に退院しているが、その翌日の○月○日に、頚椎捻挫と腰椎捻挫を起こし、さらに、翌日の○月○日に右大腿部挫傷を起こしたこととされているものの、外傷性のけがではなく、原因がはっきりしないと述べ、負傷年月日及び負傷の原因・状況については何も記載されていないこと(資料2)から判断すると、負傷名を頚椎捻挫、左肩関節捻挫として、急性又は亜急性の負傷に対して施術が行われたと判断することはできない。また、腰椎捻挫、及び、右大腿部挫傷の負傷名を記入して行われた施術について、請求人は、腰部及び右足(大腿)に対する施術を受けたとは回答しておらず、特に、医学的視点から判断すると腹部及び右大腿部に2度の熱傷を受傷し、その熱傷処置を受けている期間に腰部ないし右大腿部の熱傷受傷部に対する施術が行われたとすることは是認し難いことであり、もし実施されているとすれば、当然、請求人はその部位について記憶しているものと推認される。そうすると、各療養費支給申請書に記載されている施術の内容については、実際に請求人に対して行われた施術の内容をそのまま正確に記載したものと認めることはできない。なお、請求人は、別紙1及び同2において、厚生労働大臣の国家資格を取得している柔道整復師が施術の専門家として患者の訴える施術部位を確認し、そこに疼痛、圧痛、機能障害、発赤、熱感、腫脹等の捻挫及び挫傷に見られる症候が現出しているからこそ治療行為としての柔整施術を施したものを、患者や施術者に何らの説明もしないまま、一方的に不支給決定をするのは何故か(中略)柔道整復師は柔道整復師としての見立てで患者の症状を判断し、適切な柔道整復を施せば良いのである(中略)医師の指導及び監督の下で業務を行うのではなく、専ら、医師から独立して柔道整復師の判断で施術を行えるのであるなど、柔道整復師の専門性を認め、業務の独立性を訴えてるる主張しているが、そうであるからこそ実際に施行された施術内容を本件通知の定めるところに従って正確に記載した上で療養費支給請求がなされるべきであることはいうまでもないことである。また、請求人は、亜急性の外傷について、次のように主張している。「亜」というのは、国語的な用語として「準ずる」という意味であるから、亜急性とは急性に準ずるということ。すなわち、急性と慢性の中間に位置する状態のことをいい(中略)亜急性期とは受傷してから2～3週間程度の時間が経過したものであり、陳旧とまではいえないところ、つまり「時間の経過」として捉えるのが整形外科的な考え方であるが、柔道整復では反復性の外的圧力要因や微小の外力、また、これらの外力にかかるストレスによる組織断裂や骨棘形成、石灰沈着、また、陳旧例では関節の不安定性があるものまでを含んで考えるとして、現在の療養費の算定基準における留意事項にも柔道整復師療養費における亜急性期の定義がなされていないことに問題があること、亜急性の定義は単なる時間経過の概念だけで定められるべきものではなく、あくまで発生機序により急性か亜急性かを判断すべきものであること、さらには、既出の反復・継続性の微小外的要因の全てをも亜急性とするならば、状態として陳旧性及び慢性傾向にあるものも、その殆どが療養費支給対象になり得る等と、るる主張し、本件の場合も療養費の支給がなされるべきである旨申し立てている。本件の場合、各療養費支給申請書に記載されている負傷名のうち、請求人は、首と肩に施術を受けたことを回答しているものの、腰椎挫傷あるいは右大腿部挫傷に相当する腰部ないし大腿部に施術を受けたとは回答していない。また、頚椎挫傷と左肩関節挫傷の負傷年月日について、請求人には転倒や落下などの外傷はなく、微小で、継続性の外傷ないし外的ストレスがあったとしても、それらがあったと認められる客観的な根拠を見い出すことはできない。

　そして、療養費の支給においては、これをどの範囲で行うかは原則として保険者の裁量に委ねられていることからすると、明らかな外傷や外的ストレスがなく、施術を受ける者が外傷として全く思い当たることがない「亜急性」のものがあったと仮定しても、その各負傷名の負傷年月日を、全て初検年月日の前日と確定できる根拠を見い出すことはできない。以上のような各療養費支給申請書の記載内容を、前記関連の規定に照らして判断し、記載された施術が、「急性もしくは亜急性の外傷性ケガ」に対する施術と認めることができないとした保険者の判断を関係規定に反した不当なものとはいえないものである。療養費支給申請書は、いわば、医療行為における診療報酬明細書と同様の意味をもつものであり、保険者は全て療養費支給申請書の記載内容から判断するのであるから、記載内容から直ちに急性又は亜急性のケガとして認めることが困難な場合や施術を受ける者が認識し得ないような微小な、継続的な負傷等

によると主張する、請求人のいう「亜急性」の外傷に対する施術をした場合には、国家資格を有する専門家として、疼痛、圧痛、機能障害、発赤、熱感、腫脹等の局所所見を附記して診断の根拠を示すなど、保険者が実際に行われた施術に対し、療養費の支給を認めることのできるような努力をすることもまた必要なことであると思料するものである。

3　以上のように、請求人に対してした施術内容は、各療養費支給申請書から、療養費の支給対象として本件通知によって定められている「急性又は亜急性の外傷性の骨折、脱臼、打撲及び捻挫」のいずれかに該当するものとは認められないので、療養費を支給しないとした原処分は妥当であり、本件再審査請求は理由がないので、これを棄却することとし、主文のとおり裁決する。

■ 関連する法律・通知等

■柔道整復師の施術に係る療養費の算定基準の実施上の留意事項等について（平成20年5月26日／保医発第0526001）➡（最終改正　平成30年5月24日／保医発0524第1号）➡P.250

事例 22	医学的判断に基づいてなされた医師の同意でなければ、マッサージを必要とする症例とは認められない——「請求人の求めに応じた医師の同意」と判断された事例	棄却

平成27年(健)第151号　　平成27年10月30日裁決

概 要

　請求人は両変形性足関節症、左片麻痺等の療養のため、あんま・マッサージの施術を受けたとして、その費用について療養費の支給を請求し、○○健康保険組合は療養費を支給する処分を行った。その後、○○健康保険組合が請求人と面談したところ、その内容から変形徒手矯正術ではないと判断。また、「疲労が溜まらないように受けている」「勤務先であるa病院の施術師の先生が空いている時間に治療を受けている」との回答から、療養費の目的には合致しないとして、全期間を不支給とする処分を行うとともに、既支給分の返還を求めた。請求人はこれを不服として再審査請求を行った。

　社会保険審査会は、

- 請求期間を通じてB医師による同意書が毎月交付されているが、最初の同意書は初診日の診察時、1回だけの診察と検査の結果により交付されている。

- 同意書を交付しているB医師の見解は、「請求人は小児マヒのために足関節が拘縮し、そのため腰から背骨等へのバランスが崩れ歪みを生じて痛みやしびれが生じていると分析し、原因である関節拘縮の改善と筋力増加が必要であるとし、関節拘縮の改善を徒手矯正術で行う場合、かなりの力が必要であり、患者に痛みを強要することになるので、医学的なリハビリとしてではなく、少しでも疼痛緩和が期待できるマッサージが適当であると判断した」ものと解釈される。

- しかし、小児麻痺等により長期間固定した状態にある筋麻痺や関節拘縮に対して、マッサージ施術の効果は多くを望めず、また、マッサージ施術により変形徒手矯正術の施術に伴う疼痛が緩和するとも考えられない。それにもかかわらずマッサージ施術に医師が同意するのは、医学的な判断というよりは請求人の求めに応じたにすぎないと考えるのが相当である。

- 変形徒手矯正術についても医学的にその効果が望めるか疑問があるうえに、請求期間を通じて毎月20日間前後施行し続けることに医師が継続して同意を与えるようなことは通常考えがたい。

- 医師が請求人に対する変形徒手矯正術の施術が必要であると判断したのであれば、整形外科およびリハビリテーション科があり物理療法を行っている医師の病院において、専門医の指導、管理のもとに行うべきであって、この点のB医師の同意も医学的な判断というよりも請求人の求めに応じたにすぎないものというべきである。したがって、医師の同意は、診療を受けたうえでその医学的判断に基づいてなされた同意とはいえず、医療上マッサージを必要とする症例に該当するものとは認められない。

として、請求を棄却した。

ポイント

　あんま・マッサージの施術について、医師の同意があるにもかかわらず、その同意は「医学的な判断というよりも請求人の求めに応じたにすぎないもの」「診療を受けたうえでその医学的判断に基づいてなされたものとはいえない」として棄却された事例である。論拠としていくつかの事例が挙げられているが、それは医学的な反証というよりも、「と考えるのが相当である」「通常考えがたい」などといった表現を使った、推測という印象を受ける。

背景についてみると、請求人の勤務先はa病院で、マッサージを行ったのはそのa病院の施術師、また、健康保険組合の照会に対し請求人は「疲労が溜まらないように受けている」「勤務先であるa病院の施術師の先生が空いている時間に治療を受けている」と、医師の判断とはかけ離れた回答をしている。

同意書を交付したB医師の所属は明らかではないが、「仮にB医師が請求人に対する変形徒手矯正術の施術が必要であると判断したのであれば、整形外科及びリハビリテーション科があり物理療法を行っているという、b病院において、専門医の指導、管理のもとに行うべきものとも考えられる」と、わざわざ社会保険審査会が「b病院」と限定していることから、B医師の所属がb病院であるか、a病院とb病院は同系列の病院であるのかもしれない。そうなると、不正受給とまではいかないが、身内同士で甘い判断をしたうえでの施術を行った事例ということも考えられる。

なお、裁決文中では医師の同意書の有効期限を3ヵ月としているが、現在は6ヵ月となっている（事例77〔平成26年(健)第1066号〕のポイント参照）。

裁決文

主文
本件再審査請求を棄却する。

理由

第1 再審査請求の趣旨
再審査請求人（以下「請求人」という。）の再審査請求の趣旨は、健康保険法（以下「法」という。）による療養費の支給を求めるということである。

第2 再審査請求の経過
1 請求人は、両変形性足関節症、左片麻痺、変形性腰椎症及び両肩関節周囲炎（以下、併せて「当該傷病」という。）の療養のため、平成○年○月から平成○年○月までの期間（以下「請求期間A」という。）、及び平成○年○月から平成○年○月までの期間（以下「請求期間B」といい、「請求期間A」と併せて「本請求期間」という。）について、あんま・マッサージの施術の費用について、○○健康保険組合理事長（以下「理事長」という。）に対し、療養費の支給を請求した。

2 理事長は、請求人に対し、請求期間Aの請求について、それぞれ請求額から一部負担金相当額を控除した療養費を支給する旨の処分をした。

3 その後、理事長は、平成○年○月○日付で、請求人に対し、理由を「Aさんとの面談時に伺いました、マッサージ施術内容は『揉んだり、押したり』で、たまに『リハビリ』との回答により、右上肢・左上肢・右下肢・左下肢の4肢への施術が、費用請求の変形徒手矯正術では無いと判断しました。また、『疲労が溜まらないように受けている』、『勤務先であるa病院の施術師の先生が空いている時間に治療を受けている』との回答から、療養費の目的には合致しないと判断し、不支給と決定します。つきましては、Aさんより請求の全期間を不支給決定とし、既支給額に対して当組合への返還を求めます。」として、請求期間Aについて、改めて療養費を支給しない旨の処分（以下「処分A」という。）をするとともに、支給した療養費について返還するよう求めた。

また、理事長は、平成○年○月○日付で、請求人に対し、理由を「Aさんとの面談時に伺いました、マッサージ施術内容は『揉んだり、押したり』で、たまに『リハビリ』との回答により、右上肢・左上肢・右下肢・左下肢の4肢への施術が、費用請求の変形徒手矯正術では無いと判断しました。また、『疲労が溜まらないように受けている』、『勤務先であるa病院の施術師の先生が空いている時間に治療を受けている』との回答から、療養費の目的には合致しないと判断し、不支給と決定します。」として、請求期間Bについて、療養費を支給しない旨処分（以下「処分B」といい、「処分A」と併せて「原処分」という。）をした。

4 請求人は、原処分を不服とし、標記の社会保険審査官に対する審査請求を経て、当審査会に対し、再審査請求をした。

第3 問題点

1 法による現金給付としての療養費の支給については、法第87条第1項に、(1)療養の給付等を行うことが困難であると認めるとき、又は、(2)被保険者が保険医療機関等以外の病院、診療所、薬局その他の者から診療、薬剤の支給若しくは手当を受けた場合において、保険者がやむを得ないものと認めるときは、療養の給付等に代えて、療養費を支給することができると定められている。

2 本件の場合、理事長が、請求人の療養費の請求について、第2の3記載の理由により原処分をしたことに対し、請求人はこれを不服としているのであるから、本件の問題点は、原処分が、法第87条第1項の規定に照らして妥当なものと認められないかどうかである。

第4 審査資料（略）

第5 事実の認定及び判断

1 審査資料によれば、次の事実が認められる。（略）

2 前記認定の事実に基づき、本件の問題点を検討し、判断する。

(1)あん摩・マッサージ・指圧師の施術に係る法第87条の規定による療養費の支給については、「はり、きゅう及びマッサージの施術に係る療養費の取扱いについて」（昭和42年9月18日保発第32号厚生省保険局長通知）及び「はり師、きゅう師及びあん摩・マッサージ・指圧師の施術に係る療養費の支給の留意事項等について」（平成16年10月1日保医発第1001002号厚生労働省保険局医療課長通知）（以下、併せて「本件通知」という。）が発出されており、保険者は、これにより取り扱うこととしており、当審査会もこれを是認するものである。

本件通知によれば、マッサージの施術に係る療養費の支給対象となる適応症は、一律にその診断名によることなく筋麻痺・関節拘縮等であって、医療上マッサージを必要とする症例であり、その施術について医師の同意を得た場合とされている。

また、同意書は、医師の医学的所見、症状経緯等から判断して発行されるものであり、同意書発行の趣旨を勘案し判断を行うこと（なお、保険者が同意医師に対して行う照会等は、必要に応じて行われるべきものであること）とされ、同意を求める医師は、やむを得ない事由がある場合を除き、原則として当該疾病にかかる主治の医師とすることとされている。

なお、医師の同意書は、療養費支給申請の都度これを添付することを原則としており、同意書に加療期間の記載があるときは、その期間内における2回目以降の請求にあっては、その添付を省略して差し支えないが、初療の日から3ヶ月（変形徒手矯正術については1ヶ月）を経過した時点において、更に施術を受ける場合は、改めて医師の同意を得て、所定の事項（同意記録）を療養費支給申請書に記載すれば必ずしも医師の同意書の添付は要しないこととされており（変形徒手矯正術を除く。）、また、施術者が患者に代わり医師の同意を確認し、所定の事項（同意記録）を療養費支給申請書に記載しても良い（この場合、施術記録等の記録が必要）とされている。

(2)本件についてみるに、資料2によると、B医師は、本請求期間について、毎月同意書を交付していることが認められるが、最初の同意書は、初診日である平成〇年〇月〇日に、1回だけの診察と検査の結果、診察時に同意書が交付されている。

理事長からの照会に対して、B医師は、資料3-1では、「小児マヒによる左足関節拘縮を認めます。上記により腰から背骨又両肩へのバランスが崩れ歪みを生じているため、痛み、しびれ、凝りが著明に現れている。」とし、「整形外科的根治治療には限界があるため、疼痛緩和に効果のあるあんま・マッサージの施術が妥当と考える。」と回答している。また、資料3-2では、「診察・画像診断・薬物療法の計画において総合的に判断した結果、後遺症としての筋力低下、関節拘縮の改善と筋力増加が必要であると考えるが、治療時に疼痛が発生するため目的を十分に果たすことが困難と考え、疼痛緩和軽減が期待できるマッサージ施術が適当と考えました。」と回答している。

すなわち、B医師は、請求人は小児マヒのために、足関節が拘縮しており、そのため腰から背骨又両肩へのバランスが崩れ歪みを生じ、その結果、痛み、しびれ、凝りが生じていると分析し、その原因である関節拘縮の改善と筋力増加が必要であるとし、関節拘縮の改善を徒手矯正術で行おうとするならば、かなりの力が必要であり、患者に痛みを強要することになるので、医学的なリハビリとしてではな

く、少しでも疼痛緩和が期待できるマッサージが適当であると判断したものと解釈される。

　しかしながら、小児麻痺等によりすでに長期間固定した状態にあると思われる筋麻痺や関節拘縮に対して、マッサージ施術の効果は多くを望めず、限られたものになると考えられ、また、マッサージ施術により変形徒手矯正術の施術に伴う疼痛が緩和するものとも考えられないのであって、それにもかかわらず、上記のような経緯でマッサージ施術に同意するということは、医学的な判断というよりは、請求人の求めに応じたにすぎないものと考えるのが相当である。また、変形徒手矯正術についても、本件請求人に係る場合において、医学的にその効果が望めるか疑問がある上に、これを本請求期間を通じて毎月20日間前後の施行をし続け、医師が継続してその施術に同意を与えるようなことは通常考えがたく、さらに、仮にB医師が請求人に対する変形徒手矯正術の施術が必要であると判断したのであれば、整形外科及びリハビリテーション科があり物理療法を行っているという、b病院において、専門医の指導、管理のもとに行うべきものとも考えられるのであって、これらによれば、この点のB医師の同意も、その医学的な判断によるものとは認められず、請求人の求めに応じたにすぎないものというべきである。

　したがって、これらの同意のいずれについても、医師の診療を受けた上で、その医学的判断に基づいてなされた同意とはいえず、本件は医療上マッサージを必要とする症例に該当するものとは認められない。

(3)以上によれば、本請求期間におけるマッサージ及び変形徒手矯正術の施術は、療養費の支給要件を満たしていないというべきであるから、請求人に対し療養費を支給しないとした原処分は、結論において妥当であって、これを取り消すことはできない。

　以上の理由によって、主文のとおり裁決する。

■ 関連する法律・通知等

■ はり、きゅう及びマッサージの施術に係る療養費の取扱いについて(昭和42年9月18日　保発第32号)➡P.249

"あはき"の療養費における往療料は「個別に判断」するべき——判断材料が不足しているとして、保険者の処分が取り消されたケース

容認

平成28年（健）第289号　　平成29年6月30日裁決

概　要

　請求人はその被扶養者であるＡの慢性関節リウマチ等の療養のため、あんまマッサージ指圧師から受けたマッサージ施術に要した費用の家族療養費の支給を申請した。全国健康保険協会○○支部は申請のあった家族療養費のうち一部を支給し、往療料については「歩行困難等、真に安静を必要とするやむを得ない理由等があるとはいえない」「申請期間に近い期間に他の医療機関へ通院した事実があるので、通所して治療を受けることが困難な場合に当たらないと」として、支給しない処分を行った。請求人はこれを不服とし、「Ａは居室内の移動は物につかまりながらかろうじて行えるが、屋外の歩行は不可能で、通院は夫の運転する自家用車等で行い、病院内は車椅子で移動しており、自力では通院できない歩行困難の状態である」と主張して再審査請求を行った。

　社会保険審査会は、

- 通知では、「"独歩による通所"が可能であるか否か等を勘案し、個別に判断されたい。事例のケースをもって一律に施術所に通所可能又は通所不可として取り扱うのは適切ではない」とされている。
- 医療機関への通院の態様は様々であるから、通院の一事をもって歩行可能等の事実を認めることはできない。当審査会も通知の「個別に判断されたい」が相当と考える。Ａの医療機関への通院の具体的な態様や、障害の状況・程度等を踏まえて個別的に判断をすべきところ、これらを明らかにする資料はない。結局、「歩行困難等、真に安静を必要とするやむを得ない理由等により通所して治療を受けることが困難な場合」に該当するか否かを判断することはできず、往療料の支給の可否を判断することはできない。
- 検討を経ることなく、他の医療機関への通院の一事をもって往療料を不支給とした処分は相当ではなく、取消しを免れない。保険者協会はさらに資料を収集したうえで、支給の可否を決すべきである。

として、処分を取り消した。

ポイント

　マッサージ施術の療養費のうち、往療料についての事例である。通知に従って個別に判断するべきだが、具体的に判断できる資料がないため、審査会も判断できないとしている、珍しい事例である。

　結果として、保険者の不支給の処分は取り消したが、支給するかどうかをもっと資料を収集して個別に判断しなさい、と突き返している形である。社会保険審査会が「支給するべきである」と判断したわけではない。

裁　決　文

主文

後記「理由」欄第2の2記載の原処分を取り消す。

理由

第1　再審査請求の趣旨

再審査請求人(以下「請求人」という。)の再審査請求の趣旨は、主文と同旨の裁決を求めるということである。

第2　再審査請求の経過

1　請求人は、同人の被扶養者であるＡ（以下「Ａ」という。）の慢性関節リウマチ、関節拘縮、筋力低下(以下、併せて「当該傷病」という。)の療養のため、平成○年○月○日から同月○日までの期間のうち8日間(以下「本件申請期間」という。)について、Ｂあんまマッサージ指圧師(以下「Ｂあんまマッサージ指圧師」という。)から受けたマッサージ施術に要した費用から一部負担金相当額を控除した額につき、同年○月○日(受付)、全国健康保険協会(以下「保険者協会」という。)○○支部に対し、健康保険法(以下「健保法」という。)による家族療養費の支給を申請した(以下「本件申請」という。)。

2　保険者協会は、請求人に対し、平成○年○月○日付で、申請のあった家族療養費のうち○○○○円を支給し、往療料については、「歩行困難等、真に安静を必要とするやむを得ない理由等があるとはいえないため」として、支給しない旨の処分をした(以下、往療料について不支給とした部分を「原処分」という。)。

3　請求人は、原処分を不服として、標記の社会保険審査官に対する審査請求を経て、当審査会に対し、再審査請求をした。

第3　法令等の定め

1　健保法による現金給付としての家族療養費の支給については、同法第110条第7項の規定により同法第87条の規定が準用されているが、同条による療養費の支給については、(1)保険者が療養の給付等を行うことが困難であると認めるとき、又は、(2)被保険者が保険医療機関等以外の医療機関等から診療、薬剤の支給若しくは手当を受けた場合において、保険者がやむを得ないと認めるときは、療養の給付等に代えて、療養費(現金給付)を支給することができると定められている。

2　そして、その具体的な取扱いについては、「はり、きゅう及びマッサージの施術に係る療養費の取扱いについて」(昭和42年9月18日保発第32号厚生省保険局長通知)によるとされ、これによれば、往療については、「はり及びきゅうに係る施術において治療上真に必要があると認められる場合に行なう往療については認めて差し支えないこと。」とされている。また、「はり師、きゅう師及びあん摩・マッサージ・指圧師の施術に係る療養費の支給の留意事項等について」(平成16年10月1日保医発1001002号厚生労働省保険局医療課長通知)によれば、「往療料は、歩行困難等、真に安静を必要とするやむを得ない理由等により通所して治療を受けることが困難な場合に、患家の求めに応じて患家に赴き施術を行った場合に支給できること。」とされている。

　さらに、地方厚生局保険課あての疑義解釈資料として、「はり、きゅう及びあん摩・マッサージの施術に係る療養費の取扱いに関する疑義解釈資料の送付について」(平成24年2月13日厚生労働省保険局医療課事務連絡)が発出されており、その別添2（マッサージに係る療養費関係)には、次のとおり記載されている。

　「(問21)「歩行困難等、真に安静を必要とするやむを得ない理由等」とは、どのような理由を指すのか。(答)疾病や負傷のため自宅で静養している場合等、外出等が制限されている状況をいうものであり、例えば、循環器系疾患のため在宅療養中で医師の指示等により外出等が制限されている場合に認められる。したがって、単に施術所に赴くことが面倒である等の自己都合による理由は療養費の支給対象とならない。」

　「(問33)医療機関等へ付き添い等の補助を受けて通院している場合、また、歩行が不自由であるためタクシー等を使用して通院している場合等の状況において、マッサージに係る往療料は算定できるのか。(答)「独歩による通所」が可能であるか否か等を勘案し、個別に判断されたい。事例のケースをもって一律に施術所に通所可能又は通所不可として取り扱うのは適切ではない。」

第4　問題点

　本件の場合、保険者協会は、Ａは本件申請期間に近接した期間に他の医療機関へ通院した事実があるので、「通所して治療を受けることが困難な場合」に当たらないと主張するのに対し、請求人は、Ａは、居室内の移動は物につかまりながらかろうじて行える状況であるが、屋外の歩行は不可能で、通院は夫の運転する自家用車等で行い、病院内は車椅子で移動しており、自力では通院できない歩行困難の状態であって、往療によるマッサージが必要である旨の主張をしているのであるから、本件の問題点は、本件申請期間に係るＡの当該傷病に対する

マッサージの施術に伴う往療料の支給について、上記療養費に関する規定に照らし、支給対象として認められないかどうかということである。

第5　当審査会の判断

1　本件申請に係る療養費支給申請書（あんま・マッサージ）の「施術内容欄」によれば、初療年月日は平成○年○月○日、施術期間は平成○年○月○日から同月○日までの期間のうち実日数8日、請求区分は継続、傷病名又は症状は当該傷病と同一疾病の慢性関節リウマチ、関節拘縮、筋力低下、施術内容は、マッサージが躯幹、右上肢、左上肢、右下肢及び左下肢に対してそれぞれ8回の施術と往療料8回、摘要（往療の理由）は歩行困難とされ、Bあんまマッサージ指圧師が平成○年○月○日に施術証明をしている。

　　また、本件申請に添付されたものと認められるa病院・C医師作成の平成○年○月○日付同意書（マッサージ療養費用）には、傷病名として慢性関節リュウマチが掲げられ、発症年月日「平○年」、症状「関節拘縮、筋力低下」、施術の種類「マッサージ、変形徒手矯正術」、施術の部位「躯幹、右上肢、左上肢、右下肢、左下肢」、往療「必要とする」と記載された上、「頭書の疾病により療養のための医療上のマッサージが必要と認め、マッサージの施術に同意する。」と記載されている。

　　他方、診療報酬明細書によれば、Aは、本件申請期間に近接した平成○年○月○日、同年○月○日にa病院の外来診療を、また同月○日にb病院の外来診療を、それぞれ受診しており、そのいずれについても往診料の算定がないことが認められる。

　　そして、本件記録中には、Aがこれらの医療機関に通院した方法については、これを明らかにする資料はなく、Aの日常生活における歩行の状況や外出の状況等についてもこれを明らかにする資料はない。

2　以上によれば、Aは、当該傷病により、本件申請期間について、往療によるマッサージを受けているのであるが、本件申請期間に近接する時期に他の医療機関に通院して外来診療を受診していることが認められる。

　　しかしながら、医療機関への通院の態様は様々であるから、通院の一事をもって、Aについて、歩行可能等の事実を認めることはできない。前記の疑義解釈の問33は、付き添い等の補助を受けて通院している場合やタクシー等を使用して通院している場合等のマッサージに係る往療料の算定については、独歩による通所が可能か否か等を勘案し、個別に判断されたいとしているが、当審査会もこれを相当と考えるものである。したがって、本件についても、Aの上記医療機関への通院の具体的な態様や、Aの障害の状況・程度、日常生活における歩行等の状況及び外出の状況等を踏まえて、個別的に判断をすべきところ、これらを明らかにする資料はない。結局、本件については、「歩行困難等、真に安静を必要とするやむを得ない理由等により通所して治療を受けることが困難な場合」に該当するか否かを判断することはできず、往療料の支給の可否を判断することはできないといわざるを得ない。

　　以上によれば、これらの検討を経ることなく、他の医療機関への通院の一事をもって往療料を不支給とした原処分は、相当ではなく、取消しを免れない。保険者協会は、さらに資料を収集した上で、支給の可否を決すべきである。

よって、主文のとおり裁決する。

保険料・被保険者資格等

. . . .

事例 24
定時決定の際、対象期間の報酬で標準報酬月額を決定すると被保険者にとって著しく不利になる場合、保険者は合理的裁量によって保険者算定をするべきである 容認

平成20年（健厚）第524号　　平成21年6月30日裁決

概　要

　a社は学校制服等の販売を主に行っており、入学シーズンや衣替え時期に残業が多く発生する。そのため、4～6月の報酬を基準とすると年平均と大きくかけ離れた標準報酬月額となってしまうため、a社は被保険者各人の年間報酬表を○○社会保険事務所に提出し、保険者算定（修正平均）による適切な標準報酬月額の決定が行われることををを求めた。それに基づいて、前年は保険者算定が行われたにもかかわらず、この年の定時決定において○○社会保険事務所は保険者算定を行わず、4～6月の報酬によって通常どおり標準報酬月額を決定した。a社はこれを不服として再審査請求を行った。

　社会保険審査会は、

- 保険者の裁量権限は、その恣意のままに通常の定時決定か保険者算定による決定かを選択することを許しているのではない。
- 4～6月の報酬の平均が報酬総額と大幅に乖離し、被保険者等の不利益になる場合は、保険者はその合理的裁量により保険者算定をすべきである。
- 著しく不当であると認められるときに保険者算定をするのは、保険者の権限でもあり、義務でもある。

などとして、処分を取り消した。

ポイント

　定時決定は通常、4～6月の3ヵ月間の報酬を基準にして標準報酬月額を算出する。しかし、この時期が繁忙期で残業が多くなる業種の場合（本裁決の場合は学校制服販売）、残業代が増えることから報酬が他の月に比べて高額になり、保険料も高くなってしまう。この被保険者にとっての不利益を是正するのが保険者算定（修正平均）で、定時決定においてその年の4月、5月、6月の3ヵ月間の平均報酬額によって標準報酬月額を定めることが困難な場合や、算定額が著しく不当である場合、保険者が算定する額を適用する制度である。

　保険者算定を行うときの基準としては、通知「健康保険法及び厚生年金保険法における標準報酬月額の定時決定及び随時改定の取扱いについて」（➡P.247）の(1)～(4)に、「給与計算期間の途中（途中入社月）で資格取得したことにより、4月、5月、6月のいずれかに1ヵ月分の報酬が受けられなかった月がある場合」を加えたものとなっている。

　社会保険審査会は裁決文のなかで、「"著しく不当であると認め"られるときに保険者算定をするのは、保険者の権限でもあり、その義務でもある」と強い調子で述べている。また、同じく裁決文のなかで、

「保険者代理人は、審理期日において、請求人の前記第2の3の申立てに関する事実関係を質す委員に対して、容易に調査可能であったにも関わらず、曖昧な回答に終始していることが窺われ、審理に臨む者として不誠実であるといわざるを得ないことを、敢えて指摘しておく」と述べていることから、審査に臨む保険者の対応に問題があったようだ。請求人はこの年の定時決定にあたり資料を作成・提出のうえ、「昨年同様の判断を頂きたい」としているにもかかわらず、前年は保険者算定が適用され、この年は適用されなかったということになるため、こうした首尾一貫のなさや不誠実な態度が、裁決において「恣意的」「保険者の義務」などといったやや強い表現が用いられた原因かもしれない。

事例26（平成20年（健厚）第560号）では、「保険者算定よりも随時改定という事後的な対応が合理的」として、定時決定時の保険者算定を認めない裁決をしているが、こちらは年間を通じて賃金が著しく変動するものを定時決定時に保険者算定をするよう請求人が求めた事例であるため、4〜6月のみ著しく賃金が変動するケースの本裁決とは性格が異なる。

なお、厚生労働省は、「『健康保険法及び厚生年金保険法における標準報酬月額の定時決定及び随時改定の取扱いについて』の一部改正に伴う事務処理について」（平成30年3月1日保発301第8号 ➡ P.249）で、年間平均額による保険者算定が随時改定でも可能となるよう改めている。

裁決文

主文

○○社会保険事務所長が、平成○年○月○日付でa社に対してした、同社に使用される者である利害関係人A外2名に係る、健康保険法第41条の規定に基づく標準報酬月額の決定及び厚生年金保険法第21条の規定に基づく標準報酬月額の決定は、これを取り消す。

理由

第1 再審査請求の趣旨再審査請求人（以下「請求人」という。）の再審査請求の趣旨は、主文と同旨の裁決を求めるということである。

第2 再審査請求の経過

1 請求人は、平成○年○月○日以降、健康保険及び厚生年金保険の適用事業所である、○○製品、○○販売等を事業目的とする株式会社であり、平成○年○月○日現在の両保険の被保険者は6人（うち1名は、同年○月○日に被保険者資格取得）であるところ上記1名を除く5名につき、健康保険法（以下「健保法」という。）、厚生年金保険法（以下「厚年法」という。）それぞれに基づく被保険者報酬月額算定基礎届（以下「本件基礎届」という。）を、平成○年○月○日（受付）、○○社会保険事務所に提出した。

なお請求人は、その際に、同人が学校制服（制服・体操服・関連製品）という特殊な繊維製品の販売に特化しており、入学シーズン（2〜4月）及び衣替え時期（5〜6月）に残業が多く発生し、4〜6月を基準とした基礎届では、年平均と大きくかけ離れた標準報酬月額となるので、昨年は被保険者各人の年間報酬表を作成・提出し、適正な判断を頂いたところ、今年も年間報酬表を作成・提出するので、昨年同様の判断を頂きたい旨記した書面を併せて提出している。

2 同事務所長は、平成○年○月○日付で、本件基礎届の記載内容に従い、前記5名につき、それぞれ、健保法第41条の規定に基づく標準報酬月額（以下「健保標準報酬月額」という。）の決定（以下「健保定時普通決定」という。）及び厚年法第21条の規定に基づく標準報酬月額（以下「厚年標準報酬月額」という。）の決定（以下「厚年定時普通決定」という。）をした。

3 請求人は、前記5名中次の表に記載する者（以下「本件不服申立対象者」という。）に係る健保定時普通決定及び厚年定時普通決定（以下、これらを併せて「原処分」という。）を不服として、○○社会保険事務局社会保険審査官（以下「審査官」という。）に対する審査請求を経て、当審査会に対し再審査請求をした。

表（原処分一覧表）

被保険者氏名	生年月日	健保標準報酬月額	厚年標準報酬月額
利害関係人A	S○.○.○	○○万円	
利害関係人B	S○.○.○	○○万円	
利害関係人C	S○.○.○	○○万円	

不服の理由「略」、というものである。

4 当審査会は、必要があると認め、利害関係人3名を利害関係のある第三者として本件再審査請求の手続に参加させることを決定した。

第3 問題点

1 毎年7月1日に健康保険の適用事業所に使用されている被保険者（6月1日から7月1日までの間に被保険者資格を取得したものを除く。）に係る、9月から翌年8月までの各月の健康保険の保険料（以下「健保保険料」という。）の賦課基準となる健保標準報酬月額は、保険者（政府管掌健康保険の場合は、健保法第204条、健康保険法施行令第63条第1項第5号及び同条第2項により所轄社会保険事務所長に、その権限が委任されている。）が、原則として、4月から6月（報酬支払いの基礎となった日数が17日未満である月を除く。）の報酬総額を上記期間の月数で除して得た額を健保定時普通決定の額として決定することとされている（健保法第41条第1項及び第2項）。

　そうして、保険者は、当該被保険者が現に使用される事業所において継続した3月間（各月とも、報酬支払いの基礎となった日数が17日以上でなければならない。）に受けた報酬の総額を3で除して得た額が、その者の健保標準報酬月額の基礎となった報酬月額に比べて、著しく高低を生じた場合において、必要があると認めるときは、その額を報酬月額として、その著しく高低を生じた月の翌月から、健保標準報酬月額を改定することができる、とされている（健保法第43条第1項。以下、上記規定による改定を「健保随時改定」という。）。

　また、保険者は、健保定時普通決定又は健保随時改定によって算定した健保標準報酬月額が著しく不当であると認めるときは、それが適当と認める方法で健保標準報酬月額を算定するという、いわゆる健保保険者算定をなすことができる（健保法第44条第1項）（以下、上記健保保険者算定に基づく毎年の標準報酬月額の決定を「健保定時特別決定」という。）。

2 厚生年金保険の適用事業所に使用されている被保険者に係る、厚年標準報酬月額の算定方法及び厚年定時普通決定、厚年随時改定と厚年保険者算定の関係に関する法規定は、健康保険の場合と基本的に同様である（厚年法第4条、第21条第1項及び第2項、第23条第1項及び第24条第1項並びに厚生年金保険法施行令第1条第1項第7号ないし第9号及び同条第2項）。

3 本件の問題点は、前記1及び2の関係法規定及び本件における具体的事実関係に照らして、保険者が健保及び厚年保険者算定による健保及び厚年標準報酬月額の健保定時特別決定及び厚年定時特別決定を行わなかったことが、妥当であったかどうかということである。

第4 審査資料　「（略）」

第5 事実の認定及び判断

1 「略」

2 本件の問題点について検討し、判断する。

(1)請求人は、その雇用する時間外手当支給対象者について、本件通知後の平成○年の定時決定まで健保・厚年保険者算定を受けてきたが、平成○年になってそれを受けることができなくなり、経済的な不利益を被ったことは明らかである。

(2)標準報酬月額は、健康保険及び厚生年金保険といった社会保険制度において、傷病手当金や年金給付といった保険給付額算定の基礎となるばかりでなく、その保険料の賦課基準ともなっている。そのため、社会保険料の賦課基準としての標準報酬月額水準は、被保険者、事業主の利害に直接関わることである。そうして、社会保険料に前述したように保険給付の対価という側面があることは否定できないものの、それが最終的には強制的賦課徴収を予定していることから、租税に類似した性格も有すると解さ

れ、社会保険料水準を決める要素の一つである標準報酬月額の決め方に租税法律主義の趣旨がどの程度まで及び得るのか、具体的には、特段の法規の改正がなくとも、被保険者・事業主に不利益になるような賦課基準の決め方の改正が許されるのか否か、また許されるとしても、その場合の裁量は如何にあるべきかが、ここでの問題となる。

(3)まず最初の点であるが、社会保険の場合は租税と異なり、多かれ少なかれ、保険料負担と保険給付の受給の間に対価関係が認められ、また、保険の技術に依拠して運営されているので、保険でカバーする保険事故の発生確率の変化や給付の支給状況、賦課対象とされるべき報酬とそれから除外されるべき報酬の間の関係の変化等に応じて賦課基準をある程度柔軟に変化させることが求められ、租税の場合のように、それを律する法規が改められなければ、賦課基準を不利益に変更できないというものではない、と解される。この点は、前記第3の1及び2で示した関係法規定が、定時普通決定を原則としつつ、広く保険者の裁量により、随時改定又は保険者決定をすることを認めていることからも窺え、保険者は、必要な場合には、保険者算定による定時特別決定を定時普通決定に戻すことができることは、理の当然である。

(4)しかし、保険者の前記裁量権限は、その恣意のままに自由に定時普通決定か保険者算定による定時特別決定を選択することを許していると解することはできない。健保法、厚年法が定時普通決定を原則としたのは、多くの企業において、常用雇用者の毎月決まって支給される給与額が毎年度、4月から定期昇給又はベースアップによって引き上げられる慣行があったことに着目し、当該引上げ後の4月から6月の報酬総額を基準にしてその年の9月からの新標準報酬月額対象期間の保険料賦課基準とすることが、上記期間に現に被保険者が事業主から受け取ると予想される毎月の報酬総額に最も近似していると想定されるからに過ぎない。4月から6月の報酬総額を基準に算定した賦課基準が新標準報酬月額対象期間の被保険者の予想される月平均の報酬総額と明らかに違うと推測されるような場合には、定時普通決定によらず、保険者が合理的な裁量により保険者算定をし、それに基づき定時特別決定をすべきであり、前記第3の1及び2の関係法規定は、保険者が合理的裁量権限を行使することを求めていると解するのが相当である。

(5)本件の場合、前記1の(2)及び(3)から、定時普通決定の手法によっては、新標準報酬月額対象期間の保険料賦課基準がその間の本件不服申立対象者の月平均の報酬総額と大幅に違う結果が毎年発生することは明らかであり、この乖離は定時特別決定でしか解消できないものである。保険者は、そうであるにもかかわらず、保険者決定が認められる場合は通知に列記されたものに限るとして、本件において、敢えて定時普通決定をしたことが窺える。定時普通決定によると新標準報酬月額対象期間の保険料賦課基準がその間の月平均の報酬総額と大幅に乖離し、被保険者等の不利益になる場合は、もとより前記通知に列挙されたものに限られないのであるから、保険者は、その合理的裁量により定時特別決定をすべきであったと解される。

(6)すなわち、健康保険・厚生年金保険制度では、労働保険(労働者災害補償保険及び雇用保険)が概算保険料を実際に支払われた賃金総額に応じて確定精算をする仕組みを採っているのと異なり、事後的な精算の仕組みがないことから、応能負担の考えに基づく負担の公平が損なわれる可能性が少なからずあるので、保険者算定によってそのような事態が生じることを防ぐことにしていると解される。その意味で、前記第3の1に記した「著しく不当であると認め」られるときに保険者算定をするのは、保険者の権限でもあり、その義務でもある。

さらに言えば、たとえ昭和36年1月26日の課長通達が現在も有効であると認めても、それは、同上の局長通達に記載された場合以外は一切保険者算定を認めないとしているのでなく、「原則として行わない」としているに過ぎない。

(7)なお、保険者代理人は、審理期日において、請求人の前記第2の3の申立てに関する事実関係を質す委員に対して、容易に調査可能であったにも関わらず、曖昧な回答に終始していることが窺われ、審理に臨む者として不誠実であるといわざるを得ないことを、敢えて指摘しておく。

(8)以上のことから、本件不服申立対象者につき定時普通決定をした原処分は妥当でなく、取消しを免れ得

ない。
　　以上の理由によって、主文のとおり裁決する。

■ 関連する法律・通知等

■健康保険法及び厚生年金保険法における標準報酬月額の定時決定及び随時改定の取扱いについて（昭和36年1月26日／保発第4号）➡P.247

■「健康保険法及び厚生年金保険法における標準報酬月額の定時決定及び随時改定の取扱いについて」の一部改正について（平成23年3月31日／保発0331第17号／年発0331第9号）➡P.248

事例 25	被保険者資格の取得確認がされていない場合には、事業主の保険料納付義務は生じない──保険料納入告知処分が違法とされたケース	容認

平成21年（健厚）第108号　　平成21年8月31日裁決

概　要

　請求人はa社である。a社の元営業社員のAは○○社会保険事務所に電話し、「請求人が自分との雇用契約を否定し、委託契約であるとして健康保険等の被保険者資格の取得手続をしないので、調査のうえ資格取得を認めてほしい」と要請した。○○社会保険事務所は調査の結果、Aと請求人の関係は雇用関係であることが判明したとして、Aの被保険者資格の取得とその後の資格喪失を確認し、取得時と定時決定時の標準報酬月額を決定する必要があったが、事務処理上の手違いによって、請求人に対して確認処分と決定処分をしなかった。○○社会保険事務所は確認処分と決定処分がすでにされていると思い込み、請求人に対し、Aに係る保険料の納入告知処分を行った。請求人はこれを不服として審査請求を行った。

　社会保険審査会は、

- 事業主の社会保険料の納付義務は、その被保険者に関して発生するものであり、被保険者の資格の取得・喪失は保険者の確認によってその効力が生じるから、被保険者資格の取得確認がなされていない場合には、事業主の保険料納付義務は生じないことは当然である。本件の場合、前提となるべき確認処分等がなされていなかったのであるから、納入告知処分は違法であり、当然に取り消されるべきである。

- ○○社会保険事務所が納入告知処分後に必要な確認処分等を行ったことが窺われるが、これをもって納入告知処分時に遡り、いわば瑕疵が治癒されたとみることは、適法な納入告知処分がいつ行われたかによって保険料の時効消滅範囲が異なってくるので、許されない。

として、処分を取り消した。

　なお、審査会の審理公開について、「本件のように、請求人の申立てを認める場合で、保険者の主張を聴くまでもなく保険者の処分が違法であることが明らかであり、それが取り消されても利害関係人となり得る第3者の利益が損なわれるわけではないときは、請求人の利便のために公開審理を省略することも許されると解され、当審査会もそれを例としている」と付言している。

ポイント

　社会保険事務所は、被保険者の確認処分（資格取得）と決定処分（標準報酬月額の決定）をしなかったにもかかわらず、保険料の納入告知処分を行った。請求人はこれを不服としているのだが、被保険者が社会保険事務所に直接調査を依頼するなど、背景には雇用関係のトラブルがあると考えられる。a社としては確認処分と決定処分が先だろうと後だろうと、結局、保険料は納入しなければならないのだから、審査請求までして話を大きくしても益はないように思われる。もちろん、社会保険事務所の事務処理上の手違いは弁解の余地はなさそうだが、a社においてさまざまな不満があり、それがこういう形となってしまったのではないか。

　なお、裁決で指摘されている「瑕疵の治癒」とは、行政行為の瑕疵（傷）が軽微であるとき、その瑕疵は治癒したと考えて、有効と扱うことをいう。つまり、本来、違法な行政行為（瑕疵のある行政行為）は取り消されるべきだが、わざわざ否定する必要性がないほど軽微な場合、法的安定性や行政経済の観点から

公益の確保につながるため、その違法な行政行為の効力を維持することが認められる場合がある、ということである。ここでは、社会保険事務所が必要な確認処分をあとから行ったことを「治癒」とできるかどうかだが、確認処分がいつ行われたかということは保険料の時効消滅範囲に影響を及ぼすため、治癒として認められなかった。

　なお、保険料その他の徴収金の賦課、もしくは徴収の処分または滞納処分については、社会保険審査官に対する審査請求ではなく、社会保険審査会に審査請求をすることになるため、本件は再審査請求ではなく、審査請求である。

裁決文

主文
　○○社会保険事務所長が、請求人に対し、平成○年○月○日付でした、Aに係る平成○年○月から同○年○月分の健康保険料及び厚生年金保険料に係る納入告知をした処分は、これを取り消す。

理由

第1　審査請求の趣旨
　審査請求人（以下「請求人」という。）の審査請求の趣旨は、主文と同旨の裁決を求めるということである。

第2　審査請求の経過
1　請求人は○○○業を営む株式会社であるところ、その元営業社員のA（以下「A」という。）は、平成○年○月○日、○○社会保険事務所（以下「本件事務所」という。）に架電し、請求人がAとの雇用契約を否定し「委託契約」であるとし、健康保険及び厚生年金保険（以下、併せて「社会保険」という。）の被保険者資格の取得手続を採ろうとしないので、調査の上、当該資格取得を認めてほしい旨、同事務所に要請をした。

2　本件事務所の調査の結果、Aと請求人の関係は雇用関係であることが判明したとして、前者が平成○年○月○日に社会保険の被保険者資格を取得し、同○年○月○日に当該資格を喪失したことを確認し、その標準報酬月額は取得時で○○万円、平成○年○月○日の定時決定で○○万円と決定する必要があるとされたが、それに係る請求人に対する、健康保険法（以下「健保法」という。）第39条及び厚生年金保険法（以下「厚年法」という。）第18条の確認処分、並びに、健保法第41条・第42条及び厚年法第21条・第22条の規定による決定処分は、事務処理上の手違いのため、なされなかった。

3　本件所長は、前記2の各処分が既になされていると思い込み、請求人に対し、平成○年○月○日付で、Aに係る平成○年○月から同○年○月分の社会保険料○○○万○○○○円に係る納入告知処分（以下「原処分」という。）をした。

4　請求人は、原処分を不服とし、当審査会に対して審査請求をした。その不服の理由の要旨は、Aは完全歩合報酬で同人から社会保険料の被保険者負担分も受け取っておらず、それにもかかわらず、社会保険料全額の支払を求めるのは「職権乱用」である、というものである。

5　なお、本件所長は、平成○年○月○日付で、請求人に対し、前記2の確認処分等をした。

第3　当審査会の判断
1　事業主の社会保険料の納付義務は、その被保険者に関して発生するものであり、当該被保険者の資格の取得・喪失は、保険者の確認によってその効力が生じるから（健保法第39条第1項及び厚年法第18条第1項）、被保険者資格の取得確認がいまだなされていない場合には、事業主の社会保険料納付義務は生じないことは、理の当然である。本件の場合、原処分時において、その前提となるべき確認処分等がなされていなかったのであるから、原処分は違法であり、当然に取り消されるべきである。なお本件所長が、原処分後の平成○年○月○日に必要な確認処分等を行ったことが、前記第2の5から窺われるが、これをもって、原処分時に遡って、いわば瑕疵が治癒されたとみることは、本件の場合、適法な納入告知処分がいつ行われたかによって、社会保険料の時効消滅範囲が異なってくるので、許されない。

2　そうして、当審査会の審理は公開しなければならないとされているが（社会保険審査官及び社会保険審査会法第37条）、本件のように、請求人の申立てを認める場合であって、保険者の主張を聴くまでもなく、

法令上、保険者の処分が違法であることが明らかであり、それが取り消されても利害関係人となり得る第3者の利益が損なわれるわけではないときは(注：本件の場合、Aは保険料の負担義務はあるものの、納付義務はなく、原処分が取り消されて保険料の時効消滅範囲が拡大しても、厚年法第75条ただし書の規定により、その給付は影響されない。)、請求人の利便のために公開審理を省略することも許されると解され、当審査会もそれを例としているところである。

　以上の理由によって、主文のとおり裁決する。

■ 関連する法律・通知等

■厚生年金保険法第18条

　被保険者の資格の取得及び喪失は、厚生労働大臣の確認によつて、その効力を生ずる。ただし、第十条第一項の規定による被保険者の資格の取得及び第十四条第三号に該当したことによる被保険者の資格の喪失は、この限りでない。

2　前項の確認は、第二十七条の規定による届出若しくは第三十一条第一項の規定による請求により、又は職権で行うものとする。

3　第一項の確認については、行政手続法(平成五年法律第八十八号)第三章(第十二条及び第十四条を除く。)の規定は、適用しない。

4　第二号厚生年金被保険者、第三号厚生年金被保険者及び第四号厚生年金被保険者の資格の取得及び喪失については、前三項の規定は、適用しない。

■厚生年金保険法第92条➡P.138参照

実労働日や実労働時間により賃金総額の変動が激しい場合、保険者算定より随時改定の方が合理的である

平成20年(健厚)第560号　　平成21年9月30日裁決

概要

　適用事業所の事業主である請求人は、同事業所で使用している2名について、工期内に業務を終わらせることが必要となる場合などに残業時間が増加し、月によって賃金が大幅に変動するため、定時決定の際、保険者算定によって標準報酬月額を減額することを求めたが、○○社会保険事務所は保険者算定を行わず、通常の定時決定とする処分を行った。請求人はこれを不服として、再審査請求を行った。

　社会保険審査会は、

- 実労働日や実労働時間により賃金総額の変動が激しい労働者については、定時特別決定という事前の対応より、随時改定という事後的な対応の方がはるかに合理的であり、保険者算定に該当しないとする保険者の判断は妥当。
- しかし、保険者は、随時改定は固定的賃金に変動があったときや労働契約そのものが改定されたときにしか認めないとしている。
- 賃金総額が大幅に変動する場合にも随時改定を認めないとする保険者の運用は、雇用形態が多様化している昨今の状況に対する配慮がなく、妥当性を欠く。

と随時改定をする必要を認めたが、定時普通決定を行った処分そのものは妥当であるとして、請求を棄却した。

ポイント

　社会保険審査会が、「当審査会は、保険者の代理人の陳述とは異なり、定時特別決定が36年通達に列挙された場合に限らないと認めているところであるが、定時普通決定による標準報酬月額が、新標準報酬月額対象期間の被保険者の実際の各月の報酬の総額と大きくかけ離れたものになることが合理的に予想される場合に限られるとしてきたところである」と述べているとおり、本事例では随時改定の方が合理的であると判断され、請求は棄却となった。

　ここでは随時改定は審査の対象にはなっていないが、「その賃金総額が大幅に変動し得る本件のような場合にも、随時改定を認めないとする保険者の運用は、昨今の日給制及び時間給制の対象者が増加し、雇用形態が多様化していることに対する配慮がなく、極めて妥当性を欠くものであると言わざるを得ない」と社会保険審査会が指摘しているところをみると、保険者はあまり柔軟に随時改定を取り扱ってなかったということであろうか。

　なお、現在は年間平均額による保険者算定が随時改定でも可能となっている。

裁決文

主文

本件再審査請求を棄却する。

理由

第1　再審査請求の趣旨

再審査請求人(以下「請求人」という。)の再審査請求の趣旨は、同人が使用する2名(利害関係人A及び利害関係

人B)につき、○○社会保険事務所長が平成○年○月○日付でした、健康保険法及び厚生年金保険法の規定に基づく標準報酬月額の決定処分を取り消し、いわゆる保険者算定により標準報酬月額を決定し、その額を減額することを求めるということである。

第2　再審査請求の経過

1　請求人は、健康保険及び厚生年金保険(以下、併せて「社会保険」という。)の適用事業所の事業主であるところ、平成○年○月○日(受付)、同事業所に使用される利害関係人A (以下「利害関係人A」という。)、利害関係人B (以下「利害関係人B」という。)を含む社会保険の被保険者(以下、単に「被保険者」という。)○○名につき、健康保険法(以下「健保法」という。)及び厚生年金保険法(以下「厚年法」という。)のそれぞれの規定に基づき被保険者報酬月額算定基礎届(以下「算定届」という。)を、○○社会保険事務所(以下「○○社保」という。)に提出した。

2　○○社会保険事務所長(以下「本件所長」という。)は、平成○年○月○日付で、前記届の記載内容に従い、同年○月以後適用される利害関係人Aに係る健保法の標準報酬月額を○○万円、厚年法に係るそれは○○万円、利害関係人Bに係る健保法及び厚年法のそれは○○万円として、それぞれ決定した(以下、これらの決定を併せて「原処分」という。)。

3　請求人は、原処分を不服として、○○社会保険事務局社会保険審査官に対する審査請求を経て、当審査会に対し再審査請求をした。

　　　再審査請求の趣旨及び理由は、審査請求のそれと同様のものと解され、審査請求書の記載によれば、それは次のとおりである。

「略」

4　当審査会は、平成○年○月○日付で、利害関係人A及び利害関係人Bを利害関係人に指定した。

第3　問題点

1　保険者は、毎年7月1日に社会保険の適用事業所に使用されている被保険者(6月1日から7月1日までの間に被保険者資格を取得したもの及び7月から9月までのいずれかの月から標準報酬月額を改定されるべきもの等を除く。)に係る、9月から翌年8月までの各月(以下「新標準報酬月額対象期間」という。)の社会保険の賦課基準となる標準報酬月額については、原則として、4月から6月(報酬支払いの基礎となった日数が17日未満である月を除く。)の報酬の総額を上記期間の月数で除して得た額(以下「報酬月額」という。)に基づき決定する、とされている(健保法第41条及び厚年法第21条。以下、健保法第41条第1項及び厚年法第21条第1項の規定による標準報酬月額の決定を「定時普通決定」という。)。

2　そうして、保険者は、当該被保険者が現に使用される事業所において継続した3月間(各月とも、報酬支払いの基礎となった日数が17日以上でなければならない。)に受けた報酬の総額を3で除して得た額が、その者の社会保険の標準報酬月額の基礎となった報酬月額に比べて、著しく高低を生じた場合において、必要があると認めるときは、その額を報酬月額として、その著しく高低を生じた月の翌月から、社会保険の標準報酬月額を改定することができる、とされている(健保法第43条第1項及び厚年法第23条第1項。以下、これらの規定による標準報酬月額の改定を「随時改定」という。)。

3　また、保険者は、定時普通決定又は随時改定によって算定した報酬月額が著しく不当であると認めるときは、それが適当と認める方法で報酬月額を算定するという、いわゆる保険者算定(以下、単に「保険者算定」という。)をなすことができる、とされている(健保法第44条第1項及び厚年法第24条第1項。以下、定時普通決定に代えて、これらの規定により算定した報酬月額に基づき行われる、社会保険の標準報酬月額の決定を「定時特別決定」という。)。

4　本件の問題点は、前記1ないし3の関係法規定及び本件における具体的事実関係に照らして、保険者が社会保険の標準報酬月額の定時特別決定を行わなかったことが、妥当であったかどうかということである。

第4　審査資料

　　　「(略)」

第5　事実の認定及び判断

1　「略」

2　本件の問題点について検討し、判断する。

　(1)当審査会は、保険者の代理人の陳述とは異なり、定時特別決定が36年通達に列挙された場合に限らないと認めているところであるが、定時普通決定による標準報酬月額が、新標準報酬月額対象期間の被保険者の実際の各月の報酬の総額と大きくかけ離れたものになることが合理的に予想される場合に限られるとしてきたところである（平成19年（健厚）第341号事件及び平成20年（健厚）第524号事件参照）。

　(2)本件について、これをみると2名の者は、基本的には、一定の欠勤の場合に賃金カットがある一方、残業等による割増賃金の支払われる月給制であり、従事する工事先の工期内に業務を終了させることが求められるような場合に、残業時間等が大幅に増加することにより、賃金月額も大きく変動し得るものであり、それを当初より予測できるものではない。このように実労働日や実労働時間により賃金総額の変動が激しい労働者については、定時特別決定という事前の対応より、随時改定という事後的な対応の方がはるかに合理的である。その範囲で、本件が保険者算定を行うべき場合に該当しないとする保険者の判断はこれを認めることができる。

　(3)そして保険者は、従来から、36年通達を引いて、随時改定は、固定的賃金に変動があったとき又は労働契約そのものが改定されたときにしか認めないとしているが、それは実労働時間・実労働日数如何にかかわらず支払われる固定的賃金の比率が極めて高い、完全月給制に近い労働者を想定したものであって、割増率に変動がなく、業務の都合により労働時間、労働日数が増加することによって、賃率や割増率に変動がなくとも、その賃金総額が大幅に変動し得る本件のような場合にも、随時改定を認めないとする保険者の運用は、昨今の日給制及び時間給制の対象者が増加し、雇用形態が多様化していることに対する配慮がなく、極めて妥当性を欠くものであると言わざるを得ない。

　(4)そうすると、本件については、2名の平成○年○月以降○月までの各月の支給合計額が4月から6月のそれの半分以下となっており、原処分後に随時改定をする必要が認められるものの、定時普通決定を行った原処分そのものは妥当であり、これを取り消すことはできない。

以上の理由によって、主文のとおり裁決する。

■ 関連する法律・通知等

■健康保険法及び厚生年金保険法における標準報酬月額の定時決定及び随時改定の取扱いについて（昭和36年1月26日／保発第4号）➡P.247

<table>
<tr><td>事例
27</td><td>被保険者資格喪失の確認処分は、請求人の届出がなくても法に基づき保険者の職権で行うことができる</td><td>棄却</td></tr>
</table>

平成21年（健）第86号　　平成21年9月30日裁決

概　要

　健康保険の被保険者であった請求人は、75歳になったことで後期高齢者医療の被保険者となることになったが、それを不服とし、「被保険者資格喪失届」を提出しなかった。保険者である○○社会保険事務所は、職員が「被保険者資格喪失届」を作成したうえでシステムに入力し、資格喪失の処分を決定した。請求人は「本人の届出を欠く手続きは違法である」として、任意継続被保険者となることを求め、再審査請求を行った。

　社会保険審査会は、職員が作成した「被保険者資格喪失届」に職権で処理したということを示す記載がなく、通常に届出処理されたということになっているのは問題ではあるが、健康保険法に基づいて保険者は職権による確認処分をすることができるのであるから、届出義務者に強要して届を作成させたなどの特段の事情がないこの件においては、職権による資格喪失の確認処分は有効である、として請求を棄却した。

　なお、請求人は後期高齢者医療制度に対する不服から一連の行動を起こしたようであるが、社会保険審査会はそれに対し、「立法施策に関わるものであって、当審査会の審査対象外である」と付言している。

ポイント

　健康保険法第39条では「被保険者の資格の取得及び喪失は、保険者等（略）の確認によって、その効力を生ずる」とし、同2項で「前項の確認は、第48条の規定による届出若しくは第51条第1項の規定による請求により、又は職権で行うものとする」としている。本事例では、社会保険事務所の事務処理に問題はあるものの、強要したり届を偽造したりして処分を行ったなどという特段の事情がないので、職権による確認処分の効力が認められた。

　平成20年に施行された「高齢者の医療の確保に関する法律」によって老人保健制度が後期高齢者医療制度に変わり、75歳以上または一定の障害があると認定された65歳以上の人は後期高齢者医療制度に加入して医療給付等を受けることになったが、施行当時、「後期高齢者」という呼称にマスコミや世間の批判が集まり、政府はそれに対して「長寿医療制度」という通称を使用するなどして収束を図ろうとしていた。本事例では、請求人が審理において「『後期高齢者』という制度名称にも問題がある旨主張した」とあるように、「高齢者の医療の確保に関する法律」に対する不服・不満が背景にあったとみられ、その不満を公にするために再審査請求を行ったと思われる節もあるが、不服申立制度は「被保険者の資格、標準報酬または保険給付に関する処分」「保険料等の賦課もしくは徴収の処分または保険料等の督促および滞納処分」をその対象としているため、立法上の問題は不服申し立ての対象とはならなかった。

裁決文

主文

本件再審査請求を棄却する。

理由

第1　再審査請求の趣旨

再審査請求人(以下「請求人」という。)の再審査請求の趣旨は、後記第2の2記載の原処分を取り消し、経過的に健康保険法第3条第4項の任意継続被保険者の資格を認めることを求める、ということと解される。

第2　再審査請求の経過

1　請求人は、健康保険の適用事業所であるa社の代表者である。

2　請求人は、昭和○年○月○日生であるところ、○○社会保険事務所長(以下「事務所長」という。)は、平成○年○月○日付で、適用事業所の事業主である請求人に対し、健康保険の被保険者である請求人が平成○年○月○日に75歳に到達したことにより、健康保険の被保険者資格を喪失したことを確認する旨の処分(以下「原処分」という。)をした。

3　請求人は、原処分を不服として、○○社会保険事務局社会保険審査官に対する審査請求を経て、当審査会に対し、再審査請求をした。
　　その不服理由の要旨は、次のとおりである。
　　　「略」

第3　問題点

1　健康保険法(以下「法」という。)第3条第1項では、「この法律において「被保険者」とは、適用事業所に使用される者及び任意継続被保険者をいう。ただし、次の各号のいずれかに該当する者は、日雇特例被保険者となる場合を除き、被保険者となることができない。」とし、第7号において、「後期高齢者医療の被保険者(高齢者の医療の確保に関する法律(昭和57年法律第80号)第50条の規定による被保険者をいう。)及び同条各号のいずれかに該当する者で同法第51条の規定により後期高齢者医療の被保険者とならないもの(以下「後期高齢者医療の被保険者等」という。)」と規定している。

2　法第36条では、「被保険者は、次の各号のいずれかに該当するに至った日の翌日(…)から、被保険者の資格を喪失する。」とし、第3号において、「第3条第1項ただし書の規定に該当するに至ったとき。」と規定している。

3　法第38条では、「任意継続被保険者は、次の各号のいずれかに該当するに至った日の翌日(…)から、その資格を喪失する。」とし、その第6号において、「後期高齢者医療の被保険者等となったとき。」と規定している。

4　法第39条第1項では、「被保険者の資格の取得及び喪失は、保険者の確認によって、その効力を生ずる。」とし、第2項では、「前項の確認は、第48条の規定による届出若しくは第51条第1項の規定による請求により、又は職権で行うものとする。」と規定している。

5　法第48条では、「適用事業所の事業主は、厚生労働省令で定めるところにより、被保険者の資格の取得及び喪失並びに報酬月額及び賞与額に関する事項を、保険者に届け出なければならない。」とし、これを承けた、健康保険法施行規則第29条では、「法第48条の規定による被保険者の資格の喪失に関する届出は、当該事実があった日から5日以内に、様式第8号による健康保険被保険者資格喪失届を社会保険事務所長等に又は健康保険組合に提出することによって行うものとする。」と規定している。

6　本件において、請求人が平成○年○月○日に75歳に到達したことについては当事者間に争いはなく、また、請求人は、高齢者の医療の確保に関する法律第50条第1項第1号の規定によって、その75歳到達をもって、後期高齢者医療の被保険者となり、前記1ないし3の法規定によって健康保険の被保険者となることができないことは明らかであると言わざるを得ないが、請求人は、前記第2の3にあるように、請求人の届出を欠く原処分は違法である旨申し立てていると解されるので、本件の問題点は、上記申立てが前記4及び5の法規定に照らし、認められるかどうか、ということである。

第4　当審査会の判断

1　請求人が申し立てるように、健康保険被保険者資格喪失届(平成○年○月○日付で、「○○」の「入力済」印及び○○社会保険事務所適用課長の同日付決済印等の押捺のあるもの。以下「本件喪失届」という。)の筆跡と、提出された再審査請求書に記載された請求人のそれとは明らかに異なっており、保険者も本件喪失届を同事務所適用課職員が作成したことを認めている(社会保険庁運営部年金保険課作成名義の平成○年○月○日付書面)。これは、各種届出義務者が当該届出義務を履行しない場合に職権で処分を行うときに、

それに係る電算システムへの入力フォームとして喪失届等の用紙を転用するのと同様のことを同事務所職員が行ったものと解され、決して誉められることではない。そして、本件のように、入力フォームたる本件喪失届に「職権作成」等、職権処理を示す表示が一切なく、あたかも届出処理の如き外観を呈するものになっていることは、さらに遺憾なことと言わざるを得ない。

2　しかし、事務所長は、本件の場合、前記第3の4の法規定に従って職権による確認処分をすることができるのであるから、届出義務者を強要して届を作成させ、当該届に従って処分をしたとか、届を偽造して、当該届に従って処分をしたなどという特段の事情がないと認められる本件においては、請求人に係る健康保険被保険者資格の喪失の職権による確認処分の効力が否定されるべきものとは解されない。

3　以上のことから、事務所長が、請求人に対して行った原処分は、取り消すことができない。

4　なお、請求人は、第2の3記載のように縷々主張するほか、審理期日において、「後期高齢者」という制度名称にも問題がある旨主張したが、それらにたとえ汲むべきものがあるとしても、それらは、立法施策に関わるものであって、当審査会の審査対象外であることを申し添える。

　　　よって、主文のとおり裁決する。

■関連する法律・通知等

■高齢者の医療の確保に関する法律第50条

次の各号のいずれかに該当する者は、後期高齢者医療広域連合が行う後期高齢者医療の被保険者とする。

一　後期高齢者医療広域連合の区域内に住所を有する七十五歳以上の者

二　後期高齢者医療広域連合の区域内に住所を有する六十五歳以上七十五歳未満の者であつて、厚生労働省令で定めるところにより、政令で定める程度の障害の状態にある旨の当該後期高齢者医療広域連合の認定を受けたもの

■高齢者の医療の確保に関する法律第51条

前条の規定にかかわらず、次の各号のいずれかに該当する者は、後期高齢者医療広域連合が行う後期高齢者医療の被保険者としない。

一　生活保護法(昭和二十五年法律第百四十四号)による保護を受けている世帯(その保護を停止されている世帯を除く。)に属する者

二　前号に掲げるもののほか、後期高齢者医療の適用除外とすべき特別の理由がある者で厚生労働省令で定めるもの

事例 28	健康保険と労災のいずれからも療養の給付を受けられない小規模事業所の代表者等に対する、健康保険の弾力的な運用について	容認

平成21年(健)第146号・平成21年(健)第156号　　平成21年11月30日裁決

概要

　a社の取締役であった請求人は、工事作業中に転落事故に遭って医療機関で診療を受けたが、外傷性頸髄損傷による四肢麻痺が残ってしまった。請求人は頸椎装具と両長下肢装具の装着に関する療養費と、一部負担金の額が自己負担限度額を超えたことによる高額療養費を請求したが、○○健康保険協会○○支部は「業務中の事故である」「a社の被保険者数が5名である」として、療養費、高額療養費ともに不支給とする処分を行った。

　　注：業務中の事故は労災(労働者災害補償保険)の対象だが、経営者であるAは原則として労災に加入できない。ただし、昭和59年の健康保険法一部改正により、法人である事業所の場合、従業員5人未満であっても強制適用事業所とすることに改められことの暫定的な措置として、「被保険者が5人未満である事業所に所属する法人の代表者等であって、一般の従業員と著しく異ならないような労務に従事している者については、その者の業務遂行の過程において業務に起因して生じた傷病に関しても、健康保険による保険給付の対象とする」旨の通知があった。

　請求人はこれを不服として再審査請求をした。

　社会保険審査会は、

- 通知は、健康保険法による療養の給付等について弾力的運用を行うことによって、健康保険、労災保険のいずれからも療養の給付を受けられないケースの解決を図るもので、妥当である。また、健康保険協会もこの通知に従っている。

- 「被保険者が5人未満である事業所」を判断する日は、傷病の発症日またはその原因となった事故の発生日とするのが相当ではあるが、保険者はそれを字義どおり解釈し、本件事故発生日にたまたまa社の被保険者数が5名であったことで原処分を決定した(a社の被保険者数が5名となったのは数日前であり、それ以前の5年以上の間、a社の被保険者数は5人未満だった)。

- 通知が、一般の従業員と同じような業務遂行上のリスクにさらされている小規模事業所の代表者等を念頭において出されたという経緯とその趣旨に鑑みれば、「被保険者が5人未満である事業所」は「被保険者が常時5人未満である事業所」と解するのが相当であり、「常時」は「常態として」の意であることは明らかである。

　といった理由から、健康保険法の給付について弾力的運用を行うべき事案であるとして、処分を取り消した。

ポイント

　社会保険審査会は、通知「法人の代表者等に対する健康保険の保険給付について」を、「本件通達は、健保法による療養の給付等について弾力的運用を行うことによって、健康保険、労災保険のいずれからも療養の給付を受けられないケース(いわゆる谷間問題)に係る現実的解決を図る措置と評価することができ、当審査会もこのような取扱いを妥当なものと認めるものである」と述べている。

　保険者による硬直的な運用に対し、社会保険審査会が通知の趣旨を受けて、弾力的運用を認めた事例である。

主文

　〇〇健康保険協会〇〇支部長が、平成〇年〇月〇日付で再審査請求人に対してした、後記第2の4の原処分は、これを取り消す。

理由

第1　再審査請求の趣旨

再審査請求人(以下「請求人」という。)の再審査請求の趣旨は、主文と同旨の裁決を求めるということである。

第2　再審査請求の経過

1　請求人は、a社(以下「a社」という。)の取締役であったところ、平成〇年〇月〇日(〇曜日)午前〇時〇分頃、〇〇工事作業中、高さ5mの斜面からの転落事故(以下「本件事故」という。)に遭遇し、外傷性頚髄損傷(四肢麻痺)(以下「当該傷病」という。)を被り、同日はa病院で、平成〇年〇月〇日から同年〇月〇日まではb病院(以下「b病院」という。)で、同月〇日から平成〇年〇月〇日まではc病院(以下「c病院」という。)で、それぞれ、診療を受けた。

2　請求人は、b病院医師の指示の下、当該傷病の治療のため、平成〇年〇月〇日に頚椎装具を、同年〇月〇日に両長下肢装具を装着し、前者の代金〇万〇〇〇〇円及び後者の代金〇万〇〇〇〇円を支払い、その費用につき、平成〇年〇月〇日(受付)、〇〇健康保険協会〇〇支部長(以下「本件支部長」という。)に対し、健康保険法(以下「健保法」という。)による療養費の支給を請求した(以下、前者に係る請求を「請求A-1」、後者に係る請求を「請求A-2」という。)。

3　請求人は、平成〇年〇月〇日から同月〇日までの期間(以下「本件請求期間Ⅰ」という。)、平成〇年〇月〇日から同月〇日までの期間(以下「本件請求期間Ⅱ」という。)及び平成〇年〇月〇日から同月〇日までの期間(以下「本件請求期間Ⅲ」という。)に受けた診療について支払われた一部負担金の額が、それぞれ、一定額(自己負担限度額)を超えたとして、平成〇年〇月〇日(受付)、本件支部長に対し、健保法による高額療養費の支給を申請した(以下、本件請求期間ⅠないしⅢに係る請求を、それぞれ、「請求B-Ⅰ」、「請求B-Ⅱ」、「請求B-Ⅲ」という。)。

4　本件支部長は、請求A-1、請求A-2及び請求B-ⅠないしB-Ⅲにつき、いずれも平成〇年〇月〇日付で、請求人に対し、本件事故による当該傷病は業務外の事由によるものとは認められないとの理由により、療養費又は高額療養費を不支給とする旨の処分(以下、療養費に係る2個の処分を併せて「原処分A」、高額療養費に係る3個の処分を併せて「原処分B」といい、それらを併せて、単に「原処分」という。)をした。

5　請求人は、原処分を不服として、〇〇社会保険事務局社会保険審査官に対する審査請求を経て、当審査会に対し再審査請求をした。

第3　問題点

1　健保法による保険給付は、疾病、負傷等同法所定の保険事故のうち、業務外の事由によるもののみを対象とするものとされている(健保法第1条)。また、被保険者に係る同法による療養の給付及び療養費(したがって、療養の給付を前提とする高額療養費の支給も同様)は、同一の傷病等につき労働者災害補償保険法による給付がされるときは行わないものとされている(健保法第55条第1項)。

2　本件の問題点は、前記1の健保法の規定及び本件事案の具体的事実関係等に照らし、本件事故による当該傷病を、健保法による療養費及び高額療養費の支給の対象とされるべきものと認めることができるかどうかということである。

第4　審査資料

　「(略)」

第5　事実の認定及び判断

1　「略」

2　本件の問題点について検討し、判断する。

　⑴政府管掌健康保険事業の実施に係る事務は、従来、社会保険庁に委ねられていたが、平成〇年〇月〇日

から、政府管掌健康保険の保険者は全国健康保険協会(以下「協会」という。)となった。そして、政府管掌健康保険時代の平成○年○月○日付で、社会保険庁は、昭和59年の健保法の一部改正(法人である事業所の場合、従業員5人未満であっても強制適用事業所とすることに改められた。)の経過に鑑み(「極めて小規模な適用事業所に所属する法人の代表者等については、その事業の実態が個人の事業所と大差ないと考えられること等」国民健康保険の対象とされる小規模個人事業の場合とのバランス等も考慮して)、暫定的な措置として、「被保険者が5人未満である事業所に所属する法人の代表者等であって、一般の従業員と著しく異ならないような労務に従事している者については、その者の業務遂行の過程において業務に起因して生じた傷病に関しても、健康保険による保険給付の対象とする」旨の通達(保発第0701001号・庁保発第0701001号。以下「本件通達」という。)を発出した。

(2)本件通達は、健保法による療養の給付等について弾力的運用を行うことによって、健康保険、労災保険のいずれからも療養の給付を受けられないケース(いわゆる谷間問題)に係る現実的解決を図る措置と評価することができ、当審査会もこのような取扱いを妥当なものと認めるものである。そうして協会も、本件通達に従い、協会管掌健康保険事業を実施している。

(3)前記(1)の「被保険者が5人未満である事業所」か否かの判断時点は、保険給付の対象となる傷病の発症日又はその原因となった事故の発生日と解するのを相当とする。そうして保険者は、「被保険者が5人未満である事業所」を字義どおり解して、本件事故発生日である平成○年○月○日において、たまたま、a社に係る健康保険の被保険者数が5名であったことを捉え(a社に係る被保険者数が5名となったのは○日前であり、それ以前の5年以上の間、同社に係る被保険者数は5人未満であった。)、原処分に及んだことが認められる。

(4)しかし、本件通達が昭和59年の健保法改正がなければ国民健康保険の適用対象に留まった、個人事業主と大差がなく、一般の従業員と著しく異なることがない業務遂行上のリスクにさらされている小規模事業所の代表者等を念頭に置いて発出されたという経緯と、その趣旨に鑑みれば、前記「被保険者が5人未満である事業所」は、「被保険者が常時5人未満である事業所」と解するのを相当というべきであり、「常時」は、「常態として」の意であることは明らかである。

(5)なお、本件についてさらに言えば、当該傷病につき健保法の保険給付がなされないとすれば、請求人に係る保険者の任意継続被保険者の適用事務等がいささか適切さを欠くこととなり、それによって同人が多大な損失を被ることになる。

(6)以上のことから、請求人は健保法による保険給付について弾力的運用を行うべき対象であることを否定することはできず、これと趣旨を異にする原処分は取消しを免れ得ない。

　以上の理由によって、主文のとおり裁決する。

■ 関連する法律・通知等

■法人の代表者等に対する健康保険の保険給付について(平成15年7月1日／保発第0701002号)➡P.254
■法人の代表者又は業務執行者の被保険者資格について(昭和24年7月28日／保発第74号)➡P.245

保険料の滞納に対する参加差し押さえ処分は、先行の差し押さえが解除されない限り当該財産を換価する権限はないから、国税徴収法に規定する無益な差し押さえに当たらない

棄却

平成21年(健厚)第171号・平成21年(健厚)第181号　　平成21年12月25日裁決

概　要

　適用事業所の事業主である請求人は、健康保険料や厚生年金保険料等を期日までに納付しなかった。○○社会保険事務所は保険料や延滞金を徴収するため、すでに差し押さえがされている請求人の不動産等の資産について、参加差し押さえの手続きを行った。請求人は「先順位者であるa銀行に対する請求人の債務額が、請求人所有の不動産が競売された場合の売却金額を超えると見込まれるから、原処分は、国税徴収法第48条第2項に規定する無益な差し押さえの禁止に違反するものであり、取り消されるべきである」として、審査請求を行った。

　社会保険審査会は、「参加差し押さえは、先に差し押さえをした行政機関等が差し押さえた財産を換価した場合に交付要求という形でその配当を求めるもので、参加差し押さえをする者には、先行の差し押さえが解除されない限り当該財産を換価する権限はないのであるから、参加差し押さえには直ちにこの規定が適用されるものではないと解するのが相当である。したがって、請求人の主張は理由がない」として、請求を棄却した。

ポイント

　参加差押えとは、税務署や地方公共団体などの徴税機関によってすでに租税の滞納者の財産に対して差し押さえが行われていたとき、重ねて差し押さえることをいい、参加差押することのできる財産は①動産および有価証券、②不動産、船舶、航空機、自動車、建設機械および小型船舶、③電話加入権となっている(国税徴収法第86条)。請求人は、国税徴収法第48条の「超過差押及び無益な差押の禁止」を根拠に不服を申し立てたが、「請求人の主張は理由がない」として棄却されている。

　なお、保険料その他の徴収金の賦課、もしくは徴収の処分または滞納処分については、社会保険審査官に対する審査請求ではなく、社会保険審査会に審査請求をすることになるため、本件は再審査請求ではなく、審査請求である。

裁　決　文

主文

本件各審査請求をいずれも棄却する。

理由

第1　審査請求の趣旨

　審査請求人(以下「請求人」という。)の審査請求の趣旨は、後記第2の2記載の原処分を取り消すことを求める、ということである。

第2　審査請求の経過

　1　請求人は、健康保険及び厚生年金保険の適用事業所の事業主として健康保険料、厚生年金保険料並びに児童手当拠出金(以下、単に「保険料等」という。)の納付義務を負っていたところ、平成○年○月分から同○年○月分までの保険料等(以下「本件滞納保険料等」という。)を納期限までに納付しなかった。

　2　国税徴収法上の徴収職員である○○社会保険事務所長は、本件滞納保険料等及びこれに係る延滞金を徴収するために、○○県税事務所長に対し、同事務所長によって既に滞納処分による差押えがされている請求

人所有の不動産（①土地（略）、建物（所在：略）及び付属建物（種類：略）、②土地（所在：略）（以下、これらを併せて「本件不動産」という。）について、①の不動産については平成○年○月○日付で、②の不動産については同年○月○日付で、それぞれ国税徴収法第86条第1項の規定する参加差押調書を交付して交付要求を行い、請求人に対し、それぞれ参加差押通知書によりこれを通知した（上記の各交付要求は、いずれもいわゆる参加差押えであり、以下、①の不動産に係るものを「原処分①」、②の不動産に係るものを「原処分②」といい、両者を併せて「原処分」という。）。

3　請求人は、原処分を不服として、当審査会に対し審査請求をした。なお、請求人が審査請求を申し立てるものとして提出した2通の「審査請求」と題する書面は同文であり、いずれにも、「審査請求に係わる処分」として、○○社会保険事務所長が平成○年○月○日付で請求人所有不動産について行った参加差押えが挙げられているが、上記のように書面が2通提出されていることにもかんがみると、請求人は、平成○年○月○日付参加差押えに係る原処分①だけではなく、同年○月○日付参加差押えに係る原処分②をも対象として審査請求を申し立てたものと認めるのが相当であるから、上記2通の書面のうち、1通の「平成○年○月○日付」との部分は「平成○年○月○日付」の趣旨と解することとし、原処分①に係る審査請求事件を平成21年（健厚）第171号事件、原処分②に係るそれを平成21年（健厚）第181号事件として、両事件を併合して審理することとした。

　　そして、請求人の原処分に対する不服の理由は、先順位者であるa銀行に対する請求人の債務額が、前記2記載の請求人所有の不動産（以下「本件被差押物件」という。）が競売された場合の売却金額を超えると見込まれるから、原処分は、国税徴収法第48条第2項に規定する無益な差押えの禁止に違反するものであり、取り消されるべきである、ということであると解される。

第3　当審査会の判断

1　原処分が国税徴収法第86条第1項の規定に基づくいわゆる参加差押え（以下、単に「参加差押え」という。）であることは明らかであり、それについて、請求人が本件滞納保険料等を納期限までに納付しなかったこと、それに関する国税徴収法第47条第1項所定の差押えの要件が備わっていること、本件不動産について既に滞納処分による差押えがされていること等、参加差押えの要件が具備されていることは、請求人も争っていないし、本件資料上も優に認められるところである。

2　このような原処分に対し、請求人は、第2の3に記載のように、原処分は国税徴収法第48条第2項の無益な差押えの禁止の規定に違反するものであると主張するのであるが、この規定は、財産を差し押さえるに当たって、それを換価しても、差押えに係る債権への配当が得られないことが見込まれる場合に関するものと解されるところ、原処分に係る参加差押えは、先に差押えをした行政機関等が差し押さえた財産を換価した場合に交付要求という形でその配当を求めるもので、参加差押えをする者には、先行の差押えが解除されない限り当該財産を換価する権限はないのであるから、参加差押えには直ちにこの規定が適用されるものではないと解するのが相当である。したがって、本件不動産に対する○○県税事務所長による差押えの当否等を検討するまでもなく、請求人の主張は理由がない。

3　よって、原処分は適法・妥当であり、これを取り消すことはできない。

以上の理由によって、主文のとおり裁決する。

■ 関連する法律・通知等

■国税徴収法第86条

　税務署長は、第47条（差押えの要件）の規定により差押えをすることができる場合において、滞納者の財産で次に掲げるものにつき既に滞納処分による差押えがされているときは、当該財産についての交付要求は、第82条第1項（交付要求の手続）の交付要求書に代えて参加差押書を滞納処分をした行政機関等に交付してすることができる。

一　動産及び有価証券
二　不動産、船舶、航空機、自動車、建設機械及び小型船舶
三　電話加入権

2　税務署長は、前項の交付要求（以下「参加差押え」という。）をしたときは、参加差押通知書により滞納者に通知しなければならない。この場合において、参加差押えをした財産が電話加入権であるときは、あわせて第三債務者にその旨

を通知しなければならない。

3　税務署長は、第1項第2号に掲げる財産につき参加差押えをしたときは、参加差押えの登記を関係機関に嘱託しなければならない。

4　第55条(質権者等に対する差押えの通知)の規定は、参加差押えをした場合について準用する。

■国税徴収法第47条

次の各号の一に該当するときは、徴収職員は、滞納者の国税につきその財産を差し押えなければならない。

一　滞納者が督促を受け、その督促に係る国税をその督促状を発した日から起算して十日を経過した日までに完納しないとき。

二　納税者が国税通則法第三十七条第一項各号(督促)に掲げる国税をその納期限(繰上請求がされた国税については、当該請求に係る期限)までに完納しないとき。

2　国税の納期限後前項第一号に規定する十日を経過した日までに、督促を受けた滞納者につき国税通則法第三十八条第一項各号(繰上請求)の一に該当する事実が生じたときは、徴収職員は、直ちにその財産を差し押えることができる。

3　第二次納税義務者又は保証人について第一項の規定を適用する場合には、同項中「督促状」とあるのは、「納付催告書」とする。

■国税徴収法第48条

国税を徴収するために必要な財産以外の財産は、差し押えることができない。

2　差し押えることができる財産の価額がその差押に係る滞納処分費及び徴収すべき国税に先だつ他の国税、地方税その他の債権の金額の合計額をこえる見込がないときは、その財産は、差し押えることができない。

経営上の重要事項の決定を行っていない代表取締役でも労務の対償としての報酬を受けていれば被保険者となる

棄却

平成21年(健厚)第345号　　平成22年5月31日裁決

概要

　a社の代表取締役である請求人は、健康保険および厚生年金保険の新規適用事業所の届出を行うとともに、従業員の被保険者資格の取得と報酬月額等に関する届出を行ったが、代表取締役である請求人自身についての資格取得届出は行わなかった。

　○○社会保険事務所は、「請求人がa社の代表取締役としての責務を果たし、かつ役員報酬を得ていることから保険者として法人に雇われている人と判断する」として請求人の資格取得届出を行うよう求めたが、請求人からの届出がなかったため立入検査を行い、その検査結果に基づいて資格取得確認および標準報酬月額の決定の処分を行った。

　請求人はこれを不服として、「確かに請求人はa社の代表取締役で、会社から毎月報酬を受けてはいるが、a社の経営上の重要事項の決定はすべて請求人の夫であるA（a社の筆頭株主でもある）の判断で行われており、請求人は代表取締役としての労務の提供をしていないから、報酬は労務の対償としてのものではない。したがって、請求人はa社に使用される者とはいえず、被保険者の資格を取得させるべき者には当たらない」と再審査請求を行った。

　社会保険審査会は、

- 適用事業所に係る法人の代表者または業務執行者であっても、法人から労務の対償として報酬を受けている者については、法人に使用される者として被保険者の資格を取得させる旨の取扱いがなされている。
- a社に係る新規適用事業所の届出や被保険者の資格取得届出は請求人を代表取締役としており、a社は、代表者による行為を必要とする場面においては常に代表取締役である請求人を代表者として行ってきていることが明らかである。
- 請求人が具体的業務は自らは直接行わずAにこれを全面的に委ね、同人に代行させることによってその職務を遂行しているだけであり、報酬はそのような態様による代表取締役としての職務の遂行の対価であり、これを「労務の対償」の範囲に属するものと認めるのが相当である。

などとして、請求を棄却した。

ポイント

　法人の代表取締役などの役員は、単純に考えると「使用する」側ではるが、「法人」に使用され、その対価として法人から報酬を受けているということになるため、健康保険および厚生年金保険に加入しなければならない。通知「法人の代表者又は業務執行者の被保険者資格について」（昭和24年7月28日保発第74号）で「法人の代表者又は業務執行者であつても、法人から、労務の対償として報酬を受けている者は、法人に使用される者として被保険者の資格を取得させる」との取扱いがされている。一方、個人事業主は法人に使用される関係にないため、社会保険は適用されない。

　本事例は事業所の代表取締役の被保険者資格についての裁決だが、請求人の「請求人は代表取締役としての労務の提供をしていないから、報酬は労務の対償としてのものではない」との主張はきわめて主観的で説得力もなく、当然のごとく社会保険審査会に一蹴されている。

この事例とは趣が異なるが、事例85（平成26年（健）第1237号）のように、報酬が支払われなくなった日を保険者が資格喪失日としたことを不服として審査請求を行い、「請求人は役員報酬が支払われなくなった月以降も、従前と同様、事業所においてその業務の一部または全部を担任していたと認められるのであるから、役員報酬の支払の有無にかかわらず請求人に被保険者資格を取得させることが必要と認められ、役員報酬の支払がないからといって被保険者資格を喪失させることは認められない」と請求人の主張が認められたケースもある。

裁決文

主文

本件再審査請求を棄却する。

理由

第1　再審査請求の趣旨

再審査請求人（以下「請求人」という。）の再審査請求の趣旨は、後記第2の3記載の原処分の取消しを求めるということである。

第2　再審査請求の経過

1　a社（以下「本件会社」という。）は平成○年○月○日に設立された株式会社で、その事業所は、名称を「a社」、所在地を「○○市○○区○○○-○-○」、適用年月日を「平成○年○月○日」とする、健康保険法（以下「健保法」という。）及び厚生年金保険法（以下「厚年法」という。）上の適用事業所であり（以下、健保法及び厚年法上の適用事業所を単に「適用事業所」といい、本件会社に係る適用事業所を「本件事業所」という。）、請求人は、本件会社の設立以来その代表取締役である。

2　本件会社は、適用事業所の事業主として、本件事業所について、平成○年○月○日、事業所の名称等を上記の内容とするいわゆる新規適用事業所の届出を行うとともに、本件事業所に使用される健康保険及び厚生年金保険の被保険者（以下、健康保険及び厚生年金保険の被保険者を単に「被保険者」という。）について、その資格の取得及び報酬月額等に関する事項を届け出たが（以下、この届出を「資格取得届出」という。）、代表取締役である請求人については、「略」として、この届出をしなかった。

3　○○社会保険事務所長（以下「事務所長」という。）は、本件会社に対し、平成○年○月○日付書面で、「請求人様が「a社」の代表取締役としての責務を果たされ、かつ役員報酬を得ておられることから、保険者として「法人に雇われている人」と判断いたします。」などとして、請求人について資格取得届出を行うことを求めたが、本件会社からその届出がなかったため、事務所長は、平成○年○月○日に健保法第198条及び厚年法第100条の規定による本件事業所への立入検査を行い、その検査結果に基づき、同月○日付で、請求人は平成○年○月○日付で被保険者の資格を取得したものであることを確認し、その標準報酬月額を、健康保険については○○○万円、厚生年金保険については○○万円と決定する旨の処分をした（この請求人の被保険者資格取得確認及び標準報酬月額決定に係る処分を、以下「原処分」という。）。

4　請求人は、原処分を不服とし、○○社会保険事務局社会保険審査官に対する審査請求を経て、当審査会に対し、再審査請求をした。

　　不服の理由「略」。

第3　問題点

1　第2の1記載のように、本件事業所が適用年月日を平成○年○月○日とする適用事業所であることは、当事者間に争いがないものと認められ、また、本件記録上も明らかであるところ、適用事業所に使用される者は、適用除外として規定されている者等（以下「適用除外者」という。）を除き、被保険者となるものとされている。そして、被保険者の資格の取得は、保険者の確認によってその効力を生ずるものとされ、この確認は、保険者において、適用事業所の事業主の届出若しくは被保険者の請求により、又は職権で行うものとされている。また、被保険者に係る標準報酬月額は、保険者において、被保険者の報酬月額に基づき定めるとされ、健保法上は、報酬月額が117万5000円以上の場合は121万円、厚年法上は、報酬月額が60

万5000円以上の場合は62万円、とされている。（以上につき、健保法第3条、第39条、第40条第1項、厚年法第9条、第12条、第18条、第20条第1項）

2　そして、健康保険及び厚生年金保険の実務においては、かねてから、適用事業所に係る法人の代表者又は業務執行者であっても、法人から、労務の対償として報酬を受けている者については、その者を法人に使用される者として被保険者の資格を取得させる旨の取扱い（以下「本件取扱い」という。）が行われており（昭和24年7月28日保発第74号厚生省保険局長通知参照）、当審査会もこの取扱いを妥当なものと認めてきているところである。

3　請求人が、本件事業所に係る法人である本件会社の平成〇年〇月〇日の設立以来の代表取締役で、平成〇年において、代表取締役として本件会社から毎月〇〇〇万円の報酬の支給を受けていることは、本件会社に係る「履歴事項全部証明書」、請求人に係る「平成20年分給与所得に対する所得税源泉徴収簿」及び本件手続の全趣旨によって認められるところ（なお、請求人が本件会社の代表取締役で、月額〇〇〇万円の報酬の支払を受けていることは、請求人も自認しているところである。）、原処分は、請求人がこのような地位等にあることを前提に、本件取扱いに則して、請求人について、被保険者の資格を平成〇年〇月〇日付で取得したものであることを確認し、その標準報酬月額を決定したものと解される。請求人は、この原処分を不当としてその取消しを求めているのであり、その理由は、第2の4に記載したとおりであって、本件手続の全趣旨をも勘案すると、請求人が適用除外者であるとするわけではないことはもとより、本件取扱い自体の不当をいうのでもなく、専ら、請求人は、本件事業所に係る本件会社の設立以来の代表取締役で、平成〇年以来、本件会社から月額〇〇〇万円の報酬を受けてはいるが、本件事業所の経営上の重要事項の決定は、すべて請求人の夫であり本件会社の筆頭株主でもあるAの判断で行われており、請求人は代表取締役としての労務の提供をしていないから、上記の報酬は労務の対償としてのものではなく、したがって、請求人は本件事業所に使用される者とはいえず、本件取扱いによって被保険者の資格を取得させるべき者には当たらないというべきであるとの趣旨を主張しているものと解される。

4　したがって、本件の問題点は、請求人が本件取扱いにおける「適用事業所に係る法人から労務の対償として報酬を受けている者」に当たるといえるかどうか、であり、より具体的には、請求人が本件会社から代表取締役として受ける月額〇〇〇万円の報酬（以下「本件報酬」という。）をもって労務の対償ということができるかどうか、ということに帰着する。

第4　当審査会の判断

1　請求人は、上記第3の3に要約して示したように、請求人が平成〇〇年以来、本件会社から受けている本件報酬は代表取締役としての労務の対償ではないと主張し、本件審理期日においても、出席した請求人及び再審査請求代理人はその旨を述べるのではあるが、同時に、本件報酬は本件会社の請求人に対する贈与ではないし、いわゆる名義貸し料といったものでもないとし、本件会社における経理上も代表取締役に対する報酬として処理されてきている旨をも述べているのである。そして、現に、本件会社の本件事業所に係る新規適用事業所の届出や被保険者の資格取得届出は、請求人を代表取締役として行われていることにもかんがみると、本件会社は、代表者による行為を必要とする場面においては、常に代表取締役である請求人を代表者としてそれを行ってきていることが明らかである。

　　このような事情を総合勘案するならば、仮に、請求人が主張するように、本件会社ないし本件事業所の経営上の重要事項の決定が、すべて請求人の夫であり本件会社の筆頭株主でもあるAの判断で行われているとしても、それは、そのようなことが代表取締役としての忠実義務に違反するかどうかはともかく、請求人が、本件会社の代表取締役として、具体的業務は自らは直接行わず、Aにこれを全面的に委ね、同人に代行させることによって、その職務を遂行しているだけのことというべきであり、本件報酬は、そのような態様による代表取締役としての職務の遂行の対価と把握するほかはなく、これを本件取扱いにいう「労務の対償」の範囲に属するものと認めるのを相当とするというべきである。請求人の主張を採用することはできない。

2　以上によれば、請求人について、被保険者の資格を平成〇年〇月〇日付で取得したものであることを確認し、その標準報酬月額を、健康保険については〇〇〇万円、厚生年金保険については〇〇万円と決定した

原処分は、関係法令の規定等に則った適法・妥当なものというべきである。

3　よって、本件再審査請求は理由がないからこれを棄却することとし、主文のとおり裁決する。

■ 関連する法律・通知等

■法人の代表者又は業務執行者の被保険者資格について（昭和24年7月28日／保発第74号）➡P.245

保険料の延滞金が免除されるかどうかは、健康保険法または厚生年金保険法に定める別段の規定を除き、国税通則法の規定により判断される

平成21年（健厚）第453号　　平成22年5月31日裁決

概　要

　○○社会保険事務室は、健康保険料、厚生年金保険料等を督促による指定期限までに納付せず、遅れて納付した請求人に対し、延滞金の納入告知をした。

　請求人は、「毎月の納付指定期限日には納付しており、意図的に納付を滞らせたのではない」「指定期限日までに本件保険料等を納付できなかったのは請求書の取り違いによるもので、意図的に納付を滞らせたものではない」との理由から、処分を不服として審査請求を行った。

　社会保険審査会は、

- 保険料は、健康保険法第183条および厚生年金法第89条の規定で、別段の規定（滞納につきやむを得ない事情があると認められる場合など）があるものを除き、国税徴収の例により徴収するとされている。
- 国税通則法第63条第6項及び国税通則法施行令第26条の2に規定される「国税に係る延滞税を免除することができる」場合に準じて判断すると、請求人の主張は「滞納につきやむを得ない事情があると認められる場合」にあてはまらない。

として、請求を棄却した。

ポイント

　請求人の「請求書の取り違いによるもので、意図的に納付を滞らせたものではない」との主張が国税通則法に基づく「滞納につきやむを得ない事情」と認められるはずもなく、延滞税の免除が棄却された事例である。

　なお、現下の厳しい経済社会情勢に影響を受け、厚生年金保険料等の支払いに困窮している事業主等への配慮から、延滞金については、「社会保険の保険料等に係る延滞金を軽減するための厚生年金保険法等の一部を改正する法律」（平成22年1月施行）によって軽減措置がとられている。

　なお、保険料その他の徴収金の賦課、もしくは徴収の処分または滞納処分については、社会保険審査官に対する審査請求ではなく、社会保険審査会に審査請求をすることになるため、本件は再審査請求ではなく、審査請求である。

裁　決　文

主文

本件審査請求を棄却する。

理由

第1　審査請求の趣旨

　審査請求人（以下「請求人」という。）の審査請求の趣旨は、○○社会保険事務局○○社会保険事務室長（以下「事務室長」という。）が、平成○年○月○日付で、請求人に対し、同人に係る平成○年○月分の健康保険料及び厚生年金保険料に関する延滞金の納入告知をした処分の取消しを求めるということである。

第2　審査請求の経過

1　請求人は、同人が納付すべき平成○年○月分の健康保険料、厚生年金保険料及び児童手当拠出金(以下、一括して「本件保険料等」という。)を滞納した。

2　事務室長は、請求人が、督促による指定期限(平成○年○月○日)までに本件保険料等を納付せず、同年○月○日に納付したので、同年○月○日付で、同人に対し、本件保険料等のうち健康保険料及び厚生年金保険料に係る延滞金○○万○○○○円の納入告知をした(以下、この納入告知をした処分を「原処分」といい、前記延滞金を「本件延滞金」という。)。

3　請求人は、原処分を不服として、当審査会に対し、審査請求をした。

　　　不服の理由は、審査請求書の「審査請求の趣旨及び理由」欄に記載の主な部分をそのまま摘記すれば、次のとおりである。

　　　「略」

第3　問題点

1　健康保険法(以下「健保法」という。)第180条第1項又は厚生年金保険法(以下「厚年法」という。)第86条第1項の規定によって、保険者が滞納者に保険料を督促したときは、保険者は、徴収金額につき、年14.6%の割合で、納期限の翌日から徴収金完納の日の前日までの日数によって計算した延滞金を徴収するとされているが、①保険料額が千円未満であるとき、②納期を繰り上げて徴収するとき、③納付義務者の住所若しくは居所が国内にないため、又はその住所及び居所がいずれも明らかでないため、公示送達の方法によって督促をしたときのいずれかに該当する場合、又は、④滞納につきやむを得ない事情があると認められる場合は、この限りでないとされている(健保法第181条第1項及び厚年法第87条第1項参照)。

2　本件において、請求人が本件保険料等を滞納し、督促による指定期限(平成○年○月○日)までに本件保険料等を納付せず、平成○年○月○日に納付したことは本件資料から明らかであり、また、これらの点についての当事者間の争いはないものと認められるところ、請求人は「毎月の納付指定期限日には納付しており意図的に納付を滞らせたのでは無い」ので、原処分を取り消すことを求めるとしているのであるから、本件の問題点は、本件延滞金について、前記1の①ないし④の延滞金を徴収しないとされている場合のいずれかに該当すると認められる事由があるといえるかどうかである。

第4　当審査会の判断

1　本件延滞金について、前記第3の1の①ないし③の場合に該当すると認められる事由の存しないことは明らかであるから、④の「滞納につきやむを得ない事情があると認められる場合」に該当する事由があるかどうかを検討する。

　　　健保法第183条及び厚年法第89条の規定によれば、保険料は健保法又は厚年法に別段の規定があるものを除き、国税徴収の例により徴収するとされており、国税通則法第63条第6項及び国税通則法施行令第26条の2の規定によれば、(1)有価証券の取立て及び国税の納付の再委託を受けた金融機関が当該有価証券の取立てをすべき日後に当該国税の納付をした場合(同日後にその納付があったことにつき当該有価証券の取立てを委託した者の責めに帰すべき事由がある場合を除く。)、(2)納税貯蓄組合法の規定による国税の納付の委託を受けた指定金融機関(国税の収納をすることができるものを除く。)がその委託を受けた日後に当該国税の納付をした場合(同日後にその納付があったことにつき納税者の責めに帰すべき事由がある場合を除く。)、(3)震災、風水害、火災その他これらに類する災害により、国税を納付することができない事由が生じた場合、(4)国税徴収法に規定する交付要求により交付を受けた金銭を当該交付要求に係る国税に充てた場合、(5)火薬類の爆発、交通事故その他の人為による異常な災害又は事故により、納付すべき税額の全部若しくは一部につき申告をすることができず、又は国税を納付することができない場合(その災害又は事故が生じたことにつき納税者の責めに帰すべき事由がある場合を除く。)のいずれかに該当する場合には、国税に係る延滞税を免除することができるとされているので、「滞納につきやむを得ない事情があると認められる場合」に該当するかどうかについても、これに準じて考えるのが相当と解されるところ、本件で請求人が専ら主張しているのは、請求人が督促による指定期限日までに本件保険料等を納付できなかったのは、請求書の取り違いによるもので、意図的に納付を滞らせたものではないということであるが、そうした事情は前記(1)ないし(5)のいずれにも該当しないことは明らかであり、「滞納につきやむを得

ない事情があると認められる場合」には該当しないというべきである。

2　以上のとおりであって、原処分を取り消すのを相当とする事由を認めることはできないというほかはない
　　から、本件審査請求は理由がない。

　以上の理由によって、主文のとおり裁決する。

■ 関連する法律・通知等

■厚生年金保険法第87条第1項

　前条第二項の規定によつて督促をしたときは、厚生労働大臣は、保険料額に、納期限の翌日から保険料完納又は財産差
押の日の前日までの期間の日数に応じ、年十四・六パーセント（当該納期限の翌日から三月を経過する日までの期間につ
いては、年七・三パーセント）の割合を乗じて計算した延滞金を徴収する。ただし、次の各号のいずれかに該当する場合又は
滞納につきやむを得ない事情があると認められる場合は、この限りでない。

　一　保険料額が千円未満であるとき。
　二　納期を繰り上げて徴収するとき。
　三　納付義務者の住所若しくは居所が国内にないため、又はその住所及び居所がともに明らかでないため、公示送達
　　　の方法によつて督促したとき。

■国税通則法第63条第6項

　国税局長、税務署長又は税関長は、次の各号のいずれかに該当する場合には、当該各号に規定する国税に係る延滞税（前
各項の規定による免除に係る部分を除く。）につき、当該各号に掲げる期間に対応する部分の金額を限度として、免除する
ことができる。

　一　第五十五条第三項（納付委託）（第五十二条第六項（保証人からの徴収）又は国税徴収法第三十二条第三項（第二次納
　　　税義務者からの徴収）において準用する場合を含む。）の規定による有価証券の取立て及び国税の納付の再委託を受け
　　　た金融機関が当該有価証券の取立てをすべき日後に当該国税の納付をした場合（同日後にその納付があつたことにつ
　　　き当該有価証券の取立てを委託した者の責めに帰すべき事由がある場合を除く。）　同日の翌日からその納付があつ
　　　た日までの期間
　二　納税貯蓄組合法（昭和二十六年法律第百四十五号）第六条第一項（租税納付の委託）の規定による国税の納付の委託
　　　を受けた同法第二条第二項（定義）に規定する指定金融機関（国税の収納をすることができるものを除く。）がその委託
　　　を受けた日後に当該国税の納付をした場合（同日後にその納付があつたことにつき納税者の責めに帰すべき事由があ
　　　る場合を除く。）　同日の翌日からその納付があつた日までの期間
　三　震災、風水害、火災その他これらに類する災害により、国税を納付することができない事由が生じた場合　その
　　　事由が生じた日からその事由が消滅した日以後七日を経過した日までの期間
　四　前三号のいずれかに該当する事実に類する事実が生じた場合で政令で定める場合　政令で定める期間

■国税通則法施行令第26条の2

　法第六十三条第六項第四号（納税の猶予等の場合の延滞税の免除）に規定する政令で定める場合は、次の各号に掲げる場
合とし、同号に規定する政令で定める期間は、それぞれ当該各号に定める期間とする。

　一　国税徴収法に規定する交付要求により交付を受けた金銭を当該交付要求に係る国税に充てた場合　当該交付要求
　　　を受けた同法第二条第十三号（定義）に規定する執行機関が強制換価手続において当該金銭を受領した日の翌日から
　　　その充てた日までの期間
　二　差し押さえた不動産（国税徴収法第八十九条の二第一項（参加差押えをした税務署長による換価）に規定する換価執
　　　行決定（以下この号において「換価執行決定」という。）がされたものに限る。）の売却代金につき交付を受けた金銭を当
　　　該差押えに係る国税に充てた場合　当該換価執行決定をした同法第二条第十三号に規定する行政機関等が滞納処分
　　　において当該売却代金を受領した日の翌日からその充てた日までの期間
　三　火薬類の爆発、交通事故その他の人為による異常な災害又は事故により、納付すべき税額の全部若しくは一部に
　　　つき申告をすることができず、又は国税を納付することができない場合（その災害又は事故が生じたことにつき納税
　　　者の責めに帰すべき事由がある場合を除く。）　その災害又は事故が生じた日からこれらが消滅した日以後七日を経
　　　過した日までの期間

滞納保険料の督促には時効中断の効力がある

平成22年(健厚)第694号　　平成23年6月30日裁決

概　要

　健康保険および厚生年金保険の適用事業所である請求人が健康保険料等を滞納したため、年金事務所は請求人がa銀行に有する預金を債権と利息として差し押さえた。請求人はこれを不服として審査請求を行った。

　社会保険審査会は、

- 保険者は、滞納保険料の納付について再三の折衝を重ねるも、完納の展望が得られない状況のもとで差し押さえを行った。また、滞納保険料に係る督促状の発送等、所定の手続は適法に行われている。
- 請求人は「滞納保険料は時効により消滅した」と主張するが、厚年法および国税通則法の規定により、督促には時効中断の効力があり、消滅時効は督促状を発した日から起算して10日を経過した日までの期間を経過した日からさらに進行することとされている。

　などとして、審査請求を棄却した。

　なお、請求人は審査の際、日本年金機構に対し、損害金の請求や債務が存在しないことの確認、審査費用の負担を求めている。これについて社会保険審査会は「金銭給付請求、債務不存在確認請求および審査費用負担申立ては、いずれも社会保険社会保険審査官および社会保険審査会法が許容しない審査請求であって、失当である」と退けている。

ポイント

　健康保険法の193条第2項で「保険料等の納入の告知又は督促は、時効の更新の効力を有する」、厚生年金保険法の92条第3項で「保険料その他この法律の規定による徴収金の納入の告知又は第八十六条第一項の規定による督促は、時効の更新の効力を有する」と規定されているうえ、滞納保険料に係る督促状の発送等や所定の手続が適法に行われている以上、請求人にほぼ勝ち目のない事例である。

　また、日本年金機構に審査費用の負担を求めるなどというのも、法律的根拠のない主張である。

　なお、保険料その他の徴収金の賦課、もしくは徴収の処分または滞納処分については、社会保険審査官に対する審査請求ではなく、社会保険審査会に審査請求をすることになるため、本件は再審査請求ではなく、審査請求である。

裁 決 文

主文

本件審査請求を棄却する。

理由

第1　審査請求の趣旨

　審査請求人(以下「請求人」という。)が掲げる審査請求の趣旨は、後記第2の2記載のとおりであるが、要するに、日本年金機構○○年金事務所徴収職員(以下、単に「徴収職員」という。)が、平成○年○月○日付で、請求人のa銀行(取扱店：b出張所)に対する普通預金(口座番号：○○○○○○○、残高○○○円)債権を差し押さえた

処分の取消しを求めるということである。

第2 審査請求の経過

1 請求人は、健康保険及び厚生年金保険の適用事業所であるところ、徴収職員は、請求人は次の健康保険料等合計〇〇万〇〇〇〇円(以下「本件滞納保険料」という。)を滞納したとして、これを徴収するため、平成〇年〇月〇日、請求人に対し、債務者である請求人が第三債務者a銀行(取扱店:b出張所)に対して有する預金(口座番号〇〇〇〇〇〇〇に係る普通預金)債権及び利息払戻請求権を差し押える処分(以下、そのうちの児童手当拠出金に関する部分を除くその余の部分を「原処分」という。)を行った。

月分	健康保険料	厚生年金保険料	児童手当拠出金
〇年〇月分	〇〇,〇〇〇	〇〇〇,〇〇〇	〇〇〇
〇年〇月分	〇,〇〇〇	〇〇,〇〇〇	〇〇〇
〇年〇月分	〇〇,〇〇〇	〇〇,〇〇〇	〇〇〇〇
滞納金合計	〇〇〇,〇〇〇円		

2 請求人は、原処分を不服とし、当審査会に対し審査請求をした。請求人の審査請求の趣旨は、①被審査人(日本年金機構。以下、同じ。)の審査請求人に対して金〇〇〇円及びこれに対する完済に至るまで民法所定の年5%の割合による損害金を支払え、②審査請求人の被審査人に対する差押えに係る債務は存在しないことの確認を求める、③審査費用は、被審査人の負担とする、ということである。

第3 問題点

1 厚生年金保険法(以下「厚年法」という。)による適用事業所の事業主は、保険料の納付義務を負い、毎月の保険料は翌月末日までに納付しなければならず、これを滞納した場合には、保険者は、督促状を発する日から起算して10日以上を経過した日を指定期限として督促状を発送し、なおその指定の期日までに納付されない場合には、国税滞納処分の例によってこれを処分することとされている。なお保険者は、上記督促をした場合、滞納につきやむを得ない事情があると認められるとき等を除き、徴収金の額につき年14.6%の割合で、納期限の翌日から徴収金完納又は財産差押えの日の前日までの日数によって計算した延滞金を徴収することとされている(厚年法第82条、第83条、第86条、第87条及び第89条、国税徴収法第47条)。また、健康保険の保険料についても、事業主に係る同様の納付義務と滞納の場合の徴収手続が定められている(健康保険法(以下「健保法」という。)第161条、第164条、第180条、第181条及び第183条、国税徴収法第47条)。

2 本件の問題点は、原処分が前記1の法律の規定に照らして適法かつ妥当と認められるかどうかである。この点に関する請求人の主張は、別紙記載のとおりである。

第4 当審査会の判断

1 一件記録によれば、請求人は、平成〇年〇月〇日付で健康保険及び厚生年金保険の適用事業所となった者であるところ、上記第2の1に記載した本件滞納保険料を滞納し、保険者は、再三の折衝を重ねるも本件滞納保険料の納付について完納の展望が得られない状況のもとで原処分を行ったことが認められる。また、本件差押えの原因となった本件滞納保険料に係る督促状の発送等所定の手続は適法に行われていることが認められる。

　ところで、請求人は、滞納保険料は、時効により消滅したから、これを援用すると主張する。しかしながら、厚年法第92条第3項及び健保法第193条第2項並びに国税通則法第73条第1項第4号の規定によると、厚生年金保険及び健康保険の保険料についての督促には時効中断の効力があり、消滅時効は、督促状を発した日から起算して10日を経過した日までの期間を経過した日から更に進行することとされているとされているのであるから、平成〇年〇月分から同年〇月分までの保険料は、督促状の発付により時効が中断したものであり、時効中断中の平成〇年〇月〇日に本件差押え処分がされているから、請求人の上記主張は理由がない。また、請求人は、徴収職員は上記銀行から給付された被差押え債権に係る金員を平成〇年〇月分の健康保険料元本に充当しているが、請求人にとってより利益の大きい延滞金にまず充当すべきであるから、違法であると主張する。しかしながら、上記主張は、差押え債権の換価の違法をいうものであり、原処分自体の違法をいうものではないが、所論にかんがみ検討するに、民法489条及び第491条

が定める費用、利息及び元本に順次充当するという充当の順序は、債権者にとって最も有利なものから順次充当するという規定であり、徴収職員がこれによらず、債務者にとって最も有利である最も早く納期限が到来している平成〇〇年〇月分の元本に充当したことは、請求人にとって最も有利な充当方法であり、もとより、妥当である。請求人の上記主張も理由がない。

　　なお、請求人が掲げる審査請求の趣旨は、上記第2の2のとおりであるが、それらの金銭給付請求、債務不存在確認請求及び審査費用負担申立ては、いずれも社会保険社会保険審査官及び社会保険審査会法が許容しない審査請求であって、失当であることから、当審査会としては、上記第1に掲げる審査請求の趣旨と理解した上で、上記判断をするものである。

2　そうすると、原処分は適法かつ妥当であって、これを取り消すことはできない。以上の理由によって、主文のとおり裁決する。

■ 関連する法律・通知等

■厚生年金保険法第86条

　保険料その他この法律の規定による徴収金を滞納する者があるときは、厚生労働大臣は、期限を指定して、これを督促しなければならない。ただし、前条の規定により保険料を徴収するときは、この限りでない。

2　前項の規定によつて督促をしようとするときは、厚生労働大臣は、納付義務者に対して、督促状を発する。

3　前項の規定による督促状は、納付義務者が、健康保険法第百八十条の規定によつて督促を受ける者であるときは、同法同条の規定による督促状に併記して、発することができる。

4　第二項の督促状により指定する期限は、督促状を発する日から起算して十日以上を経過した日でなければならない。ただし、前条各号のいずれかに該当する場合は、この限りでない。

5　厚生労働大臣は、納付義務者が次の各号のいずれかに該当する場合においては、国税滞納処分の例によつてこれを処分し、又は納付義務者の居住地若しくはその者の財産所在地の市町村（特別区を含むものとし、地方自治法（昭和二十二年法律第六十七号）第二百五十二条の十九第一項の指定都市にあつては、区又は総合区とする。以下同じ。）に対して、その処分を請求することができる。

　　一　第二項の規定による督促を受けた者がその指定の期限までに保険料その他この法律の規定による徴収金を納付しないとき。

　　二　前条各号のいずれかに該当したことにより納期を繰り上げて保険料納入の告知を受けた者がその指定の期限までに保険料を納付しないとき。

6　市町村は、前項の規定による処分の請求を受けたときは、市町村税の例によつてこれを処分することができる。この場合においては、厚生労働大臣は、徴収金の百分の四に相当する額を当該市町村に交付しなければならない。

■厚生年金保険法第92条

　保険料その他この法律の規定による徴収金を徴収し、又はその還付を受ける権利は、これらを行使することができる時から二年を経過したとき、保険給付を受ける権利は、その支給すべき事由が生じた日から五年を経過したとき、当該権利に基づき支払期月ごとに支払うものとされる保険給付の支給を受ける権利は、当該日の属する月の翌月以後に到来する当該保険給付の支給に係る第三十六条第三項本文に規定する支払期月の翌月の初日から五年を経過したとき、保険給付の返還を受ける権利は、これを行使することができる時から五年を経過したときは、時効によつて、消滅する。

2　保険料その他この法律の規定による徴収金を徴収し、若しくはその還付を受ける権利又は保険給付の返還を受ける権利の時効については、その援用を要せず、また、その利益を放棄することができないものとする。

3　年金たる保険給付を受ける権利の時効は、当該年金たる保険給付がその全額につき支給を停止されている間は、進行しない。

4　保険料その他この法律の規定による徴収金の納入の告知又は第八十六条第一項の規定による督促は、時効の更新の効力を有する。

5　第一項に規定する保険給付を受ける権利又は当該権利に基づき支払期月ごとに支払うものとされる保険給付の支給を受ける権利については、会計法（昭和二十二年法律第三十五号）第三十一条の規定を適用しない。

■国税通則法第73条第1項

　国税の徴収権の時効は、次の各号に掲げる処分に係る部分の国税については、当該各号に定める期間は完成せず、その期間を経過した時から新たにその進行を始める。

　　一　更正又は決定　その更正又は決定により納付すべき国税の第三十五条第二項第二号（申告納税方式による国税等の納

付)の規定による納期限までの期間

二　過少申告加算税、無申告加算税又は重加算税（第六十八条第一項、第二項又は第四項（同条第一項又は第二項の重加
算税に係る部分に限る。）（重加算税）の重加算税に限る。）に係る賦課決定　その賦課決定により納付すべきこれらの国
税の第三十五条第三項の規定による納期限までの期間

三　納税に関する告知　その告知に指定された納付に関する期限までの期間

四　督促　督促状又は督促のための納付催告書を発した日から起算して十日を経過した日（同日前に国税徴収法第四十七
条第二項（差押えの要件）の規定により差押えがされた場合には、そのされた日）までの期間

五　交付要求　その交付要求がされている期間（国税徴収法第八十二条第二項（交付要求の手続）の通知がされていない期
間があるときは、その期間を除く。）

■民法第489条

　債務者が一個又は数個の債務について元本のほか利息及び費用を支払うべき場合（債務者が数個の債務を負担する場合に
あっては、同一の債権者に対して同種の給付を目的とする数個の債務を負担するときに限る。）において、弁済をする者が
その債務の全部を消滅させるのに足りない給付をしたときは、これを順次に費用、利息及び元本に充当しなければならな
い。

　2　前条の規定は、前項の場合において、費用、利息又は元本のいずれかの全てを消滅させるのに足りない給付をしたと
きについて準用する。

■民法第491条

　一個の債務の弁済として数個の給付をすべき場合において、弁済をする者がその債務の全部を消滅させるのに足りない
給付をしたときは、前三条の規定を準用する。

保険料の滞納について、一部差押えにとどめなかったことをもってただちに不当ということはできない

棄却

平成25年(健厚)第595号　　平成26年2月28日裁決

概要

　適用事業所a社の事業主である請求人は健康保険料等を督促指定期限までに納付しなかった。日本年金機構○○年金事務所は保険料と延滞金を徴収するため、請求人がb社に対して有するホームページ更新業務等の委託費用の支払請求権を差し押さえる処分を行った。○○年金事務所はb社からの送金額を受入れ後、必要分を滞納保険料等に充当し、残額を請求人に交付した。請求人はこの処分を不服として、審査請求を行った。

　請求人の主張に対し、社会保険審査会は以下のように判断し、請求を棄却した。

　請求人の主張①：処分は国税徴収法第48条第1項にいうところの「超過差押え」に該当し、違法である。

　社会保険審査会の判断：国税徴収法第63条では「債権を差し押さえるときは、その全額を差し押さえなければならず、ただし、その全額を差し押さえる必要がないと認めるときは、その一部を差し押さえることができる」と規定されているが、差押えられる債権の実質的な財産価値の情報は十分把握されていないのが通常だから、債権額を超える額の差押えを行うことは差押えを実効あるものとするために必要である。本件では、「保険者が債権の一部の差押えのみで目的を達することができるにもかかわらず、故意にその範囲を超える債権の差押えを行った」といった特段の事情は認められないから、一部差押えにとどめなかったことをもって不当ということはできない。

　請求人の主張②：本件支払請求権は事実上給与債権であり、国税徴収法第49条にいうところの「第三者の権利の尊重の義務違反」に該当し、違法である。

　社会保険審査会の判断：b社に対する売掛債権である支払請求権について、請求人の使用人がその給与債権に基づいて直接支払いを求めることができるような権利があるとは認められないから、主張には理由がない。

　請求人の主張③：処分は請求人の倒産を強要したものであり、「財産権」を保障した憲法第29条第1項に違反する。

　社会保険審査会の判断：請求人が納付を義務づけられている保険料等を督促指定期限までに納付しなかったことに対し、保険者は滞納保険料等を徴収するために適法に処分した。

ポイント

　請求人の主張3つに対し、すべて「理由がない」として棄却されている。請求人は国税徴収法や憲法を持ち出しているもののどの主張も説得力がなく、適法かつ妥当な裁決であると言えるだろう。

　なお、保険料その他の徴収金の賦課、もしくは徴収の処分または滞納処分については、社会保険審査官に対する審査請求ではなく、社会保険審査会に審査請求をすることになるため、本件は再審査請求ではなく、審査請求である。

裁決文

主文

本件審査請求を棄却する。

理由

第1　審査請求の趣旨

審査請求人(以下「請求人」という。)の審査請求の趣旨は、後記第2の2記載の原処分を取り消すことを求める、ということである。

第2　審査請求の経過

1　請求人は、健康保険及び厚生年金保険の適用事業所であるa社の事業主として、健康保険料、厚生年金保険料並びに児童手当拠出金の納付義務を負っていたところ、平成○年○月分から同年○月分までの健康保険料、厚生年金保険料及び児童手当拠出金(併せて、以下「本件保険料等」という。)を納付期限までに納付せず、さらに、本件保険料等を督促指定期限までに納付しなかった。

2　国税徴収法上の徴収職員である日本年金機構○○年金事務所徴収職員は、本件保険料等及びこれに係る延滞金の合計額○○○万○○○○円(その内訳は、健康保険料○○万○○○○円、厚生年金保険料○○○万○○○○円、児童手当拠出金○万○○○○円、延滞金○○○○円。併せて、以下「本件滞納保険料等」という。)を徴収するため、平成○年○月○日付で、請求人がb社(以下「b社」という。)に対して有する平成○年○月○日から同月○日までのホームページ更新業務等の委託費用の支払請求権(以下「本件支払請求権」という。)を差し押さえる旨の処分(以下「原処分」という。)をした。

　　その後、保険者は、平成○年○月○日、b社からの送金額○○○万○○○○円を受け入れた後、平成○年○月○日、上記送金額のうち、○○○万○○○○円を本件滞納保険料等に充当し、残額である○○万○○○○円を請求人に交付した。

3　請求人は、原処分を不服として、当審査会に対し審査請求をした。

　　不服の理由は、①原処分は、国税徴収法第48条第1項にいうところの「超過差押え」に該当し、違法である(この主張を、以下「主張①」という。)、②本件支払請求権は、事実上給与債権であり、国税徴収法第49条にいうところの「第三者の権利の尊重の義務違反」に該当し、違法である(この主張を、以下「主張②」という。)、③原処分は、請求人の倒産を強要したものであり、「財産権」を保障した憲法第29条第1項に違反する(この主張を、以下「主張③」といい、主張①ないし③を併せて「本件請求人主張」という。)、ということであると解される。

第3　当審査会の判断

1　請求人が本件滞納保険料等を納付期限及び督促指定期限までに納付しなかったこと、それに関する国税徴収法第47条第1項所定の差押えの要件が備わっていること、したがって、前記第2の3に記載した点を除き、原処分において、差押えの要件が具備されていることは、請求人も争っていないし、本件資料上も優に認められるところである。

2　このような原処分に対し、請求人は、本件請求人主張のとおり主張して原処分の取消しを求めていると解されるから、以下に本件請求人主張の当否を検討する。

(1)請求人は、主張①において、原処分は、国税徴収法第48条第1項にいうところの「超過差押え」に該当し、違法である旨を主張していると解されるが、その根拠は、本件滞納保険料等が○○○万○○○○円であるのに対し、本件支払請求権に係る被差押債権額は○○○万○○○○円と過大である、ということであると推認される。

　　国税徴収法第48条第1項は、差押えを国税徴収のために必要な財産にのみとどめるべき旨を定めており、この規定は、国税徴収の例によるものとされている健康保険料、厚生年金保険料の徴収にも準用されるものと解される。しかし、同時に、同法第63条によれば、債権を差し押さえるときは、その全額を差し押さえなければならず、ただし、その全額を差し押さえる必要がないと認めるときは、その一部を差し押さえることができると規定されているのであり、これは、債権差押えの場合、徴収債権者(本件の場合、保険者。以下同じ。)には、被差押債権の存否、額、抗弁権の付着の有無、第三債務者(本件の場合、b社)の弁済能力の有無等の被差押債権の実質的な財産価値を左右する事実に関する情報は十分把握されていないのがむしろ通常であるから、徴収債権者がその債権の額(本件の場合、本件滞納保険料等の額)を超える額の債権(本件の場合、本件支払請求権)の差押えを行うことは、当該差押えを実

効あるものとするために必要と考えられることによるものと解されるものである。もっとも、被差押債権の履行が確実で、その実質的な価値を的確に把握することができ、それによれば一部の差押えでも滞納保険料等の徴収に支障がないと認められるような場合にまで、無制限に債権差押えを許すと、客観的にみて必要な限度を超えて差押えがされ、被徴収債務者(本件場合、請求人。以下同じ。)の利益が不当に害されるおそれがないとはいえないことから、そのような場合には一部差押えができることが認められたものであるが、保険者あるいは徴収職員において、債権の一部の差押えのみで徴収の目的を達することができることを知りながら、あえてその範囲を超える債権の差押えを行った等の特段の事情の存することが認められない本件においては、一部差押えにとどめなかったことをもって不当ということはできず、単に外形上滞納保険料等の額を超える被差押債権の差押えであるとの故をもって直ちに原処分を違法、不当とすることはできない。したがって、主張①は理由がない。

(2)請求人は、主張②において、本件支払請求権は、事実上給与債権であり、国税徴収法第49条にいうところの「第三者の権利の尊重の義務違反」に該当し、違法である旨を主張していると解されるところ、同条は、徴収職員は、滞納者の財産を差し押さえるに当たっては、滞納処分の執行に支障がない限り、その財産につき第三者が有する権利を害さないように努めなければならない旨を規定しているのであり、請求人のb社に対する売掛債権である本件支払請求権について、請求人の使用人がその給与債権に基づいて直接支払いを求めることができるような権利を有しているとは認められないから、主張②は理由がない。

(3)請求人は、主張③において、原処分は、請求人の倒産を強要したものであり、「財産権」を保障した憲法第29条第1項に違反する旨を主張しているものと解されるところ、前記第2の1及び2に記載したように、請求人は、納付を義務づけられている本件保険料等を納付期限までに納付せず、さらに、本件滞納保険料等を督促指定期限までに納付しなかったのであり、これに対して、保険者は、本件滞納保険料等を徴収するために適法に原処分をしたことは明らかであるから、主張③は理由がないといわざるを得ない。

3　以上のとおり、本件請求人主張はいずれも理由がなく、原処分は適法かつ妥当であるから、これを取り消すことはできない。

以上の理由によって、主文のとおり裁決する。

■ 関連する法律・通知等

■国税徴収法第48条

国税を徴収するために必要な財産以外の財産は、差し押えることができない。

2　差し押えることができる財産の価額がその差押に係る滞納処分費及び徴収すべき国税に先だつ他の国税、地方税その他の債権の金額の合計額をこえる見込がないときは、その財産は、差し押えることができない。

■国税徴収法第49条

徴収職員は、滞納者(譲渡担保権者を含む。第七十五条、第七十六条及び第七十八条(差押禁止財産)を除き、以下同じ。)の財産を差し押えるに当つては、滞納処分の執行に支障がない限り、その財産につき第三者が有する権利を害さないように努めなければならない。

■国税徴収法第63条

徴収職員は、債権を差し押えるときは、その全額を差し押えなければならない。ただし、その全額を差し押える必要がないと認めるときは、その一部を差し押えることができる。

■日本国憲法第29条

財産権は、これを侵してはならない。

2　財産権の内容は、公共の福祉に適合するやうに、法律でこれを定める。

3　私有財産は、正当な補償の下に、これを公共のために用ひることができる。

2ヵ月以上の雇用が予定されている事実が明らかであれば、被保険者資格は適用される──契約更新事務が形骸化していたケース

容認

平成27年(健厚)第568号　　平成28年3月30日裁決

概 要

　適用事業所に使用されていた請求人は日本年金機構に対し、「被保険者資格確認請求書」を提出した。事業主は請求人に係る届について、資格取得を6月1日とする「被保険者資格取得届」と、資格喪失年月日を同年10月4日とする「被保険者資格喪失届」をそれぞれ日本年金機構に提出しており、日本年金機構はそれに基づき、資格取得年月日を6月1日、資格喪失年月日を同年10月4日とする被保険者資格確認処分を行った。請求人は、「募集広告には勤務期間が6月初旬から7月とあり、また、勤務期間の前の5月下旬に研修への出席を求めていることから、5月31日の時点で引き続き使用される見込みが認められるため、社会保険の資格取得年月日を5月19日決定としてほしいと」として、再審査請求を行った。

　社会保険審査会は、

- 健康保険法では、「使用される者」とは事実上の使用関係があれば足り、事業主との間の法律上の雇用関係の存否は使用関係を認定する際の参考にすぎないとされており、使用されるに至った日は現実に業務に使用される状態に置かれた日とされている。また、臨時に使用される者で2ヵ月以内の期間を定めて使用される者は社会保険の被保険者としないが、所定の期間を超え引き続き使用されるに至った場合を除く、とされている。

- 就業条件明示書には「2ヵ月未満の雇用」と明記されているが、就業条件明示書によると雇用保険は「有　加入」とされている。雇用保険法第6条では「1週間の所定労働時間が20時間未満である者及び同一の事業主の適用事業に継続して31日以上雇用されることが見込まれない者については、同法を適用しない」としているが、請求人は5月19日付の就業条件明示時点で所定労働時間が週に20時間以上あり、かつ、引き続き31日以上の雇用が予定されていたことが認められ、契約期間が13日間で契約更新なしとなっているにもかかわらず、退職日30日前の退職届の提出が指示されている。これでは、引き続き31日以上の雇用が予定されていないとすることに合理的な説明ができない。

- 資料には6月分の給与明細書に雇用保険料の控除が記載されており、このことからも同年5月19日の時点において31日以上引き続き雇用される予定であったことが認められる。

- 就業条件明示書について契約期間ごとに毎回説明などを受けたわけではなく、入社前に時給社員全員が一堂に会して説明を受けただけで、その後、契約更新事務は行われず、契約期間が更新される都度、就業条件明示書が事業所から郵送で届いた。

- これらのことから、事業所は1ヵ月ごとに就業条件明示書を交付しているが、契約更新事務は形骸化しており、事業所と請求人との間の雇用契約は期間の定めのない契約と同視すべきであり、請求人については5月19日から2ヵ月以上の雇用を予定していたものと認めるのが相当である。

などとして、資格取得を5月19日と認め、処分を取り消した。

ポイント

　令和4年10月から短時間労働者の健康保険・厚生年金保険の適用が拡大され、従来は「被保険者が常

時500人超の事業所の場合は継続して1年以上使用される見込み」だったのが、「被保険者が常時100人超の事業所の場合は継続して2ヵ月を超えて使用される見込み」となった。本事例は請求人が短時間労働者にあたるのではなく、健康保険法第3条の「この法律において『被保険者』とは、適用事業所に使用される者及び任意継続被保険者をいう。ただし、次の各号のいずれかに該当する者は、日雇特例被保険者となる場合を除き、被保険者となることができない」の第1項2号、

> 二　臨時に使用される者であって、次に掲げるもの（イに掲げる者にあっては一月を超え、ロに掲げる者にあってはロに掲げる所定の期間を超え、引き続き使用されるに至った場合を除く。）
>> イ　日々雇い入れられる者
>> ロ　二月以内の期間を定めて使用される者

のロにあたるかどうかが争われている。

　ちなみに、同法第3条第1項は全部で9号まであり、9号が短時間労働者の規定になっている。その中で、「短時間労働者に該当し、かつ、イからニまでのいずれかの要件に該当するもの」のロが「当該事業所に継続して一年以上使用されることが見込まれないこと」であったが、令和4年の改正ではこのロが「2ヵ月を超えて使用される」となるのではなく、ロ自体が削除され、イからハまでの3つとなった。ロの削除によって、上記2号のロの「二月以内」がすべての労働者に適用されることになったようだ。つまり、「二月以内の期間を定めて使用される者（は被保険者となることができない）」＝「二月以上使用される者（は被保険者となる）」ということである。

健康保険法第三条　この法律において「被保険者」とは、適用事業所に使用される者及び任意継続被保険者をいう。ただし、次の各号のいずれかに該当する者は、日雇特例被保険者となる場合を除き、<u>被保険者となることができない。</u>
（一　略）
二　臨時に使用される者であって、次に掲げるもの（イに掲げる者にあっては一月を超え、ロに掲げる者にあってはロに掲げる定めた期間を超え、引き続き使用されるに至った場合を除く。）
　イ　日々雇い入れられる者
　ロ　<u>二月以内の期間を定めて使用される者であって、当該定めた期間を超えて使用されることが見込まれないもの</u>
（三～八　略）

下記「ロ」の削除によって二月を超えて使用される者は被保険者となることになった

九　事業所に使用される者であって、その一週間の所定労働時間が同一の事業所に使用される通常の労働者（略）の一週間の所定労働時間の四分の三未満である短時間労働者（略）又はその一月間の所定労働日数が同一の事業所に使用される通常の労働者の一月間の所定労働日数の四分の三未満である短時間労働者に該当し、かつ、イからハまでのいずれかの要件に該当するもの

令和4年10月改正前	令和4年10月改正後
イ　一週間の所定労働時間が二十時間未満であること。 **削除** ロ　当該事業所に継続して一年以上使用されることが見込まれないこと。 ハ　報酬（最低賃金法（昭和三十四年法律第百三十七号）第四条第三項各号に掲げる賃金に相当するものとして厚生労働省令で定めるものを除く。）について、厚生労働省令で定めるところにより、第四十二条第一項の規定の例により算定した額が、八万八千円未満であること。	イ　一週間の所定労働時間が二十時間未満であること。 ロ　報酬（最低賃金法（昭和三十四年法律第百三十七号）第四条第三項各号に掲げる賃金に相当するものとして厚生労働省令で定めるものを除く。）について、厚生労働省令で定めるところにより、第四十二条第一項の規定の例により算定した額が、八万八千円未満であること。

本事例ではこの２ヵ月の扱いが問題となっているが、事業所の手続きや契約の実態から、「2か月以上の雇用を予定していたものと認めるのが相当」と判断された。

　事業所が折半する社会保険関連の保険料の負担がないよう、２ヵ月を目安に雇用を管理することは人件費抑制の手段の一つではあるが、その契約更新事務が「形骸化」していたために被保険者資格が認められ、結果として事業所が折半分の保険料を負担することになった事例である。

裁決文

主文
後記「理由」欄第2の3記載の原処分を取り消す。

理由

第1　再審査請求の趣旨
再審査請求人(以下「請求人」という。)の再審査請求の趣旨は、主文と同旨の裁決を求めるということである。

第2　再審査請求に至る経緯
本件記録によると、請求人が本件再審査請求をするに至る経緯として、次の事実が認められる。

1　請求人は、事業所名をa社(以下「本件事業所」という。)と称する健康保険法(以下「健保法」という。)及び厚生年金保険法(以下「厚年法」という。)上の適用事業所に使用される者であるところ、平成○年○月○日(受付)、日本年金機構(以下「機構」という。)に対し、被保険者であった期間を同年5月19日から同年10月3日までとして、厚生年金保険・健康保険(以下、厚生年金保険及び健康保険を併せて「社会保険」という。)被保険者資格確認請求書を提出した。

2　本件事業所の事業主は、平成○年○月○日(受付)、機構に対し、資格取得の年月日を平成○年6月1日とする、請求人に係る社会保険被保険者資格取得届(以下「本件取得届」という。)、及び、資格喪失年月日を同年10月4日とする、請求人に係る社会保険被保険者資格喪失届(以下「本件喪失届」という。)を提出した。

3　機構は、平成○年○月○日付で、請求人に対し、資格取得年月日(以下「本件取得年月日」という。)を平成○年6月1日、資格喪失年月日を同年10月4日とする、社会保険被保険者資格確認処分(以下、この処分のうち、本件取得年月日を平成○年6月1日とした部分を「原処分」という。)をした。

4　請求人は、原処分を不服として、標記の社会保険審査官に対する審査請求を経て、当審査会に再審査請求をした。

　再審査請求の理由は、本件事業所の募集広告には、勤務期間が6月初旬から7月までで、5月下旬に研修有りとなっており、勤務期間の前に研修に出て下さいとしていることから、5月31日の時点で引き続き使用される見込みがあると認められるため、社会保険の資格取得年月日を平成○年5月19日に決定してほしいということである。

第3　問題点

1　健保法第3条第3項第2号は、「法人の事業所であって、常時従業員を使用するもの」を、厚年法第6条第1項第2号は、「法人の事業所又は事務所であって、常時従業員を使用するもの」を、それぞれ各法上の適用事業所(以下、単に「適用事業所」という。)とすると規定しているところ、健保法第3条、第39条及び第48条並びに厚年法第6条、第9条、第12条、第18条及び第27条の規定によると、健康保険の適用事業所に使用される者及び厚生年金保険の適用事業所に使用される70歳未満の者は、適用除外される者を除いて、被保険者となるが、その資格の取得及び喪失は、事業主の届出若しくは被保険者若しくは被保険者であった者の請求に基づき、又は職権による厚生労働大臣(健康保険にあっては、被保険者が全国健康保険協会が管掌する健康保険の被保険者である場合。)の確認によってその効力を生ずるとされている。

2　健保法第51条第1項及び厚年法第31条第1項によると、被保険者又は被保険者であった者は、いつでも、健保法第39条第1項及び厚年法第18条第1項の規定による確認を請求することができるとされている。

3　本件の場合、本件事業所が、社会保険の適用事業所であることについては、当事者間に争いはなく、機構が原処分をしたことについて、請求人はこれを不服としているのであるから、本件の問題点は、請求人

が、本件事業所に使用される者として、いつから被保険者資格を有していたと認めることができるかどうか、ということである。

第4　当審査会の判断

1　請求人の被保険者資格の取得に関する資料としては、次の資料①から資料④までの資料が提出されている。（略）

2　以上の認定事実に基づいて、本件の問題点について検討し、判断する。

(1)健保法第3条第1項に「この法律において「被保険者」とは、適用事業所に使用される者……をいう。」と規定され、同法第35条に「被保険者（……）は、適用事業所に使用されるに至った日……から、被保険者の資格を取得する。」と規定されている。また、厚年法第9条に「適用事業所に使用される70歳未満の者は、厚生年金保険の被保険者とする。」と規定され、同法第13条第1項に「第9条の規定による被保険者は、適用事業所に使用されるに至つた日……に、被保険者の資格を取得する。」と規定されている。

また「使用される者」とは、事実上の使用関係があれば足り、事業主との間の法律上の雇用関係の存否は、使用関係を認定する際の参考となるにすぎないとされている。そして、「使用されるに至った日」とは、現実に業務に使用される状態に置かれた日であるとされている。

厚年法は、適用事業所に雇用される者のうち、臨時に使用される者であって、2月以内の期間を定めて使用される者については、社会保険の被保険者としない旨明文で規定し、健保法もほぼ同様の規定を置いているが、所定の期間を超え、引き続き使用されるに至った場合を除くとされている（健保法第3条第1項第2号及び厚年法第12条第1項第2号）。

(2)請求人は、審査請求において、募集広告には、勤務期間が6月初旬から7月までで、5月下旬に研修有りとなっており、勤務期間の前に研修に出て下さいとしていることから、5月31日の時点で引き続き使用される見込みがあると認められる旨主張している。

資料①を見るに、いずれの就業条件明示書にも「2ヵ月未満の雇用」と明記されているが、本件就業条件明示書によると、雇用保険は「有　加入」とされているところ、雇用保険法第6条第2号、第3号によると、1週間の所定労働時間が20時間未満である者及び同一の事業主の適用事業に継続して31日以上雇用されることが見込まれない者については、同法を適用しないとされているのであるから、請求人は、平成○年5月19日付の就業条件明示時点で、所定労働時間が週に20時間以上であり、かつ、引き続き31日以上の雇用が予定されていたことが認められ、また、表示された契約期間が13日間とされ、契約更新がなしとなっているにもかかわらず、退職日30日前の退職届の提出が指示されていて、引き続き31日以上の雇用が予定されていなかったとすれば、合理的な説明ができない。

資料②によると、平成○年6月分の給与明細書には雇用保険料の控除が記載されており、このことからも同年5月19日の時点において、31日以上引き続き雇用される予定であったことが認められる。

資料④は、平成○年○月○日に交付されており、離職年月日を同年10月3日とし、同年5月19日から同年10月3日までの賃金額が記載されている。

(3)請求人は、審理期日において、就業条件明示書について、契約期間毎に毎回、説明などを受けたわけではなく、入社前に、同時期に入社する時給社員全員が一堂に会して説明を受けた後には、契約更新事務が行われず、契約期間が更新される都度、就業条件明示書が、本件事業所から郵送で届いた旨、及び、時給の変動に関しては、平成○年6月23日までがテレフォンオペレーターであり、同月24日から一般事務に変更となり、テレフォンオペレーターの時給は○○○円、一般事務の時給は○○○円である旨の説明を、本件事業所から口頭で受けたと述べている。

(4)これらを総合して判断するに、本件事業所は、1か月毎に就業条件明示書を交付しているが、契約更新事務は形骸化しており、本件事業所と請求人との間の雇用契約は、期間の定めのない契約と同視すべきものであり、請求人については、入社した平成○年5月19日から2か月以上の雇用を予定していたものと認めるのが相当である。

(5)以上により、請求人の本件取得年月日は平成○年5月19日と認めるべきであり、原処分は妥当でないので、これを取り消すこととし、主文のとおり裁決する。

その他の事例

傷病手当金

事例35 平成23年(健)第1192号　　平成24年10月31日裁決　　　　棄却

出勤し、1ないし2時間早退した日がある期間は労務不能とは言えない

　請求人は、切迫流産と不正性器出血の療養のため労務に服することができなかったとして、傷病手当金を請求した。全国健康保険協会○○支部は請求期間のうち、一定期間を「療養のため労務不能であった日が連続して3日間(待期期間)を経過していないため」「療養のため労務不能とは認められないため」として不支給とし、残りの期間について傷病手当金を支給する処分を行った。請求人はこれを不服として、再審査請求を行った。

　社会保険審査会は、

- 医師が請求期間の労務不能を認めているにもかかわらず、出勤状況記録表によれば、請求人は待期期間経過後の○日間に、出勤して、1ないし2時間早退した日が○日あり、全期間の休業には至っていない。
- 保険者が労務不能と認めなかった日が不適法かつ不当であるとまではいえず、請求人の主張を採用することはできない。

などとして請求を棄却した。

事例36 平成25年(健)第328号　　平成26年1月31日裁決　　　　棄却

同じ傷病でふたたび傷病手当金を請求するケース

　請求人は左膝内側側副靭帯断裂等(既決傷病)の療養のため労務不能であったとして、525日間の傷病手当金の支給を受けた(既受給期間)。その後、同じ左膝内側側副靭帯断裂等(請求傷病)のため労務に服することができなかったとして、傷病手当金を請求した。全国健康保険協会○○支部は「既受給期間の傷病と一連のものであり、法定給付期間(1年6ヵ月)を超えた請求である」として傷病手当金を支給しない処分を行った。請求人はこれを不服とし、「別々の理由で負傷したもので、別々の疾病である」として、再審査請求を行った。

　社会保険審査会は、

- 診療の記録から、既決傷病と請求傷病は継続して入院および通院加療を受けている同一傷病と認められる。
- 既決受給期間終了日の翌日が請求期間開始日であることからすると、経過中にいわゆる社会的治癒と

認められる期間が存在すると認めることはできない。

- 請求人は「同じ左膝ではあるが、別々の理由により負傷したもので、別々の疾病である」と主張しているが、医療機関での診断は両傷病とも全く同一であり、治療内容も新たに生じた骨折あるいは外傷・負傷などに対する外科的急性期治療はなく、いずれもこれまで継続して受けてきたギブス包帯、炎症鎮痛処置など維持的な治療と認められ、既決傷病が一度完治ないしは寛解し、新たに同一傷病が同一部位に再発したと認めるには無理がある。

などとして、請求を棄却した。

事例37 平成25年(健)第418号 平成26年1月31日裁決 　　　　容認

傷病手当金の支給——社会的治癒が認められたケース

　請求人は腰椎椎間板ヘルニア等(既決傷病)の療養により傷病手当金の支給を受けていた。引き続き腰椎変性側湾症(請求傷病)の療養のため労務に服することができなかったとして傷病手当金を請求したが、全国健康保険協会○○支部は「法定支給期間(1年6ヵ月)を超えた請求である」として支給しない処分を行った。請求人はこれを不服として、再審査請求を行った。

　社会保険審査会は、「請求傷病は既決傷病と連続する同一関連傷病であり、経過中に通院を要しない月があったにしても、ほぼ継続して処置や薬物療法を受けていたと認められるが、その内容をみてみると、腰痛などに対する一時的な局所注射、外用薬等の鎮痛処置と傷病の増悪を予防するための循環改善薬であり、これらはいわば予防的治療の範疇内と認められるものであることから、既決受給期間終了日の翌日から請求期間開始前日までのほぼ10年間は、いわゆる社会的治癒に相当すると認め得る期間であったとするのが相当である」などとして、処分を取り消した。

事例38 平成25年(健)第912号 平成26年2月28日裁決 　　　　棄却

傷病手当金における労務不能——辺縁系脳炎のケース

　請求人は辺縁系脳炎の療養により傷病手当金の支給を受けていた。引き続き同一傷病の療養のため労務に服することができなかったとして傷病手当金を請求したが、全国健康保険協会○○支部は「療養のための労務不能とは認められない」として支給しない処分を行った。請求人はこれを不服として、再審査請求を行った。

　社会保険審査会は、「請求人は当該傷病による痙攣と遷延する意識障害があり、治療を受け、同年には日常生活活動(ADL)も自立して自宅退院となっている。その後、てんかん発作を起こして救急車で受診しているが、それ以降は症状も安定し、てんかん発作も認められていない。医師が同年○月より軽作業は可能と判断していたことを考えると、抗てんかん薬などの90日分の処方を受ける必要があったことが認められるにしても、通院に要した日を除いた他の全ての期間を療養のために労務不能とすることには無理があり、外来通院をしながら就労することが可能であったとするのが相当である」などとして、請求を棄却した。

ポイント

　病名などから、事例8(平成25年(健)第612号)と同じ請求人、保険者だと思われる。

事例39　平成25年（健）第488号　平成26年3月31日裁決　　棄却

傷病手当金における労務不能——乳がんのケース

　請求人は右乳がんにより傷病手当金の支給を受けていた。引き続き同一傷病の療養のため労務に服することができなかったとして傷病手当金を請求したが、○○健康保険組合は「療養のための労務不能とは認められない」として支給しない処分を行った。請求人はこれを不服として、再審査請求を行った。

　社会保険審査会は、「本件請求期間においては、継続して受けている抗ホルモン療法などの薬物療法、経過観察のための画像診断など検査のために引き続き、通院加療の必要性は認められるものの、本件請求期間のうち実際に医療機関に通院した3日間を除いて他の期間については、自覚的に易労感（原文どおり。易疲労感だと思われる）があるだけとされていることから、本件請求期間のすべての日を療養のため労務不能と認めることは困難である」などとして、請求を棄却した。

事例40　平成25年（健）第830号　平成26年4月28日裁決　　容認

傷病手当金の支給——再発が別傷病として社会的治癒が認められたケース

　請求人はクローン病の療養により傷病手当金の支給を受けていた。引き続き同一傷病の療養のため労務に服することができなかったとして傷病手当金を請求したが、○○健康保険組合は「今回請求のあった傷病（クローン病）と前回支給済の傷病は同一病名（クローン病）であり、診療が引き続き行われており、支給を受け始めた日から1年6ヵ月経過後の請求である」として支給しない処分を行った。請求人はこれを不服として、再審査請求を行った。

　社会保険審査会は、「前回支給済の発症から約2年が経過しているが、定期的な検査と処方等を受けており、継続した同一関連傷病と認められる」としたが、

- 当初は当該傷病に起因する消化管出血に対する血球成分除去療法などの積極的な治療を受けているものの、その他のほぼ2年間については病態に著しい変動はみられず、再発・増悪を予防するための薬物療法が継続されている。
- 約2年間の医療内容としては、病態の再燃・増悪を予防するための通院加療で、継続した医療管理下におかれており、その内容は広義の予防的治療の範疇に含まれるものと認められる。
- 請求人は継続して予防的医療の管理下におかれ、かつ、通常の就労ができていたと認められる。そのため、この2年間についてはいわゆる社会的治癒に相当する期間があったと認められ、請求傷病は積極的な外科療法のために入院した日をもって既決傷病が再度発病したものとして、別傷病と取り扱うことができる。

などとして、処分を取り消した。

ポイント

　クローン病による傷病手当金の請求事例は、事例7（平成22年（健）第461号）や事例51（平成25年（健）第1630号）があるが、同じ請求人かどうかは判断できない。

事例41　平成25年（健）第1246号　平成26年5月30日裁決　　　容認

傷病手当金の支給——適応障害が業務上かどうか

　請求人は適応障害の療養のため労務に服することができなかったとして傷病手当金を請求したが、○○健康保険組合は「仕事上のストレスにより適応障害が発症しており、業務外の事由による疾病、負傷のための療養とは認められない」として支給しない処分を行った。請求人はこれを不服として、再審査請求を行った。

　社会保険審査会は、「請求傷病は請求人の有する個体要因に加えて、職場環境の変化が相乗的に作用し、一定の閾値を超えた時に発症したものとするのが相当であり、職場のストレスなど業務上の就労環境変化のみを原因として発症したものと断定することはできず、請求傷病が業務上の事由によるものとするに足る十分な根拠を見いだすことはできない」などとして、処分を取り消した。

事例42　平成25年（健）第1293号・（健）第1303号　平成26年6月30日裁決　　容認

傷病手当金の支給——関節置換術のケース

　請求人は、左変形性股関節症の療養により傷病手当金の支給を受けていた。引き続き同一傷病の療養のため労務に服することができなかったとして傷病手当金を請求したが、全国健康保険協会は「症状固定のため、療養のための労務不能とは認められない」として支給しない処分を行った。請求人はこれを不服として、再審査請求を行った。

　請求人は左股関節置換術を行っているが、これについて社会保険審査会は、「関節置換術を施行した日の翌日をもって症状固定とし、直ちに療養の必要がなくなった、または、労務が可能であるとすることは医学的に考えても無理であることについては明白である」などとして、処分を取り消した。

事例43　平成25年（健）第1158号　平成26年7月31日裁決　　　　　棄却

傷病手当金における労務不能——糖尿病のケース

　請求人は糖尿病の療養のため労務に服することができなかったとして傷病手当金を請求したが、○○健康保険組合は「労務不能とは認められない」として支給しない処分を行った。請求人はこれを不服として、再審査請求を行った。

　社会保険審査会は、「本件請求期間についてみると、当該期間中に通院はなく、診療実日数は0日とされており、糖尿病治療薬のグリミクロン錠の内服により、HbA1cは8.4％と改善していたとされることから総合的に判断すると、本件請求期間において請求人は当該傷病の療養のために労務不能と認めることには無理がある。また、医学的な観点からみると、薬物療法などによりHbA1c値が8.4％前後の程度にコントロールされている糖尿病の患者が、通院加療を受けながら時間外や夜勤等を含めた通常勤務をしていることは、一般臨床の場では極めて当たり前の状態と認められ、特に自宅での安静や特別な療養を要する状態と認めることはできない」などとして、請求を棄却した。

平成25年(健)第1436号　平成26年7月31日裁決　　　　　　容認

傷病手当金の支給——うつ状態と気分障害のケース（社会的治癒と認めうる期間）

　請求人は適応障害およびうつ状態の療養により傷病手当金等の支給を受けていた（受給期間）。引き続き、気分障害の療養のため労務に服することができなかったとして傷病手当金等を請求（請求期間）したが、○○健康保険組合は「傷病手当金等の支給期間（1年6ヵ月）の限度を超えた請求である」として支給しない処分を行った。請求人はこれを不服として、再審査請求を行った。

　社会保険審査会は、「受給期間および請求期間における請求人の主症状は共通であり、受給期間と請求期間における診断名に違いがあるものの、これらは連続する同一傷病と認めることができる」としたが、「受給期間終了から請求期間までの期間（検討期間）について受診状況をみると定期的な受診はなく、薬剤の処方も受けていない。また、就業台帳および被保険者記録照会回答票によれば検討期間はおよそ通常に勤務ができ、給与・賞与が支払われていることから、検討期間についてはいわゆる社会的治癒と認め得る期間が存在していたというべきである」などとして、処分を取り消した。

平成25年(健)第1451号　平成26年7月31日裁決　　　　　　容認

傷病手当金における労務不能——運転手の目の病気のケース

　請求人は糖尿病、網膜症、左硝子体出血の療養のため労務に服することができなかったとして傷病手当金を請求したが、全国健康保険協会○○支部は「労務不能とは認められない」として支給しない処分を行った。請求人はこれを不服として、再審査請求を行った。

　社会保険審査会は、「照会に対し医師は"休業の指示はしていない（本人の希望療養）"と回答しており、請求人も"私自身が安全な運転ができると思えば仕事をしていいといわれていたが、左目の左半分が見づらいことが変わらないので休んでいる"としていることから、医師の判断に基づく療養ではなく、請求人自身の判断で休養していたものであるとも考えられる」としたが、「請求人としては左目の半分が見えにくく、運転に集中することができない状態と判断されたことから、タクシー乗務員として負っている安全運転義務に照らして労務に就かなかったものと認められ、その判断は医師の意見を踏まえたものということができる。このような事情を総合して考えると、当該傷病の療養のために労務に服することができなかったと認めるのが相当である」などとして、処分を取り消した。

平成25年(健)第1392号　平成26年8月29日裁決　　　　　　棄却

傷病手当金の支給——うつ病（同一関連傷病）のケース

　請求人は、開眼失行、眼瞼痙攣、心身症（既決傷病）の療養により傷病手当金の支給を受けていた。引き続きうつ病（請求傷病）の療養のため労務に服することができなかったとして傷病手当金を請求したが、全国健康保険協会○○支部は「法定給付期間（1年6ヵ月）を超えた請求であるため。以前受給されていた傷病の関連継続と認められるため」として支給しない処分を行った。請求人はこれを不服として、再審査請求を行った。

　社会保険審査会は、

- 請求人は「うつ病」「双極性感情障害」「抑うつ神経症」「心身症」「身体表現性障害」など、その時期や受診した医療機関・診療科により異なった傷病と診断され治療を受けていたが、これらの傷病は相互に相当因果関係を有する傷病であり、特に請求傷病のうつ病と既決傷病の心身症は同一関連傷病と認められ、当該傷病の症状は既決傷病の受給期間終了後から請求期間開始日まで一貫して認められる。
- 請求人は既決傷病の受給期間から請求期間までうつ病、うつ状態が継続していただけではなく、うつ病、うつ状態による身体症状の開眼失行、眼瞼痙攣が生じていたのであるから、既決傷病と請求傷病は相当因果関係のある同一関連傷病と認めるのが相当である。
- 既決傷病の受給期間終了日翌日から請求期間開始日までは3ヵ月にすぎず、仮にこの3ヵ月間、請求人が通常の勤務に服していたことが認められるにしても、症状の著明な時期と症状の消失する時期を周期的に繰り返し、その変動周期が時には年余にわたることも稀ではない請求傷病の疾患特異性を考えると、この3ヵ月間をもってこれを相当の期間と認めることはできず、当該3ヵ月をもっていわゆる「社会的治癒」があったと認めることはできない。

などとして、請求を棄却した。

事例47　平成26年(健)第18号　平成26年10月31日裁決　　　　　　　容認

傷病手当金の支給──社会的治癒が認められたうつ病のケース

　請求人は、抑うつ状態、うつ病(既決傷病)の療養により傷病手当金の支給を受けていた。引き続き、躁うつ病、うつ状態(請求傷病)の療養のため労務に服することができなかったとして傷病手当金を請求したが、全国健康保険協会○○支部は「法定給付期間(1年6ヵ月)を超えた請求である」として支給しない処分を行った。請求人はこれを不服として、再審査請求を行った。

　社会保険審査会は、「請求人の請求傷病である躁うつ病・うつ状態は、既決傷病である抑うつ状態・うつ病から、その経過中治癒することなく継続して治療を受けている同一関連傷病として取り扱うのが相当である」としたが、

- 既決傷病から請求傷病までの検討期間の処方内容は、当該傷病の増悪あるいは再発予防のための治療であり、広義の予防のための処方の範疇に含まれる程度のものと認めるのが相当である。
- 検討期間における請求人の勤務状況は、被保険者記録照会回答票によると、被保険者資格再取得後、同資格を喪失するまでの期間、標準報酬月額はほぼ一定額を維持しており、賞与も定期的に支給されていることから、通常の勤務がなされていたと判断され、検討期間については予防的な治療を受けながら、勤務を含め通常の社会生活が維持されていたと判断でき、いわゆる社会的治癒の期間であったと認められる。

などとして、処分を取り消した。

事例48　平成26年(健)第310号　平成26年10月31日裁決　　　　　　　棄却

傷病手当金における労務不能──左耳急性感音性難聴のケース

　請求人は、左耳急性感音性難聴の療養のため労務に服することができなかったとして傷病手当金を請求したが、全国健康保険協会○○支部は「療養のため労務不能と認められない」として支給しない処分を行った。請求人はこれを不服として、再審査請求を行った。

社会保険審査会は、「医師の回答書などから、請求傷病に対しての継続的な治療などの受診も療養に専念する必要もなく、月1回程度の外来通院と定期的な聴力検査による経過観察を受けながら就労が可能な状態にあったと認めることができ、療養のため労務不能と認めることはできない」などとして、請求を棄却した。

事例49　平成26年(健)第320号　平成26年10月31日裁決　　容認

傷病手当金の支給——脊髄症等(同一関連傷病)のケース

請求人は、脊髄症と腰椎椎間板ヘルニア(既決傷病)の療養により傷病手当金の支給を受けていた。引き続き、両側性原発性股関節症、両側性原発性膝関節症、腰部脊椎脊柱管狭窄症(請求傷病)の療養のため労務に服することができなかったとして傷病手当金を請求したが、全国健康保険協会○○支部は「法定給付期間(1年6ヵ月)を超えた請求であるため」などとして、支給しない処分を行った。請求人はこれを不服として、再審査請求を行った。

社会保険審査会は、「既決傷病あるいは既決受給期間から継続し、一貫して存在している同一関連傷病として取り扱うのが相当である」としたが、

- 既決受給期間終了後も月1回の頻度で外来を通院していたものの、請求傷病に対する特段の治療はなく、既決傷病から請求傷病までの検討期間を通して請求傷病に対する予防的治療の範疇を超える特段の治療などは必要としない状態にあったと認めることができる。
- 検討期間における請求人の勤務状況は、被保険者記録照会回答票によると、標準報酬月額も安定しており、賞与も定期的に支給されていることから判断すると、通常の就労を含めた社会生活がなされていたと認めるのが相当であり、検討期間においていわゆる社会的治癒と認められる期間があったとするのが相当である。

などとして、処分を取り消した。

事例50　平成25年(健)第1524号　平成26年10月31日裁決　　容認

傷病手当金の支給——身体的要因とうつ病のケース

請求人は、ハント症候群による右顔面神経麻痺(既決傷病)の療養により傷病手当金の支給を受けていた。その後、うつ状態(請求傷病)の療養のため労務に服することができなかったとして傷病手当金を請求したが、全国健康保険協会○○支部は「法定給付期間(1年6ヵ月)を超えた請求である」として、支給しない処分を行った。請求人はこれを不服として、再審査請求を行った。

社会保険審査会は、

- 請求傷病と既決傷病との関係についてみると、請求傷病の原因として、既決傷病であるハント症候群に直接起因する顔面神経麻痺、顔面不随意運動などの身体的要因が請求傷病の発症の契機あるいは病態の増悪要因になっていることは否定できない。
- しかし、うつ状態あるいはうつ病を生じる原因は身体的要因(外因)によってのみ発病するものではなく、従前から患者自身が有している環境変化や心身両面のストレス等に対する体験や学習をも含めての抵抗性、感受性が内因として大きく関わってくる。同じような程度の環境変化や心身のストレスに曝されたとしても、大多数の者が一様にうつ状態、うつ病を発症するということは経験則上認められ

ず、医学的観点からもハント症候群による顔面神経麻痺後に大多数の者がうつ状態、うつ病を発症するという事実はない。

- このような考え方にたってみると、既決傷病と請求傷病は相当因果関係のある同一傷病と認めることは相当ではなく、別傷病と認めることのできる請求傷病の療養のため労務不能と認められる。

などとして、処分を取り消した。

事例51 平成25年(健)第1630号　平成26年10月31日裁決　　　棄却

傷病手当金の支給——法定支給期間を超えた請求

　請求人は慢性腎臓病、クローン病(既決傷病)の療養により傷病手当金の支給を受けていた。その後、同一傷病(請求傷病)の療養のため労務に服することができなかったとして傷病手当金を請求したが、全国健康保険協会○○支部は「法定給付期間(1年6ヵ月)を超えた請求である」として支給しない処分を行った。請求人はこれを不服とし、「既支給済期間後は寛解に至っており、今回の入院の一番の治療目的はカテーテル感染を原因とした敗血症性ショックである」であるとして再審査請求を行った。

　社会保険審査会は、

- 既決傷病から請求傷病にかかる臨床経過をみると、クローン病および慢性腎臓病いずれの疾病についても、既決受給期間から請求期間までの間、経過中に寛解ないし完治することなく継続して治療を要する状態にあったと認められ、請求傷病は既決傷病から連続する同一傷病とするのが相当である。
- 1年7ヵ月の間にクローン病に直接関連する小腸・結腸狭窄部拡張術(内視鏡によるもの)などのために7回の入退院を繰り返しており、それぞれの退院から次の入院までの期間は通院加療を継続して受けているが、その期間はせいぜい1ヵ月から4ヵ月と極めて短期間であることを考えると、1年7ヵ月の社会的治癒検討期間については、医療を行う必要がなくなって社会復帰している状態がある程度の期間継続している状態に相当すると認めることができず、いわゆる社会的治癒の期間と認めることはできない。

などとして、請求を棄却した。

ポイント

　クローン病による傷病手当金の請求事例は、事例7(平成22年(健)第461号)や事例40(平成25年(健)第830号)があるが、同じ請求人かどうかは判断できない。本事例は他の事例と保険者が違っている。

事例52 平成26年(健)第130号　平成26年12月25日裁決　　　容認

傷病手当金の支給——脳腫瘍における社会的治癒

　請求人は、脳腫瘍(既決傷病)の療養により傷病手当金の支給を受けていた。その後、同一傷病(請求傷病)の療養のため労務に服することができなかったとして傷病手当金を請求したが、○○健康保険組合は「法定給付期間(1年6ヵ月)を超えた請求である」として支給しない処分を行った。請求人はこれを不服として、再審査請求を行った。

　社会保険審査会は、「既決傷病により傷病手当金を受けた後は、当該傷病に対する薬物療法、手術など特段の治療はなく、経過確認をされていただけと認められ、請求期間において当該傷病に対する根治的治

療の腫瘍摘出術を受けている。また、検討期間の勤務状況は予防的医療の範囲と認められる経過確認を受けながらも当該傷病を理由とする病休はなく通常に勤務しており、いわゆる社会的治癒に相当する期間があったと認められる」などとして、処分を取り消した。

事例53　平成26年(健)第326号　平成26年12月25日裁決　　　容認

傷病手当金の支給——血性心不全等における社会的治癒

　請求人は、うっ血性心不全、糖尿病、虚血性心疾患、心不全、冠動脈バイパス術（既決傷病）の療養により傷病手当金の支給を受けていた。その後、うっ血性心不全の急性増悪（請求傷病）の療養のため労務に服することができなかったとして傷病手当金を請求したが、全国健康保険協会○○支部は「法定給付期間（1年6ヵ月）を超えた請求である」として、支給しない処分を行った。請求人はこれを不服として、再審査請求を行った。

　社会保険審査会は、「既決傷病がその経過中に寛解・治癒せずに継続している状態と認められ、既決傷病と同一関連傷病と認めるのが相当である」としたが、「検討期間における請求傷病に対する処方は、再発・症状増悪を予防するための処方の範疇に含まれるものと認められる。さらに、検討期間において請求人は休まず勤務していたとされ、被保険者記録照会回答票によると標準報酬月額に変動はない。そうすると検討期間において、請求人は定期的に医療機関に通院し、再発・症状増悪を予防する範囲での定期的処方を受けていたものの、その間、就労を含め通常の社会生活が営まれており、いわゆる社会的治癒に相当するものと認められる」などとして、処分を取り消した。

事例54　平成26年(健)第478号　平成27年2月27日裁決　　　一部容認

傷病手当金の支給——男性更年期障害のケース

　請求人は、不眠症、男性更年期障害（既決傷病）の療養により傷病手当金の支給を受けていた。その後、双極性障害（請求傷病）の療養のため労務に服することができなかったとして傷病手当金を請求したが、全国健康保険協会○○支部は「法定給付期間（1年6ヵ月）を超えた請求である」として、支給しない処分を行った。請求人はこれを不服として、再審査請求を行った。

　社会保険審査会は、「請求傷病は診療報酬明細書上には双極性障害ないしは躁うつ病の傷病名を見いだすことはできないにしても、精神医学的観点からこれまで持続してきた神経症圏とは異なる精神病の病態を有する請求傷病が新たに発症したとするのが相当であり、既決傷病と請求傷病を連続する同一関連傷病と認めることはできず、これらは相当因果関係のない別傷病と判断することができる。などとして、処分を取り消した。

　また、請求人は請求期間と同一期間（重複請求期間）についても労務不能であったとして傷病手当金の支給を重ねて請求していたが、全国健康保険協会○○支部は同様の理由により支給をしない処分をしていた。これについて社会保険審査会は、「健康保険法上、同じ傷病の療養のため労務不能であったとして、同一の期間について重ねて傷病手当金を受給することができるとする規定はないから、請求期間について傷病手当金を支給すべきものと判断される本件においては、重複請求期間について傷病手当金を支給しないとした処分は結論において相当である」として、請求を棄却した。

「医師の診療を受けていない期間」を療養のため労務不能だったと認められるか

　請求人は外傷性頚部症候群および腰椎捻挫の療養のため労務に服することができなかったとして、傷病手当金の支給を受けていた。その後、外傷性頚部症候群、斜角筋症候群および腰部捻挫(当該傷病)の療養のため労務に服することができなかったとして、傷病手当金を請求した。全国健康保険協会〇〇支部は申請期間のうち、一部期間については傷病手当金を支給することとし、それを除く期間については傷病手当金を支給しない処分(先行処分)を行った。請求人は先行処分を不服として、社会保険審査官に対して審査請求したところ、審査官は先行処分のうち、薬の服用が認められた一部期間に係る部分の処分を取り消し、それを除く期間(本件申請期間)については審査請求を棄却する決定をした。請求人は先行処分のうち本件係争期間に係る期間の処分(原処分)を不服とし、再審査請求を行った。

　社会保険審査会は、

- 傷病手当金は、医師の診療を受けていない場合でも支給される場合があり、これには病後静養した期間、疾病にかかり医師について診療を受くべく中途に費やした期間等を含むが、この期間については、医師の意見書、事業主の証明等を資料として正否を判定するとされている。また、医師が被保険者の既往の状態を推測して表示した意見書は差し支えないが、この場合、保険者が被保険者が療養のため労務不能であったことを認めなければ、傷病手当金は支給されないとされている。
- 本件係争期間は医師の診療を受けていない期間で、請求人は当該傷病のため「付き添いなしで通院できなかった期間は医師の指導により近隣の接骨院やマッサージ、温泉療養等を受けるなどして療養をしていた」と主張している。しかし、症状が強く、付添人がないと受診できないというが、本件係争期間中の長期にわたって医師の診療を受けていないのは不自然で、一般的には適切な間隔での受診が指示されるのが当然に求められる。
- 請求人は付添人の旅費や滞在費等の経費がかかり、「経済的理由により通院できなかった期間があった」とも主張しているが、そのような負担をしてまで遠方のa病院を受診する合理的な理由はなく、また、請求人の居住地の近隣の受診可能な医療機関に対して、診療情報等の依頼文書を提供してもらう方法も十分可能だったはずと考えられる。
- それらのことから、医療機関を受診しなかったことをやむを得ないとすることはできず、受診していなかったのは医師の判断によるものではなく、請求人が自己の判断で受診しなかったものといわざるを得ない。

などとして、請求を棄却した。

傷病手当金の支給──既決傷病との相当因果関係が認められたケース

　請求人は、腰椎すべり症(既決傷病)の療養により傷病手当金の支給を受けていた。その後、腰部脊柱管狭窄症(請求傷病A)とパーキンソン病(請求傷病B)の療養のため労務に服することができなかったとして、傷病手当金を請求したが、全国健康保険協会〇〇支部は請求傷病Aを「法定給付期間(1年6ヵ月)を超えた請求である」として、請求傷病Bを「療養のための労務不能とは認められない」として、それぞれ支給しない処分を行った。請求人はこれを不服として、再審査請求を行った。

社会保険審査会は、

- 臨床経過から、請求人の請求傷病Aの主因は第4・第5腰椎椎間の不安定性を呈する既決傷病を直接原因とする腰部脊柱管狭窄であると認めることができる。第4・第5腰椎椎体固定術を受けたが、その術後に左第4・第5腰椎椎間孔変形が生じ、腰椎椎体固定金具の抜釘を受けていることから、請求傷病Aは第4・第5腰椎すべり症である既決傷病をその原因とするものであり、既決傷病と相当因果関係を有する同一関連傷病として取り扱うのが相当である。
- ほぼ毎月病院において継続して加療を受けており、また連続して欠勤していることから、予防的医療の範疇に属すると認められる程度の治療を受けながらも、通常勤務を含め社会生活が維持されていたと判断することはできず、この期間をいわゆる社会的治癒に相当すると認めることはできない。
- 医師回答書によれば、請求傷病Aと請求傷病Bは別傷病であるとしたうえで、主として労務不能と判断したのは請求傷病Aによるものであり、請求傷病Bのみで考えた場合、労務可能であったとしている。請求傷病Aの療養のために労務不能であったものの、請求傷病Bの療養のために労務不能であったと認めることはできない。

などとして、処分を取り消した。

事例57　平成28年(健)第459号　平成28年(健)第5049号　平成29年6月30日裁決　容認

傷病手当金の支給——末期腎不全のケース

　請求人は、慢性腎不全、高血圧症、高尿酸血症、腎性貧血と、末期腎不全（当該傷病）の療養のため労務に服することができなかったとして、傷病手当金の支給を受けていた。引き続き、当該傷病の療養のため労務に服することができなかったとして、7つの期間について傷病手当金を請求した。なお、請求人は腎疾患による傷病による障害によって障害厚生年金(2級)と障害基礎年金を受給している。

　○○健康保険組合はそれぞれの期間について、「障害年金または障害手当金を受けているため（健康保険法第108条）」「当該傷病について療養のため労務に服することができないとは認められない（健康保険法第99条）」「健康保険法第104条に該当しないため」などとして、一部ないし全部を支給しない処分を行った。請求人はこれを不服として、再審査請求を行った。

　社会保険審査会は、

- 週3回、1回3時間の透析時間では十分な透析効果が得られず、尿毒症の症状が現れていたのであるから、医師が「血液透析日以外の日に従前の職種について復帰することは無理であり、就労の見込みが現時点で不明である」と判断したことは医師として当然である。したがって、平成○年○月○日は当該傷病の療養のため労務に服することができない状態であったと認めるのが相当である。平成○年○月○日が、当該傷病の療養のため労務不能であったと認められるのであるから、同月3日以降の期間について、法第104条に該当しないとして不支給とされた処分は取り消されなければならない。
- 請求人の当該傷病に対する傷病手当金の支給開始日は平成○年○月○日であることから、法定給付期間満了日は平成○年○月○日となり、請求期間は法定給付期間内であると認められる。
- 平成○年○月○日から1回の透析時間が4時間に延長された後もふらつきなどの症状を認めることがあり、帰宅後横になることが多く、血圧上昇も認め降圧剤の増量で対応しているとされている。また、その他の請求期間においてもほぼ同様の記載があり、特に平成○年○月ころより貧血進行を認め、労作時の息切れなどの症状も出現しており、貧血に関しては平成○年○月○日の検査で赤血球数

が281万/μℓと貧血が続いている。そうすると請求人は、請求期間について週3回、1回3時間の透析から1回4時間の透析に変更した後も尿毒症の症状が継続し、貧血が改善していないのであるから、当該傷病の療養のため労務に服することができなかったと認めるのが相当である。

などとして、処分を取り消した。

事例58 　平成28年(健)第5466号　平成28年(健)第5486号　平成29年9月29日裁決　棄却

障害年金と傷病手当金の調整

　請求人は、精神疾患(傷病A)により、障害等級2級の障害基礎年金および障害厚生年金を受給していたが、その後、繊維筋痛症(傷病B)により障害基礎年金の裁定を請求したところ障害等級2級と認定され、傷病Aと傷病Bの各障害を併合し障害等級1級の障害基礎年金および障害厚生年金に改定された。また、請求人は傷病Bによる療養のため労務不能であったとして、傷病手当金を受給していたが、全国健康保険協会〇〇支部は、「傷病手当金と同一支給事由の障害厚生年金を受給したため」という理由により、傷病手当金の額を更正決定する処分と、傷病手当金の支給額を調整する処分を行った。請求人はこれを不服として再審査請求を行ったが、その主張は「改定された障害厚生年金のうち、初診日が国民年金被保険者期間である傷病Bに係る部分は障害基礎年金に相当するため、傷病手当金との調整は必要ではない。また、傷病Aに係る障害厚生年金は同一の傷病ではない傷病Bに係る傷病手当金とも調整は必要ない」ということである。

　社会保険審査会は、

- 厚生年金法の規定に照らすと、傷病Aに係る障害厚生年金の受給権者であった請求人に新たな傷病Bが発生し、傷病Bの初診日が国民年金の被保険者期間であり、国民年金法第30条に規定する障害基礎年金の受給権を有するに至ったとしても、傷病Aと傷病Bを併合し障害厚生年金の額を改定するのであって、改定後の障害厚生年金には傷病Aおよび傷病Bが含まれることになり、それぞれを切り分けることはできない。

- 健康保険法の規定に照らすと、改定後の障害厚生年金には傷病Bが含まれており、傷病Bのみを単独の障害基礎年金として別途判断することができない以上、傷病手当金の支給を受けるべき者が同一の疾病につき障害厚生年金の支給を受けることになる。そうすると請求人が受給していた傷病Aに係る2級の障害厚生年金は傷病Bが発生したことにより、傷病Aおよび傷病Bを併合して1級の障害厚生年金になったのであって、傷病手当金と同一の疾病または負傷およびこれにより発した疾病につき厚生年金法による障害厚生年金の支給を受けるのであるから、傷病手当金を支給しないことになる。そして、傷病手当金の額より障害厚生年金の額の方が少ないため、調整を行ったうえで算出した差額を支給するとした本件は健康保険法及び厚生年金法の規定に照らして適法であったと認められる。

などとして、請求を棄却した。

療養費

事例59 平成21年(健)第363号 平成23年3月31日裁決 容認

治療用装具の療養費が治療上欠かせないものであると認められる

請求人は、両側麻痺性内反尖足矯正の治療用装具であるプラスチック製短下肢装具(両足)の購入費用として、○○健康保険組合に治療用装具の療養費を請求した。しかし、○○健康保険組合は「医師の装具使用証明書によると予防目的のため装具を作成しており、治療用装具の支給基準である"疾病または負傷の治療遂行上必要な範囲のもの"とは認められず、治療用装具の支給基準に該当しない」として、療養費を支給しない処分を決定した。請求人はこれを不服とし、審査請求を行った。

社会保険審査会は、

- 医師は、「装具は麻痺性内反尖足の手術後の早期の装具療法の一環として、足関節変形を改善するために夜間就眠時に必須のものである」としており、手術後の足関節変形の単なる変形予防目的のものではなく変形の改善を目的にしたもので、治療上欠かせないものと判断せざるを得ない。
- 治療に必要な限度を超えて日常生活などの利便性を求めた、同一部位に対する同一目的の複数の装具には当たらない(当該傷病の治療のため金属支柱付短下肢装具も作成されており、この治療用装具の療養費はすでに保険者が請求人に支給済み)。

として、原処分を取り消した。

事例60 平成23年(健)第596号 平成24年3月30日裁決 棄却

シルバー人材センターの業務での負傷(平成25年健康保険法改正前)

請求人の被扶養者であるAは、シルバー人材センターの仕事で、仕事先の家の庭で剪定作業を行っていた際、庭の石垣が突然崩れて足の上に落ちたため骨折等の負傷をし、病院で診療を受けた。その後も診療を続け、一部負担金の額が自己負担限度額を超えたので、請求人は○○健康保険協会○○支部に対し高額療養費を請求した。

○○健康保険協会○○支部は、「業務外の事由による負傷」とは認められないとして、高額療養費を支給しないとともに、当該傷病に関する療養の給付をしない処分を行い、その給付に要した費用の返納を求めた。請求人はこれを不服として、再審査請求を行った。

社会保険審査会は、

- シルバー人材センターから仕事を紹介されるためには、会員になることが必要であり、Aは会員になって仕事を行っていること、シルバー人材センターは会員に対し基本的に請負または委任の形式により仕事を紹介すること、配分金として一定の金額を人材センターから受けていたことなどからみるに、本件仕事は業務であり、当該傷病は業務外の負傷とは認めることはできない。
- 負傷時、治療に緊急性を要したために病院を受診した際には業務外の負傷でないことが明確にならず、請求人からの高額療養費の支給申請によってはじめてそれが明確になった。受診の際に明らかになっていれば健康保険の適用をせず、療養費の返還の問題は起こらなかった。

として、高額療養費および療養費を支給しないとした処分を支持し、請求を棄却した。

ポイント

　結果として、一度支給された療養費は返還しなければならないこととなるだろうが、裁決では「給付した療養費を返還せよ」という表現までは使っておらず、「高額療養費についてはこれを支給しないとし、療養の給付についてもこれをしないとした本件原処分は妥当であり、本件再審査請求は理由がないから、これを棄却する」としている。

　なお、これらの問題を受け、平成25年に行われた健康保険法の改正において、「健康保険の被保険者または被扶養者の業務上の負傷等について、労災の給付対象とならない場合は、原則として、健康保険の給付対象とする」こととなり、こうしたケースでの負傷は健康保険の給付の対象とされるようになった。

事例61　平成26年(健)第258号　平成26年12月25日裁決　　　　　　　容認

治療用装具の療養費の支給——両靴型装具のケース

　請求人は両外反母趾、両扁平足の治療のため両靴型装具を製作した費用について療養費を請求したが、全国健康保険協会〇〇支部は「治療上必要な装具とは認められない」として、支給しない処分を行った。請求人はこれを不服として、再審査請求を行った。

　社会保険審査会は、「請求傷病は中年期発症に属するタイプで、既に著しい足趾骨の変形が形成されており、矯正体操、装具療法による効果も限定的と認められるものの、実際の整形外科臨床領域では根治的な手術による療法を受け入れることはむしろ少なく、多くの場合を含め、治療効果が限定的ながら保存的療法による治療が継続される場合が少なくない現状にある。本件の場合、正確に採型された治療用靴型装具の装着により実際に疼痛が軽減され、歩容が改善し、頻回の受診や長期の薬物療法を必要としない程度に寛解していることを考慮すると、装具の装着による治療効果が認められることから、請求傷病の治療上必要な装具と認めるのが相当である」などとして、処分を取り消した。

事例62　平成26年(健)第255号　平成26年12月25日裁決　　　　　　　棄却

家族移送費——緊急その他やむを得ないものとして認められるか

　請求人の被扶養者であるAは旅館の5階から転落し、a病院で脊髄硬膜外血腫の治療を受けた。後日、「安静臥床で搬送を要する」との医師の意見により、a病院からb病院まで移送したとして、請求人は家族移送費を請求した。全国健康保険協会〇〇支部は「緊急その他やむを得ないと認められない」として、家族移送費を支給しない処分を行った。請求人はこれを不服として、再審査請求を行った。

　社会保険審査会は、

- a病院の医師は転院の必要性について、「当院でも治療継続は可能だが入院期間が長期に及ぶ可能性が高いため、家族の負担を考慮して自宅に近い病院に転院するのが患者にとって最善だった」「b病院はc科とd科の連携が密であり、担当医の患者の病状理解と転院の必要性についての理解がある」と回答しているが、緊急性については言及していない。
- 患者はa病院に緊急入院しているものの、入院してから移送されるまでの期間、集中治療室で経過観察がなされ、特別な治療は受けておらず、その期間内に緊急手術をしなければならないと認められるような事実はない。
- 請求人は「万が一大手術となっても、その手術を担当できる医師がa病院にはおらず、b病院に転院した方が良い」と説明を受けたことをもって、「万が一の場合に対応できる医師の不在は命の危険にさ

らされるため、緊急およびやむを得ない転院である」と主張するが、近年医療現場においては、インフォームド・コンセントが厳しく要求され、医師が患者や家族に病状、治療方法、予後を説明する場合にはできるだけ詳しく、わかりやすく説明するように義務付けられていることから、起きうる可能性のある事柄としての説明を受けたものと推察される。しかしながら、実際に緊急事態が起こったわけではなく、その場合は医療側の責任において、ヘリコプターを要請するなり、医師が同乗しての緊急搬送のような一般的な対策がされるはずであるから、説明を受けた内容をもってただちに「緊急でやむを得ない事情があったもの」と認めることはできない。

などとして、請求を棄却した。

事例63　平成27年(健)第220号　平成27年11月27日裁決　　　容認

両下肢原発性リンパ浮腫治療のための弾性ストッキングの療養費

　請求人は両下肢原発性リンパ浮腫の治療のため装着した弾性ストッキング2着分の代金の費用について、家族療養費を請求した。○○健康保険者組合は、「四肢のリンパ浮腫治療のための弾性ストッキングに係る療養費については、厚生労働省からの通知『四肢のリンパ浮腫治療のための弾性着衣等に係る療養費の支給について』(平成20年3月21日保発第0321002号)および『四肢のリンパ浮腫治療のための弾性着衣等に係る療養費の支給における留意事項について』(平成20年3月21日保医発第0321001号)により取り扱っており、このなかで支給対象となる疾病はリンパ節郭清術を伴う悪性腫瘍の術後に発生する四肢のリンパ浮腫と明記されている。今回申請の傷病は原発性リンパ浮腫であり、療養費の支給対象となる悪性腫瘍の術後に発生するリンパ浮腫ではない」として、家族療養費の支給をしない処分を行った。請求人はこれを不服として、再審査請求を行った。

　社会保険審査会は、

- 本件傷病が原発性であることには疑いがなく、通知に列挙された支給対象とされる術後リンパ浮腫には含まれないことは明らかである。

- リンパ浮腫は局所圧迫等に代わる根治療法がない現状においては、弾性着衣(ストッキング、スリーブ)による患肢の圧迫がその進行を抑え、象皮様変化や皮膚病変発症など病態増悪の回避に対して、唯一効果があるとされている。当審査会としても術後のリンパ浮腫と原発性のそれとでは治療内容に相違がないことが認められていることからすると、本件傷病を弾性着衣等に係る療養費の支給対象となる疾病から除外することは、療養費支給の趣旨・目的に照らして必ずしも合理的なものであるとはいえないと判断する。

- 平成20年(健)第554号事件における当審査会委員長からの照会に対し、厚生労働省保険局医療課が平成○年○月○日付回答書において述べる、本件傷病について、「その疾患概念や診断基準等が確立されておらず、弾性ストッキングの有効性についても科学的根拠が示されていないことから、現時点では、弾性ストッキングを療養費の支給対象とすることはできない」とする見解は、当審査会が採用するところではない。

- 医師は、請求人の傷病について、○歳頃から原因不明で両下肢に浮腫が見られ始め、他院でのリンパ管シンチグラフィーを受けて浮腫の原因は「原発性リンパ浮腫」と診断され、その後下肢の炎症を繰り返し、乳び胸水・腹水、両下肢の浮腫が強くなったため、弾性包帯を使用した圧迫療法を行い、その後弾性ストッキングの着用を指導しており、その治療結果として症状軽減が見られており、治療方針

は続発性と全く同じように圧迫療法を行うことが必須で、圧迫療法を行わずにリンパ浮腫の治療を行うことは不可能としている。

• 原発性リンパ浮腫は、難治性疾患として捉え得る傷病で、通知に支給対象として記載されるリンパ節郭清を伴う悪性腫瘍術後のリンパ浮腫とは別傷病であるが、それらの発生機序、治療方針は共通のものであり、数量も装着部位毎に2組とした限度額内であることから、家族療養費の支給を認めるべきものと判断される。

などとして、処分を取り消した。

ポイント

　本事例と、事例19（平成29年(健)第5397号）、事例67（平成28年(健)第65号）は、同一の請求人および保険者だと思われる。

事例64　平成27年(健)第548号　平成28年2月26日裁決　　　　　　　　　　容認

治療用装具の療養費の支給——治療遂行上必要不可欠な範囲の装具

　請求人はその被扶養者が右変形性膝関節症の治療のために装着した膝装具軟性に要した費用について、家族療養費を請求したが、全国健康保険協会○○支部は「日常生活や職業上動作の改善を目的としたものであり、治療遂行上、必要不可欠な範囲の装具とは認められない」として、支給しない処分を行った。請求人はこれを不服として、再審査請求を行った。

　社会保険審査会は、「医師は装具装着を指示した当時において、当該傷病の症状は未だ固定しておらず、膝痛さらには動揺膝を呈しており、その治療のために本件装具の装着が必要であると判断していることからすると、積極的な手術的療法も1つの選択肢になるが、実際の臨床の場では侵襲を伴う手術的療法を避け、保存的療法を強く希望する場合も少なくないことなどからすると、当該傷病に対する治療は継続中であり、本件装具装着についても当該傷病の治療遂行上、必要不可欠な範囲の装具として認めるべきものと判断される」などとして、処分を取り消した。

ポイント

　社会保険審査会は、医師に対する保険者の照会について、裁決文の中で次のように指摘している。

　　医師に対する○○支部長からの本件装具の作成（装着）を必要と認められた理由についての照会をみると、「ケガの治療のため」、「日常生活や職業上の必要性のため」、「その他」の3つの選択肢が挙げられた上で、医師の回答を求めているが、B医師が、Aを初診したのは平成○年○月中旬の交通事故受傷から既に4ヵ月程経過した平成○年○月○日であったこと、当時の傷病名は急性のケガではなく、「変形性膝関節症」あるいは「動揺膝」であったことを考えると、B医師が、上記3つの選択肢の中から、急性期治療に相当する「ケガの治療のため」を選択することには無理があり、当該傷病に対する社会復帰、リハビリテーションの概念を含めた広義の治療としての「日常生活や職業上の必要性のため」を選択せざるを得なかったものと推察される。そうして、より客観的かつ公正、公平な医師の判断を求めるためには、上記の3つの選択肢に加え、照会当時においてB医師が実際に治療対象としていた「当該傷病の治療のため」という選択肢を加えて照会することが必要であったと思料される。すなわち、当該傷病の変形性膝関節症の原因として、既に記載したように、明らかな外傷（ケガ）が特定できる場合もあるものの、多くの場合は、ケガなどの外傷・外因を特定できず、生活習慣、加齢による影響などを含め複数の原因で発症することが

稀ではないことから、本件においては、ケガとの相当因果関係の存否を問題にするまでもなく、当時治療中であった当該傷病の治療のために本件装具の作成(装着)が必要であったと認めることができるのである。

事例65 平成27年(健)第527号 平成28年3月30日裁決 容認

海外の医療機関等で診療を受けたケース

請求人はその被扶養者の卵巣癌に対する抗癌剤治療および検査のため、○○国の病院で受けた診療に要した費用について家族療養費を請求した。○○健康保険組合は一定額の家族療養費を支給したが、それを超える家族療養費の支給はしない処分を行った。請求人はこれを不服として、再審査請求を行った。

社会保険審査会は、

- 請求人から提出された各資料によって、その療養に要した費用の額の算定は可能であるというべきであり、仮に費目によって内容が確定できず、困難な部分が存するとしても、当該部分について、国内における同様の傷病に係る療養において対応する部分に要する費用の実績額により算定すれば足りるものと解される。

- 保険組合において、改めて請求人から提出された資料に基づいて支給額を算定し、仮にそれが困難な部分があるというのであれば、医科診療報酬点数表等のより適切な資料に基づいて、国内における同様の傷病に係る療養に要する費用の実績額を算定する必要があるというべきである。

などとして、処分を取り消した。

ポイント

社会保険審査会は、保険者の対応について、裁決文の中で次のように指摘している。

保険組合は、請求人から提出された上記の各資料に基づいて算定しようとすることなく、当初提出に係る資料に内容が不明な部分のあることを理由に、直ちに証拠書類による算定が困難であるとして、(略)算定方法※に依拠したものと認められるのである。しかも、その算定に当たっては、厚生労働省保険局保険課(以下「保険課」という。)による平成○年社会医療診療行為別調査(平成○年○月調査分)(以下「参考資料」という。)の「その他の悪性新生物」の入院外の1日当たり点数である○○○○点を参考としているのであるが、この参考資料については、保険課からの事務連絡において、「この参考資料の傷病別(入院、入院外別)の「(参考)1日当たり点数」は、社会医療診療行為別調査結果を用い当課(注:保険課を指す。)で機械的に算出したものであり、症状や診療行為などの違いによる評価が反映されていないため、これを画一的に用いることのないよう・・・取り扱われたくお願いいたします。」とされているように、各診療案件における症状や診療行為等に係る個別の事情は考慮されていないものであり、本件のような両側卵巣、子宮、大網、盲腸の摘出を要する重大な症状が認められる傷病に係る診療行為に関して、このような参考資料を用いて療養に要した費用の額の算定を行うのは相当でないとも考えられるのである。

※本件保険組合作成の「海外療養費支給のお知らせ」と題する書面で、「日本国内の保険医療機関では、ほとんどの医療行為・薬剤等に対し、細かく点数(料金)が定められており、その点数を基に医療費が算出されますが、海外において診療を受けた場合、その診療を受けた国により、医療費の基準は異なっています。従いまして、同様の疾患に対して、日本国内の保険医療機関で診療を受けた場合にかかる一日当たりの平均点数に基づいて支給額を決定します。(点数は、1点=10円となります。)」となっていることを指す。

治療遂行上、必要不可欠な靴型装具であれば、我が国の生活習慣に照らして、屋外用と屋内用の2足が必要と認められる

　請求人はその被扶養者であるAの重度両外反扁平足の治療のため、両靴型装具(屋内用・屋外用各1足ずつ)を常時装着する必要があるとして、その購入に要した費用について家族療養費を請求した。○○健康保険協会○○支部は1足分の装具の費用は支給したが、「疾病の治療遂行上必要不可欠な範囲のものと認められない」として、もう1足分については家族療養費を支給しない処分を行った。請求人はこれを不服として、再審査請求を行った。

　社会保険審査会は、

- Aのように重症で将来手術が必要と考えられる場合は、医師の指摘のように、歩行能力の維持と痛みの緩和や変形の進行を予防するため靴型装具は治療遂行上必要不可欠な装具であり、また、装具等で矯正をする場合は少なくとも日に8時間以上の装着が必要であることも医学的に認められている事実である。

- 幼稚園や小学校においては通常、屋外用の下履きの靴と屋内用の上履きの靴を区別し、履き替えて使用するのが当然のこととされており、ひとつの靴型装具を屋外だけでなく屋内でも装着して使用することは一般的ではなく、教育上や衛生学的観点からも適切ではない。社会通念上も我が国の生活習慣に照らして、屋外で使用する靴をそのまま居住空間で使用することには違和感があり、屋外用と屋内用の靴を区別して履き替えて使用するのは単に日常生活上の利便のためということはできない。本件のような靴型装具も履き替えて使用するので、1足のみでは屋外か屋内のどちらかで靴型装具を使用するのが難しくなる。

などとして、処分を取り消した。

両下肢原発性リンパ浮腫治療のための弾性ストッキングの療養費

　請求人は、左下肢原発性リンパ浮腫の治療のため装着した弾性ストッキングの購入に要した費用について、○○健康保険組合に療養費を請求したが、「四肢のリンパ浮腫治療のための弾性着衣等に係る療養費の支給については、支給対象となる疾病が『リンパ節郭清術を伴う悪性腫瘍(悪性黒色腫、乳腺をはじめとする腋窩部のリンパ節郭清を伴う悪性腫瘍、子宮悪性腫瘍、子宮附属器悪性腫瘍、前立腺悪性腫瘍及び膀胱をはじめとする泌尿器系の骨盤内のリンパ節郭清を伴う悪性腫瘍)の術後に発生する四肢のリンパ浮腫』となっており、上記疾病に該当しないため」として、支給しない処分を行った。請求人はこれを不服として、再審査請求を行った。

　弾性ストッキング、弾性スリーブ、弾性グローブ及び弾性包帯に係る療養費の支給については、「四肢のリンパ浮腫治療のための弾性着衣等に係る療養費の支給について」(平成20年3月21日保発第0321002号)により、平成20年4月1日から療養費の支給対象とするとされており、そこに「腋窩、骨盤内の広範なリンパ節郭清術を伴う悪性腫瘍の術後に発生する四肢のリンパ浮腫の重篤化予防のために、医師の指示に基づき購入する弾性着衣等について、療養費の支給対象とする」と明記されている。支給対象となる疾病は「リンパ節郭清術に伴う悪性腫瘍(悪性黒色腫、乳腺をはじめとする腋窩部のリンパ節郭清を伴う悪性腫瘍、子宮悪性腫瘍、子宮附属器悪性腫瘍、前立腺悪性腫瘍及び膀胱をはじめとする泌尿器系の骨盤内のリンパ節郭清術を伴う悪性腫瘍)の術後

に発生する四肢のリンパ浮腫」とされている。

- 請求人の傷病名は「左下肢原発性リンパ浮腫」とされ、通知に列挙されている術後のリンパ浮腫に含まれないが、リンパ浮腫はそれが悪性腫瘍の術後のものであれ、原発性のものであれ、リンパ系の機能障害でリンパ液が患肢に貯留して発症する浮腫であるということにおいては、その発生機序において変わるところはないと考えられる。
- 現在リンパ浮腫の治療に関しては、日常生活指導、足のマッサージ、足への圧迫療法（弾性ストッキングなど）の3つが主たるものであり、弾性ストッキングの有用性については多くの論文、著書が公表されているのであるから、弾性ストッキングによる患肢の圧迫効果は広く認められている。
- リンパ浮腫を放置すると、リンパの流れがうっ滞することにより皮下にリンパ液が滲出し、易感染の状態になるので、ちょっとした傷でも蜂窩織炎等の重篤な感染症を引き起こしたり、また、軽い感染症を繰り返すことにより、皮膚の硬化等の器質的障害を引き起こす可能性があることを考慮すると、弾性ストッキングの装着は、その唯一ともいえる予防的治療法であるといえる。
- 通知が、弾性ストッキングに係る療養費の支給について、その対象となる疾病を掲記したものに限定してそれ以外の疾病による場合には全く支給しないとする趣旨であるとするのは相当とはいえない。
- 当該傷病の治療上における弾性ストッキングの必要性、有用性は上記のとおりであることからすれば、当該傷病について、その原発性であることを理由に療養費の支給対象から除外することは療養費支給の趣旨・目的に照らして合理的なものであるとはいえない。

などとして、処分を取り消した。

ポイント

本事例と、事例19（平成29年（健）第5397号）、事例63（平成27年（健）第220号）は、同一の請求人および保険者だと思われる。

事例68　平成28年（健）第5177号　平成29年9月29日裁決　一部容認

左下肢の血管形成異常治療のための弾性ストッキングの療養費

請求人は左下肢の血管形成異常（血管奇形）の治療のため、弾性ストッキング4着の購入に要した費用について療養費を請求したが、全国健康保険協会は「弾性着衣の支給対象となる疾病は、リンパ節郭清術を伴う悪性腫瘍の術後に発生する四肢のリンパ浮腫に限られており、血管形成異常は支給対象外である」として、支給しない処分を行った。請求人はこれを不服として、再審査請求を行った。

社会保険審査会は、

- 弾性ストッキング等に係る療養費の支給については、「四肢のリンパ浮腫治療のための弾性着衣等に係る療養費の支給について」（平成20年3月21日保発第0321002号）により、平成20年4月1日から療養費の支給対象とするとされている。そして、これに係る保険局医療課長通知（保医発第0321001号）では、腋窩、骨盤内の広範なリンパ節郭清術を伴う悪性腫瘍の術後に発生する四肢のリンパ浮腫の重篤化予防のために医師の指示に基づき購入する弾性着衣等について、療養費の支給対象とすると明記され、支給対象となる疾病は、「リンパ節郭清術に伴う悪性腫瘍（悪性黒色腫、乳腺をはじめとする腋窩部のリンパ節郭清を伴う悪性腫瘍、子宮悪性腫瘍、子宮附属器悪性腫瘍、前立腺悪性腫瘍及び膀胱をはじめとする泌尿器系の骨盤内のリンパ節郭清術を伴う悪性腫瘍）の術後に発生する四肢のリンパ浮腫」とされている。

- 請求人の傷病名は「血管形成異常」とされており、通知に列挙されている術後のリンパ浮腫に含まれていないが、リンパ浮腫はそれが悪性腫瘍の術後のものであれ原発性のものであれ、リンパ系の機能障害でリンパ液が患肢に貯留して発症する浮腫であることにおいては、その発生機序において変わるところはないと考えられる。
- 現在リンパ浮腫の治療に関しては、日常生活指導、足のマッサージ、足への圧迫療法(弾性ストッキングなど)の3つが主たるものであり、弾性ストッキングの有用性については多くの論文、著書が公表されているのであるから、弾性ストッキングによる患肢の圧迫効果は、広く認められているといえ、さらに、リンパ浮腫を放置するとリンパの流れがうっ滞することにより皮下にリンパ液が滲出し、易感染の状態になるので、軽微な傷でも蜂窩織炎等の重篤な感染症を引き起こしたり、皮膚の硬化等の器質的障害を引き起こす可能性があることを考慮すると、弾性ストッキングの装着は、その唯一ともいえる予防的治療法であるといえる。
- 通知が弾性ストッキングに係る療養費の支給について、その対象となる疾病を掲記したものに限定して、それ以外の疾病による場合には全く支給しないとする趣旨であるとすれば、それは相当とはいえないのであって、通知をそのようなものと考えるべきではない。
- 医師は請求人の当該傷病について静脈、リンパ管の形成異常により左下肢の高度な腫脹が認められる、幼少児よりの皮膚色素沈着、静脈蛇行、リンパ浮腫により下肢の左右差などを認めるため、長期間の継続的加療が必要で、下肢腫脹の治療は「弾性着衣による生涯にわたる継続的管理」が必要な状態である、と診断しているのだから、当該傷病について原発性であることを理由に療養費の支給対象から除外することは、療養費支給の趣旨・目的に照らして合理的なものであるとはいえない。

などとして、処分を取り消した。

なお、通知では1度に購入する弾性着衣は洗い替えを考慮し装着部位ごとに2着を限度となっているが、請求人は「膠原病などの合併症がありステロイド治療中であり、皮膚が弱く、また疼痛もあるため着圧が30mmHg以上の弾性ストッキングは着用できないので、着圧が20mmHg以下のものを重ね履きする必要があり、洗い替えを考慮して4着が必要である」と主張したが、社会保険審査会は「着圧の低い弾性ストッキングを重ね履きする方法のほかにも着圧の低い弾性ストッキングと弾性包帯を併用する方法などがあり、弾性ストッキングの重ね履きの方法によらなければならないとする合理的な根拠が示されているとはいえない」として、これに関する請求人の主張は認められず、本件装具の購入に要した費用は2着を限度として療養費支給の対象と認められた。

> **ポイント**
>
> 　現在は、通知「『四肢のリンパ浮腫治療のための弾性着衣等に係る療養費の支給における留意事項について』の一部改正について」(令和2年3月27日保医発0327第7号)によって、支給対象は変更されている(➡事例19のポイント参照)。

| 事例69 | 平成30年(健)第671号 | 令和元年11月29日裁決 | 容認 |

特定給付対象療養の療養の給付は、世帯合算から除外して高額療養費算定基準額を算定しなければならない

請求人は○○健康保険組合に対し合算高額療養費支給の申請をしたところ、○○健康保険組合は「多数

該当の場合の自己負担限度額を超えていない」として、高額療養費を支給しない処分を行った。健康保険法施行令第41条では、特定給付対象療養に係る高額療養費について、原則として世帯合算の対象から外して算定することとしているが、○○健康保険組合ではいくつかの療養の給付を特定給付対象療養として扱わず、世帯合算の対象として高額療養費算定基準額を算出し、その結果、自己負担限度額を超えていないとして不支給としていた。請求人はこれを不服として、再審査請求を行った。

社会保険審査会は、

- 特定給付対象療養の範囲は小児慢性特定疾病医療費の支給、障害者の自立支援医療費の支給などと定められているが、これらはいずれも医療保険の自己負担分を公費により補てんするいわゆる保険優先の公費負担医療が行われる療養である。また、「都道府県又は市町村が行う医療に関する給付であつて、前各号に掲げる医療に関する給付に準ずるもの」ともされている。
- 請求人の家族に対する療養の給付では、○○区の義務教育就学児に係る医療費助成事業の対象であることが認められ、公費により一部負担金の額が0円となっている。また、支払決定通知書等に記載の「○○診療分は"区分：ウ"の自己負担限度額までの支給」との付記は、高額療養費算定基準額（自己負担限度額）まで医療費助成金を支給する意と解される。
- 同区の義務教育就学児に係る医療費助成事業は、医療保険の自己負担分を公費により補てんするいわゆる保険優先の公費負担と認めるのが相当であり、「都道府県又は市町村が行う医療に関する給付であつて、前各号に掲げる医療に関する給付に準ずるもの」に該当すると認められる。
- これらのことから、本件療養の給付は特定給付対象療養として扱うべきであり、特定給付対象療養とせずに世帯合算の対象として高額療養費算定基準額を算定し高額療養費を支給しないとした原処分は適法とはいえない。

として、処分を取り消した。

事例70 平成30年（健）第121号　　平成30年11月30日裁決　　　　容認

第三者行為による損害賠償金のうち、保険者が免責される保険給付額は保険者負担相当額のみである

　請求人は不眠症の療養のため医療機関を受診し、療養費を請求した。○○健康保険組合は一定額の療養費は支給したものの、「それ以上の療養費は支給しない」との処分を行った。請求人はこれを不服として、再審査請求を行った。

　請求人は、ある人物の言動により不眠症を患ったため、この人物に対し医療費等と慰謝料を求める少額訴訟を起こした。その結果、相手方が請求人に対し解決金を支払うことで和解が成立している。この経緯から○○健康保険組合は、「一部負担金相当額」と「請求人が相手方から受けた損害賠償額」を療養費から控除した額の限度で療養費を支給し、それ以上の支給をしないとしたのである。

　健康保険法第57条では、被保険者が保険者からの保険給付と第三者からの損害賠償の両方を受けた場合、その保険給付のうちの保険者負担部分について被保険者が二重の利得を受けたことになることから、二重の利得の保持を防止することによりこれを調整し、保険者、被保険者、加害者間の負担の公平を図っている。

　社会保険審査会は、

- 損害賠償金のうち、保険者負担相当額を被保険者が受領すると二重の利得が生じる（損害賠償金＋保険給

付額)。そのため、保険者が免責される保険給付額は、損害賠償金のうちの保険者負担相当額(100分の70)と解するのが相当である。

- 保険者は、免責される価額は被保険者が医療費の損害賠償として受けた額の全部と解すべきと主張する。しかし、損害賠償金のうちの保険者負担相当額と、保険給付のうちの保険者負担部分の両方を被保険者が受けることが二重の利得になるのだから、保険者が免責を受ける保険給付の額も、重複する部分(損害賠償金のうちの保険者負担相当額)に限ると解すべきである。
- 被保険者の一部負担金相当額に充当されるべき部分の損害賠償金まで保険者が優先的に免責されるような解釈は、二重の利得防止の趣旨を超えて保険者を優遇するものであり、合理性があるとはいえない。

として、処分を取り消した。

事例71 平成30年(健)第308号　　平成31年4月26日裁決　　容認

保険者が高額療養費支給の申請を促す「お知らせ」を送付しなかったために生じた高額療養費の時効消滅は、無効である

請求人は全国健康保険協会〇〇支部に対し、高額療養費を請求した。しかし、全国健康保険協会〇〇支部は、「保険給付を受ける権利が時効(2年)により消滅している」との理由で、高額療養費を不支給とする処分を行った。請求人はこれを不服として、再審請求を行った。

高額療養費制度の複雑化によって申請漏れが改善されなかったことから、社会保険庁(当時)は「保険者は受給要件を具備していながらその申請をしていない被保険者に対し、『お知らせ』を送付すること」とする通知を発出している。これに基づき、全国健康保険協会〇〇支部でも、医療機関から診療報酬明細書到着後6ヵ月を経過しても高額療養費の請求がないものを調査し、該当者に対して毎月、高額療養費支給の申請を促す「お知らせ」を送付していた。

請求人は、本件請求月の前後の月は上記の「お知らせ」が送付されたので、高額療養費支給の申請をしてその支給を受けたが、本件請求月には「お知らせ」が送付されなかったため、この月分の高額療養費を請求できるのを知らないまま、時効期間が過ぎていた。

社会保険審査会は、

- 「お知らせ」で高額療養費支給申請を促すことは保険者の法的義務でないが、全国健康保険協会は通知に従うべき行政上の義務がある。また、実際に通知に従い「お知らせ」を送付して高額療養費支給申請を促すことを通常の事務処理としており、これまでこのような経緯で不服申立てがされた例はなかった。
- 本件のみ通常の事務処理がされなかったことによる不利益を請求人が甘受すべき理由は見当たらず、通常の事務処理がされていれば、請求人は時効消滅前に高額療養費支給を申請していたものと認められる。
- これらの事情から、全国健康保険協会が時効を援用することは平等原則に反し、著しく不当であり、信義則上も許されない。

として、処分を取り消した。

事例72　平成25年(健)第862号　平成26年3月31日裁決　　　　　　　棄却

柔道整復師の施術に係る療養費

　請求人はその被扶養者が頚部捻挫、背部挫傷に係る柔道整復師による施術に要した費用について、療養費を請求したが、○○健康保険組合は「受診者照会したところ、"1年以上前から肩が重く、頭痛がするため施術を受けた"との回答だったので、外傷のけがではなく慢性的な痛みのため保険適用外である」として支給しない処分を行った。請求人はこれを不服として、再審査請求を行った。

　社会保険審査会は、「当該傷病は負傷からすでに4年5ヵ月を経過したものであり、また、保険者組合の照会に対する回答によれば、1年以上前から継続し、家事をしているときに感じる痛みであり、施術通院の理由は"肩が重く、頭痛がするため"としているのであるから、施術の対象となっている傷病は1年以上も前から慢性的に継続している肩の重さ、頭痛のためであり、療養費の支給対象とすべき急性または亜急性の外傷性の傷病に該当しない」などとして、請求を棄却した。

事例73　平成25年(健)第1656号　平成26年9月29日裁決　　　　　　容認

"あはき"の往療料

　請求人はその被扶養家族が頭部外傷、体幹機能障害等の療養のため往療によるあんま・マッサージ施術を受け、家族療養費を請求したが、○○健康保険組合は「真に安静を必要とするやむを得ない理由とは認められない」として、療養費のうち往療料に係る部分そ不支給とする処分を行った。請求人はこれを不服として、再審査請求を行った。

　社会保険審査会は、「医師によってマッサージが必要とされている。また、事故のケガがもとで障害等級1級の障害基礎年金を受給していることから、通院によってマッサージを受けることが困難な状況にあると認められる」などとして、処分を取り消した。

事例74　平成26年(健)第428号　平成27年2月27日裁決　　　　　　　棄却

柔道整復師の施術に係る療養費

　請求人はその被扶養者が頚部捻挫、右肩関節捻挫の療養のため、a病院b院B柔道整復師による施術を受けたとして、療養費を請求したが、○○健康保険組合は「a病院b院にて施術を受けていたが、その後も医療機関における受診治療などはなく、整骨院にて継続的に施術を受けており、これは慢性的な痛みにおける緩和施術とみなされ、急性の療養とは考えらない」として支給しない処分を行った。また、請求人は、これと同様に当該傷病の療養のため、B柔道整復師による施術を受けたとして、その施術に要した費用について療養費を請求したが、同健康保険組合は「長期にわたる施術、並びに慢性的右肩関節、頚部のマッサージによる施術になるため」として支給しない処分を行った。請求人は2つの処分を不服として、再審査請求を行った。

　社会保険審査会は、「当該傷病と同一部位である頚部の施術が35回、右肩の施術が34回に上っていること、その反面、請求人が同一期間に同一部位について医師の診療を受けたことが一回もないことを併せ考慮すると、当該傷病が急性又は亜急性の外傷の骨折、脱臼又は捻挫とは認め難く、B柔道整復師による施術は、慢性的な痛みの緩和施術と認めるのが相当であるから、本件の施術が療養費の支給対象となる負傷

には該当しないというべきである」などとして、請求を棄却した。

施術前に医療機関を受診し、医師による診察や指導を受けるべき

　請求人は左膝関節捻挫(請求傷病A)および右肩関節捻挫(請求傷病B)の療養のため、柔道整復師から受けた施術に要した費用について、療養費を請求した。○○保険組合は「医科との重複、非外傷性のため」という理由により、療養費を支給しない処分を行った。請求人はこれを不服として社会保険審査官に審査請求をしたところ、審査官は請求傷病Bに関する処分を取り消し、請求傷病Aについては棄却する旨の決定を行った。請求人はなおも請求傷病Aの処分を不服として、再審査請求を行った。

　社会保険審査会は、

- 請求人は血友病A、血友病関節炎(右股関節・両膝関節)等によりa病院を受診し、左膝関節に対して人工関節置換術を受けている。プールでウォーキング中、足がもつれた際捻り負傷したとして柔道整復師による施術を受けているが、負傷年月日は人工関節置換術からわずか○日後に相当し、施術を受けた時期は血友病性関節症の治療過程の時期に当たっている。たとえ受傷時に疼痛、発赤などの自覚症状等がなかったにしても、施術を受ける前に医療機関を受診し、人工関節置換術後に生じる可能性がある関節内出血等に対して医師による診察や指導を受けるべきであった。

- 施術を担当した柔道整復師も、本件の場合のように長期間にわたり内科的疾患である血友病Aを有した患者が血友病に起因する関節障害のために人工関節置換術を行い、術後間もない時期に人工関節置換をしたその関節に対する施術を実施するにあたっては、施術前に請求人に対して専門医療機関を受診することを促し、施術の可否について医師の承諾を得るべきであった。

- 基礎疾患が内科的疾患の血友病Aで、血友病性関節症に対する施術であることから、血液凝固第8因子製剤の投与を継続して受けていた時期の4日後の受傷であったことも考慮すると、施術対象の左膝関節捻挫が内科的疾患を基盤とする血友病性関節症に関連するものではなく、急性・亜急性の外傷性であると判断したことにも疑問の余地が残る。

- 施術部位は血友病性関節症のために人工関節置換術を受けた関節であるから、これを血友病または人工関節置換術後の問題ではないと確実に断定する根拠はなく、科学的に判断するために必要な医療機関への受診もなかった。

- 以上のことから、療養費の支給対象とすべき急性または亜急性の外傷性の外傷と判断することは困難であり、術後に生じた関節症とも認められることから、医科との重複、非外傷性のためという理由をもってなされた処分は妥当である。

として、請求を棄却した。

柔道整復師の施術に係る療養費

　請求人の被扶養者はa病院施術者のBから施術(腰部捻挫および左股関節捻挫の施術で17日間、同傷病で21日間と24日間、右手関節捻挫の施術で16日間の合計78日間)を受け、これらの施術に要した費用を療養費として請求したが、○○健康保険組合は「療養費の支給基準を満たさないため」として療養費として支給しない処分を

行った。請求人はこれを不服として、再審査請求を行った。

　社会保険審査会は、「請求期間4か月のうち78日もの極めて長期にわたり、ほぼ連日、定常化した状態で頻繁に施術を受けなければならない状況を生じさせることは、理想的な療養の姿とはいえず、さらに、施術を受けた同日に柔道の練習を継続したことにより、新たな負傷を招いている背景・経過などを総合的に判断すると、保険者の行った原処分が保険者に与えられた裁量権を逸脱し、またはこれを濫用するものということはできない」などとして、請求を棄却した。

事例77　平成26年(健)第1066号　平成27年8月28日裁決　棄却

医師の同意から3ヵ月経過したはり・きゅうの施術

　請求人は神経痛の療養のため、a鍼灸院のA鍼灸師から受けた施術に要した費用について療養費として支給を受けた(既支給分)。引き続き当該傷病の療養のためA鍼灸師からはり・きゅう施術を受けたとして療養費の請求をしたところ、全国健康保険協会○○支部は「施術について、医師の同意がないため」として、支給しない処分を行った。この請求を契機に、全国健康保険協会○○支部がそれまでの各支給処分について再度検討したところ、それまでのはり・きゅう施術についても医師の同意がないことが判明したことから、支給した療養費合計26万3,938円の返還を求めた。請求人はこれを不服として、再審査請求を行った。

　社会保険審査会は、

- 既支給分について、療養費支給申請書の「同意記録」欄にはB医師による同意の記載があるが、この同意の日から3ヵ月経過後の施術にかかる療養費の支給申請によりなされており、昭和42年通知および平成16年通知の取扱いに反して、医師の同意のないはり・きゅうの施術に支給するとした処分というほかなく、妥当ではない。
- 請求人は医師による同意のないままはり・きゅう施術を受けたのであるから、「請求人に対して療養の現物給付を行うことが困難であると認めるとき」には当たらない。また、保険医でないA鍼灸師のはり・きゅう施術を受けたことがやむを得ないと認めるべき事由を認めるに足りる資料はない。

などとして、請求を棄却した。

　なお、療養費の返還請求に対する請求人の不服については、「返還請求は本件各支給処分が取り消されたことにより請求人がその利得を受ける法律上の根拠が失われたことを原因として、その返還を求める私法上の請求権に基づく請求であるから行政処分ではなく、これを不服の対象として再審査請求をすることはできない」として退けた。

ポイント

　通知「はり、きゅう及びマッサージの施術に係る療養費の取扱いについて」(昭和42年9月18日保発第32号)では、医師の施術同意書について「はり及びきゅうの場合」は「同意書又は、診断書に加療期間の記載のあるときは、その期間内。なお、療養費は初療の日から三か月を限度として支給するものであるから、三か月をこえる期間が記載されていてもそのこえる期間は、療養費の支給はできないものであること」としている。

　これを受けて、「はり師、きゅう師及びあん摩・マッサージ・指圧師の施術に係る療養費の支給の留意事項等について」(平成16年10月1日保医発1001002号)でも医師の同意の期限を3ヵ月としているが、「はり師、きゅう師及びあん摩・マッサージ・指圧師の施術に係る療養費の支給の留意事項等について」の一部改正について(平成30年6月20日保医発0620第1号)で下記のように改正され、現在は6ヵ月となっている。

　　1　同意書又は診断書に加療期間の記載のあるときは、その期間内は療養費を支給して差し支えないこと。

　　　　ただし、初療又は医師による再同意日から起算して6ヶ月（初療又は再同意日が月の15日以前の場合は当該月の5ヶ月後の月の末日とし、月の16日以降の場合は当該月の6ヶ月後の月の末日とする。）を超える期間が記載されていても、その超える期間は療養費の支給はできないものであり、引き続き支給を行おうとする場合は、改めて医師の同意を必要とすること。

　　　　加療期間の記載のない同意書、診断書に基づき支給を行おうとする場合、初療又は医師による再同意日が、月の15日以前の場合は当該月の5ヶ月後の月の末日、月の16日以降の場合は当該月の6ヶ月後の月の末日までの期間内は療養費を支給して差し支えないこと。

事例78　　平成27年(健)第801号　平成27年(健)第811号　平成28年5月30日裁決　　一部容認

柔道整復師の施術に係る療養費

　請求人は請求期間A（5日間）、請求期間B（2日間)について左膝関節捻挫の療養のため、請求期間C（2日間)について左肩関節捻挫の療養のため、それぞれ柔道整復師による施術を受けたとして療養費を請求した。○○健康保険組合は請求期間A・Bについて「過去、左変形性膝関節症の診断を受け、薬剤の処方も受けている。左膝関節捻挫の部位は左変形膝関節症に関連するものである。また、b病院では左変形関節捻挫の傷病名は見当たらない」との理由で支給しない処分(処分A・処分B)を行い、請求期間Cについて「過去に左肩関節を負傷したとして整骨院で施術を受けている。請求の左肩関節捻挫は過去の負傷によるものと考えられ、柔道整復施術療養費としての請求要件を満たしていない」として、支給しない処分(処分C)を行った。請求人はこれを不服として、再審査請求を行った。

　社会保険審査会は、請求期間AとBについては、「捻挫の受傷機転が明らかでないとして、柔道整復の施術を受ける6日前に同一部位に変形性膝関節症の治療を受けていたことをもって捻挫ではないと断定することはできない。請求期間Aおよび請求期間Bにおける施術を捻挫ではなく非外傷性の症状に対するものであるとの保険者の判断は推測に基づくものであるといわざるを得ない」などとして、処分A・Bを取り消した。

　請求期間Cについては、「左肩関節に関しては変形性関節症で水腫が溜まったとの記載もなく、変形性肩関節症に罹患していたとの資料もないので、関節内の滑膜が肥厚していたとは考えられない。また、肩関節は人体の関節の中で最も可動域の大きい関節であり、鉄棒や格闘技あるいは不慮の事故や故意の外力が加わらない限り、掃除等の日常生活における通常の動作で捻挫することはまずあり得ない関節である。さらに、提出されている診療報酬明細書にも肩関節捻挫や請求人の年齢に好発する肩関節周囲炎等の既往がないこと、A柔道整復師が2〜3日前から違和感と痛みがあったことを認めていること等を考慮すると、傷病名は左膝関節捻挫とされてはいるものの、その判断には疑問があるといわざるを得ない。そうすると、左膝関節捻挫と判断された請求人の肩の痛みは、非外傷性の肩関節痛であったと考えるのが相当である」として、処分Cに対する請求を棄却した。

慢性的な痛みの緩和施術と判断される

　請求人はその被扶養者Aが右大腿部筋損傷(下部)、左大腿部筋損傷(下部)、左胸部筋損傷(側胸)の療養のため柔道整復師より受けた施術の費用について、家族療養費を請求した。○○健康保険組合は、「受診者の回答により、療養費の支給対象である負傷とは認められない」として、支給しない処分を行った。請求人はこれを不服として、再審査請求を行った。

　社会保険審査会は、「保険者組合からの照会に対してAは『手術前と同じ普通の生活をしていて仕事や家事もしているが、しびれが出てくるようになった。打ったとかギックリ腰とか外的なものではない』と回答していることや、Aが平成○年○月から平成○年○月までの間に医師の診療を受けたのは2日(傷病名はいずれも頚肩腕症候群)が確認されるのみであることに照らすと、当該傷病が急性または亜急性の外傷性の骨折、脱臼または捻挫であるとは認め難く、請求期間における施術は慢性的な痛みの緩和施術と認めるのが相当である」などとして、請求を棄却した。

はり・きゅうの療養費——医師の同意書が認められなかったケース

　請求人は頚腕症候群の療養のため、8日間、20日間、20日間、17日間、10日間の各期間についてはり・きゅうの施術を受けたとして療養費を請求した。○○健康保険組合は「申請内容を審査するにあたり、貴殿に施術に関しての内容を照会したところ、はり・きゅうの施術を受けるまで医療機関(整形外科等)で治療を受けられていないとの回答がありました。健康保険において、はり・きゅうの施術を受けられた場合に療養費が支給されるのは、慢性病であって医師による適当な治療手段がないものとされており、整形外科医等の医療機関の医師が医学的な見地からはり・きゅうの施術を受けることを認めて同意をしたものに限られます。したがって、医療機関での治療を受けずにはり・きゅうの施術を受けられた場合や医療機関での治療と並行してはり・きゅうの施術を受けられる場合は、健康保険の対象外となります」として、支給しない処分を行った。請求人はこれを不服として、再審査請求を行った。

　社会保険審査会は、「請求人は当該傷病について医師の同意を受けてはり・きゅうの施術を受けているが、その期間および実日数からかんがみると、当該傷病の症状は頻回かつ継続した施術が必要な程度のものであったと認められ、そのような症状に対する治療を受けるために医療機関を受診したと考え得るところ、受診した医療機関では初診であるにもかかわらず、当該傷病の治療に向けてその原因等を探求するための諸検査や単純撮影程度の画像診断もしておらず、症状の程度に応じてその軽減等を図るための薬剤の処方等をすることもなく、はり・きゅうの施術に係る同意書を交付しているものといわざるを得ない。本来、"同意書は、医師の医学的所見、症状経緯等から判断して発行されるもの"であるから、その同意は医師の適切な診断を受けたうえでされるべきものであるが、本件同意書はいずれもそのような実質を欠くものと考えざるを得ず、これをもって療養費の支給義務が生ずるものとはいえない」として、請求を棄却した。

悪性胸膜中皮腫の療養のためのマッサージ

　請求人は、その被扶養者が悪性胸膜中皮腫の療養のためマッサージ等の施術を受けたとして5つの期間について家族療養費を請求したが、全国健康保険協会○○支部は「療養費の支給対象であるマッサージとはいえないため」として、5つの期間とも家族療養費を支給しない処分を行った。請求人はこれを不服として、再審査請求を行った。

　社会保険審査会は、

- 5つの請求のいずれの申請書にもG医師作成の同意書が添付されており、傷病名または症状「悪性胸膜中皮腫」、概要「悪性胸膜中皮腫の症状により短距離の歩行でも呼吸が困難になるので往療の必要がある」と記載され、施術内容として5局所のマッサージ、温罨法および往療料が算定されている。

- 全国健康保険協会○○支部の照会に対するG医師作成の回答書面には、当該傷病による「関節拘縮」「筋麻痺」「またはそれに類する」症状の有無については「ある」、その具体的な症状については「左上肢リンパ管浮腫」、マッサージ施術を行うことでの治療効果について「症状緩和できるものと考えられる」とある。

- 請求人が再審査請求時に提出したG医師作成の診断書によれば、病名「悪性胸膜中皮腫」、付記「○年○月○日からリンパ浮腫による左上肢関節拘縮あり。手指、肘などの挙上が不自由となっている。また、悪性胸膜中皮腫による神経浸潤のため右上肢の関節拘縮あり。左上肢と同様の症状あり。両上肢が不自由であるため肩、背中、腰に慢性的に疼痛を伴っている。上記症状に伴いドアの開閉、転倒時起き上がりができず、悪性胸膜中皮腫により心肺機能の低下みられており軽労作により呼吸困難を認める。そのため、往療でマッサージを継続しており、今後も同様の対応が必要と考える」と記載されている。

- これらの事実を総合勘案するならば、左上肢についてはリンパ管浮腫により関節拘縮があり、手指、肘などの挙上が不自由になっているとされており、また、右上肢については当該傷病による神経浸潤のために関節拘縮があるとされ、左上肢と同様の症状であるとされている。

- 局所のリンパ浮腫の治療は、日常生活指導、マッサージ、足への圧迫療法(弾性ストッキングなど)の3つが主たるものであり、左上肢のリンパ管浮腫の原因は当該傷病による腫瘍の進展などによるリンパ管の閉塞が推察され、両上肢には当該傷病に起因する関節拘縮が認められるから、これに対するマッサージは療養費の支給対象となるいわゆる医療マッサージであると認めるのが相当である。

- G医師は、体幹、右下肢、左下肢に対するマッサージについても同意していることが認められるが、提出された資料からは、関節拘縮、筋麻痺、またはそれに類する症状があるとは認められないから、この3局所についてのマッサージはリンパ浮腫に対する局所へのリンパ液の停滞を予防および改善するためのマッサージと認められ、療養費の支給対象とすることはできない。

- 往療については、「悪性胸膜中皮腫の症状により短距離の歩行でも呼吸が困難になるので往療の必要がある」「悪性胸膜中皮腫により心肺機能の低下みられており軽労作により呼吸困難を認める」とされているので必要であると認められる。

- 両上肢に対するマッサージに要した費用(往療料も含む)について、家族療養費を支給すべきであり、処分の中で2局所(両上肢)に対するマッサージの施術に係る部分および往療料を支給しないとした部分は妥当ではないが、そのほかの処分は妥当である。

として、一部の処分を取り消した。

平成30年（健）第921号　　令和元年12月27日裁決　　　　　容認

「他の傷病で病院に通っているのだから、診察を受ける機会があったはず」として療養費を支給しないのは、保険者の裁量の範囲を逸脱している

　請求人は腰部捻挫の療養のため柔道整復師による施術を受け、療養費を請求したところ、〇〇健康保険組合は「同時期に保険医療機関に通院しており、接骨院・整骨院で施術を受けることがやむを得ないものと判断することができない」というa病院の回答を根拠に、「健康保険支給対象外の施術である」として療養費を支給しない処分を行った。請求人はこれを不服として、再審査請求を行った。

　社会保険審査会は、

- 請求人に係るa病院の診療報酬明細書（20通）には右膝関節炎および痛風発作、高脂血症、糖尿病が記載され、それら以外の傷病名の記載はない。また、同明細書には再診、医学管理およびその他（処方せん料）に係るものが記載され、それら以外の投薬、注射、処置、手術、検査等に係る診療報酬の記載はない。

- 柔道整復師によると当該傷病は「バレーボールでスパイクを打つ時に体を伸展した際に負傷」したものとされ、保険者組合は申請期間前、施術に要した費用について療養費を支給する処分をし、原処分後もその処分を維持している旨陳述しているから、当該傷病が少なくとも療養の支給対象となる急性の外傷性の捻挫である点については当事者間に争いはないものと認められる。

　　編注：裁決文では日時が伏せられているため詳細が明らかではないが、請求人は再審査請求の対象となっている期間以外にも施術を受けている。このときの施術は、〇〇健康保険組合によって「急性又は亜急性の外傷性の骨折、脱臼、打撲及び捻挫」であると認められ、療養費の支給を受けたものと思われる。

- 申請期間と前後の期間を含めて、請求人が当該傷病（腰部捻挫）について保険医療機関で療養の給付を受けた事実は認められず、〇〇健康保険組合も当該傷病が療養の支給対象とされる急性の外傷性の捻挫であることを認めているのであるから、施術に要した費用は療養費の支給対象と認めるべきである。

- 〇〇健康保険組合の「他の傷病（痛風発作、高脂血症など）であっても、整形外科を専門とする保険医療機関にかかっていれば、そこで当該傷病（腰部捻挫）についての診察を受ける機会はあったはずである」などとした判断は、保険者に許容される合理的裁量の範囲を逸脱したものといわざるを得ない。

として、処分を取り消した。

保険料・被保険者資格等

平成22年（健厚）第168号　　平成23年5月31日裁決　　　　　容認

月額変更届における保険者算定

　請求人は、a社に使用される利害関係人3名について月額変更届を提出したが、その際、修正平均算出表を添付し、月額平均値に基づく標準報酬月額は通常期と繁忙期とでは2等級以上の差があるため、報酬

月額の算定の特例（保険者算定）を適用して標準報酬月額を決定するよう、○○事務所に求めていた。これはa社が荒茶の再製加工と販売などを業務としており、荒茶製造の時期に当たる5月が最も多忙で残業時間も多く、残業手当も突出していたためである。

　しかし、○○事務所は、36年通知「健康保険法及び厚生年金保険法における標準報酬月額の定時決定及び随時改定の取扱いについて」では、「随時改定の場合に行う保険者算定は、昇給が遡及したため、それに伴う差額支給によって報酬月額に変動が生じた場合にすること」とされており、本件はこれに該当しないと判断して、保険者算定を適用せずに標準報酬月額を決定する処分を行った。請求人はこれを不服として、再審査請求を行った。

　社会保険審査会は、

- 通常期を基準に算定した3名の報酬月額は、実態との間に明らかな乖離がある。
- 厚生年金法における「保険者算定」は、応能負担の考えに基づく負担の公平が著しく損なわれると認められる場合、この乖離を解消するために行うことを認めたものである。
- 「応能負担の考えに基づく負担の公平が著しく損なわれる蓋然性が高い」ことについては具体的に何も定められていないため、社会保険庁長官は裁量によりこれを判断することができるが、その裁量が社会通念上著しく妥当性を欠いている場合には、例外的にその妥当性を否定することができると解される。
- 36年通知が、随時改定で保険者算定を行う場合として掲げる「昇給が遡及したため、それに伴う差額支給によって報酬月額に変動が生じた場合」としているのは、それ以外を「著しく不当である」とする趣旨ではなく、その場合に比肩すべき事情があるときにまで「著しく不当である」と認めることを否定するものではないと解するのが相当である。
- 保険者算定をしなかった裁量判断は、社会通念上著しく妥当性を欠いており、裁量権を付与した目的を逸脱したものというべきである。

などとして、処分を取り消した。

ポイント

　厚生労働省は、「『健康保険法及び厚生年金保険法における標準報酬月額の定時決定及び随時改定の取扱いについて』の一部改正について」（平成30年3月1日保発301第8号　➡P.242）で、年間平均額による保険者算定が随時改定、つまり月額変更届でも可能となるよう改めている。業務の性質上、季節的に報酬が変動することにより、通常の方法で随時改定を行うことが著しく不当である場合、年間平均による保険者算定の申し立てができ、この場合の例として次のような業種が挙げられている（同通知のQ&Aより）。

- 収穫期を迎える農産物の加工の業種
- 取り扱う魚種の漁期により加工作業が生じる水産加工業等の業種
- 夏・冬季に繁忙期または閑散期を迎えるホテル等の業種
- 業種を問わず、人事異動や決算など特定の時期が繁忙期となり残業代が増加する総務、会計等の部署

事例84　平成23年（健厚）第851号　　平成24年5月31日裁決　　　　棄却

震災特別法による保険料の免除

　請求人は、東日本大震災による震災特別法に基づき、特定被災区域に所在する事業所において、厚生年金保険料と健康保険料の免除を日本年金機構に申請し、承認された。その後、保険料の免除に該当しなく

なったため、免除終了届の提出して免除が終了となったが、免除に該当しなくなった月の末日納付分の保険料は免除にならないとの処分となった。請求人は、免除に該当しなくなった月までは免除されるものと考えていたため、これを不服として審査請求を行った。

　社会保険審査会は、「請求人は、免除に該当しなくなった月分の報酬については、その支払に著しい支障を生じることなく支給できたのであるから、保険者が免除不要としたことは妥当な取扱いであった」として、請求を棄却した。

※裁決文中では年月が伏せられ詳細が判別できないため、類推による概要となっています。

事例85　平成26年(健)第1237号　平成27年12月25日裁決　　　　　容認

役員報酬がなくても被保険者資格が認められるか

　適用事業所の事業主であり、またその事業所に使用される者としての被保険者であった請求人は、後期高齢者医療の被保険者に該当したことから被保険者資格喪失の届出をし、日本年金機構○○年金事務所は後期高齢者医療の被保険者に該当する日を被保険者資格の資格喪失年月日とする処置を行った。その後、請求人は備考欄に「会社は存続しています。平成○年○月○日より無報酬」と記載した厚生年金保険70歳以上被用者該当・不該当届を提出したところ、日本年金機構○○年金事務所は「請求人は75歳に到達した日よりも以前の日から無報酬であると判明した。被保険者資格の認定要件である労務の対償としての報酬を受けていないことから、報酬が支払われなくなった日が被保険者喪失日である」として、先の処置の喪失日を報酬が支払われなくなった日に訂正した。請求人はこれを不服として、再審査請求を行った。

　社会保険審査会は、「請求人は役員報酬が支払われなくなった月以降も、従前と同様、事業所においてその業務の一部または全部を担任していたと認められるのであるから、役員報酬の支払の有無にかかわらず請求人に被保険者資格を取得させることが必要と認められ、役員報酬の支払がないからといって被保険者資格を喪失させることは認められない」などとして、処分を取り消した。

事例86　平成27年(健)第1251号　平成28年12月27日裁決　　　　　容認

定時決定における短時間就労者の取扱い──保険者算定を適用すべきか

　請求人が勤務する事業所は報酬月額算定基礎届(定時決定)を提出し、○○健康保険組合はそれに基づいて請求人の標準報酬月額を決定する処分を行ったが、請求人はこれを不服とし、「支払基礎日数が17日未満である平成○年○月を算定の対象とすることは不当である」として、再審査請求を行った。

　社会保険審査会は、

- 請求人は、雇用期間を1年以下とする短期の雇用契約を10年以上にわたって繰り返し更新し続けていることが推認され、また、事業所における通常の就労者に適用される「従業員就業規則」によれば、通常の就労者の所定労働時間は1週間40時間以内、1日の就業時間は休憩時間を除いて8時間15分である。請求人の所定労働時間は1日当たり7時間、所定労働日数は原則として1週間に5日であるから、請求人の1週間当たりの所定労働時間は35時間(7時間／日×5日)となり、これは通常の就労者の所定労働時間1週間40時間の87.5%に相当する。また、1日当たりの所定労働時間にしても通常の就労者の8時間15分の84.8%を超えていることが認められ、請求人は4分の3要件を大きく上回って充足している。

- 事務連絡※1では、通知上の15日の算出根拠について、「短時間就労者の適用基準となる就労日数が通常の就労者の所定労働日数等のおおむね4分の3以上であることから、通常の支払基礎日数『20日』の4分の3の日数『15日』を用いていた」からとしている。

- 通知※2、事務連絡の趣旨を考えれば、請求人を短時間就労者として取り扱い、支払基礎日数が15日以上17日未満である月の報酬月額により標準報酬月額を算定することは妥当とは認められない。

- 以上によれば、請求人を短時間就労者として取り扱って算定した報酬月額は妥当とは認められず、算定基礎月の支払基礎日数はすべて17日未満なのであるから、標準報酬月額は健康保険法第44条の規定（保険者算定）に基づいて算定されるべきである。

などとして、処分を取り消した。

※1　地方社会保険事務局長あての社会保険庁運営部医療保険課、同部年金保険課の事務連絡「標準報酬月額の定時決定等における支払基礎日数の取扱いについて」（平成18年5月12日付）

※2　「標準報酬月額の定時決定等における支払基礎日数の取扱いについて」（平成18年5月12日庁保険発第0512001号、社会保険庁運営部医療保険課長・同部年金保険課長通知）

事例87　平成28年（健）第642号　平成29年3月31日裁決　　　　　却下

被扶養者認定不該当に関する再審査請求

請求人の被扶養者である妻Bについて、○○健康保険組合は「収入が扶養認定の基準以上となったため」として被扶養者認定を不該当とする旨の通知を行った。請求人はこの通知を不服として、再審査請求を行った。

社会保険審査会は、

- 本件における被扶養者認定を不該当とする旨の通知は、その内容からして、請求人の被扶養者とされていたBについて、収入が扶養認定の基準以上となったことを理由に被扶養者認定を不該当としたことを通知したものであり、被扶養者認定不該当日の前後において請求人の被保険者としての地位に変更はなく、その法的地位に何らの影響を及ぼすものではないから、Bの被扶養者認定を不該当とした事実を請求人に通知したものに過ぎず、健保法第180条第1項所定の被保険者の資格に関する処分には当たらないし、Bに係る家族療養費給付等の具体的な請求権に関するものではないから、保険給付に関する処分にも該当しないというべきである。

- 請求人は「Bの被扶養者性は請求人の被保険者としての資格の一部である」と主張するが、採用することはできない。また、請求人が引用する東京地方裁判所昭和58年1月26日判決（判例タイムス第497号第139頁）は、被扶養者は被保険者資格の取得の確認について法律上の利益を有しないことを判示したものであって、本件事案に適切ではない。

- 本件においては、直接請求人の権利義務を形成し、またはその範囲を確定することが法律上認められている公権力の行使としての「処分」は存在しない。そうすると本件審査請求は、不服の対象となる処分を欠くから不適法であり、その事柄の性質上、その不備を補正することができないから、これを却下すべきものである。

などとして、請求を却下した。

事例88 　平成28年(健)第5439号　　平成29年9月29日裁決　　　　　　　　棄却

任意継続被保険者資格の保険料の納付遅延

　請求人は健康保険の被保険者の資格を喪失後、任意継続被保険者資格の取得に係る申出をした。保険者である全国健康保険協会は任意継続資格の取得に係る申出を受理し、同年○月分及び○月分に係る任意継続被保険者保険料納付書(納付書A)を請求人に送付したが、期日までに納付されなかった。保険者が「正当な理由なく納付期日までに納付書Aに係る保険料を納付しないと任意継続資格が遡及して取消しになる」と通知したところ、請求人は任意継続被保険者保険料納付遅延理由申出書を提出した。遅延理由は「勤務形態が変わり○月の収入がなく、また子供の大学入学に伴い多額の出費があり、納付期限までに納付することができませんでした」としている。保険者はこれを健康保険法第37条第2項ただし書、または第38条第3号の正当な理由であると認め、納付期日を同年○月○日とする、同年○月分、○月分及び○月分に係る納付書3通(納付書B)を請求人に送付した。その後、保険者は同月分に係る納付書(納付書C)を送付した。請求人は納付書Bを納付期日までに納付しないまま、納付書Cに係る保険料を納付した。保険者は「初めて納付すべき保険料(納付書Bに係る保険料)が指定された納付期日までに納付されなかったため」という理由で、任意継続資格を取り消す処分を行った。請求人はこれを不服として、再審査請求を行った。

　社会保険審査会は、「請求人は、納付目的が平成○年○月分の納付書Cを"納付期限が修正された○月分"に係る納付書Cであると錯誤して保険料を支払ったために納付が遅延したと主張するが、初めて納付すべき保険料は同年○月分から○月分までの3か月分の保険料なのであるから、仮に納付書Cによる保険料の納付を同年3月分の保険料の納付と認めたとしても、同年○月分及び○月分の保険料は納付されていないし、納付遅延が2回目であることからしても、納付遅延について正当な理由があるものと認める余地はないというべきである」として、請求を棄却した。

事例89 　平成29年(健)第5874号　　　平成30年6月29日裁決　　　　　　棄却

送付先を誤ったことで期限が過ぎても、申出遅延の正当な理由にならない

　請求人は健康保険の被保険者資格を喪失したことから任意継続被保険者となるべく、「任意継続被保険者資格取得申出書」を提出しようとしたが、本来は住所地管轄の全国健康保険協会に送付しなければならないところ、日本年金機構○○事務センターに送付してしまった。○○事務センターが申出書等を返送後、請求人は改めて全国健康保険協会に申出書等を送付したが、全国健康保険協会は、任意継続被保険者の申出の期限(資格喪失後20日以内)を過ぎているうえ、申請の遅延の理由は健康保険法第37条第1項に規定する「正当な理由」であると認められないとして、請求人の申出を承認しない処分を行った。請求人はこれを不服として、再審査請求を行った。

　社会保険審査会は、

- 任意継続被保険者資格取得申出の期間を資格喪失日から20日間と限定したのは、申出期間を長期とすると、一旦成立することとなる国民健康保険の法律関係との整合性が取れなくなるとともに、保険事故が発生してから申出に及ぶ例も多くなり、危険の分散と相互扶助の原理の上に成立する健康保険の健全な発達と運営を期することができなくなる事態を防止するためであると解される。
- そのため、健保法第37条第1項にいう「正当な理由」とは、社会通念に照らして、その申出の遅延が天災地変や交通、通信関係のスト等によって法定期間内に届出ができなかった場合など、申出人にはど

うすることもできない客観的な事情による場合と判断されるような特段の理由に限定されるべきものである。

- 請求人が加入していた健康保険の保険者は全国健康保険協会であり、日本年金機構に申出を受理する権限はないから、○○事務センターが申出書を受け付けた日をもって協会が申出書を受理したものとみなすことはできない。
- 請求人が作成した健康保険任意継続被保険者資格取得申出・保険料納付遅延理由申出書には、「年金事務所に誤って送付してしまった」と記載してあるが、通常の注意を払えば申出書を正当な送付先に送付することができたはずで、請求人が申出書の提出先を誤ったことについて、請求人にはどうすることもできない客観的な事情による場合などの特段の理由は見受けられないから、健保法第37条第1項に規定する「正当な理由」があると認めることはできない。

などとして、請求を棄却した。

事例90 平成30年(健厚)第1147号　　平成31年4月26日裁決　　　　　　容認

差し押さえ物件が個人の所有物の場合、取消しを求める法律上の利益を有する

適用事業所であるa社が健康保険料等を滞納したため、○○年金事務所はa社の代表取締役である請求人の軽自動車1台を差し押さえた。車検証上の所有者と使用者、および任意保険の保険契約者がa社の名義であるため、a社の所有であると判断されたためである。請求人はこれを不服とし、軽自動車はa社の所有ではないとして審査請求を行った。

社会保険審査会は、

- 軽自動車売買代金のローン契約の申込者欄には請求人の氏名が、指定預金口座欄には請求人名義の口座名がそれぞれ記載されており、分割支払金は請求人名義の預金口座から毎月引き落とされている。また、軽自動車の車検整備費用は請求人が支払っており、自賠責保険の保険契約者も請求人である。
- これらのことから、軽自動車を購入したのは請求人であり、そのローン代金も請求人が支払っているのであるから、請求人が売買によりその所有権を取得したものというべきである。車検証の記載等の事実をもってしてもこれを覆すことはできない。
- 軽自動車は請求人の所有に属するものであるから、請求人は原処分の取消しを求めるにつき法律上の利益を有する者であり、かつその請求は理由がある。

などとして、処分を取り消した。

事例91 平成30年(健)第621号・(健)第631号　　令和元年5月31日裁決　　　棄却

解決金に未払賃金に相当する額が含まれている場合は、その額を基準に標準報酬月額を算出できる

a社に使用される請求人は営業職から総務職に配置転換され、年俸も減額された。その後請求人は欠勤し、a社は以降の賃金を支給せず、休職期間満了後、請求人を普通解雇した。

請求人はa社からのパワハラにより欠勤せざるを得なくなったとして、a社を相手どり配置転換と賃金減額の無効や、未払い報酬、慰謝料等の支払いを求めて○○地方裁判所に労働審判手続を申し立てた。

○○地方裁判所は、「a社が請求人に対する解雇の意思表示を撤回し、a社の都合により合意退職したことを相互に確認する」「a社には解決金○万円の支払義務があることを認める」「請求人は申立てに係るその余の請求を放棄する」といった内容の労働審判を下し、a社は解決金を請求人に支払った。なお、労働審判の理由中には解決金の内訳についての記載はない。

　請求人はこの一連の流れの中で、適応障害による療養のため労務不能であったとして、6つの期間について傷病手当金を請求した。

　全国健康保険協会はこのうち、2つの期間を「解決金の支払いにより、請求人が未払賃金に相当する額の支給を受けており、その額が支給日額を超えるため」として不支給とし、4つの期間を解決金をもとに全国健康保険協会が前提とした標準報酬月額に基づいた支給日額によって傷病手当金の支給を行った。請求人はこれを不服として、再審査請求を行った。

　社会保険審査会は、

- 労働審判において、請求人は退職事由を会社都合の合意退職としているのであるから、解決金中には在職中の報酬月額および賞与に相当するものが含まれていると解するのが合理的である。
- 請求人は、随時改定と定時決定自体に対しては不服を申し立てていないのであるから、これが無効とされる事由を認めることはできない。したがって、解決金に基づいた標準報酬月額を前提に傷病手当金の支給日額を算定したことに違法はない。
- 請求人は、a社から賃金に相当する金員を受けており、その額が傷病手当金の支給日額を超えていることは明らかであるので、傷病手当金を不支給とした原処分に違法はない。

などとして、請求を棄却した。

裁決文からみた
定義事例

傷病手当金における療養と労務不能

　傷病手当金の支給要件としての労務不能については、「傷病による療養のため」労務不能といえるかどうかの問題であることを考えると、特段の事情の存しない限り、まずは、その傷病の診療に当たった医師が、当該傷病の性質、病状及び治療の経過等を踏まえた結果として、労務不能か否かについてどのような医学的判断をしているかが重視されなければならないというべきである。

平成23年(健)第1192号　平成24年10月31日裁決

　傷病手当金の支給要件としての労務不能については、被保険者が本来の業務に堪え得るか否かを標準として、社会通念に基づいて認定されるべきであることはいうまでもないことから、労務不能とは、必ずしも、医学的見地からのみ判断されるべきではないものの、ことは「傷病の療養のため」労務不能といえるかどうかの問題であることを考えると、特段の事情の存しない限り、まずは、当該傷病の診療に当たった医師が、当該傷病の病態、病状の程度及び治療の経過等を踏まえた結果として、被保険者が労務不能かどうかについてどのような医学的判断をしているかが重視されなければならないというべきである。すなわち、傷病手当金の請求に用いられる定型の「傷病手当金支給申請書」に「療養担当者が意見を記入するところ」欄(以下「医師意見欄」という。)が設けられ、療養担当医師において、「傷病名」、「労務不能と認めた期間」、「診療実日数」、「労務不能と認めた期間中における主たる症状および経過、治療内容、検査結果、療養指導等」及び「症状経過からみて従来の職種について労務不能と認めた医学的な所見」等を記入することとされているのも、この趣旨から出たものと解される。

平成26年(健)第1470号　平成27年10月30日裁決

　健保法第99条第1項に規定する「療養のため労務に服することができないとき」(以下「労務不能」という。)の解釈運用については、「資格喪失後の継続給付に係る関係通知の廃止及び「健康保険法第98条第1項及び第99条第1項の規定の解釈運用」について」(平成15年2月25日付保発第0225007号厚生労働省保険局保険課長通知。以下「本通知」という。)が発出されており、本通知によれば、被保険者がその本来の職場における労務に就くことが不可能な場合であっても、現に職場転換その他の措置により就労可能な程度の他の比較的軽微な労務に服し、これによって相当額の報酬を得ているような場合は、労務不能には該当しないものであるが、本来の職場における労務に対する代替的性格をもたない副業ないし内職等の労務に従事したり、あるいは傷病手当金の支給があるまでの間、一時的に軽微な他の労務に服することにより、賃金を得るような場合その他これらに準ずる場合には、通常なお労務不能に該当するものであるとされ、被保険者がその提供する労務に対する報酬を得ている場合でも、そのことを理由に直ちに労務不能でない旨の認定をすることなく、労務内容、労務内容との関連におけるその報酬額等を十分検討のうえ労務不能に該当するかどうかの判断をすることとされている。当審査会においても、本通知を妥当なものと認めているところである。

平成26年(健)第823号　平成27年7月30日裁決

　傷病手当金制度の趣旨からすれば、医療保険制度に基づく保険給付としての傷病手当金は、その支給要件として、「療養のため」労務に服することができないときと定められているのであるから、その「療養のため」とは、医療、すなわち、医師による医学的管理の下において行われる療養のためでなければならないことは論を俟たないところである。

平成26年(健)第608号　平成27年3月31日裁決

　(傷病手当金における)「療養のため」については、病後の静養のために労務不能と認められた期間は支給する(昭和32年保文発第6905号)として取り扱われている一方で、負傷のため廃疾(障害)となり、その負傷につき療養の必要がなくなったときには、労務不能であっても療養のための労務不能ではないので支給しない(昭和3年保理発第3480号)として取り扱われている。これは、健康保険制度は被用者保険であり、疾病又は負傷に対する保険給付により、労働力の早期回復を図ることをその主目的の一つとしているところ、傷病手当金は、その療養のために労務

に服することができなかったために失われた報酬の一部を補てんすることにより、労働力の早期回復を図ることを目的としているからである。

平成26年（健）第791号　平成27年5月29日裁決

傷病手当金に係る労務不能についての通知と判例

傷病手当金に係る労務不能の基準として、「必ずしも医学的基準によらず、その被保険者の従事する業務の種別を考え、その本来業務に堪え得るか否かを標準として社会通念に基づき認定する。」とする通知（昭和31年1月19日保文発第340号）があるが、その後、「療養のため本来の職場における労務に服することができなかった被保険者が、その間他の労務に服して賃金を得ていたとしても、本来の職場における労務に対する代替的性格を持たない労務に従事していた場合や、当然受けうるはずの傷病手当金の支給があるまでの一時的なつなぎとして軽微な労務に服していたという事情がある場合には、これにより健康保険法45条所定の傷病手当金の受給権を喪失するものではない。」（判決要旨）と判示した最高裁判所昭和42年（行ツ）第98号同49年5月30日第一小法廷判決（民集28巻4号551頁）を承けて、「被保険者がその本来の職場における労務に就くことが不可能な場合であっても、現に職場転換その他の措置により就労可能な程度の他の比較的軽微な労務に服し、これによって相当額の報酬を得ているような場合は、労務不能には該当しないものであるが、本来の職場における労務に対する代替的性格をもたない副業ないし内職等の労務に従事したり、あるいは傷病手当金の支給があるまでの間、一時的に軽微な他の労務に服することにより、賃金を得るような場合その他これらに準ずる場合には、通常なお労務不能に該当するものであること。したがって、被保険者がその提供する労務に対する報酬を得ている場合に、そのことを理由に直ちに労務不能でない旨の認定をすることなく、労務内容、労務内容との関連におけるその報酬額等を十分検討のうえ労務不能に該当するかどうかの判断をされたいこと。」（平成15年2月25日保発第0225007号）が新たに発出されている。

平成21年（健）第534号・平成22年（健）第104号　平成23年4月28日裁決

法第99条第1項は「被保険者（・・・）が療養ため労務に服することができない」ことを要件として傷病手当金を支給することとしているのであるが、それは、療養のための就労不能により報酬を受けることができない被保険者に、一定の限度でその生活を保障して療養に専念しうる状態を与えようとするものにほかならないのであって、傷病手当金の支給を得られないために、療養中の被保険者が可能な限度をこえて労務に服することを余儀なくされるような結果を来たすことは、傷病手当金の制度の目的に反することであり、このような点を考えれば、その受給要件をあまり厳格に解することは相当でないものといわなければならない（最高裁判所昭和42年（行ツ）第98号同49年5月30日第一小法廷判決・民集28巻4号551頁）……

平成21年（健）第534号・平成22年（健）第104号　平成23年4月28日裁決

同一傷病の定義

同一関連傷病について、国民年金法及び厚生年金保険上の障害の程度を認定するためのより具体的な基準として、社会保険庁により発出され、同庁の廃止後は厚生労働省の発出したものとみなされて、引き続き効力を有するものとされ、障害の認定及び給付の公平を期するための尺度として、当審査会もこれに依拠するのが相当であると考える「国民年金・厚生年金保険障害認定基準」（以下「認定基準」という。）が定められているが、その「第1　一般的事項」によれば「傷病」とは疾病又は負傷及びこれらに起因する疾病を総称したものをいい、「起因する疾病」とは、前の疾病又は負傷がなかったならば後の疾病が起こらなかったであろうというように、前の疾病又は負傷との間に相当因果関係があると認められる場合をいい、負傷は含まれないものであるとされている。そして、相当因果関係があるとは、一般の人が常識的に考えて、ある事実と結果との間に、ある事実からそのような結果が生じるのが経験上通常であるという関係がある場合、これを逆の面からいえば、ある事実がなかったとすれば、そのような結果が生じなかったであろうということが経験則上通常であるといえる関係をいうものである。そして、そのような考え方の上にたって、前の疾病がなかったならば後の疾病がおこらなかったであろうと認められる場合は、両者の間

には相当因果関係あり、とみて前後の傷病は同一（関連）傷病として取り扱われる。

平成26年（健）第18号　平成26年10月31日裁決

社会的治癒

　社会保険の運用上、過去の疾病が治癒したのち再び発症した場合は、再発として過去の傷病とは別疾病とし、治癒が認められない場合は、継続として過去の傷病と同一傷病として取り扱われるのであるが、医学的には当初の傷病が治癒していない場合であっても、軽快と再度の悪化との間にいわゆる社会的治癒と認められる状況が存するときは、再度発病したものとして取り扱われるところ、このいわゆる社会的治癒に相当する期間があったと認められるためには、医師による医学的管理の下において、再発予防ないし再燃予防のための維持的な薬物療法等を行いながらも、相当の期間にわたって通常の勤務あるいは通常の社会生活がなされていたことが必要とされる。

平成25年（健）第830号　平成26年4月28日裁決

　法に定める「同一の疾病」とは、一つの疾病の発病から治癒までをいうが、同一の疾病として扱うか否かは、現在の疾病が以前からの疾病と因果関係があるかないかを判断して決めるものであり、また、「治癒」とは、医学的に厳密な治癒のみではなく、社会的治癒を含むと解され、前の疾病が医学的治癒又は社会的治癒した後、再び悪化した場合は、前の疾病の継続として扱わず、再発症した別の疾病として取り扱うとされているところ、「社会的治癒」とは、臨床的に症状がなくなったか又は悪化の恐れのない状態に固定して治療の必要がないと判断され、かつ、このような状態が相当期間継続し、その間一般人と同様、労務に服することができた場合には、疾病が治癒したとみる考え方である。したがって、薬治下にある場合や、単に症状がなく一般人と同様の勤務をして相当期間経過したという状態だけでは、社会的治癒を認めることはできないとされている。

平成22年（健）第461号　平成23年9月30日裁決

精神障害の社会的治癒

　社会保険の運用上、過去の傷病が治癒した後再び悪化した場合は、再発として過去の傷病とは別傷病として取り扱い、治癒が認められない場合は、過去の傷病と同一傷病が継続しているものとして取り扱われるが、医学的には治癒していないと認められる場合であっても、軽快と再度の悪化との間に社会的治癒があったと認められる場合には、再発として取り扱われるものとされている。

　医学的知見によれば理想的な「疾病の治癒」は、原状の完全回復であって、「治癒操作、すなわち、薬物の持続的服薬、日常生活の制限、補助具の装用などを行わなくても生体の機能が正常に営まれ、かつ、病気の再発が予測されない状態」と定義することができるが、大部分の精神障害では上記の理想的治癒はなかなか得られないところ、多くの精神障害については、「日常生活にあまり障害を与えない治療を続けて受けていれば、生体の機能が正常に保持され、悪化の可能性が予測されない状態」を「社会的治癒」の状態とみることができることに鑑み、当審査会は、薬物の持続的服薬が予防の服薬の範疇にあると認められ、健康保険の被保険者として、健常者と変わりのない社会生活を送ってきたと判断できる場合は、社会的治癒を認めてきた。

平成22年（健）第268号　平成23年8月31日裁決

うつ状態・うつ病について

　うつ状態・うつ病の病因は、まだ十分に明らかにされていないものの、うつ状態・うつ病など感情障害の発病要因としては、病前人格や精神的・身体的誘因が重要であることが指摘されており、主に連鎖分析を用いた遺伝子解析によって、種々の遺伝標識を用いた研究が実施され、成因に関わるいくつかの遺伝子の存在が指摘されるようになっている。すなわち、感情障害の発病には、遺伝子などによって表現される病前の人格・性格に加えて、学習や経験によって形成される外部環境変化やストレスに対する抵抗性・感受性などの内因と、心身両面に受ける外因が

あり、それらどちらの要因単独では発病することは少なく、これら2つの要因が組み合わされて、相乗的に作用すると発病するものと考えられている。

平成25年(健)第1524号　平成26年10月31日裁決

気分障害やうつ状態は同一傷病か

医学的観点から気分(感情)障害の臨床経過をみると、気分障害、持続性気分障害、躁うつ病、うつ病などを含む気分(感情)障害の診断の前駆症状として、精神病の病態を呈しない神経症、適応障害あるいはうつ状態などと診断されて経過を観察されることは多く、その時々の表現型は異なるものの、主たる病態には共通の要素が多く、これらは関連する同一傷病とするのが相当である。

平成25年(健)第1436号　平成26年7月31日裁決

糖尿病について

食事療法等による血糖コントロールを行うために、自宅安静や特段の療養を要するということはなく、むしろ、適切な緊張感をもって、規則的な日常生活を行い、勤務にも従事しながら、通勤などを含めた歩行などの運動療法が必要であり、食事を準備する家族の協力の下に、適切な食事療法を継続して実施しているのが一般的な療養状況であり、通常に指導されている内容である。特に、間食の習慣やアルコール依存傾向が認められる場合には、勤務から完全に解放され、自宅で自由に過ごすことには逆に大きな問題があり、リハビリテーション医学的な考え方からすると、早期の社会復帰が重要であり、できるだけ早期から規則的な生活、勤務内容に慣れることが必要と思われる。

平成25年(健)第1158号　平成26年7月31日裁決

リハビリテーション医学的な観点からすると、(中略)Ⅰ型糖尿病の治療にはインスリンによる治療が不可欠であり、今後も長期間にわたって継続して治療することが求められるにしても、そのために休職して自宅安静等の療養は要することはなく、食生活や適切な運動に留意しながら早期に社会復帰することが望ましいと判断される。

平成25年(健)第1168号　平成26年7月31日裁決

関節置換術について

なお、保険者は、「負傷のため廃疾となり、その負傷につき療養の必要がなくなったときには、労務不能であっても療養のための労務不能ではない」とする通知(昭和3年10月11日保理第3480号)に言及するが、本件のような事案において、関節置換術の終了をもって療養の必要がなくなったといえないことは、すでに述べたとおりであって、上記の通知によるとすることは相当でなく、同種の案件においても同様の処理が行われているのであれば速やかに改めるべきである。

平成25年(健)第1293号　(健)第1303号　平成26年6月30日裁決

給付制限について

健保法は、労働者の業務外の事由による疾病、負傷若しくは死亡又は出産及びその被扶養者の疾病、負傷、死亡又は出産に関して保険給付を行い、もって、国民の生活の安定と福祉の向上に寄与することを目的とするものであり(健保法第1条(原処分当時のもの))、被保険者の疾病又は負傷に関しては、診察、薬剤又は治療材料の支給、処置、手術その他の治療、居宅における療養上の管理及びその療養に伴う世話その他の看護、病院又は診療所への入院及びその療養に伴う世話その他の看護の療養の給付を行うものとされている(健保法第63条第1項)が、第116条において「被保険者又は被保険者であった者が、自己の故意の犯罪行為により、又は故意に給付事由を生じさせた

ときは、当該給付事由に係る保険給付は、行わない。」と規定している。健保法が、このような給付制限条項を設けた所以は、故意に生じさせた給付事由に基づいて健康保険上の給付をすることは、偶然的に発生する給付事由に対し、これを相互に救済しようとする健康保険制度の本質から許されないことであり、健康保険制度の秩序を乱し、適正な運営を阻害し、その財政を危機に陥れるものであるから、その給付を行わないこととすることにある。

　そして、「故意に給付事由を生じさせたとき」とは、健康保険制度の本質からして、保険給付を受けようとすることについての故意がある場合はもちろん、給付事由の発生それ自体について故意があれば足りるものと解するのが相当である。したがって、故意により自らの身体を傷つけた場合は、故意に給付事由を生じさせたときに当たると解すべき（である）……

平成25年（健）第1016号　平成26年3月31日裁決

　法第119条の規定による保険給付の一部制限についてみると、昭和26年5月9日保発第37号厚生省保険局長通知によれば、法119条の規定の趣旨とするところは、被保険者が療養の指揮に従わないために給付費の増嵩を招来し、他の被保険者に対し不当な負担を生ずることを避けんとするものであるから、同条の規定による保険給付の一部を制限する場合は、これらの趣旨によって左記の方針によることと決定したので了知されたいとして、療養の指揮に従わない者とは、①保険者又は療養担当者の療養の指揮に関する明白な意志表示があったにも拘わらず、これに従わない者（作為又は不作為の場合も含む。以下同様とする。）、②診養担当者より受けた診断書、意見書等により一般的に療養の指揮と認められる事実があったにも拘らず、これに従わないため、療養上の障碍を生じ著しく給付費の増嵩をもたらすと認められる者が掲げられている……

平成26年（健）第608号　平成27年3月31日裁決

消滅時効

　（傷病手当金の）保険給付を受ける権利の時効については、健保法第193条第1項に「…保険給付を受ける権利は、2年を経過したときは、時効によって消滅する。」と規定され、健保法第194条に「…期間の計算については、民法の期間に関する規定を準用する。」と規定されており、民法第166条第1項に「消滅時効は、権利を行使することができる時から進行する。」と規定されている。

　なお、消滅時効の起算日については、「傷病手当金及び出産手当金の請求権消滅時効の起算日について」（昭和30年9月7日保険発第199号の2厚生省保険局健康保険課・船員保険課長通知）によれば、傷病手当金の請求権の消滅時効は、労務不能であった日ごとにその翌日から起算されるものであるとされている。

　また、最高裁判所昭和45年7月15日大法廷判決は、前記民法第166条第1項の「権利を行使することができる時」の解釈に関して、「単にその権利の行使につき法律上の障害がないというだけではなく、さらに権利の性質上、その権利行使が現実に期待のできるものであることをも必要と解するのが相当である。」と判示している。

平成27年（健）第1113号　平成28年11月30日裁決

　消滅時効は、権利を行使することができる時から進行する（民法第166条第1項）。高額療養費の消滅時効の起算日については、「診療月の翌月の1日であり、傷病が月の途中で治ゆした場合においても同様である。ただし、診療費の自己負担分を、診療月の翌月以後に支払つたときは、支払つた日の翌日が起算日となる。」（「健康保険法および日雇労働者健康保険法の一部改正に関する疑義について」（昭和48年11月7日保険発第99号・庁保険発第21号厚生省保険局保険・社会保険庁医療保険部健康保険課長連名通知。以下「48年通知」という。）とされており、その取扱は当審査会も妥当なものとしているところである。

平成30年（健）第308号　平成31年4月26日裁決

療養費請求の時効起算は労働保険審査会再審査請求の棄却後

　労災保険法又は健康保険法のいずれか一方の保険給付が支給される現行制度に照らすと、両給付は別の給付では

あるが、その設計上は表裏一体のものというべきであり、また、両給付を同時に請求することは理論的には可能であるが、労災療養給付については業務上の事由又は通勤によるものであることを主張し、健保療養費については業務外の事由によるものであることを同時に主張しなければならず、それは事実上極めて困難であるといわざるを得ないから、本件のような場合における健保療養費支給請求権の消滅時効に関しては、請求人が、請求傷病について、労災療養給付の支給請求及び審査請求・再審査請求を行っていた間は、同時に健保療養費の支給請求をも行っていたものとみなしてこれを考えるのが相当というべきである。

　監督署長が平成○年○月○日付で、請求人に対し、請求傷病についての労災療養給付を支給しない旨の処分をしたことをもって、最終的ではないとしても、行政庁による一応の判断が示されたから、請求人において、その時点で、健保療養費の請求をすることは十分可能であったとする考え方もあるが、これは審査請求制度及び再審査請求制度の趣旨・目的をないがしろにするものであり、当審査会として到底採用できるものではない。

　そうすると、健保法第193条第1項に規定する健保療養費に係る2年の消滅時効の起算点は、労働保険審査会が請求人に係る再審査請求を棄却した平成○年○月○日より後となるものと認めるのが相当（である）……

平成21年（健）第143号　　平成23年3月31日裁決

■ 海外の医療機関等で療養を受けた場合

　海外の医療機関等で療養を受けた場合において、一般に、海外の医療機関等が行う療養の給付は、必ずしもわが国の保険給付の規範に従った給付が行われるとは限らないところ、（健康保険法）第87条第1項の規定により、保険者において、当該療養の給付の内容が妥当といえるかどうかの認定を行うこととなる。そして、「健康保険法等の一部を改正する法律等の施行について」（昭和56年2月25日保発第7号、庁保発第3号厚生省保険局長、社会保険庁医療保険部長通知（以下「本件通知」という。））において、被保険者又は被扶養者が海外の病院等において療養等を受けた場合の費用については、法第44条（注：現行法においては第87条）に基づき療養費の支給が行われるものであること、及び、海外における療養に要する費用の算定に関しては、国内において保険医療機関以外の病院等で療養等を受けた場合と同じく、「健康保険法の規定による療養に要する費用の額の算定方法」（昭和33年6月30日厚生省告示第177号）（注：現行の「診療報酬の算定方法」（平成20年3月5日厚生労働省告示第59号））（以下「本件告示」という。）の算定の例によるものであるが、これによることが困難である場合には、国内における同様の傷病に係る療養に要する費用の実績額によって算定することもやむを得ないものであることとされている。

平成27年（健）第527号　　平成28年3月30日裁決

■ あはきにおける療養費

　療養費は、法第87条第1項の規定から明らかなように、療養の給付に代えて提供されるものであるから、療養の給付と療養費支給の対象は、抽象的には重なる。そして、健康保険が医療保険としての性格を有していることから、療養の給付等の対象は、いずれも「治療上必要」な範囲のものに限られ、これは療養費の支給においても同様であり、療養の給付の対象範囲外のものについては、療養費の支給はあり得ない。

　健康保険制度の構造上、具体的な事案において、療養の給付をすべきかどうか、すなわち、それが「治療上必要」かどうか、具体的には、その時点での一般的な臨床医学の水準に合致しそれが必要かどうかの判断は、一次的には、それを提供する医師に委ねられていると解されている。これに対し、施術の場合には、療養費の支給をすべきかどうかの一次的判断は、当該施術を行ったあん摩マッサージ指圧師等に委ねられているのでなく、被保険者による療養費支給申請に対する応答の中で、保険者が個別的に決定するという仕組みとなっていることは、法第87条第1項の規定上、明らかである。そして保険者は、請求に係る施術が療養の給付の対象となる傷病又は症状に対するものであるが、医師による適当な治療手段がない、と認めることができるかどうか、すなわち、法第87条第1項の「療養の給付・・・を行うことが困難であると認める」ことが出来るかどうかの判断の参考にするため、療養費の支給が療養の給付に代えて行われるという本質に鑑み、実務上、申請者の診療を担当した医師の意見を徴することにしている。

すなわち、保険者は、あん摩マッサージ指圧師等が行う施術につき療養費を請求する場合には、「緊急その他真にやむを得ない場合を除いては、すべて医師の同意書を添付する等、医師の同意があったことを確認するに足る証憑を添えるように指導すること(昭和25年1月19日保発第4号)とする一方、「療養費支給申請書に添付する、はり、きゅう及びマッサージの施術に係る医師の同意書については、病名、症状(主訴を含む。)及び発病年月日の明記された診断書であって療養費払の施術の対象の適否の判断が出来るものに限り、これを当該同意書に代えて差し支えないものとすること。ただし、脱臼又は骨折に施術するマッサージについては、なお従前のとおり医師の同意書により取り扱うものとすること」(昭和42年9月18日保発第32号)との取扱いをしている。

　なお保険者は、従来から、その通達上の根拠は必ずしも明らかではないが、療養費の支給対象となるマッサージについては、筋麻痺、片麻痺に代表されるように、「麻痺の緩解措置としての手技、あるいは関節拘縮や筋委縮が起こっているところに、その制限されている関節可動域の拡大と筋力増強を促し、症状の改善を目的とする医療マッサージ」に限定するとの取扱いをしていることが窺われる。

　以上のことから明らかなように、前記の医師の同意は、狭義の医業類似行為の取締りとあん摩マッサージ指圧師等が行う施術による衛生上の危害の防止を主目的とする衛生法規である、あはき法のその第5条の「あん摩マッサージ指圧師は、医師の同意を得た場合の外、脱臼又は骨折の患部に施術をしてはならない。」との規定の「同意」と趣旨を異にするものであり、療養の給付の対象となる傷病又は症状が存在するが、医師による適当な治療手段がない、と認めるとの趣旨の「同意」であると言える。そうして、現にこの意味での「同意」は、保険者が施術の対象の適否の判断をその他の手段(診断書)によりできるのであれば、必要とされないのである。

平成20年(健)第558号平成21年8月31日裁決

　はり・きゅう及びマッサージの施術にかかる療養費についての具体的な取扱いは、「はり・きゅう及びマッサージの施術に係る療養費の取扱いについて」(昭和42年9月18日保発第32号厚生省保険局長通知。以下「昭和42年通知」という。)において、医師の同意書により取り扱い、同意書は療養費支給申請のつどこれに添付することを原則とするが、同意書又は診断書に加療期間の記載のあるときは、その期間内は第2回目以降その添付を省略して差し支えない(3ヵ月を超える期間が記載されているときは、3ヵ月を限度とする。)とされており、「はり師、きゅう師及びあん摩・マッサージ・指圧師の施術に係る療養費の支給の留意事項等について」(平成16年10月1日保医発1001002号厚生労働省保険局医療課長通知。以下「平成16年通知」という。)は、第3章4において「初療の日から3月を経過した時点において、更に施術を受ける場合は、実際に医師から同意を得ておれば必ずしも医師の同意書の添付は要しないこととするが、この場合、支給申請書には、同意をした医師の住所、氏名、同意年月日、病名、要加療期間の指示がある場合はその期間を付記する取扱いとすること。」、「また、施術者が患者に代わり医師の同意を確認した場合は、同意をした医師の住所、氏名、同意年月日、病名、要加療期間の指示がある場合はその期間について施術録等に記録し、療養費支給申請書の同意記録欄は、施術者が記入する取扱いとすること。以降引き続き施術が行われた場合も同様の取扱いとして差し支えないこと」としている。

平成26年(健)第1066号　平成27年8月28日裁決

柔道整復における療養費

　健保法は、その第63条において、被保険者の疾病又は負傷に関しては、「診察」、「薬剤又は治療材料の支給」、「処置」、「手術その他の治療」、「居宅における療養上の管理及びその療養に伴う世話その他の看護」、「病院又は診療所への入院及びその療養に伴う世話その他の看護」の療養の給付を行うと規定し(同条第1項)、その療養の給付を受けようとする者は、厚生労働省令で定めるところにより、「保険医療機関又は保険薬局」、「特定の保険者が管掌する被保険者に対して診療又は調剤を行う病院若しくは診療所又は薬局であって、当該保険者が指定したもの」、「健康保険組合である保険者が開設する病院若しくは診療所又は薬局」のうち、自己の選定するものから受けるものとすると規定している(同条第3項)。また、保険医療機関において健康保険の診療に従事する医師若しくは歯科医師又は保険薬局において健康保険の調剤に従事する薬剤師は、厚生労働大臣に登録を受けた医師若しくは歯科医師(以下「保険医」と総称する。)又は薬剤師(以下「保険薬剤師」という。)でなければならず(同法第64条)、保険医療機

関又は保険薬局は、当該保険医療機関において診療に従事する保険医又は当該保険薬局において調剤に従事する保険薬剤師に、同法第72条第1項の厚生労働省令で定めるところにより、診療又は調剤に当たらせるほか、厚生労働省令で定めるところにより、療養の給付を担当しなければならず、保険医療機関において診療に従事する保険医又は保険薬局において調剤に従事する保険薬剤師は、厚生労働省令で定めるところにより、健康保険の診療又は調剤に当たらなければならない（同法第70条第1項、第72条）。そして、上記厚生労働省令として、保険医療機関及び保険医療養担当規則（昭和32年厚生省令第15号）及び保険薬局及び保険薬剤師療養担当規則（昭和32年厚生省令第16号）が定められているところである。健保法は、以上のように、被保険者の疾病、負傷に関する療養の給付については、療養の給付の担当を保険医療機関、保険医等と定め、保険医療機関及び保険医療養担当規則の定めるところによって療養を担当すべきことを定めた上で、療養の給付の受給方法を現物給付の方式と定めているのである。しかし、現実の問題として、事情によっては、被保険者が診療費を自弁しなければならない場合があることも否定できないところであり、そのため、健保法は、このような場合のため、療養の給付に代えて、診療に要した費用を療養費として支給することとし、第87条第1項において、保険者は、療養の給付等を行うことが困難であると認めるとき、又は被保険者が保険医療機関等以外の病院、診療所、薬局その他の者から診療、薬剤の支給若しくは手当を受けた場合において、保険者がやむを得ないと認めるときは、療養の給付に代えて、療養費を支給することができると規定している。健保法が療養の給付及び療養費の支給につき上記のように定めている趣旨は、健康保険においては、現物給付たる療養の給付を原則とするが、保険者が療養の給付等を行おうとしても行うことができない場合もあり、そのため、保険者が療養の給付を行うことが困難である場合等で保険者がやむを得ないものと認めるときには、療養を給付することに代えて、現金給付としての療養費支給の方法を認めたものである。したがって、療養費の支給は、療養の給付の補完的役割を果たすものであり、被保険者に、現物給付（療養の給付）と金銭給付（療養費の支給）との選択を認めたものではないのである。

　しかして、柔道整復師の施術にかかる療養費についての具体的な取扱いは、厚生省保険局が発出した「柔道整復師の施術に係る療養費の算定基準の実施上の留意事項について」（平成9年4月17日保険発第57号（平成22年5月24日保医発0524第3号厚生労働省保険局医療課長通知による改正後のもの。以下「施術算定基準」という。））が定められており、専らこれに依拠して実務が行われていることは当審査会に顕著であるところ、健保法第87条第1項にいう「困難であると認めるとき」及び「やむを得ないものと認めるとき」がいかなる場合であるかについては、保険者の合理的裁量による認定に委ねられているものと解されるところであり、施術算定基準は柔道整復師の施術について、例外的に療養費の支給を認める場合を定めたものとして、取扱いの客観性・公平性を担保するために必要であることはいうまでもなく、その内容においても、累次の改正等を経て、既通知及び疑義等を整理して定めたものと認められるから、それが上記の合理的裁量の範囲内にあるものとして、当審査会もこれに依拠するのが相当と考えるものである。

　そして、施術算定基準によれば、療養費の支給対象に関することとして、次のとおり示されている。

　ア　療養費の支給対象となる負傷は、急性又は亜急性の外傷性の骨折、脱臼、打撲及び捻挫であり、内科的な原因による疾患は含まれないこと（第1「通則」の5）。

　イ　単なる肩こり、筋肉疲労に対する施術は、療養費の支給対象外であること（第1「通則」の6）。

　ウ　柔道整復の治療を完了して単にあんま（指圧及びマッサージを含む。）のみの治療を必要とする患者に対する施術は支給対象としないこと（第1「通則」の7）。

平成26年（健）第428号　平成27年2月27日裁決

亜急性とは？

　請求人は、本人がはっきりした原因を自覚していない場合でも、医師又は柔道整復師が亜急性と判断した場合は、亜急性の外傷である旨主張するが、亜急性とは、あくまでも外傷を受けた時点からの期間をいうのであって、医学的には亜急性外傷あるいは損傷という概念はなく、亜急性期の外傷性の骨折、脱臼、打撲及び捻挫である。確かに、内科の分野に亜急性心内膜炎という病名がある、これは急性心内膜炎とは異なり、経過が急ではないため心内膜炎と診断されるまでに時間がかかるためであるが、心内膜に病理学的に炎症が生じていることが明らかな場合

である。また、整形外科の分野では、変形性関節症の発生要因として、微小外傷（マイナートラウマ）、すなわち、本人が自覚しないような日常生活における微小外傷の積み重ね、あるいは、関節に対する負荷の蓄積によるものがあるとされている。その場合でも亜急性外傷とは言わず、変形性関節症が生じる要因として、微小外傷が存在するという考え方である。労働現場においても不自然な姿勢の持続や筋肉の過使用、及び、それらの蓄積により頚肩腕症候群が生じることが認められ、労働災害として認められる場合もあるが、厳密にいえば、ある環境の下で、一定の時間、一定の労働形態を続けると、ある一定の症状が生じるのが常であると認められた場合のことである。そして、頚肩腕症候群に対しては、医師の同意に基づく鍼灸治療が療養費として認められているのである。しかし、日常生活における亜急性の外傷あるいは損傷に対して、微小外傷の概念をそのまま準用することには問題なしとはいえない。そのために、わざわざ、施術算定基準に「単なる肩こり、筋肉疲労に対する施術は、療養の支給対象外である」と定められていると考えられる。しかし、亜急性の外傷あるいは損傷に対して明確な定義が示されていない現状においては、個々のケースについて検討して判断するしかないと考えるものである。

平成27年（健）第1117号　平成29年2月27日裁決

■ あんま・マッサージの施術に係る往療料

　あんま・マッサージの施術に係る往療料に係る支給については、健保法第87条の規定による療養費の支給についての定めによれば、保険者がやむを得ないものと認めるときに限り、支給されるものと解されるところ、その具体的な取扱いは、「はり、きゅう及びマッサージの施術に係る療養費の取扱いについて」（昭和42年9月18日保発第32号厚生省保険局長通知（以下「局長通知」という。））によるとされ、局長通知によれば、施術対象は、「慢性病であって、医師による適切な治療手段のないものであり、主として神経痛、リウマチなどであって、類似疾患については、これら疾病と同一範ちゅうと認められるものに限り支給の対象となること。なお、類似疾患とは、頚腕症候群、五十肩、腰痛症及び頚椎捻挫後遺症等の病名であって、慢性的な疼痛を主症とする疾患をいう。」とされ、さらに、往療については、「はり及びきゅうに係る施術において治療上、真に必要があると認められる場合に行う往療については認めて差し支えないこと。」とされている。

平成25年（健）第1656号　平成26年9月29日裁決

■ 業務上と業務外の事故の取扱いについて

　業務外の事由による保険事故かどうかの認定は、健康保険の保険者が行い、業務上の事由によるものかどうかの認定は労働者災害補償保険の保険者が行うとされていることから、健康保険の保険者が業務外の事由によるものではないと認定した場合、それは必ずしも業務上の事由によるものということにはならないし、また、労働者災害補償保険の保険者が業務上の事由によるものではないと認定しても、それは、必ずしも業務外の事由によるものということにはならないことから、健康保険及び労働者災害補償保険の双方から給付を行わないとする事態が少なからず生じることになる。その場合には、保険者において調整が図られることになっているとされている。そうして、健康保険法等の一部を改正する法律（平成25年法律第26号）により、平成25年10月1日以降の保険事故の場合、労災保険における審査の結果、業務外であるということを理由に不支給となった場合、原則として健保法の給付対象となるとされている。

平成25年（健）第1246号　平成26年5月30日裁決

■ 標準報酬月額と租税

　標準報酬月額は、健康保険及び厚生年金保険といった社会保険制度において、傷病手当金や年金給付といった保険給付額算定の基礎となるばかりでなく、その保険料の賦課基準ともなっている。そのため、社会保険料の賦課基準としての標準報酬月額水準は、被保険者、事業主の利害に直接関わることである。そうして、社会保険料に前述したように保険給付の対価という側面があることは否定できないものの、それが最終的には強制的賦課徴収を予定

していることから、租税に類似した性格も有すると解され、社会保険料水準を決める要素の一つである標準報酬月額の決め方に租税法律主義の趣旨がどの程度まで及び得るのか、具体的には、特段の法規の改正がなくとも、被保険者・事業主に不利益になるような賦課基準の決め方の改正が許されるのか否か、また許されるとしても、その場合の裁量は如何にあるべきかが、ここでの問題となる。

平成20年（健厚）第524号　平成21年6月30日裁決

▌保険者算定について

　厚生年金保険あるいは健康保険において、適用事業所に使用される者（適用除外者を除く。）が被保険者とされ、厚生年金保険の保険料（以下「厚年保険料」という。）あるいは健康保険の保険料（以下「健保保険料」という。）が強制徴収されるのは、被保険者の老齢、障害又は死亡、あるいは、被保険者の業務外の事由による疾病、負傷、若しくは死亡等について保険給付を行い、被保険者及びその遺族の生活の安定と福祉の向上に寄与するという社会保険としての厚生年金保険あるいは健康保険の目的及び性質から、保険事故により生ずる被保険者の不利益を被保険者相互において分担すべきであるとされるからにほかならず、厚年保険料あるいは健保保険料について憲法第84条の規定が直接に適用されることはないが、保険料が強制徴収され、賦課徴収の強制の度合いにおいては租税に類似する性質を有するものであるから、これについても租税法律主義の原則を定める憲法第84条の趣旨が及ぶと解するのが相当である（市町村が行う国民健康保険の保険料に関する最高裁判所平成12年（行ツ）第62号、同年（行ツ）第66号同18年3月1日大法廷判決・民集第60巻2号587頁参照）ところ、その観点から厚年法第23条第1項及び第24条第1項の各規定（なお、以下においては、厚年法の上記規定について考察するが、健保法第43条第1項及び第44条第1項についても同様であるので、その説示は省略することとする。）を見るに、上記各規定は、随時改定における報酬月額は随時算定の方法により算定するのを原則とするが、被保険者の報酬月額を随時算定の方法によって算定した額が著しく不当であるときは、社会保険庁長官（なお、その権限は、社会保険事務所長に委任されていた。）が算定する額（すなわち、保検者算定の方法により算定した額）を当該被保険者の報酬月額とする旨規定しているところ、これは、常用雇用者の給与額が引き上げられた月から継続した3月間に受けた報酬総額を基準にして、その年の標準報酬月額対象期間における保険料の賦課基準にすることが当該対象期間に現に被保険者が事業主から受け取ると予想される毎月の報酬総額に最も近似していると想定されるからに過ぎないと解されるから、随時算定の方法によって算定された額が標準報酬月額対象期間に当該被保険者が事業主から受け取ると予想される月平均の報酬総額と近似せず、両者が乖離する結果が生じることが明らかで、応能負担の考えに基づく負担の公平が著しく損なわれる蓋然性が高いと認められる場合には、この乖離を解消するために、保険者算定をすることを認めた趣旨であると解するのが相当である。そして、厚年法第24条第1項は、「第23条第1項・・・の規定によって算定した額が著しく不当であるときは」と規定するのみで、どのような場合に「著しく不当である」、すなわち、「応能負担の考えに基づく負担の公平が著しく損なわれる蓋然性が高い」と判断すべきかについては具体的に何も定めていないのであるから、社会保険庁長官は諸般の事情を考慮して、裁量によりこれを判断することができ、社会保険庁長官に付与された裁量権は広範なものと解するのが相当であるが、厚年保険料に憲法第84条の規定の趣旨が及ぶと解するのが相当であることを考慮すると、その裁量が社会通念上著しく妥当性を欠いて裁量権を付与した目的を逸脱するものと判断される場合には、例外的にその妥当性を否定することができるものと解するのが相当である。

平成22年（健厚）第168号　　平成23年5月31日裁決

　当審査会は、（中略）定時特別決定が36年通達に列挙された場合に限らないと認めているところであるが、定時普通決定による標準報酬月額が、新標準報酬月額対象期間の被保険者の実際の各月の報酬の総額と大きくかけ離れたものになることが合理的に予想される場合に限られるとしてきたところである（平成19年（健厚）第341号事件及び平成20年（健厚）第524号事件参照）。

平成20年（健厚）第560号　　平成21年9月30日裁決

法人の代表者または業務執行者の被保険者資格

　（「法人の代表者又は業務執行者の被保険者資格について」昭和24年7月28日保発第74号厚生省保険局長通知が）「…代表者又は業務執行者であつて、他面その法人の業務の一部を担任している者は、その限度において使用関係にある者として、健康保険及び厚生年金保険の被保険者として取扱つて来たのであるが、今後これら法人の代表者又は業務執行者であつても、法人から、労務の対償として報酬を受けている者は、法人に使用される者として被保険者の資格を取得させる…」となっていることからすれば、本件通知は、法人の代表者又は業務執行者で、その法人の業務の一部を担任していた者は、従来から、法人に使用される者として、被保険者として取り扱われてきたところ、法人から労務の対償として報酬を受けている者は、その法人の業務の一部を担任しているかどうかにかかわらず、法人に使用される者として被保険者の資格を取得させる旨を定めたものであることが明らかであり、当審査会も、その取扱いを相当としてきているところである。

平成26年（健）第1237号　平成27年12月25日裁決

適用事業所の代表者の被保険者資格

　健康保険及び厚生年金保険の実務においては、かねてから、適用事業所に係る法人の代表者又は業務執行者であっても、法人から、労務の対償として報酬を受けている者については、その者を法人に使用される者として被保険者の資格を取得させる旨の取扱いが行われており（昭和24年7月28日保発第74号厚生省保険局長通知参照）、当審査会もこの取扱いを妥当なものと認めてきているところである。

平成21年（健厚）第345号　平成22年5月31日裁決

小規模な適用事業所に所属する法人の代表者

　社会保険庁は、昭和59年の健保法の一部改正（法人である事業所の場合、従業員5人未満であっても強制適用事業所とすることに改められた。）の経過に鑑み（「極めて小規模な適用事業所に所属する法人の代表者等については、その事業の実態が個人の事業所と大差ないと考えられること等」国民健康保険の対象とされる小規模個人事業の場合とのバランス等も考慮して）、暫定的な措置として、「被保険者が5人未満である事業所に所属する法人の代表者等であって、一般の従業員と著しく異ならないような労務に従事している者については、その者の業務遂行の過程において業務に起因して生じた傷病に関しても、健康保険による保険給付の対象とする」旨の通達（保発第0701001号・庁保発第0701001号。以下「本件通達」という。）を発出した。

　本件通達は、健保法による療養の給付等について弾力的運用を行うことによって、健康保険、労災保険のいずれからも療養の給付を受けられないケース（いわゆる谷間問題）に係る現実的解決を図る措置と評価することができ、当審査会もこのような取扱いを妥当なものと認めるものである。そうして協会も、本件通達に従い、協会管掌健康保険事業を実施している。

平成21年（健）第146号・平成21年（健）第156号　平成21年11月30日裁決

被扶養者について

　被扶養者とは後期高齢者医療の被保険者である者を除いて、被保険者の直系尊属、配偶者、子、孫及び弟妹であって、主としてその被保険者により生計を維持するもの等をいうとされている（健保法第3条第7項第1号から第4号まで）が、健保法及び健保則上は、被扶養者たる資格の確認等に関する定めは存しないのであって、健保則第24条第1項及び第2項が上記のとおり定めているほかは、健保則第38条が、被保険者は、被扶養者を有するとき、又は被扶養者を有するに至ったときは、5日以内に、①被扶養者の職業、収入、住所、氏名、性別及び被保険者との続柄、②被扶養者が被保険者の直系尊属、配偶者、子、孫、及び弟妹以外の者であるときは、同一の世帯に属した年月日及び扶養をするに至った理由を記載した被扶養者届を事業主を経由して健康保険組合に提出しなければな

らず、上記の事項に変更があったときは、その都度、事業主を経由して、健康保険組合に届け出なければならないと定めるのに止まるのである。

　また、実務上は被扶養者認定という言葉が広く使われていることが認められるが、健保法上は、被扶養者の「認定」あるいは、被扶養者資格の「確認」という文言はなく、被保険者資格のような「被扶養者資格の取得時期」及び「被扶養者資格の喪失時期」についての定めもなく、健保則にも被扶養者の「認定」という文言はない。しかして、健康保険の保険料額は、標準報酬月額及び標準賞与額に保険料率を乗じて算定されるのであり（健保法第156条等）、保険料の賦課ベースは被保険者の賃金のみで、被扶養者の収入等は被保険者が拠出する保険料には影響を及ぼさないのであり、被扶養者の有無・人数等を考慮した割増の保険料が賦課されることもない。

　また、保険給付の形態を見ると、健保法は、「療養の給付」という現物給付と療養の給付を補完するものとしての「療養費の支給」という現金給付を規定し、被保険者に対しては、療養の給付を原則とし（第63条）、被扶養者に関しては、被保険者に対する家族療養費を支給することを規定している（第110条第1項）が、保険者は、被扶養者が保険医療機関及び保険薬局に支払うべき療養に要した費用について、家族療養費として被保険者に支給すべき額の限度において、被保険者に代わり、当該保険医療機関及び保険薬局に支払うことができるとされ、この支払があったときは、被保険者に対し家族療養費の支給があったものとみなすとしている（同条第4項及び第5項）。

　以上のように、健保法上は、被扶養者を被保険者と同列に扱ってはおらず、被扶養者をいわば被保険者に附属するものとして扱っているといってよい。

平成28年（健）第642号　平成29年3月31日裁決

▌保険料の滞納についてやむを得ない事情があると認められる場合

　健保法第183条及び厚年法第89条の規定によれば、保険料は健保法又は厚年法に別段の規定があるものを除き、国税徴収の例により徴収するとされており、国税通則法第63条第6項及び国税通則法施行令第26条の2の規定によれば、(1)有価証券の取立て及び国税の納付の再委託を受けた金融機関が当該有価証券の取立てをすべき日後に当該国税の納付をした場合（同日後にその納付があったことにつき当該有価証券の取立てを委託した者の責めに帰すべき事由がある場合を除く。）、(2)納税貯蓄組合法の規定による国税の納付の委託を受けた指定金融機関（国税の収納をすることができるものを除く。）がその委託を受けた日後に当該国税の納付をした場合（同日後にその納付があったことにつき納税者の責めに帰すべき事由がある場合を除く。）、(3)震災、風水害、火災その他これらに類する災害により、国税を納付することができない事由が生じた場合、(4)国税徴収法に規定する交付要求により交付を受けた金銭を当該交付要求に係る国税に充てた場合、(5)火薬類の爆発、交通事故その他の人為による異常な災害又は事故により、納付すべき税額の全部若しくは一部につき申告をすることができず、又は国税を納付することができない場合（その災害又は事故が生じたことにつき納税者の責めに帰すべき事由がある場合を除く。）のいずれかに該当する場合には、国税に係る延滞税を免除することができるとされているので、「滞納につきやむを得ない事情があると認められる場合」に該当するかどうかについても、これに準じて考えるのが相当と解される……

平成21年（健厚）第453号　平成22年5月31日裁決

▌任意継続被保険者の資格取得の申出の遅延

　健康保険の任意継続被保険者の制度は、適用事業所に使用されなくなったこと等のため被保険者資格を喪失した者は本来は国民健康保険の被保険者となるべきところ、従前同様、当該被保険者であった者とその扶養家族に生じた新たな医療費負担を、従前の事業主とその被用者に引き続いてさせるという側面を有する例外的な制度である。

　そして、健保法第37条第1項が、被保険者資格を喪失した者に任意継続被保険者の資格取得の申出を許すとともに、その申出期間を資格喪失日から20日間と限定したのは、申出期間を長期とすると、一旦成立することとなる国民健康保険の法律関係との整合性が取れなくなるとともに、保険事故が発生してから申出に及ぶ例も多くなり、危険の分散と相互扶助の原理の上に成立する健康保険の健全な発達と運営を期することができなくなることから、そのような事態を防止するためであると解することができる。そうすると、健保法第37条第1項にいう「正当な理

由」とは、社会通念に照らして、その申出の遅延が許容されるべきものと判断されるような特段の理由に限定されるべきものと解するのが相当である。

　そして、保険者においては、「正当な理由」とは、「天災地変の場合など、交通、通信関係のスト等によって法定期間内に届出ができなかった場合が考えられる。」(昭和24年8月11日保文発第1400号通知)としており、申出人にはどうすることもできない客観的な事情による場合であって、期間経過の責めを申出人に帰すべきでないか、帰することがあまりにも苛酷と判断される場合をいうものと解されているところである。

平成29年(健)第5874号　平成30年6月29日裁決

■ 審査請求・再審査請求における「処分」の範囲

　行政不服審査法の施行に伴う関係法律の整備等に関する法律(平成26年法律第69号。以下「平成26年法律第69号」という。)による改正前の社会保険審査官及び社会保険審査会法(以下「社保審法」という。)によれば、審査官に対する審査請求及び社会保険審査会に対する再審査請求又は審査請求の対象とすることができるのは、社保審法に規定されている平成26年法律第69号による改正前の健康保険法(以下「健保法」という。)等による処分に限られていることが明らかである。これを健保法に関するものについて挙げると、審査官に対する審査請求及び社会保険審査会に対する再審査請求をすることができるものとして、被保険者の資格、標準報酬又は保険給付に関する処分、社会保険審査会に対する審査請求をすることができるものとして、保険料等の賦課若しくは徴収の処分又は同法第180条の規定による処分(注：保険料等の督促及び滞納処分)が明記されているところである(健保法第189条第1項及び第190条)。

　そして、健保法第192条は、同法第189条第1項又は第190条に規定する処分の取消しの訴えは、当該処分についての再審査請求又は審査請求に対する社会保険審査会の裁決を経た後でなければ、提起することができないと規定しているから、健保法第189条第1項及び第190条にいう「処分」とは、行政事件訴訟法第8条第1項所定の処分の取消しの訴えの対象となる処分すなわち、行政庁の処分その他公権力の行使に当たる行為(行政事件訴訟法第3条第2項)と同義と解すべきところ、上記「処分」は、行政庁の法令に基づく行為の全てを意味するものではなく、公権力の主体たる国又は公共団体が行う行為のうち、その行為によって直接国民の権利義務を形成し、又はその範囲を確定することが法律上認められているものをいうと解するのが相当である(行政事件訴訟特例法(昭和23年法律第81号。昭和37年法律第139号により廃止されたもの。)第1項の「行政庁の処分」についての最高裁判所昭和37年(オ)第296号同39年10月29日第一小法廷判決・民集第18巻第8号1809頁参照)。

平成28年(健)第642号　平成29年3月31日裁決

関連法と主な通知

健康保険法

大正11年法律第70号

第一章　総則

（目的）

第一条　この法律は、労働者又はその被扶養者の業務災害（労働者災害補償保険法（昭和二十二年法律第五十号）第七条第一項第一号に規定する業務災害をいう。）以外の疾病、負傷若しくは死亡又は出産に関して保険給付を行い、もって国民の生活の安定と福祉の向上に寄与することを目的とする。

（基本的理念）

第二条　健康保険制度については、これが医療保険制度の基本をなすものであることにかんがみ、高齢化の進展、疾病構造の変化、社会経済情勢の変化等に対応し、その他の医療保険制度及び後期高齢者医療制度並びにこれらに密接に関連する制度と併せてその在り方に関して常に検討が加えられ、その結果に基づき、医療保険の運営の効率化、給付の内容及び費用の負担の適正化並びに国民が受ける医療の質の向上を総合的に図りつつ、実施されなければならない。

（定義）

第三条　この法律において「被保険者」とは、適用事業所に使用される者及び任意継続被保険者をいう。ただし、次の各号のいずれかに該当する者は、日雇特例被保険者となる場合を除き、被保険者となることができない。

一　船員保険の被保険者（船員保険法（昭和十四年法律第七十三号）第二条第二項に規定する疾病任意継続被保険者を除く。）

二　臨時に使用される者であって、次に掲げるもの（イに掲げる者にあっては一月を超え、ロに掲げる者にあってはロに掲げる定めた期間を超え、引き続き使用されるに至った場合を除く。）

　イ　日々雇い入れられる者

　ロ　二月以内の期間を定めて使用される者であって、当該定めた期間を超えて使用されることが見込まれないもの

三　事業所又は事務所（第八十八条第一項及び第八十九条第一項を除き、以下単に「事業所」という。）で所在地が一定しないものに使用される者

四　季節的業務に使用される者（継続して四月を超えて使用されるべき場合を除く。）

五　臨時的事業の事業所に使用される者（継続して六月を超えて使用されるべき場合を除く。）

六　国民健康保険組合の事業所に使用される者

七　後期高齢者医療の被保険者（高齢者の医療の確保に関する法律（昭和五十七年法律第八十号）第五十条の規定による被保険者をいう。）及び同条各号のいずれかに該当する者で同法第五十一条の規定により後期高齢者医療の被保険者とならないもの（以下「後期高齢者医療の被保険者等」という。）

八　厚生労働大臣、健康保険組合又は共済組合の承認を受けた者（健康保険の被保険者でないことにより国民健康保険の被保険者であるべき期間に限る。）

九　事業所に使用される者であって、その一週間の所定労働時間が同一の事業所に使用される通常の労働者（当該事業所に使用される通常の労働者と同種の業務に従事する当該事業所に使用される者にあっては、厚生労働省令で定める場合を除き、当該者と同種の業務に従事する当該通常の労働者。以下この号において単に「通常の労働者」という。）の一週間の所定労働時間の四分の三未満である短時間労働者（一週間の所定労働時間が同一の事業所に使用される通常の労働者の一週間の所定労働時間に比し短い者をいう。以下この号において同じ。）又はその一月間の所定労働日数が同一の事業所に使用される通常の労働者の一月間の所定労働日数の四分の三未満である短時間労働者に該当し、かつ、イからハまでのいずれかの要件に該当するもの

　イ　一週間の所定労働時間が二十時間未満であること。

　ロ　報酬（最低賃金法（昭和三十四年法律第百三十七号）第四条第三項各号に掲げる賃金に相当するものとして厚生労働省令で定めるものを除く。）について、厚生労働省令で定めるところにより、第四十二条第一項の規定の例により算定した額が、八万八千円未満であること。

　ハ　学校教育法（昭和二十二年法律第二十六号）第五十条に規定する高等学校の生徒、同法第八十三条に規定する大学の学生その他の厚生労働省令で定める者であること。

2　この法律において「日雇特例被保険者」とは、適用事業所に使用される日雇労働者をいう。ただし、後期高齢者医療の被保険者等である者又は次の各号のいずれかに該当する者として厚生労働大臣の承認を受けたものは、この限りでない。

一　適用事業所において、引き続き二月間に通算して二十六日以上使用される見込みのないことが明らかであるとき。

二　任意継続被保険者であるとき。

三　その他特別の理由があるとき。

3　この法律において「適用事業所」とは、次の各号のいずれかに該当する事業所をいう。

一　次に掲げる事業の事業所であって、常時五人以上の従業員を使用するもの

　イ　物の製造、加工、選別、包装、修理又は解体の事業

　ロ　土木、建築その他工作物の建設、改造、保存、修理、変更、破壊、解体又はその準備の事業

　ハ　鉱物の採掘又は採取の事業

　ニ　電気又は動力の発生、伝導又は供給の事業

　ホ　貨物又は旅客の運送の事業

　ヘ　貨物積卸しの事業

　ト　焼却、清掃又はと殺の事業

　チ　物の販売又は配給の事業

　リ　金融又は保険の事業

　ヌ　物の保管又は賃貸の事業

　ル　媒介周旋の事業

　ヲ　集金、案内又は広告の事業

　ワ　教育、研究又は調査の事業

　カ　疾病の治療、助産その他医療の事業

　ヨ　通信又は報道の事業

　タ　社会福祉法（昭和二十六年法律第四十五号）に定める社会福祉事業及び更生保護事業法（平成七年法律第八十六号）に定める更生保護事業

　レ　弁護士、公認会計士その他政令で定める者が法令の規定に基づき行うこととされている法律又は会計に係る業務を行う事業

二　前号に掲げるもののほか、国、地方公共団体又は法人の事業所であって、常時従業員を使用するもの

4　この法律において「任意継続被保険者」とは、適用事業所に使用されなくなったため、又は第一項ただし書に該当するに至ったため被保険者（日雇特例被保険者を除く。）の資格を喪失した者で

あって、喪失の日の前日まで継続して二月以上被保険者(日雇特例被保険者、任意継続被保険者又は共済組合の組合員である被保険者を除く。)であったもののうち、保険者に申し出て、継続して当該保険者の被保険者となった者をいう。ただし、船員保険の被保険者又は後期高齢者医療の被保険者等である者は、この限りでない。

5　この法律において「報酬」とは、賃金、給料、俸給、手当、賞与その他いかなる名称であるかを問わず、労働者が、労働の対償として受けるすべてのものをいう。ただし、臨時に受けるもの及び三月を超える期間ごとに受けるものは、この限りでない。

6　この法律において「賞与」とは、賃金、給料、俸給、手当、賞与その他いかなる名称であるかを問わず、労働者が、労働の対償として受けるすべてのもののうち、三月を超える期間ごとに受けるものをいう。

7　この法律において「被扶養者」とは、次に掲げる者で、日本国内に住所を有するもの又は外国において留学をする学生その他の日本国内に住所を有しないが渡航目的その他の事情を考慮して日本国内に生活の基礎があると認められるものとして厚生労働省令で定めるものをいう。ただし、後期高齢者医療の被保険者等である者その他この法律の適用を除外すべき特別の理由がある者として厚生労働省令で定める者は、この限りでない。

　　一　被保険者(日雇特例被保険者であった者を含む。以下この項において同じ。)の直系尊属、配偶者(届出をしていないが、事実上婚姻関係と同様の事情にある者を含む。以下この項において同じ。)、子、孫及び兄弟姉妹であって、主としてその被保険者により生計を維持するもの

　　二　被保険者の三親等内の親族で前号に掲げる者以外のものであって、その被保険者と同一の世帯に属し、主としてその被保険者により生計を維持するもの

　　三　被保険者の配偶者で届出をしていないが事実上婚姻関係と同様の事情にあるものの父母及び子であって、その被保険者と同一の世帯に属し、主としてその被保険者により生計を維持するもの

　　四　前号の配偶者の死亡後におけるその父母及び子であって、引き続きその被保険者と同一の世帯に属し、主としてその被保険者により生計を維持するもの

8　この法律において「日雇労働者」とは、次の各号のいずれかに該当する者をいう。

　　一　臨時に使用される者であって、次に掲げるもの(同一の事業所において、イに掲げる者にあっては一月を超え、ロに掲げる者にあってはロに掲げる定めた期間を超え、引き続き使用されるに至った場合(所在地の一定しない事業所において引き続き使用されるに至った場合を除く。)を除く。)

　　　イ　日々雇い入れられる者

　　　ロ　二月以内の期間を定めて使用される者であって、当該定めた期間を超えて使用されることが見込まれないもの

　　二　季節的業務に使用される者(継続して四月を超えて使用されるべき場合を除く。)

　　三　臨時的事業の事業所に使用される者(継続して六月を超えて使用されるべき場合を除く。)

9　この法律において「賃金」とは、賃金、給料、手当、賞与その他いかなる名称であるかを問わず、日雇労働者が、労働の対償として受けるすべてのものをいう。ただし、三月を超える期間ごとに受けるものは、この限りでない。

10　この法律において「共済組合」とは、法律によって組織された共済組合をいう。

11　この法律において「保険者番号」とは、厚生労働大臣が健康保険事業において保険者を識別するための番号として、保険者ごとに定めるものをいう。

12　この法律において「被保険者等記号・番号」とは、保険者が被保険者又は被扶養者の資格を管理するための記号、番号その他の符号として、被保険者又は被扶養者ごとに定めるものをいう。

13　この法律において「電子資格確認」とは、保険医療機関等(第六十三条第三項各号に掲げる病院若しくは診療所又は薬局をいう。以下同じ。)から療養を受けようとする者又は第八十八条第一項に規定する指定訪問看護事業者から同項に規定する指定訪問看護を受けようとする者が、保険者に対し、個人番号カード(行政手続における特定の個人を識別するための番号の利用等に関する法律(平成二十五年法律第二十七号)第二条第七項に規定する個人番号カードをいう。)に記録された利用者証明用電子証明書(電子署名等に係る地方公共団体情報システム機構の認証業務に関する法律(平成十四年法律第百五十三号)第二十二条第一項に規定する利用者証明用電子証明書をいう。)を送信する方法により、被保険者又は被扶養者の資格に係る情報(保険給付に係る費用の請求に必要な情報を含む。)の照会を行い、電子情報処理組織を使用する方法その他の情報通信の技術を利用する方法により、保険者から回答を受けて当該情報を当該保険医療機関等又は指定訪問看護事業者に提供し、当該保険医療機関等又は指定訪問看護事業者から被保険者又は被扶養者であることの確認を受けることをいう。

第二章　保険者

第一節　通則

(保険者)

第四条　健康保険(日雇特例被保険者の保険を除く。)の保険者は、全国健康保険協会及び健康保険組合とする。

(全国健康保険協会管掌健康保険)

第五条　全国健康保険協会は、健康保険組合の組合員でない被保険者(日雇特例被保険者を除く。次節、第五十一条の二、第六十三条第三項第二号、第百五十条第一項、第百七十二条第三号、第十章及び第十一章を除き、以下本則において同じ。)の保険を管掌する。

2　前項の規定により全国健康保険協会が管掌する健康保険の事業に関する業務のうち、被保険者の資格の取得及び喪失の確認、標準報酬月額及び標準賞与額の決定並びに保険料の徴収(任意継続被保険者に係るものを除く。)並びにこれらに附帯する業務は、厚生労働大臣が行う。

(組合管掌健康保険)

第六条　健康保険組合は、その組合員である被保険者の保険を管掌する。

(二以上の事業所に使用される者の保険者)

第七条　同時に二以上の事業所に使用される被保険者の保険を管掌する者は、第五条第一項及び前条の規定にかかわらず、厚生労働省令で定めるところによる。

第二節　全国健康保険協会

(設立及び業務)

第七条の二　健康保険組合の組合員でない被保険者(以下この節において単に「被保険者」という。)に係る健康保険事業を行うため、全国健康保険協会(以下「協会」という。)を設ける。

2　協会は、次に掲げる業務を行う。

　　一　第四章の規定による保険給付及び第五章第三節の規定による

日雇特例被保険者に係る保険給付に関する業務

二　第六章の規定による保健事業及び福祉事業に関する業務

三　前二号に掲げる業務のほか、協会が管掌する健康保険の事業に関する業務であって第五条第二項の規定により厚生労働大臣が行う業務以外のもの

四　第一号及び第二号に掲げる業務のほか、日雇特例被保険者の保険の事業に関する業務であって第百二十三条第二項の規定により厚生労働大臣が行う業務以外のもの

五　第二百四条の七第一項に規定する権限に係る事務に関する業務

六　前各号に掲げる業務に附帯する業務

3　協会は、前項各号に掲げる業務のほか、船員保険法の規定による船員保険事業に関する業務（同法の規定により厚生労働大臣が行うものを除く。）、高齢者の医療の確保に関する法律の規定による前期高齢者納付金等（以下「前期高齢者納付金等」という。）及び同法の規定による後期高齢者支援金等（以下「後期高齢者支援金等」という。）並びに介護保険法（平成九年法律第百二十三号）の規定による納付金（以下「介護納付金」という。）の納付に関する業務を行う。

（法人格）

第七条の三　協会は、法人とする。

（事務所）

第七条の四　協会は、主たる事務所を東京都に、従たる事務所（以下「支部」という。）を各都道府県に設置する。

2　協会の住所は、その主たる事務所の所在地にあるものとする。

（資本金）

第七条の五　協会の資本金は、健康保険法等の一部を改正する法律（平成十八年法律第八十三号。以下「改正法」という。）附則第十八条第二項の規定により政府から出資があったものとされた金額とする。

（定款）

第七条の六　協会は、定款をもって、次に掲げる事項を定めなければならない。

一　目的

二　名称

三　事務所の所在地

四　役員に関する事項

五　運営委員会に関する事項

六　評議会に関する事項

七　保健事業に関する事項

八　福祉事業に関する事項

九　資産の管理その他財務に関する事項

十　その他組織及び業務に関する重要事項として厚生労働省令で定める事項

2　前項の定款の変更（厚生労働省令で定める事項に係るものを除く。）は、厚生労働大臣の認可を受けなければ、その効力を生じない。

3　協会は、前項の厚生労働省令で定める事項に係る定款の変更をしたときは、遅滞なく、これを厚生労働大臣に届け出なければならない。

4　協会は、定款の変更について第二項の認可を受けたとき、又は同項の厚生労働省令で定める事項に係る定款の変更をしたときは、遅滞なく、これを公告しなければならない。

（登記）

第七条の七　協会は、政令で定めるところにより、登記しなければならない。

2　前項の規定により登記しなければならない事項は、登記の後でなければ、これをもって第三者に対抗することができない。

（名称）

第七条の八　協会でない者は、全国健康保険協会という名称を用いてはならない。

（役員）

第七条の九　協会に、役員として、理事長一人、理事六人以内及び監事二人を置く。

（役員の職務）

第七条の十　理事長は、協会を代表し、その業務を執行する。

2　理事長に事故があるとき、又は理事長が欠けたときは、理事のうちから、あらかじめ理事長が指定する者がその職務を代理し、又はその職務を行う。

3　理事は、理事長の定めるところにより、理事長を補佐して、協会の業務を執行することができる。

4　監事は、協会の業務の執行及び財務の状況を監査する。

（役員の任命）

第七条の十一　理事長及び監事は、厚生労働大臣が任命する。

2　厚生労働大臣は、前項の規定により理事長を任命しようとするときは、あらかじめ、第七条の十八第一項に規定する運営委員会の意見を聴かなければならない。

3　理事は、理事長が任命する。

4　理事長は、前項の規定により理事を任命したときは、遅滞なく、厚生労働大臣に届け出るとともに、これを公表しなければならない。

（役員の任期）

第七条の十二　役員の任期は三年とする。ただし、補欠の役員の任期は、前任者の残任期間とする。

2　役員は、再任されることができる。

（役員の欠格条項）

第七条の十三　政府又は地方公共団体の職員（非常勤の者を除く。）は、役員となることができない。

（役員の解任）

第七条の十四　厚生労働大臣又は理事長は、それぞれその任命に係る役員が前条の規定により役員となることができない者に該当するに至ったときは、その役員を解任しなければならない。

2　厚生労働大臣又は理事長は、それぞれその任命に係る役員が次の各号のいずれかに該当するとき、その他役員たるに適しないと認めるときは、その役員を解任することができる。

一　心身の故障のため職務の遂行に堪えないと認められるとき。

二　職務上の義務違反があるとき。

3　理事長は、前項の規定により理事を解任したときは、遅滞なく、厚生労働大臣に届け出るとともに、これを公表しなければならない。

（役員の兼職禁止）

第七条の十五　役員（非常勤の者を除く。）は、営利を目的とする団体の役員となり、又は自ら営利事業に従事してはならない。ただし、厚生労働大臣の承認を受けたときは、この限りでない。

（代表権の制限）

第七条の十六　協会と理事長又は理事との利益が相反する事項については、これらの者は、代表権を有しない。この場合には、監事が協会を代表する。

（代理人の選任）

第七条の十七　理事長は、理事又は職員のうちから、協会の業務の一部に関し一切の裁判上又は裁判外の行為をする権限を有する代理人を選任することができる。

（運営委員会）

第七条の十八　事業主（被保険者を使用する適用事業所の事業主をいう。以下この節において同じ。）及び被保険者の意見を反映させ、協会の業務の適正な運営を図るため、協会に運営委員会を置く。

2　運営委員会の委員は、九人以内とし、事業主、被保険者及び協会の業務の適正な運営に必要な学識経験を有する者のうちから、厚生労働大臣が各同数を任命する。

3　前項の委員の任期は、二年とする。

4　第七条の十二第一項ただし書及び第二項の規定は、運営委員会の委員について準用する。

（運営委員会の職務）

第七条の十九　次に掲げる事項については、理事長は、あらかじめ、運営委員会の議を経なければならない。

一　定款の変更

二　第七条の二十二第二項に規定する運営規則の変更

三　協会の毎事業年度の事業計画並びに予算及び決算

四　重要な財産の処分又は重大な債務の負担

五　第七条の三十五第二項に規定する役員に対する報酬及び退職手当の支給の基準の変更

六　その他協会の組織及び業務に関する重要事項として厚生労働省令で定めるもの

2　前項に規定する事項のほか、運営委員会は、理事長の諮問に応じ、又は必要と認める事項について、理事長に建議することができる。

3　前二項に定めるもののほか、運営委員会の組織及び運営に関し必要な事項は、厚生労働省令で定める。

（委員の地位）

第七条の二十　運営委員会の委員は、刑法（明治四十年法律第四十五号）その他の罰則の適用については、法令により公務に従事する職員とみなす。

（評議会）

第七条の二十一　協会は、都道府県ごとの実情に応じた業務の適正な運営に資するため、支部ごとに評議会を設け、当該支部における業務の実施について、評議会の意見を聴くものとする。

2　評議会の評議員は、定款で定めるところにより、当該評議会が設けられる支部の都道府県に所在する適用事業所（第三十四条第一項に規定する一の適用事業所を含む。以下同じ。）の事業主及び被保険者並びに当該支部における業務の適正な実施に必要な学識経験を有する者のうちから、支部の長（以下「支部長」という。）が委嘱する。

（運営規則）

第七条の二十二　協会は、業務を執行するために必要な事項で厚生労働省令で定めるものについて、運営規則を定めるものとする。

2　理事長は、運営規則を変更しようとするときは、あらかじめ、厚生労働大臣に届け出なければならない。

（職員の任命）

第七条の二十三　協会の職員は、理事長が任命する。

（役員及び職員の公務員たる性質）

第七条の二十四　第七条の二十の規定は、協会の役員及び職員について準用する。

（事業年度）

第七条の二十五　協会の事業年度は、毎年四月一日に始まり、翌年三月三十一日に終わる。

（企業会計原則）

第七条の二十六　協会の会計は、厚生労働省令で定めるところにより、原則として企業会計原則によるものとする。

（事業計画等の認可）

第七条の二十七　協会は、毎事業年度、事業計画及び予算を作成し、当該事業年度開始前に、厚生労働大臣の認可を受けなければならない。これを変更しようとするときも、同様とする。

（財務諸表等）

第七条の二十八　協会は、毎事業年度の決算を翌事業年度の五月三十一日までに完結しなければならない。

2　協会は、毎事業年度、貸借対照表、損益計算書、利益の処分又は損失の処理に関する書類その他厚生労働省令で定める書類及びこれらの附属明細書（以下「財務諸表」という。）を作成し、これに当該事業年度の事業報告書及び決算報告書（以下この条及び第二百十七条の二第四号において「事業報告書等」という。）を添え、監事及び次条第二項の規定により選任された会計監査人の意見を付けて、決算完結後二月以内に厚生労働大臣に提出し、その承認を受けなければならない。

3　財務諸表及び事業報告書等には、支部ごとの財務及び事業の状況を示すために必要な事項として厚生労働省令で定めるものを記載しなければならない。

4　協会は、第二項の規定による厚生労働大臣の承認を受けたときは、遅滞なく、財務諸表を官報に公告し、かつ、財務諸表及び事業報告書等並びに同項の監事及び会計監査人の意見を記載した書面を、各事業所に備えて置き、厚生労働省令で定める期間、一般の閲覧に供しなければならない。

（会計監査人の監査）

第七条の二十九　協会は、財務諸表、事業報告書（会計に関する部分に限る。）及び決算報告書について、監事の監査のほか、会計監査人の監査を受けなければならない。

2　会計監査人は、厚生労働大臣が選任する。

3　会計監査人は、公認会計士（公認会計士法（昭和二十三年法律第百三号）第十六条の二第五項に規定する外国公認会計士を含む。）又は監査法人でなければならない。

4　公認会計士法の規定により、財務諸表について監査をすることができない者は、会計監査人となることができない。

5　会計監査人の任期は、その選任の日以後最初に終了する事業年度の財務諸表についての厚生労働大臣の前条第二項の承認の時までとする。

6　厚生労働大臣は、会計監査人が次の各号のいずれかに該当するときは、その会計監査人を解任することができる。

一　職務上の義務に違反し、又は職務を怠ったとき。

二　会計監査人たるにふさわしくない非行があったとき。

三　心身の故障のため、職務の遂行に支障があり、又はこれに堪えないとき。

（各事業年度に係る業績評価）

第七条の三十　厚生労働大臣は、協会の事業年度ごとの業績について、評価を行わなければならない。

2　厚生労働大臣は、前項の評価を行ったときは、遅滞なく、協会に対し、当該評価の結果を通知するとともに、これを公表しなければならない。

（借入金）

第七条の三十一　協会は、その業務に要する費用に充てるため必要な場合において、厚生労働大臣の認可を受けて、短期借入金をすることができる。

2　前項の規定による短期借入金は、当該事業年度内に償還しなければならない。ただし、資金の不足のため償還することができないときは、その償還することができない金額に限り、厚生労働大

臣の認可を受けて、これを借り換えることができる。

3 前項ただし書の規定により借り換えた短期借入金は、一年以内に償還しなければならない。

（債務保証）

第七条の三十二 政府は、法人に対する政府の財政援助の制限に関する法律（昭和二十一年法律第二十四号）第三条の規定にかかわらず、国会の議決を経た金額の範囲内で、その業務の円滑な運営に必要があると認めるときは、前条の規定による協会の短期借入金に係る債務について、必要と認められる期間の範囲において、保証することができる。

（資金の運用）

第七条の三十三 協会の業務上の余裕金の運用は、政令で定めるところにより、事業の目的及び資金の性質に応じ、安全かつ効率的にしなければならない。

（重要な財産の処分）

第七条の三十四 協会は、厚生労働省令で定める重要な財産を譲渡し、又は担保に供しようとするときは、厚生労働大臣の認可を受けなければならない。

（役員の報酬等）

第七条の三十五 協会の役員に対する報酬及び退職手当は、その役員の業績が考慮されるものでなければならない。

2 協会は、その役員に対する報酬及び退職手当の支給の基準を定め、これを厚生労働大臣に届け出るとともに、公表しなければならない。これを変更したときも、同様とする。

（職員の給与等）

第七条の三十六 協会の職員の給与は、その職員の勤務成績が考慮されるものでなければならない。

2 協会は、その職員の給与及び退職手当の支給の基準を定め、これを厚生労働大臣に届け出るとともに、公表しなければならない。これを変更したときも、同様とする。

（秘密保持義務）

第七条の三十七 協会の役員若しくは職員又はこれらの職にあった者は、健康保険事業に関して職務上知り得た秘密を正当な理由がなく漏らしてはならない。

2 前項の規定は、協会の運営委員会の委員又は委員であった者について準用する。

（報告の徴収等）

第七条の三十八 厚生労働大臣は、協会について、必要があると認めるときは、その事業及び財産の状況に関する報告を徴し、又は当該職員をして協会の事務所に立ち入って関係者に質問させ、若しくは実地にその状況を検査させることができる。

2 前項の規定によって質問又は検査を行う当該職員は、その身分を示す証明書を携帯し、かつ、関係者の請求があるときは、これを提示しなければならない。

3 第一項の規定による権限は、犯罪捜査のために認められたものと解釈してはならない。

（監督）

第七条の三十九 厚生労働大臣は、協会の事業若しくは財産の管理若しくは執行が法令、定款若しくは厚生労働大臣の処分に違反していると認めるとき、確保すべき収入を不当に確保せず、不当に経費を支出し、若しくは不当に財産を処分し、その他協会の事業若しくは財産の管理若しくは執行が著しく適正を欠くと認めるとき、又は協会の役員がその事業若しくは財産の管理若しくは執行を明らかに怠っていると認めるときは、期間を定めて、協会又はその役員に対し、その事業若しくは財産の管理若しくは執行について違反の是正又は改善のため必要な措置を採るべき旨を命ずる

ことができる。

2 協会又はその役員が前項の命令に違反したときは、厚生労働大臣は、協会に対し、期間を定めて、当該違反に係る役員の全部又は一部の解任を命ずることができる。

3 協会が前項の命令に違反したときは、厚生労働大臣は、同項の命令に係る役員を解任することができる。

（解散）

第七条の四十 協会の解散については、別に法律で定める。

（厚生労働省令への委任）

第七条の四十一 この法律及びこの法律に基づく政令に規定するもののほか、協会の財務及び会計その他協会に関し必要な事項は、厚生労働省令で定める。

（財務大臣との協議）

第七条の四十二 厚生労働大臣は、次の場合には、あらかじめ、財務大臣に協議しなければならない。

一 第七条の二十七、第七条の三十一第一項若しくは第二項ただし書又は第七条の三十四の規定による認可をしようとするとき。

二 前条の規定により厚生労働省令を定めようとするとき。

第三節　健康保険組合

（組織）

第八条 健康保険組合は、適用事業所の事業主、その適用事業所に使用される被保険者及び任意継続被保険者をもって組織する。

（法人格）

第九条 健康保険組合は、法人とする。

2 健康保険組合の住所は、その主たる事務所の所在地にあるものとする。

（名称）

第十条 健康保険組合は、その名称中に健康保険組合という文字を用いなければならない。

2 健康保険組合でない者は、健康保険組合という名称を用いてはならない。

（設立）

第十一条 一又は二以上の適用事業所について常時政令で定める数以上の被保険者を使用する事業主は、当該一又は二以上の適用事業所について、健康保険組合を設立することができる。

2 適用事業所の事業主は、共同して健康保険組合を設立することができる。この場合において、被保険者の数は、合算して常時政令で定める数以上でなければならない。

第十二条 適用事業所の事業主は、健康保険組合を設立しようとするときは、健康保険組合を設立しようとする適用事業所に使用される被保険者の二分の一以上の同意を得て、規約を作り、厚生労働大臣の認可を受けなければならない。

2 二以上の適用事業所について健康保険組合を設立しようとする場合においては、前項の同意は、各適用事業所について得なければならない。

第十三条 第三十一条第一項の規定による認可の申請と同時に健康保険組合の設立の認可の申請を行う場合にあっては、前二条中「適用事業所」とあるのは「適用事業所となるべき事業所」と、「被保険者」とあるのは「被保険者となるべき者」とする。

第十四条 厚生労働大臣は、一又は二以上の適用事業所（第三十一条第一項の規定によるものを除く。）について常時政令で定める数以上の被保険者を使用する事業主に対し、健康保険組合の設立を命ずることができる。

2 前項の規定により健康保険組合の設立を命ぜられた事業主は、

規約を作り、その設立について厚生労働大臣の認可を受けなければならない。

（成立の時期）

第十五条 健康保険組合は、設立の認可を受けた時に成立する。

（規約）

第十六条 健康保険組合は、規約において、次に掲げる事項を定めなければならない。

一 名称

二 事務所の所在地

三 健康保険組合の設立に係る適用事業所の名称及び所在地

四 組合会に関する事項

五 役員に関する事項

六 組合員に関する事項

七 保険料に関する事項

八 準備金その他の財産の管理に関する事項

九 公告に関する事項

十 前各号に掲げる事項のほか、厚生労働省令で定める事項

2 前項の規約の変更（厚生労働省令で定める事項に係るものを除く。）は、厚生労働大臣の認可を受けなければ、その効力を生じない。

3 健康保険組合は、前項の厚生労働省令で定める事項に係る規約の変更をしたときは、遅滞なく、これを厚生労働大臣に届け出なければならない。

（組合員）

第十七条 健康保険組合が設立された適用事業所（以下「設立事業所」という。）の事業主及びその設立事業所に使用される被保険者は、当該健康保険組合の組合員とする。

2 前項の被保険者は、当該設立事業所に使用されなくなったときであっても、任意継続被保険者であるときは、なお当該健康保険組合の組合員とする。

（組合会）

第十八条 健康保険組合に、組合会を置く。

2 組合会は、組合会議員をもって組織する。

3 組合会議員の定数は、偶数とし、その半数は、設立事業所の事業主において設立事業所の事業主（その代理人を含む。）及び設立事業所に使用される者のうちから選定し、他の半数は、被保険者である組合員において互選する。

（組合会の議決事項）

第十九条 次に掲げる事項は、組合会の議決を経なければならない。

一 規約の変更

二 収入支出の予算

三 事業報告及び決算

四 その他規約で定める事項

（組合会の権限）

第二十条 組合会は、健康保険組合の事務に関する書類を検査し、理事若しくは監事の報告を請求し、又は事務の管理、議決の執行若しくは出納を検査することができる。

2 組合会は、組合会議員のうちから選任した者に、前項の組合会の権限に属する事項を行わせることができる。

（役員）

第二十一条 健康保険組合に、役員として理事及び監事を置く。

2 理事の定数は、偶数とし、その半数は設立事業所の事業主の選定した組合会議員において、他の半数は被保険者である組合員の互選した組合会議員において、それぞれ互選する。

3 理事のうち一人を理事長とし、設立事業所の事業主の選定した組合会議員である理事のうちから、理事が選挙する。

4 監事は、組合会において、設立事業所の事業主の選定した組合会議員及び被保険者である組合員の互選した組合会議員のうちから、それぞれ一人を選挙する。

5 監事は、理事又は健康保険組合の職員と兼ねることができない。

（役員の職務）

第二十二条 理事長は、健康保険組合を代表し、その業務を執行する。理事長に事故があるとき、又は理事長が欠けたときは、設立事業所の事業主の選定した組合会議員である理事のうちから、あらかじめ理事長が指定する者がその職務を代理し、又はその職務を行う。

2 健康保険組合の業務は、規約に別段の定めがある場合を除くほか、理事の過半数により決し、可否同数のときは、理事長の決するところによる。

3 理事は、理事長の定めるところにより、理事長を補佐して、健康保険組合の業務を執行することができる。

4 監事は、健康保険組合の業務の執行及び財産の状況を監査する。

（協会の役員及び職員の秘密保持義務に関する規定の準用）

第二十二条の二 第七条の三十七第一項の規定は、健康保険組合の役員及び職員について準用する。

（合併）

第二十三条 健康保険組合は、合併しようとするときは、組合会において組合会議員の定数の四分の三以上の多数により議決し、厚生労働大臣の認可を受けなければならない。

2 合併によって健康保険組合を設立するには、各健康保険組合がそれぞれ組合会において役員又は組合会議員のうちから選任した設立委員が共同して規約を作り、その他設立に必要な行為をしなければならない。

3 合併により設立された健康保険組合又は合併後存続する健康保険組合は、合併により消滅した健康保険組合の権利義務を承継する。

（分割）

第二十四条 健康保険組合は、分割しようとするときは、組合会において組合会議員の定数の四分の三以上の多数により議決し、厚生労働大臣の認可を受けなければならない。

2 健康保険組合の分割は、設立事業所の一部について行うことはできない。

3 分割を行う場合においては、分割により設立される健康保険組合の組合員となるべき被保険者又は分割後存続する健康保険組合の組合員である被保険者の数が、第十一条第一項（健康保険組合を共同して設立している場合にあっては、同条第二項）の政令で定める数以上でなければならない。

4 分割によって健康保険組合を設立するには、分割により設立される健康保険組合の設立事業所となるべき適用事業所の事業主が規約を作り、その他設立に必要な行為をしなければならない。

5 分割により設立された健康保険組合は、分割により消滅した健康保険組合又は分割後存続する健康保険組合の権利義務の一部を承継する。

6 前項の規定により承継する権利義務の限度は、分割の議決とともに議決し、厚生労働大臣の認可を受けなければならない。

（設立事業所の増減）

第二十五条 健康保険組合がその設立事業所を増加させ、又は減少させようとするときは、その増加又は減少に係る適用事業所の事業主の全部及びその適用事業所に使用される被保険者の二分の一

以上の同意を得なければならない。

2　第三十一条第一項の規定による認可の申請があった事業所に係る設立事業所の増加に関する規約の変更の認可の申請を行う場合にあっては、前項中「被保険者」とあるのは、「被保険者となるべき者」とする。

3　第一項の規定により健康保険組合が設立事業所を減少させるときは、健康保険組合の被保険者である組合員の数が、設立事業所を減少させた後においても、第十一条第一項（健康保険組合を共同して設立している場合にあっては、同条第二項）の政令で定める数以上でなければならない。

4　第十二条第二項の規定は、第一項の被保険者の同意を得る場合について準用する。

（解散）

第二十六条　健康保険組合は、次に掲げる理由により解散する。

一　組合会議員の定数の四分の三以上の多数による組合会の議決

二　健康保険組合の事業の継続の不能

三　第二十九条第二項の規定による解散の命令

2　健康保険組合は、前項第一号又は第二号に掲げる理由により解散しようとするときは、厚生労働大臣の認可を受けなければならない。

3　健康保険組合が解散する場合において、その財産をもって債務を完済することができないときは、当該健康保険組合は、設立事業所の事業主に対し、政令で定めるところにより、当該債務を完済するために要する費用の全部又は一部を負担することを求めることができる。

4　協会は、解散により消滅した健康保険組合の権利義務を承継する。

第二十七条　削除

（指定健康保険組合による健全化計画の作成）

第二十八条　健康保険事業の収支が均衡しない健康保険組合であって、政令で定める要件に該当するものとして厚生労働大臣の指定を受けたもの（以下この条及び次条において「指定健康保険組合」という。）は、政令で定めるところにより、その財政の健全化に関する計画（以下この条において「健全化計画」という。）を定め、厚生労働大臣の承認を受けなければならない。これを変更しようとするときも、同様とする。

2　前項の承認を受けた指定健康保険組合は、当該承認に係る健全化計画に従い、その事業を行わなければならない。

3　厚生労働大臣は、第一項の承認を受けた指定健康保険組合の事業及び財産の状況により、その健全化計画を変更する必要があると認めるときは、当該指定健康保険組合に対し、期限を定めて、当該健全化計画の変更を求めることができる。

（報告の徴収等）

第二十九条　第七条の三十八及び第七条の三十九の規定は、健康保険組合について準用する。この場合において、同条第一項中「厚生労働大臣は」とあるのは「厚生労働大臣は、第二十九条第一項において準用する前条の規定により報告を徴し、又は質問し、若しくは検査した場合において」と、「定款」とあるのは「規約」と読み替えるものとする。

2　健康保険組合が前項において準用する第七条の三十九第一項の規定による命令に違反したとき、又は前条第二項の規定に違反した指定健康保険組合、同条第三項の求めに応じない指定健康保険組合その他政令で定める指定健康保険組合の事業若しくは財産の状況によりその事業の継続が困難であると認めるときは、厚生労働大臣は、当該指定健康保険組合の解散を命ずることができる。

（政令への委任）

第三十条　この節に規定するもののほか、健康保険組合の管理、財産の保管その他健康保険組合に関して必要な事項は、政令で定める。

第三章　被保険者

第一節　資格

（適用事業所）

第三十一条　適用事業所以外の事業所の事業主は、厚生労働大臣の認可を受けて、当該事業所を適用事業所とすることができる。

2　前項の認可を受けようとするときは、当該事業所の事業主は、当該事業所に使用される者（被保険者となるべき者に限る。）の二分の一以上の同意を得て、厚生労働大臣に申請しなければならない。

第三十二条　適用事業所が、第三条第三項各号に該当しなくなったときは、その事業所について前条第一項の認可があったものとみなす。

第三十三条　第三十一条第一項の事業所の事業主は、厚生労働大臣の認可を受けて、当該事業所を適用事業所でなくすることができる。

2　前項の認可を受けようとするときは、当該事業所の事業主は、当該事業所に使用される者（被保険者である者に限る。）の四分の三以上の同意を得て、厚生労働大臣に申請しなければならない。

第三十四条　二以上の適用事業所の事業主が同一である場合には、当該事業主は、厚生労働大臣の承認を受けて、当該二以上の事業所を一の適用事業所とすることができる。

2　前項の承認があったときは、当該二以上の適用事業所は、適用事業所でなくなったものとみなす。

（資格取得の時期）

第三十五条　被保険者（任意継続被保険者を除く。以下この条から第三十八条までにおいて同じ。）は、適用事業所に使用されるに至った日若しくはその使用される事業所が適用事業所となった日又は第三条第一項ただし書の規定に該当しなくなった日から、被保険者の資格を取得する。

（資格喪失の時期）

第三十六条　被保険者は、次の各号のいずれかに該当するに至った日の翌日（その事実があった日に更に前条に該当するに至ったときは、その日）から、被保険者の資格を喪失する。

一　死亡したとき。

二　その事業所に使用されなくなったとき。

三　第三条第一項ただし書の規定に該当するに至ったとき。

四　第三十三条第一項の認可があったとき。

（任意継続被保険者）

第三十七条　第三条第四項の申出は、被保険者の資格を喪失した日から二十日以内にしなければならない。ただし、保険者は、正当な理由があると認めるときは、この期間を経過した後の申出であっても、受理することができる。

2　第三条第四項の申出をした者が、初めて納付すべき保険料をその納付期日までに納付しなかったときは、同項の規定にかかわらず、その者は、任意継続被保険者とならなかったものとみなす。ただし、その納付の遅延について正当な理由があると保険者が認めたときは、この限りでない。

（任意継続被保険者の資格喪失）

第三十八条　任意継続被保険者は、次の各号のいずれかに該当するに至った日の翌日（第四号から第六号までのいずれかに該当するに至ったときは、その日）から、その資格を喪失する。

一　任意継続被保険者となった日から起算して二年を経過したとき。

二　死亡したとき。

三　保険料(初めて納付すべき保険料を除く。)を納付期日までに納付しなかったとき(納付の遅延について正当な理由があると保険者が認めたときを除く。)。

四　被保険者となったとき。

五　船員保険の被保険者となったとき。

六　後期高齢者医療の被保険者等となったとき。

七　任意継続被保険者でなくなることを希望する旨を、厚生労働省令で定めるところにより、保険者に申し出た場合において、その申出が受理された日の属する月の末日が到来したとき。

(資格の得喪の確認)

第三十九条　被保険者の資格の取得及び喪失は、保険者等(被保険者が協会が管掌する健康保険の被保険者である場合にあっては厚生労働大臣、被保険者が健康保険組合が管掌する健康保険の被保険者である場合にあっては当該健康保険組合をいう。第百六十四条第二項及び第三項、第百八十条第一項、第二項及び第四項並びに第百八十一条第一項を除き、以下同じ。)の確認によって、その効力を生ずる。ただし、第三十六条第四号に該当したことによる被保険者の資格の喪失並びに任意継続被保険者の資格の取得及び喪失は、この限りでない。

2　前項の確認は、第四十八条の規定による届出若しくは第五十一条第一項の規定による請求により、又は職権で行うものとする。

3　第一項の確認については、行政手続法(平成五年法律第八十八号)第三章(第十二条及び第十四条を除く。)の規定は、適用しない。

第二節　標準報酬月額及び標準賞与額

(標準報酬月額)

第四十条　標準報酬月額は、被保険者の報酬月額に基づき、次の等級区分(次項の規定により等級区分の改定が行われたときは、改定後の等級区分)によって定める。

標準報酬月額等級	標準報酬月額	報酬月額
第一級	五八、〇〇〇円	六三、〇〇〇円未満
第二級	六八、〇〇〇円	六三、〇〇〇円以上 七三、〇〇〇円未満
第三級	七八、〇〇〇円	七三、〇〇〇円以上 八三、〇〇〇円未満
第四級	八八、〇〇〇円	八三、〇〇〇円以上 九三、〇〇〇円未満
第五級	九八、〇〇〇円	九三、〇〇〇円以上 一〇一、〇〇〇円未満
第六級	一〇四、〇〇〇円	一〇一、〇〇〇円以上 一〇七、〇〇〇円未満
第七級	一一〇、〇〇〇円	一〇七、〇〇〇円以上 一一四、〇〇〇円未満
第八級	一一八、〇〇〇円	一一四、〇〇〇円以上 一二二、〇〇〇円未満
第九級	一二六、〇〇〇円	一二二、〇〇〇円以上 一三〇、〇〇〇円未満
第一〇級	一三四、〇〇〇円	一三〇、〇〇〇円以上 一三八、〇〇〇円未満
第一一級	一四二、〇〇〇円	一三八、〇〇〇円以上 一四六、〇〇〇円未満
第一二級	一五〇、〇〇〇円	一四六、〇〇〇円以上 一五五、〇〇〇円未満
第一三級	一六〇、〇〇〇円	一五五、〇〇〇円以上 一六五、〇〇〇円未満
第一四級	一七〇、〇〇〇円	一六五、〇〇〇円以上 一七五、〇〇〇円未満
第一五級	一八〇、〇〇〇円	一七五、〇〇〇円以上 一八五、〇〇〇円未満
第一六級	一九〇、〇〇〇円	一八五、〇〇〇円以上 一九五、〇〇〇円未満
第一七級	二〇〇、〇〇〇円	一九五、〇〇〇円以上 二一〇、〇〇〇円未満
第一八級	二二〇、〇〇〇円	二一〇、〇〇〇円以上 二三〇、〇〇〇円未満
第一九級	二四〇、〇〇〇円	二三〇、〇〇〇円以上 二五〇、〇〇〇円未満
第二〇級	二六〇、〇〇〇円	二五〇、〇〇〇円以上 二七〇、〇〇〇円未満
第二一級	二八〇、〇〇〇円	二七〇、〇〇〇円以上 二九〇、〇〇〇円未満
第二二級	三〇〇、〇〇〇円	二九〇、〇〇〇円以上 三一〇、〇〇〇円未満
第二三級	三二〇、〇〇〇円	三一〇、〇〇〇円以上 三三〇、〇〇〇円未満
第二四級	三四〇、〇〇〇円	三三〇、〇〇〇円以上 三五〇、〇〇〇円未満
第二五級	三六〇、〇〇〇円	三五〇、〇〇〇円以上 三七〇、〇〇〇円未満
第二六級	三八〇、〇〇〇円	三七〇、〇〇〇円以上 三九五、〇〇〇円未満
第二七級	四一〇、〇〇〇円	三九五、〇〇〇円以上 四二五、〇〇〇円未満
第二八級	四四〇、〇〇〇円	四二五、〇〇〇円以上 四五五、〇〇〇円未満
第二九級	四七〇、〇〇〇円	四五五、〇〇〇円以上 四八五、〇〇〇円未満
第三〇級	五〇〇、〇〇〇円	四八五、〇〇〇円以上 五一五、〇〇〇円未満
第三一級	五三〇、〇〇〇円	五一五、〇〇〇円以上 五四五、〇〇〇円未満
第三二級	五六〇、〇〇〇円	五四五、〇〇〇円以上 五七五、〇〇〇円未満
第三三級	五九〇、〇〇〇円	五七五、〇〇〇円以上 六〇五、〇〇〇円未満
第三四級	六二〇、〇〇〇円	六〇五、〇〇〇円以上 六三五、〇〇〇円未満
第三五級	六五〇、〇〇〇円	六三五、〇〇〇円以上 六六五、〇〇〇円未満
第三六級	六八〇、〇〇〇円	六六五、〇〇〇円以上 六九五、〇〇〇円未満
第三七級	七一〇、〇〇〇円	六九五、〇〇〇円以上 七三〇、〇〇〇円未満
第三八級	七五〇、〇〇〇円	七三〇、〇〇〇円以上 七七〇、〇〇〇円未満
第三九級	七九〇、〇〇〇円	七七〇、〇〇〇円以上 八一〇、〇〇〇円未満
第四〇級	八三〇、〇〇〇円	八一〇、〇〇〇円以上 八五五、〇〇〇円未満
第四一級	八八〇、〇〇〇円	八五五、〇〇〇円以上 九〇五、〇〇〇円未満
第四二級	九三〇、〇〇〇円	九〇五、〇〇〇円以上 九五五、〇〇〇円未満
第四三級	九八〇、〇〇〇円	九五五、〇〇〇円以上 一、〇〇五、〇〇〇円未満
第四四級	一、〇三〇、〇〇〇円	一、〇〇五、〇〇〇円以上 一、〇五五、〇〇〇円未満
第四五級	一、〇九〇、〇〇〇円	一、〇五五、〇〇〇円以上 一、一一五、〇〇〇円未満
第四六級	一、一五〇、〇〇〇円	一、一一五、〇〇〇円以上 一、一七五、〇〇〇円未満

第四七級	一、二一〇、〇〇〇円	一、一七五、〇〇〇円以上 一、二三五、〇〇〇円未満
第四八級	一、二七〇、〇〇〇円	一、二三五、〇〇〇円以上 一、二九五、〇〇〇円未満
第四九級	一、三三〇、〇〇〇円	一、二九五、〇〇〇円以上 一、三五五、〇〇〇円未満
第五〇級	一、三九〇、〇〇〇円	一、三五五、〇〇〇円以上

2　毎年三月三十一日における標準報酬月額等級の最高等級に該当する被保険者数の被保険者総数に占める割合が百分の一・五を超える場合において、その状態が継続すると認められるときは、その年の九月一日から、政令で、当該最高等級の上に更に等級を加える標準報酬月額の等級区分の改定を行うことができる。ただし、その年の三月三十一日において、改定後の標準報酬月額等級の最高等級に該当する被保険者数の同日における被保険者総数に占める割合が百分の〇・五を下回ってはならない。

3　厚生労働大臣は、前項の政令の制定又は改正について立案を行う場合には、社会保障審議会の意見を聴くものとする。

（定時決定）

第四十一条　保険者等は、被保険者が毎年七月一日現に使用される事業所において同日前三月間（その事業所で継続して使用された期間に限るものとし、かつ、報酬支払の基礎となった日数が十七日（厚生労働省令で定める者にあっては、十一日。第四十三条第一項、第四十三条の二第一項及び第四十三条の三第一項において同じ。）未満である月があるときは、その月を除く。）に受けた報酬の総額をその期間の月数で除して得た額を報酬月額として、標準報酬月額を決定する。

2　前項の規定によって決定された標準報酬月額は、その年の九月から翌年の八月までの各月の標準報酬月額とする。

3　第一項の規定は、六月一日から七月一日までの間に被保険者の資格を取得した者及び第四十三条、第四十三条の二又は第四十三条の三の規定により七月から九月までのいずれかの月から標準報酬月額を改定され、又は改定されるべき被保険者については、その年に限り適用しない。

（被保険者の資格を取得した際の決定）

第四十二条　保険者等は、被保険者の資格を取得した者があるときは、次に掲げる額を報酬月額として、標準報酬月額を決定する。

一　月、週その他一定期間によって報酬が定められる場合には、被保険者の資格を取得した日の現在の報酬の額をその期間の総日数で除して得た額の三十倍に相当する額

二　日、時間、出来高又は請負によって報酬が定められる場合には、被保険者の資格を取得した月前一月間に当該事業所で、同様の業務に従事し、かつ、同様の報酬を受ける者が受けた報酬の額を平均した額

三　前二号の規定によって算定することが困難であるものについては、被保険者の資格を取得した月前一月間に、その地方で、同様の業務に従事し、かつ、同様の報酬を受ける者が受けた報酬の額

四　前三号のうち二以上に該当する報酬を受ける場合には、それぞれについて、前三号の規定によって算定した額の合算額

2　前項の規定によって決定された標準報酬月額は、被保険者の資格を取得した月からその年の八月（六月一日から十二月三十一日までの間に被保険者の資格を取得した者については、翌年の八月）までの各月の標準報酬月額とする。

（改定）

第四十三条　保険者等は、被保険者が現に使用される事業所において継続した三月間（各月とも、報酬支払の基礎となった日数が、

十七日以上でなければならない。）に受けた報酬の総額を三で除して得た額が、その者の標準報酬月額の基礎となった報酬月額に比べて、著しく高低を生じた場合において、必要があると認めるときは、その額を報酬月額として、その著しく高低を生じた月の翌月から、標準報酬月額を改定することができる。

2　前項の規定によって改定された標準報酬月額は、その年の八月（七月から十二月までのいずれかの月から改定されたものについては、翌年の八月）までの各月の標準報酬月額とする。

（育児休業等を終了した際の改定）

第四十三条の二　保険者等は、育児休業、介護休業等育児又は家族介護を行う労働者の福祉に関する法律（平成三年法律第七十六号）第二条第一号に規定する育児休業、同法第二十三条第二項の育児休業に関する制度に準ずる措置若しくは同法第二十四条第一項（第二号に係る部分に限る。）の規定により同項第二号に規定する育児休業に関する制度に準じて講ずる措置による休業又は政令で定める法令に基づく育児休業（以下「育児休業等」という。）を終了した被保険者が、当該育児休業等を終了した日（以下この条において「育児休業等終了日」という。）において当該育児休業等に係る三歳に満たない子を養育する場合において、その使用される事業所の事業主を経由して厚生労働省令で定めるところにより保険者等に申出をしたときは、第四十一条の規定にかかわらず、育児休業等終了日の翌日が属する月以後三月間（育児休業等終了日の翌日において使用される事業所で継続して使用された期間に限るものとし、かつ、報酬支払の基礎となった日数が十七日未満である月があるときは、その月を除く。）に受けた報酬の総額をその期間の月数で除して得た額を報酬月額として、標準報酬月額を改定する。ただし、育児休業等終了日の翌日に次条第一項に規定する産前産後休業を開始している被保険者は、この限りでない。

2　前項の規定によって改定された標準報酬月額は、育児休業等終了日の翌日から起算して二月を経過した日の属する月の翌月からその年の八月（当該翌月が七月から十二月までのいずれかの月である場合は、翌年の八月）までの各月の標準報酬月額とする。

（産前産後休業を終了した際の改定）

第四十三条の三　保険者等は、産前産後休業（出産の日（出産の日が出産の予定日後であるときは、出産の予定日）以前四十二日（多胎妊娠の場合においては、九十八日）から出産の日後五十六日までの間において労務に服さないこと（妊娠又は出産に関する事由を理由として労務に服さない場合に限る。）をいう。以下同じ。）を終了した被保険者が、当該産前産後休業を終了した日（以下この条において「産前産後休業終了日」という。）において当該産前産後休業に係る子を養育する場合において、その使用される事業所の事業主を経由して厚生労働省令で定めるところにより保険者等に申出をしたときは、第四十一条の規定にかかわらず、産前産後休業終了日の翌日が属する月以後三月間（産前産後休業終了日の翌日において使用される事業所で継続して使用された期間に限るものとし、かつ、報酬支払の基礎となった日数が十七日未満である月があるときは、その月を除く。）に受けた報酬の総額をその期間の月数で除して得た額を報酬月額として、標準報酬月額を改定する。ただし、産前産後休業終了日の翌日に育児休業等を開始している被保険者は、この限りでない。

2　前項の規定によって改定された標準報酬月額は、産前産後休業終了日の翌日から起算して二月を経過した日の属する月の翌月からその年の八月（当該翌月が七月から十二月までのいずれかの月である場合は、翌年の八月）までの各月の標準報酬月額とする。

（報酬月額の算定の特例）

第四十四条　保険者等は、被保険者の報酬月額が、第四十一条第一

項、第四十二条第一項、第四十三条の二第一項若しくは前条第一項の規定によって算定することが困難であるとき、又は第四十一条第一項、第四十二条第一項、第四十三条第一項、第四十三条の二第一項若しくは前条第一項の規定によって算定した額が著しく不当であると認めるときは、これらの規定にかかわらず、その算定する額を当該被保険者の報酬月額とする。

2　前項の場合において、保険者が健康保険組合であるときは、同項の算定方法は、規約で定めなければならない。

3　同時に二以上の事業所で報酬を受ける被保険者について報酬月額を算定する場合においては、各事業所について、第四十一条第一項、第四十二条第一項、第四十三条第一項、第四十三条の二第一項若しくは前条第一項又は第一項の規定によって算定した額の合算額をその者の報酬月額とする。

（標準賞与額の決定）

第四十五条　保険者等は、被保険者が賞与を受けた月において、その月に当該被保険者が受けた賞与に基づき、これに千円未満の端数を生じたときは、これを切り捨てて、その月における標準賞与額を決定する。ただし、その月に当該被保険者が受けた賞与によりその年度（毎年四月一日から翌年三月三十一日までをいう。以下同じ。）における標準賞与額の累計額が五百七十三万円（第四十条第二項の規定による標準報酬月額の等級区分の改定が行われたときは、政令で定める額。以下この項において同じ。）を超えることとなる場合には、当該累計額が五百七十三万円となるようその月の標準賞与額を決定し、その年度においてその月の翌月以降に受ける賞与の標準賞与額は零とする。

2　第四十条第三項の規定は前項の政令の制定又は改正について、前条の規定は標準賞与額の算定について準用する。

（現物給与の価額）

第四十六条　報酬又は賞与の全部又は一部が、通貨以外のもので支払われる場合においては、その価額は、その地方の時価によって、厚生労働大臣が定める。

2　健康保険組合は、前項の規定にかかわらず、規約で別段の定めをすることができる。

（任意継続被保険者の標準報酬月額）

第四十七条　任意継続被保険者の標準報酬月額については、第四十一条から第四十四条までの規定にかかわらず、次の各号に掲げる額のうちいずれか少ない額をもって、その者の標準報酬月額とする。

一　当該任意継続被保険者が被保険者の資格を喪失したときの標準報酬月額

二　前年（一月から三月までの標準報酬月額については、前々年）の九月三十日における当該任意継続被保険者の属する保険者が管掌する全被保険者の同月の標準報酬月額を平均した額（健康保険組合が当該平均した額の範囲内においてその規約で定めた額があるときは、当該規約で定めた額）を標準報酬月額の基礎となる報酬月額とみなしたときの標準報酬月額

2　保険者が健康保険組合である場合においては、前項の規定にかかわらず、同項第一号に掲げる額が同項第二号に掲げる額を超える任意継続被保険者について、規約で定めるところにより、同項第一号に掲げる額（当該健康保険組合が同項第二号に掲げる額を超え同項第一号に掲げる額未満の範囲内においてその規約で定めた額があるときは、当該規約で定めた額を標準報酬月額の基礎となる報酬月額とみなしたときの標準報酬月額）をその者の標準報酬月額とすることができる。

第三節　届出等

（届出）

第四十八条　適用事業所の事業主は、厚生労働省令で定めるところにより、被保険者の資格の取得及び喪失並びに報酬月額及び賞与額に関する事項を保険者等に届け出なければならない。

（通知）

第四十九条　厚生労働大臣は、第三十三条第一項の規定による認可を行ったときは、その旨を当該事業主に通知するものとし、保険者等は、第三十九条第一項の規定による確認又は標準報酬（標準報酬月額及び標準賞与額をいう。以下同じ。）の決定若しくは改定を行ったときは、その旨を当該事業主に通知しなければならない。

2　事業主は、前項の通知があったときは、速やかに、これを被保険者又は被保険者であった者に通知しなければならない。

3　被保険者が被保険者の資格を喪失した場合において、その者の所在が明らかでないため前項の通知をすることができないときは、事業主は、厚生労働大臣又は保険者等にその旨を届け出なければならない。

4　厚生労働大臣は、前項の届出があったときは、所在が明らかでない者について第一項の規定により事業主に通知した事項を公告するものとし、保険者等は、前項の届出があったときは、所在が明らかでない者について第一項の規定により事業主に通知した事項を公告しなければならない。

5　厚生労働大臣は、事業所が廃止された場合その他やむを得ない事情のため第一項の通知をすることができない場合においては、同項の通知に代えて、その通知すべき事項を公告するものとし、保険者等は、事業所が廃止された場合その他やむを得ない事情のため同項の通知をすることができない場合においては、同項の通知に代えて、その通知すべき事項を公告しなければならない。

第五十条　保険者等は、第四十八条の規定による届出があった場合において、その届出に係る事実がないと認めるときは、その旨をその届出をした事業主に通知しなければならない。

2　前条第二項から第五項までの規定は、前項の通知について準用する。

（確認の請求）

第五十一条　被保険者又は被保険者であった者は、いつでも、第三十九条第一項の規定による確認を請求することができる。

2　保険者等は、前項の規定による請求があった場合において、その請求に係る事実がないと認めるときは、その請求を却下しなければならない。

（情報の提供等）

第五十一条の二　厚生労働大臣は、協会に対し、厚生労働省令で定めるところにより、被保険者の資格に関する事項、標準報酬に関する事項その他協会の業務の実施に関して必要な情報の提供を行うものとする。

第四章　保険給付

第一節　通則

（保険給付の種類）

第五十二条　被保険者に係るこの法律による保険給付は、次のとおりとする。

一　療養の給付並びに入院時食事療養費、入院時生活療養費、保険外併用療養費、療養費、訪問看護療養費及び移送費の支給

二　傷病手当金の支給

三　埋葬料の支給

四　出産育児一時金の支給

五　出産手当金の支給

六　家族療養費、家族訪問看護療養費及び家族移送費の支給

七　家族埋葬料の支給

八　家族出産育児一時金の支給

九　高額療養費及び高額介護合算療養費の支給

（健康保険組合の付加給付）

第五十三条　保険者が健康保険組合である場合においては、前条各号に掲げる給付に併せて、規約で定めるところにより、保険給付としてその他の給付を行うことができる。

（法人の役員である被保険者又はその被扶養者に係る保険給付の特例）

第五十三条の二　被保険者又はその被扶養者が法人の役員（業務を執行する社員、取締役、執行役又はこれらに準ずる者をいい、相談役、顧問その他いかなる名称を有する者であるかを問わず、法人に対し業務を執行する社員、取締役、執行役又はこれらに準ずる者と同等以上の支配力を有するものと認められる者を含む。以下この条において同じ。）であるときは、当該被保険者又はその被扶養者のその法人の役員としての業務（被保険者の数が五人未満である適用事業所に使用される法人の役員としての業務であって厚生労働省令で定めるものを除く。）に起因する疾病、負傷又は死亡に関して保険給付は、行わない。

（日雇特例被保険者に係る保険給付との調整）

第五十四条　被保険者に係る家族療養費（第百条第七項において準用する第八十七条第一項の規定により支給される療養費を含む。）、家族訪問看護療養費、家族移送費、家族埋葬料又は家族出産育児一時金の支給は、同一の疾病、負傷、死亡又は出産について、次章の規定により療養の給付又は入院時食事療養費、入院時生活療養費、保険外併用療養費、療養費、訪問看護療養費、移送費、埋葬料若しくは出産育児一時金の支給を受けたときは、その限度において、行わない。

（他の法令による保険給付との調整）

第五十五条　被保険者に係る療養の給付又は入院時食事療養費、入院時生活療養費、保険外併用療養費、療養費、訪問看護療養費、移送費、傷病手当金、埋葬料、家族療養費、家族訪問看護療養費、家族移送費若しくは家族埋葬料の支給は、同一の疾病、負傷又は死亡について、労働者災害補償保険法、国家公務員災害補償法（昭和二十六年法律第百九十一号。他の法律において準用し、又は例による場合を含む。次項及び第百二十八条第二項において同じ。）又は地方公務員災害補償法（昭和四十二年法律第百二十一号）若しくは同法に基づく条例の規定によりこれらに相当する給付を受けることができる場合には、行わない。

2　保険者は、傷病手当金の支給を行うにつき必要があると認めるときは、労働者災害補償保険法、国家公務員災害補償法又は地方公務員災害補償法若しくは同法に基づく条例の規定により給付を行う者に対し、当該給付の支給状況につき、必要な資料の提供を求めることができる。

3　被保険者に係る療養の給付又は入院時食事療養費、入院時生活療養費、保険外併用療養費、療養費、訪問看護療養費、家族療養費若しくは家族訪問看護療養費の支給は、同一の疾病又は負傷について、介護保険法の規定によりこれらに相当する給付を受けることができる場合には、行わない。

4　被保険者に係る療養の給付又は入院時食事療養費、入院時生活療養費、保険外併用療養費、療養費、訪問看護療養費、移送費、家族療養費、家族訪問看護療養費若しくは家族移送費の支給は、同一の疾病又は負傷について、他の法令の規定により国又は地方公共団体の負担で療養又は療養費の支給を受けたときは、その限

度において、行わない。

（保険給付の方法）

第五十六条　入院時食事療養費、入院時生活療養費、療養費、訪問看護療養費、移送費、傷病手当金、埋葬料、出産育児一時金、出産手当金、家族療養費、家族訪問看護療養費、家族移送費、家族埋葬料及び家族出産育児一時金の支給は、その都度、行わなければならない。第百条第二項（第百五条第二項において準用する場合を含む。）の規定による埋葬に要した費用に相当する金額の支給についても、同様とする。

2　傷病手当金及び出産手当金の支給は、前項の規定にかかわらず、毎月一定の期日に行うことができる。

（損害賠償請求権）

第五十七条　保険者は、給付事由が第三者の行為によって生じた場合において、保険給付を行ったときは、その給付の価額（当該保険給付が療養の給付であるときは、当該療養の給付に要する費用の額から当該療養の給付に関し被保険者が負担しなければならない一部負担金に相当する額を控除した額。次条第一項において同じ。）の限度において、保険給付を受ける権利を有する者（当該給付事由が被保険者の被扶養者について生じた場合には、当該被扶養者を含む。次項において同じ。）が第三者に対して有する損害賠償の請求権を取得する。

2　前項の場合において、保険給付を受ける権利を有する者が第三者から同一の事由について損害賠償を受けたときは、保険者は、その価額の限度において、保険給付を行う責めを免れる。

（不正利得の徴収等）

第五十八条　偽りその他不正の行為によって保険給付を受けた者があるときは、保険者は、その者からその給付の価額の全部又は一部を徴収することができる。

2　前項の場合において、事業主が虚偽の報告若しくは証明をし、又は第六十三条第三項第一号に規定する保険医療機関において診療に従事する第六十四条に規定する保険医若しくは第八十八条第一項に規定する主治の医師が、保険者に提出されるべき診断書に虚偽の記載をしたため、その保険給付が行われたものであるときは、保険者は、当該事業主、保険医又は主治の医師に対し、保険給付を受けた者に連帯して前項の徴収金を納付すべきことを命ずることができる。

3　保険者は、第六十三条第三項第一号に規定する保険医療機関若しくは保険薬局又は第八十八条第一項に規定する指定訪問看護事業者が偽りその他不正の行為によって療養の給付に関する費用の支払又は第八十五条第五項（第八十五条の二第五項及び第八十六条第四項において準用する場合を含む。）、第八十八条第六項（第百十一条第三項において準用する場合を含む。）若しくは第百十条第四項の規定による支払を受けたときは、当該保険医療機関若しくは保険薬局又は指定訪問看護事業者に対し、その支払った額につき返還させるほか、その返還させる額に百分の四十を乗じて得た額を支払わせることができる。

（文書の提出等）

第五十九条　保険者は、保険給付に関して必要があると認めるときは、保険給付を受ける者（当該保険給付が被扶養者に係るものである場合には、当該被扶養者を含む。第百二十一条において同じ。）に対し、文書その他の物件の提出若しくは提示を命じ、又は当該職員に質問若しくは診断をさせることができる。

（診療録の提示等）

第六十条　厚生労働大臣は、保険給付を行うにつき必要があると認めるときは、医師、歯科医師、薬剤師若しくは手当を行った者又はこれを使用する者に対し、その行った診療、薬剤の支給又は手

当に関し、報告若しくは診療録、帳簿書類その他の物件の提示を命じ、又は当該職員に質問させることができる。

2　厚生労働大臣は、必要があると認めるときは、療養の給付又は入院時食事療養費、入院時生活療養費、保険外併用療養費、療養費、訪問看護療養費、家族療養費若しくは家族訪問看護療養費の支給を受けた被保険者又は被保険者であった者に対し、当該保険給付に係る診療、調剤又は第八十八条第一項に規定する指定訪問看護の内容に関し、報告を命じ、又は当該職員に質問させることができる。

3　第七条の三十八第二項の規定は前二項の規定による質問について、同条第三項の規定は前二項の規定による権限について準用する。

（受給権の保護）

第六十一条　保険給付を受ける権利は、譲り渡し、担保に供し、又は差し押さえることができない。

（租税その他の公課の禁止）

第六十二条　租税その他の公課は、保険給付として支給を受けた金品を標準として、課することができない。

第二節　療養の給付及び入院時食事療養費等の支給

第一款　療養の給付並びに入院時食事療養費、入院時生活療養費、保険外併用療養費及び療養費の支給

（療養の給付）

第六十三条　被保険者の疾病又は負傷に関しては、次に掲げる療養の給付を行う。

一　診察

二　薬剤又は治療材料の支給

三　処置、手術その他の治療

四　居宅における療養上の管理及びその療養に伴う世話その他の看護

五　病院又は診療所への入院及びその療養に伴う世話その他の看護

2　次に掲げる療養に係る給付は、前項の給付に含まれないものとする。

一　食事の提供である療養であって前項第五号に掲げる療養と併せて行うもの（医療法（昭和二十三年法律第二百五号）第七条第二項第四号に規定する療養病床（以下「療養病床」という。）への入院及びその療養に伴う世話その他の看護であって、当該療養を受ける際、六十五歳に達する日の属する月の翌月以後である被保険者（以下「特定長期入院被保険者」という。）に係るものを除く。以下「食事療養」という。）

二　次に掲げる療養であって前項第五号に掲げる療養と併せて行うもの（特定長期入院被保険者に係るものに限る。以下「生活療養」という。）

イ　食事の提供である療養

ロ　温度、照明及び給水に関する適切な療養環境の形成である療養

三　厚生労働大臣が定める高度の医療技術を用いた療養その他の療養であって、前項の給付の対象とすべきものであるか否かについて、適正な医療の効率的な提供を図る観点から評価を行うことが必要な療養（次号の患者申出療養を除く。）として厚生労働大臣が定めるもの（以下「評価療養」という。）

四　高度の医療技術を用いた療養であって、当該療養を受けようとする者の申出に基づき、前項の給付の対象とすべきものであ

るか否かについて、適正な医療の効率的な提供を図る観点から評価を行うことが必要な療養として厚生労働大臣が定めるもの（以下「患者申出療養」という。）

五　被保険者の選定に係る特別の病室の提供その他の厚生労働大臣が定める療養（以下「選定療養」という。）

3　第一項の給付を受けようとする者は、厚生労働省令で定めるところにより、次に掲げる病院若しくは診療所又は薬局のうち、自己の選定するものから、電子資格確認その他厚生労働省令で定める方法（以下「電子資格確認等」という。）により、被保険者であることの確認を受け、同項の給付を受けるものとする。

一　厚生労働大臣の指定を受けた病院若しくは診療所（第六十五条の規定により病床の全部又は一部を除いて指定を受けたときは、その除外された病床を除く。以下「保険医療機関」という。）又は薬局（以下「保険薬局」という。）

二　特定の保険者が管掌する被保険者に対して診療又は調剤を行う病院若しくは診療所又は薬局であって、当該保険者が指定したもの

三　健康保険組合である保険者が開設する病院若しくは診療所又は薬局

4　第二項第四号の申出は、厚生労働大臣が定めるところにより、厚生労働大臣に対し、当該申出に係る療養を行う医療法第四条の三に規定する臨床研究中核病院（保険医療機関であるものに限る。）の開設者の意見書その他必要な書類を添えて行うものとする。

5　厚生労働大臣は、第二項第四号の申出を受けた場合は、当該申出について速やかに検討を加え、当該申出に係る療養が同号の評価を行うことが必要な療養と認められる場合には、当該療養を患者申出療養として定めるものとする。

6　厚生労働大臣は、前項の規定により第二項第四号の申出に係る療養を患者申出療養として定めることとした場合には、その旨を当該申出を行った者に速やかに通知するものとする。

7　厚生労働大臣は、第五項の規定により第二項第四号の申出について検討を加え、当該申出に係る療養を患者申出療養として定めないこととした場合には、理由を付して、その旨を当該申出を行った者に速やかに通知するものとする。

（保険医又は保険薬剤師）

第六十四条　保険医療機関において健康保険の診療に従事する医師若しくは歯科医師又は保険薬局において健康保険の調剤に従事する薬剤師は、厚生労働大臣の登録を受けた医師若しくは歯科医師（以下「保険医」と総称する。）又は薬剤師（以下「保険薬剤師」という。）でなければならない。

（保険医療機関又は保険薬局の指定）

第六十五条　第六十三条第三項第一号の指定は、政令で定めるところにより、病院若しくは診療所又は薬局の開設者の申請により行う。

2　前項の場合において、その申請が病院又は病床を有する診療所に係るものであるときは、当該申請は、医療法第七条第二項に規定する病床の種別（第四項第二号及び次条第一項において単に「病床の種別」という。）ごとにその数を定めて行うものとする。

3　厚生労働大臣は、第一項の申請があった場合において、次の各号のいずれかに該当するときは、第六十三条第三項第一号の指定をしないことができる。

一　当該申請に係る病院若しくは診療所又は薬局が、この法律の規定により保険医療機関又は保険薬局に係る第六十三条第三項第一号の指定を取り消され、その取消しの日から五年を経過しないものであるとき。

二　当該申請に係る病院若しくは診療所又は薬局が、保険給付に関し診療又は調剤の内容の適切さを欠くおそれがあるとして重ねて第七十三条第一項（第八十五条第九項、第八十五条の二第五項、第八十六条第四項、第百十条第七項及び第百四十九条において準用する場合を含む。）の規定による指導を受けたものであるとき。

三　当該申請に係る病院若しくは診療所又は薬局の開設者又は管理者が、この法律その他国民の保健医療に関する法律で政令で定めるものの規定により罰金の刑に処せられ、その執行を終わり、又は執行を受けることがなくなるまでの者であるとき。

四　当該申請に係る病院若しくは診療所又は薬局の開設者又は管理者が、禁錮こ以上の刑に処せられ、その執行を終わり、又は執行を受けることがなくなるまでの者であるとき。

五　当該申請に係る病院若しくは診療所又は薬局の開設者又は管理者が、この法律、船員保険法、国民健康保険法（昭和三十三年法律第百九十二号）、高齢者の医療の確保に関する法律、地方公務員等共済組合法（昭和三十七年法律第百五十二号）、私立学校教職員共済法（昭和二十八年法律第二百四十五号）、厚生年金保険法（昭和二十九年法律第百五十五号）又は国民年金法（昭和三十四年法律第百四十一号）（第八十九条第四項第七号において「社会保険各法」という。）の定めるところにより納付義務を負う保険料、負担金又は掛金（地方税法（昭和二十五年法律第二百二十六号）の規定による国民健康保険税を含む。以下この号、第八十九条第四項第七号及び第九十七条第二項において「社会保険料」という。）について、当該申請をした日の前日までに、これらの法律の規定に基づく滞納処分を受け、かつ、当該処分を受けた日から正当な理由なく三月以上の期間にわたり、当該処分を受けた日以降に納期限の到来した社会保険料のすべて（当該処分を受けた者が、当該処分に係る社会保険料の納付義務を負うことを定める法律によって納付義務を負う社会保険料に限る。第八十九条第四項第七号において同じ。）を引き続き滞納している者であるとき。

六　前各号のほか、当該申請に係る病院若しくは診療所又は薬局が、保険医療機関又は保険薬局として著しく不適当と認められるものであるとき。

4　厚生労働大臣は、第二項の病院又は診療所について第一項の申請があった場合において、次の各号のいずれかに該当するときは、その申請に係る病床の全部又は一部を除いて、第六十三条第三項第一号の指定を行うことができる。

一　当該病院又は診療所の医師、歯科医師、看護師その他の従業者の人員が、医療法第二十一条第一項第一号又は第二項第一号に規定する厚生労働省令で定める員数及び同条第三項に規定する厚生労働省令で定める基準を勘案して厚生労働大臣が定める基準により算定した員数を満たしていないとき。

二　当該申請に係る病床の種別に応じ、医療法第七条の二第一項に規定する地域における保険医療機関の病床数が、その指定により同法第三十条の四第一項に規定する医療計画において定める基準病床数を勘案して厚生労働大臣が定めるところにより算定した数を超えることになると認める場合（その数を既に超えている場合を含む。）であって、当該病院又は診療所の開設者又は管理者が同法第三十条の十一の規定による都道府県知事の勧告を受け、これに従わないとき。

三　医療法第七条の三第一項に規定する構想区域における保険医療機関の病床数が、当該申請に係る指定により同法第三十条の四第一項に規定する医療計画において定める将来の病床数の必要量を勘案して厚生労働大臣が定めるところにより算定した数

を超えることになると認める場合（その数を既に超えている場合を含む。）であって、当該病院又は診療所の開設者又は管理者が同法第三十条の十一の規定による都道府県知事の勧告を受け、これに従わないとき。

四　その他適正な医療の効率的な提供を図る観点から、当該病院又は診療所の病床の利用に関し、保険医療機関として著しく不適当なところがあると認められるとき。

（保険医療機関の指定の変更）

第六十六条　前条第二項の病院又は診療所の開設者は、第六十三条第三項第一号の指定に係る病床数の増加又は病床の種別の変更をしようとするときは、厚生労働省令で定めるところにより、当該病院又は診療所に係る同号の指定の変更を申請しなければならない。

2　前条第四項の規定は、前項の指定の変更の申請について準用する。

（地方社会保険医療協議会への諮問）

第六十七条　厚生労働大臣は、保険医療機関に係る第六十三条第三項第一号の指定をしないこととするとき、若しくはその申請に係る病床の全部若しくは一部を除いて指定（指定の変更を含む。）を行おうとするとき、又は保険薬局に係る同号の指定をしないこととするときは、地方社会保険医療協議会の議を経なければならない。

（保険医療機関又は保険薬局の指定の更新）

第六十八条　第六十三条第三項第一号の指定は、指定の日から起算して六年を経過したときは、その効力を失う。

2　保険医療機関（第六十五条第二項の病院及び診療所を除く。）又は保険薬局であって厚生労働省令で定めるものについては、前項の規定によりその指定の効力を失う日前六月から同日前三月までの間に、別段の申出がないときは、同条第一項の申請があったものとみなす。

（保険医療機関又は保険薬局のみなし指定）

第六十九条　診療所又は薬局が医師若しくは歯科医師又は薬剤師の開設したものであり、かつ、当該開設者である医師若しくは歯科医師又は薬剤師のみが診療又は調剤に従事している場合において、当該医師若しくは歯科医師又は薬剤師について第六十四条の登録があったときは、当該診療所又は薬局について、第六十三条第三項第一号の指定があったものとみなす。ただし、当該診療所又は薬局が、第六十五条第三項又は第四項に規定する要件に該当する場合であって厚生労働大臣が同号の指定があったものとみなすことが不適当と認められるときは、この限りでない。

（保険医療機関又は保険薬局の責務）

第七十条　保険医療機関又は保険薬局は、当該保険医療機関において診療に従事する保険医又は当該保険薬局において調剤に従事する保険薬剤師に、第七十二条第一項の厚生労働省令で定めるところにより、診療又は調剤に当たらせるほか、厚生労働省令で定めるところにより、療養の給付を担当しなければならない。

2　保険医療機関又は保険薬局は、前項（第八十五条第九項、第八十五条の二第五項、第八十六条第四項、第百条第七項及び第百四十九条において準用する場合を含む。）の規定によるほか、船員保険法、国民健康保険法、国家公務員共済組合法（昭和三十三年法律第百二十八号。他の法律において準用し、又は例による場合を含む。）又は地方公務員等共済組合法（以下「この法律以外の医療保険各法」という。）による療養の給付並びに被保険者及び被扶養者の療養並びに高齢者の医療の確保に関する法律による療養の給付、入院時食事療養費に係る療養、入院時生活療養費に係る療養及び保険外併用療養費に係る療養を担当するものとする。

3 保険医療機関のうち医療法第四条の二に規定する特定機能病院その他の病院であって厚生労働省令で定めるものは、患者の病状その他の患者の事情に応じた適切な他の保険医療機関を当該患者に紹介することその他の保険医療機関相互間の機能の分担及び業務の連携のための措置として厚生労働省令で定める措置を講ずるものとする。

（保険医又は保険薬剤師の登録）

第七十一条 第六十四条の登録は、医師若しくは歯科医師又は薬剤師の申請により行う。

2 厚生労働大臣は、前項の申請があった場合において、次の各号のいずれかに該当するときは、第六十四条の登録をしないことができる。

一 申請者が、この法律の規定により保険医又は保険薬剤師に係る第六十四条の登録を取り消され、その取消しの日から五年を経過しない者であるとき。

二 申請者が、この法律その他国民の保健医療に関する法律で政令で定めるものの規定により罰金の刑に処せられ、その執行を終わり、又は執行を受けることがなくなるまでの者であるとき。

三 申請者が、禁錮以上の刑に処せられ、その執行を終わり、又は執行を受けることがなくなるまでの者であるとき。

四 前三号のほか、申請者が、保険医又は保険薬剤師として著しく不適当と認められる者であるとき。

3 厚生労働大臣は、保険医又は保険薬剤師に係る第六十四条の登録をしないこととするときは、地方社会保険医療協議会の議を経なければならない。

4 第一項又は第二項に規定するもののほか、保険医及び保険薬剤師に係る第六十四条の登録に関して必要な事項は、政令で定める。

（保険医又は保険薬剤師の責務）

第七十二条 保険医療機関において診療に従事する保険医又は保険薬局において調剤に従事する保険薬剤師は、厚生労働省令で定めるところにより、健康保険の診療又は調剤に当たらなければならない。

2 保険医療機関において診療に従事する保険医又は保険薬局において調剤に従事する保険薬剤師は、前項（第八十五条第九項、第八十五条の二第五項、第八十六条第四項、第百十条第七項及び第百四十九条において準用する場合を含む。）の規定によるほか、この法律以外の医療保険各法又は高齢者の医療の確保に関する法律による診療又は調剤に当たるものとする。

（厚生労働大臣の指導）

第七十三条 保険医療機関及び保険薬局は療養の給付に関し、保険医及び保険薬剤師は健康保険の診療又は調剤に関し、厚生労働大臣の指導を受けなければならない。

2 厚生労働大臣は、前項の指導をする場合において、必要があると認めるときは、診療又は調剤に関する学識経験者をその関係団体の指定により指導に立ち会わせるものとする。ただし、関係団体が指定を行わない場合又は指定された者が立ち会わない場合は、この限りでない。

（一部負担金）

第七十四条 第六十三条第三項の規定により保険医療機関又は保険薬局から療養の給付を受ける者は、その給付を受ける際、次の各号に掲げる場合の区分に応じ、当該給付につき第七十六条第二項又は第三項の規定により算定した額に当該各号に定める割合を乗じて得た額を、一部負担金として、当該保険医療機関又は保険薬局に支払わなければならない。

一 七十歳に達する日の属する月以前である場合 百分の三十

二 七十歳に達する日の属する月の翌月以後である場合（次号に掲げる場合を除く。） 百分の二十

三 七十歳に達する日の属する月の翌月以後である場合であって、政令で定めるところにより算定した報酬の額が政令で定める額以上であるとき 百分の三十

2 保険医療機関又は保険薬局は、前項の一部負担金（第七十五条の二第一項第一号の措置が採られたときは、当該減額された一部負担金）の支払を受けるべきものとし、保険医療機関又は保険薬局が善良な管理者と同一の注意をもってその支払を受けることに努めたにもかかわらず、なお療養の給付を受けた者が当該一部負担金の全部又は一部を支払わないときは、保険者は、当該保険医療機関又は保険薬局の請求に基づき、この法律の規定による徴収金の例によりこれを処分することができる。

第七十五条 前条第一項の規定により一部負担金を支払う場合においては、同項の一部負担金の額に五円未満の端数があるときは、これを切り捨て、五円以上十円未満の端数があるときは、これを十円に切り上げるものとする。

（一部負担金の額の特例）

第七十五条の二 保険者は、災害その他の厚生労働省令で定める特別の事情がある被保険者であって、保険医療機関又は保険薬局に第七十四条第一項の規定による一部負担金を支払うことが困難であると認められるものに対し、次の措置を採ることができる。

一 一部負担金を減額すること。

二 一部負担金の支払を免除すること。

三 保険医療機関又は保険薬局に対する支払に代えて、一部負担金を直接に徴収することとし、その徴収を猶予すること。

2 前項の措置を受けた被保険者は、第七十四条第一項の規定にかかわらず、前項第一号の措置を受けた被保険者にあってはその減額された一部負担金を保険医療機関又は保険薬局に支払うをもって足り、同項第二号又は第三号の措置を受けた被保険者にあっては一部負担金を保険医療機関又は保険薬局に支払うことを要しない。

3 前条の規定は、前項の場合における一部負担金の支払について準用する。

（療養の給付に関する費用）

第七十六条 保険者は、療養の給付に関する費用を保険医療機関又は保険薬局に支払うものとし、保険医療機関又は保険薬局が療養の給付に関し保険者に請求することができる費用の額は、療養の給付に要する費用の額から、当該療養の給付に関し被保険者が当該保険医療機関又は保険薬局に対して支払わなければならない一部負担金に相当する額を控除した額とする。

2 前項の療養の給付に要する費用の額は、厚生労働大臣が定めるところにより、算定するものとする。

3 保険者は、厚生労働大臣の認可を受けて、保険医療機関又は保険薬局との契約により、当該保険医療機関又は保険薬局において行われる療養の給付に関する第一項の療養の給付に要する費用の額につき、前項の規定により算定される額の範囲内において、別段の定めをすることができる。

4 保険者は、保険医療機関又は保険薬局から療養の給付に関する費用の請求があったときは、第七十条第一項及び第七十二条第一項の厚生労働省令並びに前二項の定めに照らして審査の上、支払うものとする。

5 保険者は、前項の規定による審査及び支払に関する事務を社会保険診療報酬支払基金法（昭和二十三年法律第百二十九号）による社会保険診療報酬支払基金（以下「基金」という。）又は国民健康保険法第四十五条第五項に規定する国民健康保険団体連合会（以下

「国保連合会」という。)に委託することができる。

6　前各項に定めるもののほか、保険医療機関又は保険薬局の療養の給付に関する費用の請求に関して必要な事項は、厚生労働省令で定める。

（療養の給付に要する費用の額の定めに関する厚生労働大臣の調査）

第七十七条　厚生労働大臣は、前条第二項の定めのうち薬剤に関する定めその他厚生労働大臣の定めを適正なものとするため、必要な調査を行うことができる。

2　厚生労働大臣は、保険医療機関のうち病院であって厚生労働省令で定めるものに関する前条第二項の定めを適正なものとするため、必要な調査を行うものとする。

3　前項に規定する病院は、同項の調査に資するため、当該病院に入院する患者に提供する医療の内容その他の厚生労働大臣が定める情報（第百五十条の二第一項及び第百五十条の三において「診療等関連情報」という。）を厚生労働大臣に報告しなければならない。

（保険医療機関又は保険薬局の報告等）

第七十八条　厚生労働大臣は、療養の給付に関して必要があると認めるときは、保険医療機関若しくは保険薬局若しくは保険医療機関若しくは保険薬局の開設者若しくは管理者、保険医、保険薬剤師その他の従業者であった者（以下この項において「開設者であった者等」という。）に対し報告若しくは診療録その他の帳簿書類の提出若しくは提示を命じ、保険医療機関若しくは保険薬局の開設者若しくは管理者、保険医、保険薬剤師その他の従業者（開設者であった者等を含む。）に対し出頭を求め、又は当該職員に関係者に対して質問させ、若しくは保険医療機関若しくは保険薬局について設備若しくは診療録、帳簿書類その他の物件を検査させることができる。

2　第七条の三十八第二項及び第七十三条第二項の規定は前項の規定による質問又は検査について、第七条の三十八第三項の規定は前項の規定による権限について準用する。

（保険医療機関等の指定の辞退又は保険医等の登録の抹消）

第七十九条　保険医療機関又は保険薬局は、一月以上の予告期間を設けて、その指定を辞退することができる。

2　保険医又は保険薬剤師は、一月以上の予告期間を設けて、その登録の抹消を求めることができる。

（保険医療機関又は保険薬局の指定の取消し）

第八十条　厚生労働大臣は、次の各号のいずれかに該当する場合においては、当該保険医療機関又は保険薬局に係る第六十三条第三項第一号の指定を取り消すことができる。

一　保険医療機関において診療に従事する保険医又は保険薬局において調剤に従事する保険薬剤師が、第七十二条第一項（第八十五条第九項、第八十五条の二第五項、第八十六条第四項、第百十条第七項及び第百四十九条において準用する場合を含む。）の規定に違反したとき（当該違反を防止するため、当該保険医療機関又は保険薬局が相当の注意及び監督を尽くしたときを除く。）。

二　前号のほか、保険医療機関又は保険薬局が、第七十条第一項（第八十五条第九項、第八十五条の二第五項、第八十六条第四項、第百十条第七項及び第百四十九条において準用する場合を含む。）の規定に違反したとき。

三　療養の給付に関する費用の請求又は第八十五条第五項（第八十五条の二第五項及び第八十六条第四項において準用する場合を含む。）若しくは第百十条第四項（これらの規定を第百四十九条において準用する場合を含む。）の規定による支払に関する請求について不正があったとき。

四　保険医療機関又は保険薬局が、第七十八条第一項（第八十五条第九項、第八十五条の二第五項、第八十六条第四項、第百十条第七項及び第百四十九条において準用する場合を含む。次号において同じ。）の規定により報告若しくは診療録その他の帳簿書類の提出若しくは提示を命ぜられてこれに従わず、又は虚偽の報告をしたとき。

五　保険医療機関又は保険薬局の開設者又は従業者が、第七十八条第一項の規定により出頭を求められてこれに応ぜず、同項の規定による質問に対して答弁せず、若しくは虚偽の答弁をし、又は同項の規定による検査を拒み、妨げ、若しくは忌避したとき（当該保険医療機関又は保険薬局の従業者がその行為をした場合において、その行為を防止するため、当該保険医療機関又は保険薬局が相当の注意及び監督を尽くしたときを除く。）。

六　この法律以外の医療保険各法による療養の給付若しくは被保険者若しくは被扶養者の療養又は高齢者の医療の確保に関する法律による療養の給付、入院時食事療養費に係る療養、入院時生活療養費に係る療養費若しくは保険外併用療養費に係る療養に関し、前各号のいずれかに相当する事由があったとき。

七　保険医療機関又は保険薬局の開設者又は管理者が、この法律その他国民の保健医療に関する法律で政令で定めるものの規定により罰金の刑に処せられ、その執行を終わり、又は執行を受けることがなくなるまでの者に該当するに至ったとき。

八　保険医療機関又は保険薬局の開設者又は管理者が、禁錮以上の刑に処せられ、その執行を終わり、又は執行を受けることがなくなるまでの者に該当するに至ったとき。

九　前各号に掲げる場合のほか、保険医療機関又は保険薬局の開設者が、この法律その他国民の保健医療に関する法律で政令で定めるもの又はこれらの法律に基づく命令若しくは処分に違反したとき。

（保険医又は保険薬剤師の登録の取消し）

第八十一条　厚生労働大臣は、次の各号のいずれかに該当する場合においては、当該保険医又は保険薬剤師に係る第六十四条の登録を取り消すことができる。

一　保険医又は保険薬剤師が、第七十二条第一項（第八十五条第九項、第八十五条の二第五項、第八十六条第四項、第百十条第七項及び第百四十九条において準用する場合を含む。）の規定に違反したとき。

二　保険医又は保険薬剤師が、第七十八条第一項（第八十五条第九項、第八十五条の二第五項、第八十六条第四項、第百十条第七項及び第百四十九条において準用する場合を含む。以下この号において同じ。）の規定により出頭を求められてこれに応ぜず、第七十八条第一項の規定による質問に対して答弁せず、若しくは虚偽の答弁をし、又は同項の規定による検査を拒み、妨げ、若しくは忌避したとき。

三　この法律以外の医療保険各法又は高齢者の医療の確保に関する法律による診療又は調剤に関し、前二号のいずれかに相当する事由があったとき。

四　保険医又は保険薬剤師が、この法律その他国民の保健医療に関する法律で政令で定めるものの規定により罰金の刑に処せられ、その執行を終わり、又は執行を受けることがなくなるまでの者に該当するに至ったとき。

五　保険医又は保険薬剤師が、禁錮以上の刑に処せられ、その執行を終わり、又は執行を受けることがなくなるまでの者に該当するに至ったとき。

六　前各号に掲げる場合のほか、保険医又は保険薬剤師が、この法律その他国民の保健医療に関する法律で政令で定めるもの又

はこれらの法律に基づく命令若しくは処分に違反したとき。

（社会保険医療協議会への諮問）

第八十二条 厚生労働大臣は、第七十条第一項（第八十五条第九項、第八十五条の二第五項、第八十六条第四項、第百十条第七項及び第百四十九条において準用する場合を含む。）若しくは第三項若しくは第七十二条第一項（第八十五条第九項、第八十五条の二第五項、第八十六条第四項、第百十条第七項及び第百四十九条において準用する場合を含む。）の厚生労働省令を定めようとするとき、又は第六十三条第二項第三号若しくは第五号若しくは第七十六条第二項（これらの規定を第百四十九条において準用する場合を含む。）の定めをしようとするときは、中央社会保険医療協議会に諮問するものとする。ただし、第六十三条第二項第三号の定めのうち高度の医療技術に係るものについては、この限りでない。

2 厚生労働大臣は、保険医療機関若しくは保険薬局に係る第六十三条第三項第一号の指定を行おうとするとき、若しくはその指定を取り消そうとするとき、又は保険医若しくは保険薬剤師に係る第六十四条の登録を取り消そうとするときは、政令で定めるところにより、地方社会保険医療協議会に諮問するものとする。

（処分に対する弁明の機会の付与）

第八十三条 厚生労働大臣は、保険医療機関に係る第六十三条第三項第一号の指定をしないこととするとき、若しくはその申請に係る病床の全部若しくは一部を除いて指定（指定の変更を含む。）を行おうとするとき、若しくは保険薬局に係る同号の指定をしないこととするとき、又は保険医若しくは保険薬剤師に係る第六十四条の登録をしないこととするときは、当該医療機関若しくは薬局の開設者又は当該保険医若しくは保険薬剤師に対し、弁明の機会を与えなければならない。この場合においては、あらかじめ、書面で、弁明をすべき日時、場所及びその事由を通知しなければならない。

（保険者が指定する病院等における療養の給付）

第八十四条 第六十三条第三項第二号及び第三号に掲げる病院若しくは診療所又は薬局において行われる療養の給付及び健康保険の診療又は調剤に関する準則については、第七十条第一項及び第七十二条第一項の厚生労働省令の例による。

2 第六十三条第三項第二号に掲げる病院若しくは診療所又は薬局から療養の給付を受ける者は、その給付を受ける際、第七十四条の規定の例により算定した額を、一部負担金として当該病院若しくは診療所又は薬局に支払わなければならない。ただし、保険者が健康保険組合である場合においては、規約で定めるところにより、当該一部負担金を減額し、又はその支払を要しないものとすることができる。

3 健康保険組合は、規約で定めるところにより、第六十三条第三項第三号に掲げる病院若しくは診療所又は薬局から療養の給付を受ける者に、第七十四条の規定の例により算定した額の範囲内において一部負担金を支払わせることができる。

（入院時食事療養費）

第八十五条 被保険者（特定長期入院被保険者を除く。）が、厚生労働省令で定めるところにより、第六十三条第三項各号に掲げる病院又は診療所のうち自己の選定するものから、電子資格確認等により、被保険者であることの確認を受け、同条第一項第五号に掲げる療養の給付と併せて受けた食事療養に要した費用について、入院時食事療養費を支給する。

2 入院時食事療養費の額は、当該食事療養につき食事療養に要する平均的な費用の額を勘案して厚生労働大臣が定める基準により算定した費用の額（その額が現に当該食事療養に要した費用の額を超えるときは、当該現に食事療養に要した費用の額）から、平均的な家計における食費の状況及び特定介護保険施設等（介護保険法第五十一条の三第一項に規定する特定介護保険施設等をいう。）における食事の提供に要する平均的な費用の額を勘案して厚生労働大臣が定める額（所得の状況その他の事情をしん酌して厚生労働省令で定める者については、別に定める額。以下「食事療養標準負担額」という。）を控除した額とする。

3 厚生労働大臣は、前項の基準を定めようとするときは、中央社会保険医療協議会に諮問するものとする。

4 厚生労働大臣は、食事療養標準負担額を定めた後に勘案又はしん酌すべき事項に係る事情が著しく変動したときは、速やかにその額を改定しなければならない。

5 被保険者（特定長期入院被保険者を除く。以下この条において同じ。）が第六十三条第三項第一号又は第二号に掲げる病院又は診療所から食事療養を受けたときは、保険者は、その被保険者が当該病院又は診療所に支払うべき食事療養に要した費用について、入院時食事療養費として被保険者に対し支給すべき額の限度において、被保険者に代わり、当該病院又は診療所に支払うことができる。

6 前項の規定による支払があったときは、被保険者に対し入院時食事療養費の支給があったものとみなす。

7 被保険者が第六十三条第三項第三号に掲げる病院又は診療所から食事療養を受けた場合において、保険者がその被保険者の支払うべき食事療養に要した費用のうち入院時食事療養費として被保険者に支給すべき額に相当する額の支払を免除したときは、入院時食事療養費の支給があったものとみなす。

8 第六十三条第三項各号に掲げる病院又は診療所は、食事療養に要した費用につき、その支払を受ける際、当該支払をした被保険者に対し、厚生労働省令で定めるところにより、領収証を交付しなければならない。

9 第六十四条、第七十条第一項、第七十二条第一項、第七十三条、第七十六条第三項から第六項まで、第七十八条及び前条第一項の規定は、第六十三条第三項各号に掲げる病院又は診療所から受けた食事療養及びこれに伴う入院時食事療養費の支給について準用する。

（入院時生活療養費）

第八十五条の二 特定長期入院被保険者が、厚生労働省令で定めるところにより、第六十三条第三項各号に掲げる病院又は診療所のうち自己の選定するものから、電子資格確認等により、被保険者であることの確認を受け、同条第一項第五号に掲げる療養の給付と併せて受けた生活療養に要した費用について、入院時生活療養費を支給する。

2 入院時生活療養費の額は、当該生活療養につき生活療養に要する平均的な費用の額を勘案して厚生労働大臣が定める基準により算定した費用の額（その額が現に当該生活療養に要した費用の額を超えるときは、当該現に生活療養に要した費用の額）から、平均的な家計における食費及び光熱水費の状況並びに病院及び診療所における生活療養に要する費用について介護保険法第五十一条の三第二項第一号に規定する食費の基準費用額及び同項第二号に規定する居住費の基準費用額に相当する費用の額を勘案して厚生労働大臣が定める額（所得の状況、病状の程度、治療の内容その他の事情をしん酌して厚生労働省令で定める者については、別に定める額。以下「生活療養標準負担額」という。）を控除した額とする。

3 厚生労働大臣は、前項の基準を定めようとするときは、中央社会保険医療協議会に諮問するものとする。

4 厚生労働大臣は、生活療養標準負担額を定めた後に勘案又はし

ん酌すべき事項に係る事情が著しく変動したときは、速やかにその額を改定しなければならない。

5　第六十四条、第七十条第一項、第七十二条第一項、第七十三条、第七十六条第三項から第六項まで、第七十八条、第八十四条第一項及び前条第五項から第八項までの規定は、第六十三条第三項各号に掲げる病院又は診療所から受けた生活療養及びこれに伴う入院時生活療養費の支給について準用する。

（保険外併用療養費）

第八十六条　被保険者が、厚生労働省令で定めるところにより、保険医療機関等のうち自己の選定するものから、電子資格確認等により、被保険者であることの確認を受け、評価療養、患者申出療養又は選定療養を受けたときは、その療養に要した費用について、保険外併用療養費を支給する。

2　保険外併用療養費の額は、第一号に掲げる額（当該療養に食事療養が含まれるときは当該額及び第二号に掲げる額の合算額、当該療養に生活療養が含まれるときは当該額及び第三号に掲げる額の合算額）とする。

一　当該療養（食事療養及び生活療養を除く。）につき第七十六条第二項の定めを勘案して厚生労働大臣が定めるところにより算定した費用の額（その額が現に当該療養に要した費用の額を超えるときは、当該現に療養に要した費用の額）から、その額に第七十四条第一項各号に掲げる場合の区分に応じ、同項各号に定める割合を乗じて得た額（療養の給付に係る同項の一部負担金について第七十五条の二第一項各号の措置が採られるべきときは、当該措置が採られたものとした場合の額）を控除した額

二　当該食事療養につき第八十五条第二項に規定する厚生労働大臣が定める基準により算定した費用の額（その額が現に当該食事療養に要した費用の額を超えるときは、当該現に食事療養に要した費用の額）から食事療養標準負担額を控除した額

三　当該生活療養につき前条第二項に規定する厚生労働大臣が定める基準により算定した費用の額（その額が現に当該生活療養に要した費用の額を超えるときは、当該現に生活療養に要した費用の額）から生活療養標準負担額を控除した額

3　厚生労働大臣は、前項第一号の定めをしようとするときは、中央社会保険医療協議会に諮問するものとする。

4　第六十四条、第七十条第一項、第七十二条第一項、第七十三条、第七十六条第三項から第六項まで、第七十七条、第七十八条、第八十四条第一項及び第八十五条第五項から第八項までの規定は、保険医療機関等から受けた評価療養、患者申出療養及び選定療養並びにこれらに伴う保険外併用療養費の支給について準用する。

5　第七十五条の規定は、前項の規定により準用する第八十五条第五項の場合において第二項の規定により算定した費用の額（その額が現に療養に要した費用の額を超えるときは、当該現に療養に要した費用の額）から当該療養に要した費用について保険外併用療養費として支給される額に相当する額を控除した額の支払について準用する。

（療養費）

第八十七条　保険者は、療養の給付若しくは入院時食事療養費、入院時生活療養費若しくは保険外併用療養費の支給（以下この項において「療養の給付等」という。）を行うことが困難であると認めるとき、又は被保険者が保険医療機関等以外の病院、診療所、薬局その他の者から診療、薬剤の支給若しくは手当を受けた場合において、保険者がやむを得ないものと認めるときは、療養の給付等に代えて、療養費を支給することができる。

2　療養費の額は、当該療養（食事療養及び生活療養を除く。）につ

いて算定した費用の額から、その額に第七十四条第一項各号に掲げる場合の区分に応じ、同項各号に定める割合を乗じて得た額を控除した額及び当該食事療養又は生活療養について算定した費用の額から食事療養標準負担額又は生活療養標準負担額を控除した額を基準として、保険者が定める。

3　前項の費用の額の算定については、療養の給付を受けるべき場合においては第七十六条第二項の費用の額の算定、入院時食事療養費の支給を受けるべき場合においては第八十五条第二項の費用の額の算定、入院時生活療養費の支給を受けるべき場合においては第八十五条の二第二項の費用の額の算定、保険外併用療養費の支給を受けるべき場合においては前条第二項の費用の額の算定の例による。ただし、その額は、現に療養に要した費用の額を超えることができない。

第二款　訪問看護療養費の支給

（訪問看護療養費）

第八十八条　被保険者が、厚生労働大臣が指定する者（以下「指定訪問看護事業者」という。）から当該指定に係る訪問看護事業（疾病又は負傷により、居宅において継続して療養を受ける状態にある者（主治の医師がその治療の必要の程度につき厚生労働省令で定める基準に適合していると認めたものに限る。）に対し、その者の居宅において看護師その他厚生労働省令で定める者が行う療養上の世話又は必要な診療の補助（保険医療機関等又は介護保険法第八条第二十八項に規定する介護老人保健施設若しくは同条第二十九項に規定する介護医療院によるものを除く。以下「訪問看護」という。）を行う事業をいう。）を行う事業所により行われる訪問看護（以下「指定訪問看護」という。）を受けたときは、その指定訪問看護に要した費用について、訪問看護療養費を支給する。

2　前項の訪問看護療養費は、厚生労働省令で定めるところにより、保険者が必要と認める場合に限り、支給するものとする。

3　指定訪問看護を受けようとする者は、厚生労働省令で定めるところにより、自己の選定する指定訪問看護事業者から、電子資格確認等により、被保険者であることの確認を受け、当該指定訪問看護を受けるものとする。

4　訪問看護療養費の額は、当該指定訪問看護につき指定訪問看護に要する平均的な費用の額を勘案して厚生労働大臣が定めるところにより算定した費用の額から、その額に第七十四条第一項各号に掲げる場合の区分に応じ、同項各号に定める割合を乗じて得た額（療養の給付に係る同項の一部負担金について第七十五条の二第一項各号の措置が採られるべきときは、当該措置が採られたものとした場合の額）を控除した額とする。

5　厚生労働大臣は、前項の定めをしようとするときは、中央社会保険医療協議会に諮問するものとする。

6　被保険者が指定訪問看護事業者から指定訪問看護を受けたときは、保険者は、その被保険者が当該指定訪問看護事業者に支払うべき当該指定訪問看護に要した費用について、訪問看護療養費として被保険者に対し支給すべき額の限度において、被保険者に代わり、当該指定訪問看護事業者に支払うことができる。

7　前項の規定による支払があったときは、被保険者に対し訪問看護療養費の支給があったものとみなす。

8　第七十五条の規定は、第六項の場合において第四項の規定により算定した費用の額から当該指定訪問看護に要した費用について訪問看護療養費として支給される額に相当する額を控除した額の支払について準用する。

9　指定訪問看護事業者は、指定訪問看護に要した費用につき、その支払を受ける際、当該支払をした被保険者に対し、厚生労働省

令で定めるところにより、領収証を交付しなければならない。

10 保険者は、指定訪問看護事業者から訪問看護療養費の請求があったときは、第四項の定め及び第九十二条第二項に規定する指定訪問看護の事業の運営に関する基準(指定訪問看護の取扱いに関する部分に限る。)に照らして審査の上、支払うものとする。

11 保険者は、前項の規定による審査及び支払に関する事務を基金又は国保連合会に委託することができる。

12 指定訪問看護は、第六十三条第一項各号に掲げる療養に含まれないものとする。

13 前各項に定めるもののほか、指定訪問看護事業者の訪問看護療養費の請求に関して必要な事項は、厚生労働省令で定める。

(指定訪問看護事業者の指定)

第八十九条　前条第一項の指定は、厚生労働省令で定めるところにより、訪問看護事業を行う者の申請により、訪問看護事業を行う事業所(以下「訪問看護事業所」という。)ごとに行う。

2 指定訪問看護事業者以外の訪問看護事業を行う者について、介護保険法第四十一条第一項本文の規定による指定居宅サービス事業者(訪問看護事業を行う者のうち、厚生労働省令で定める基準に該当するものに限る。次項において同じ。)の指定、同法第四十二条の二第一項本文の規定による指定地域密着型サービス事業者(訪問看護事業を行う者のうち、厚生労働省令で定める基準に該当するものに限る。次項において同じ。)の指定又は同法第五十三条第一項本文の規定による指定介護予防サービス事業者(訪問看護事業を行う者のうち、厚生労働省令で定める基準に該当するものに限る。次項において同じ。)の指定があったときは、その指定の際、当該訪問看護事業を行う者について、前条第一項の指定があったものとみなす。ただし、当該訪問看護事業を行う者が、厚生労働省令で定めるところにより、別段の申出をしたときは、この限りでない。

3 介護保険法第七十条の二第一項の規定による指定居宅サービス事業者の指定の失効若しくは同法第七十七条第一項若しくは第百十五条の三十五第六項の規定による指定居宅サービス事業者の指定の取消し若しくは効力の停止、同法第七十八条の十(同法第七十八条の十七の規定により読み替えて適用される場合を含む。)の規定による指定地域密着型サービス事業者の指定の取消し若しくは効力の停止若しくは同法第七十八条の十二において準用する同法第七十条の二第一項若しくは同法第七十八条の十五第一項若しくは第三項(同条第五項において準用する場合を含む。)の規定による指定地域密着型サービス事業者の指定の失効又は同法第百十五条の九第一項若しくは第百十五条の三十五第六項の規定による指定介護予防サービス事業者の指定の取消し若しくは効力の停止若しくは同法第百十五条の十一において準用する同法第七十条の二第一項の規定による指定介護予防サービス事業者の指定の失効は、前項本文の規定により受けたものとみなされた前条第一項の指定の効力に影響を及ぼさないものとする。

4 厚生労働大臣は、第一項の申請があった場合において、次の各号のいずれかに該当するときは、前条第一項の指定をしてはならない。

一　申請者が地方公共団体、医療法人、社会福祉法人その他厚生労働大臣が定める者でないとき。

二　当該申請に係る訪問看護事業所の看護師その他の従業者の知識及び技能並びに人員が、第九十二条第一項の厚生労働省令で定める基準及び同項の厚生労働省令で定める員数を満たしていないとき。

三　申請者が、第九十二条第二項(第百十一条第三項及び第百四十九条において準用する場合を含む。)に規定する指定訪問

看護の事業の運営に関する基準に従って適正な指定訪問看護事業の運営をすることができないと認められるとき。

四　申請者が、この法律の規定により指定訪問看護事業者に係る前条第一項の指定を取り消され、その取消しの日から五年を経過しない者であるとき。

五　申請者が、この法律その他国民の保健医療に関する法律で政令で定めるものの規定により罰金の刑に処せられ、その執行を終わり、又は執行を受けることがなくなるまでの者であるとき。

六　申請者が、禁錮以上の刑に処せられ、その執行を終わり、又は執行を受けることがなくなるまでの者であるとき。

七　申請者が、社会保険料について、当該申請をした日の前日までに、社会保険各法又は地方税法の規定に基づく滞納処分を受け、かつ、当該処分を受けた日から正当な理由なく三月以上の期間にわたり、当該処分を受けた日以降に納期限の到来した社会保険料のすべてを引き続き滞納している者であるとき。

八　前各号のほか、申請者が、指定訪問看護事業者として著しく不適当と認められる者であるとき。

(指定訪問看護事業者の責務)

第九十条　指定訪問看護事業者は、第九十二条第二項に規定する指定訪問看護の事業の運営に関する基準に従い、訪問看護を受ける者の心身の状況等に応じて自ら適切な指定訪問看護を提供するものとする。

2 指定訪問看護事業者は、前項(第百十一条第三項及び第百四十九条において準用する場合を含む。)の規定によるほか、この法律以外の医療保険各法による被保険者及び被扶養者の指定訪問看護並びに高齢者の医療の確保に関する法律による被保険者の指定訪問看護を提供するものとする。

(厚生労働大臣の指導)

第九十一条　指定訪問看護事業者及び当該指定に係る訪問看護事業所の看護師その他の従業者は、指定訪問看護に関し、厚生労働大臣の指導を受けなければならない。

(指定訪問看護の事業の運営に関する基準)

第九十二条　指定訪問看護事業者は、当該指定に係る訪問看護事業所ごとに、厚生労働省令で定める基準に従い厚生労働省令で定める員数の看護師その他の従業者を有しなければならない。

2 前項に規定するもののほか、指定訪問看護の事業の運営に関する基準は、厚生労働大臣が定める。

3 厚生労働大臣は、前項に規定する指定訪問看護の事業の運営に関する基準(指定訪問看護の取扱いに関する部分に限る。)を定めようとするときは、中央社会保険医療協議会に諮問するものとする。

(変更の届出等)

第九十三条　指定訪問看護事業者は、当該指定に係る訪問看護事業所の名称及び所在地その他厚生労働省令で定める事項に変更があったとき、又は当該指定訪問看護の事業を廃止し、休止し、若しくは再開したときは、厚生労働省令で定めるところにより、十日以内に、その旨を厚生労働大臣に届け出なければならない。

(指定訪問看護事業者等の報告等)

第九十四条　厚生労働大臣は、訪問看護療養費の支給に関して必要があると認めるときは、指定訪問看護事業者又は指定訪問看護事業者であった者若しくは当該指定に係る訪問看護事業所の看護師その他の従業者であった者(以下この項において「指定訪問看護事業者であった者等」という。)に対し報告若しくは帳簿書類の提出若しくは提示を命じ、指定訪問看護事業者若しくは当該指定に係る訪問看護事業所の看護師その他の従業者(指定訪問看護事業者

218

であった者等を含む。）に対し出頭を求め、又は当該職員に関係者に対して質問させ、若しくは当該指定訪問看護事業者の当該指定に係る訪問看護事業所について帳簿書類その他の物件を検査させることができる。

2　第七条の三十八第二項の規定は前項の規定による質問又は検査について、同条第三項の規定は前項の規定による権限について準用する。

（指定訪問看護事業者の指定の取消し）

第九十五条　厚生労働大臣は、次の各号のいずれかに該当する場合においては、当該指定訪問看護事業者に係る第八十八条第一項の指定を取り消すことができる。

一　指定訪問看護事業者が、当該指定に係る訪問看護事業所の看護師その他の従業者について、第九十二条第一項の厚生労働省令で定める基準又は同項の厚生労働省令で定める員数を満たすことができなくなったとき。

二　指定訪問看護事業者が、第九十二条第二項（第百十一条第三項及び第百四十九条において準用する場合を含む。）に規定する指定訪問看護の事業の運営に関する基準に従って適正な指定訪問看護事業の運営をすることができなくなったとき。

三　第八十八条第六項（第百十一条第三項及び第百四十九条において準用する場合を含む。）の規定による支払に関する請求について不正があったとき。

四　指定訪問看護事業者が、前条第一項（第百十一条第三項及び第百四十九条において準用する場合を含む。以下この条において同じ。）の規定により報告若しくは帳簿書類の提出若しくは提示を命ぜられてこれに従わず、又は虚偽の報告をしたとき。

五　指定訪問看護事業者又は当該指定に係る訪問看護事業所の看護師その他の従業者が、前条第一項の規定により出頭を求められてこれに応ぜず、同項の規定による質問に対して答弁せず、若しくは虚偽の答弁をし、又は同項の規定による検査を拒み、妨げ、若しくは忌避したとき（当該指定に係る訪問看護事業所の看護師その他の従業者がその行為をした場合において、その行為を防止するため、当該指定訪問看護事業者が相当の注意及び監督を尽くしたときを除く。）。

六　この法律以外の医療保険各法による被保険者若しくは被扶養者の指定訪問看護又は高齢者の医療の確保に関する法律による被保険者の指定訪問看護に関し、第二号から前号までのいずれかに相当する事由があったとき。

七　指定訪問看護事業者が、不正の手段により指定訪問看護事業者の指定を受けたとき。

八　指定訪問看護事業者が、この法律その他国民の保健医療に関する法律で政令で定めるものの規定により罰金の刑に処せられ、その執行を終わり、又は執行を受けることがなくなるまでの者に該当するに至ったとき。

九　指定訪問看護事業者が、禁錮以上の刑に処せられ、その執行を終わり、又は執行を受けることがなくなるまでの者に該当するに至ったとき。

十　前各号に掲げる場合のほか、指定訪問看護事業者が、この法律その他国民の保健医療に関する法律で政令で定めるもの又はこれらの法律に基づく命令若しくは処分に違反したとき。

（公示）

第九十六条　厚生労働大臣は、次に掲げる場合には、その旨を公示しなければならない。

一　指定訪問看護事業者の指定をしたとき。

二　第九十三条の規定による届出（同条の厚生労働省令で定める事項の変更並びに同条に規定する事業の休止及び再開に係るも

のを除く。）があったとき。

三　前条の規定により指定訪問看護事業者の指定を取り消したとき。

第三款　移送費の支給

第九十七条　被保険者が療養の給付（保険外併用療養費に係る療養を含む。）を受けるため、病院又は診療所に移送されたときは、移送費として、厚生労働省令で定めるところにより算定した金額を支給する。

2　前項の移送費は、厚生労働省令で定めるところにより、保険者が必要であると認める場合に限り、支給するものとする。

第四款　補則

（被保険者が日雇労働者又はその被扶養者となった場合）

第九十八条　被保険者が資格を喪失し、かつ、日雇特例被保険者又はその被扶養者となった場合において、その資格を喪失した際に療養の給付、入院時食事療養費に係る療養、入院時生活療養費に係る療養、保険外併用療養費に係る療養、療養費に係る療養若しくは訪問看護療養費に係る療養又は介護保険法の規定による居宅介護サービス費に係る指定居宅サービス（同法第四十一条第一項に規定する指定居宅サービスをいう。第百二十九条第二項第二号において同じ。）、特例居宅介護サービス費に係る居宅サービス（同法第八条第一項に規定する居宅サービスをいう。同号及び第百三十五条第一項において同じ。）若しくはこれに相当するサービス、地域密着型介護サービス費に係る指定地域密着型サービス（同法第四十二条の二第一項に規定する指定地域密着型サービスをいう。同号において同じ。）、特例地域密着型介護サービス費に係る地域密着型サービス（同法第八条第十四項に規定する地域密着型サービスをいう。同号及び第百三十五条第一項において同じ。）若しくはこれに相当するサービス、施設介護サービス費に係る指定施設サービス等（同法第四十八条第一項に規定する指定施設サービス等をいう。同号において同じ。）、特例施設介護サービス費に係る施設サービス（同法第八条第二十六項に規定する施設サービスをいう。同号及び第百三十五条第一項において同じ。）、介護予防サービス費に係る指定介護予防サービス（同法第五十三条第一項に規定する指定介護予防サービスをいう。同号において同じ。）若しくは特例介護予防サービス費に係る介護予防サービス（同法第八条の二第一項に規定する介護予防サービスをいう。同号及び第百三十五条第一項において同じ。）若しくはこれに相当するサービスのうち、療養に相当するものを受けているときは、当該疾病又は負傷及びこれにより発した疾病につき、当該保険者から療養の給付又は入院時食事療養費、入院時生活療養費、保険外併用療養費、療養費、訪問看護療養費若しくは移送費の支給を受けることができる。

2　前項の規定による療養の給付又は入院時食事療養費、入院時生活療養費、保険外併用療養費、療養費、訪問看護療養費若しくは移送費の支給は、次の各号のいずれかに該当するに至ったときは、行わない。

一　当該疾病又は負傷について、次章の規定により療養の給付又は入院時食事療養費、入院時生活療養費、保険外併用療養費、療養費、訪問看護療養費、移送費、家族療養費、家族訪問看護療養費若しくは家族移送費の支給を受けることができるに至ったとき。

二　その者が、被保険者若しくは船員保険の被保険者若しくはこれらの者の被扶養者、国民健康保険の被保険者又は後期高齢者医療の被保険者等となったとき。

三　被保険者の資格を喪失した日から起算して六月を経過したとき。

3　第一項の規定による療養の給付又は入院時食事療養費、入院時生活療養費、保険外併用療養費、療養費、訪問看護療養費若しくは移送費の支給は、当該疾病又は負傷について、次章の規定により特別療養費(第百四十五条第六項において準用する第百三十二条の規定により支給される療養費を含む。)又は移送費若しくは家族移送費の支給を受けることができる間は、行わない。

4　第一項の規定による療養の給付又は入院時食事療養費、入院時生活療養費、保険外併用療養費、療養費若しくは訪問看護療養費の支給は、当該疾病又は負傷について、介護保険法の規定によりそれぞれの給付に相当する給付を受けることができる場合には、行わない。

第三節　傷病手当金、埋葬料、出産育児一時金及び出産手当金の支給

（傷病手当金）

第九十九条　被保険者(任意継続被保険者を除く。第百二条第一項において同じ。)が療養のため労務に服することができないときは、その労務に服することができなくなった日から起算して三日を経過した日から労務に服することができない期間、傷病手当金を支給する。

2　傷病手当金の額は、一日につき、傷病手当金の支給を始める日の属する月以前の直近の継続した十二月間の各月の標準報酬月額(被保険者が現に属する保険者等により定められたものに限る。以下この項において同じ。)を平均した額の三十分の一に相当する額(その額に、五円未満の端数があるときは、これを切り捨て、五円以上十円未満の端数があるときは、これを十円に切り上げるものとする。)の三分の二に相当する金額(その金額に、五十銭未満の端数があるときは、これを切り捨て、五十銭以上一円未満の端数があるときは、これを一円に切り上げるものとする。)とする。ただし、同日の属する月以前の直近の継続した期間において標準報酬月額が定められている月が十二月に満たない場合にあっては、次の各号に掲げる額のうちいずれか少ない額の三分の二に相当する金額(その金額に、五十銭未満の端数があるときは、これを切り捨て、五十銭以上一円未満の端数があるときは、これを一円に切り上げるものとする。)とする。

一　傷病手当金の支給を始める日の属する月以前の直近の継続した各月の標準報酬月額を平均した額の三十分の一に相当する額(その額に、五円未満の端数があるときは、これを切り捨て、五円以上十円未満の端数があるときは、これを十円に切り上げるものとする。)

二　傷病手当金の支給を始める日の属する年度の前年度の九月三十日における全被保険者の同月の標準報酬月額を平均した額を標準報酬月額の基礎となる報酬月額とみなしたときの標準報酬月額の三十分の一に相当する額(その額に、五円未満の端数があるときは、これを切り捨て、五円以上十円未満の端数があるときは、これを十円に切り上げるものとする。)

3　前項に規定するもののほか、傷病手当金の額の算定に関して必要な事項は、厚生労働省令で定める。

4　傷病手当金の支給期間は、同一の疾病又は負傷及びこれにより発した疾病に関しては、その支給を始めた日から通算して一年六月間とする。

（埋葬料）

第百条　被保険者が死亡したときは、その者により生計を維持していた者であって、埋葬を行うものに対し、埋葬料として、政令で定める金額を支給する。

2　前項の規定により埋葬料の支給を受けるべき者がない場合においては、埋葬を行った者に対し、同項の金額の範囲内においてその埋葬に要した費用に相当する金額を支給する。

（出産育児一時金）

第百一条　被保険者が出産したときは、出産育児一時金として、政令で定める金額を支給する。

（出産手当金）

第百二条　被保険者が出産したときは、出産の日(出産の日が出産の予定日後であるときは、出産の予定日)以前四十二日(多胎妊娠の場合においては、九十八日)から出産の日後五十六日までの間において労務に服さなかった期間、出産手当金を支給する。

2　第九十九条第二項及び第三項の規定は、出産手当金の支給について準用する。

（出産手当金と傷病手当金との調整）

第百三条　出産手当金を支給する場合(第百八条第三項又は第四項に該当するときを除く。)においては、その期間、傷病手当金は、支給しない。ただし、その受けることができる出産手当金の額(同条第二項ただし書の場合においては、同項ただし書に規定する報酬の額と同項ただし書の規定により算定される出産手当金の額との合算額)が、第九十九条第二項の規定により算定される額より少ないときは、その差額を支給する。

2　出産手当金を支給すべき場合において傷病手当金が支払われたときは、その支払われた傷病手当金(前項ただし書の規定により支払われたものを除く。)は、出産手当金の内払とみなす。

（傷病手当金又は出産手当金の継続給付）

第百四条　被保険者の資格を喪失した日(任意継続被保険者の資格を喪失した者にあっては、その資格を取得した日)の前日まで引き続き一年以上被保険者(任意継続被保険者又は共済組合の組合員である被保険者を除く。)であった者(第百六条において「一年以上被保険者であった者」という。)であって、その資格を喪失した際に傷病手当金又は出産手当金の支給を受けているものは、被保険者として受けることができるはずであった期間、継続して同一の保険者からその給付を受けることができる。

（資格喪失後の死亡に関する給付）

第百五条　前条の規定により保険給付を受ける者が死亡したとき、同条の規定により保険給付を受けていた者がその給付を受けなくなった日後三月以内に死亡したとき、又はその他の被保険者であった者が被保険者の資格を喪失した日後三月以内に死亡したときは、被保険者であった者により生計を維持していた者であって、埋葬を行うものは、その被保険者の最後の保険者から埋葬料の支給を受けることができる。

2　第百条の規定は、前項の規定により埋葬料の支給を受けるべき者がない場合及び同項の埋葬料の金額について準用する。

（資格喪失後の出産育児一時金の給付）

第百六条　一年以上被保険者であった者が被保険者の資格を喪失した日後六月以内に出産したときは、被保険者として受けることができるはずであった出産育児一時金の支給を最後の保険者から受けることができる。

（船員保険の被保険者となった場合）

第百七条　前三条の規定にかかわらず、被保険者であった者が船員保険の被保険者となったときは、保険給付は、行わない。

（傷病手当金又は出産手当金と報酬等との調整）

第百八条　疾病にかかり、又は負傷した場合において報酬の全部又は一部を受けることができる者に対しては、これを受けることができる期間は、傷病手当金を支給しない。ただし、その受けることができる報酬の額が、第九十九条第二項の規定により算定され

る額より少ないとき（第百三条第一項又は第三項若しくは第四項に該当するときを除く。）は、その差額を支給する。

2　出産した場合において報酬の全部又は一部を受けることができる者に対しては、これを受けることができる期間は、出産手当金を支給しない。ただし、その受けることができる報酬の額が、出産手当金の額より少ないときは、その差額を支給する。

3　傷病手当金の支給を受けるべき者が、同一の疾病又は負傷及びこれにより発した疾病につき厚生年金保険法による障害厚生年金の支給を受けることができるときは、傷病手当金は、支給しない。ただし、その受けることができる障害厚生年金の額（当該障害厚生年金と同一の支給事由に基づき国民年金法による障害基礎年金の支給を受けることができるときは、当該障害厚生年金の額と当該障害基礎年金の額との合算額）につき厚生労働省令で定めるところにより算定した額（以下この項において「障害年金の額」という。）が、第九十九条第二項の規定により算定される額より少ないときは、当該額と次の各号に掲げる場合の区分に応じて当該各号に定める額との差額を支給する。

一　報酬を受けることができない場合であって、かつ、出産手当金の支給を受けることができない場合　障害年金の額
二　報酬を受けることができない場合であって、かつ、出産手当金の支給を受けることができる場合　出産手当金の額（当該額が第九十九条第二項の規定により算定される額を超える場合にあっては、当該額）と障害年金の額のいずれか多い額
三　報酬の全部又は一部を受けることができる場合であって、かつ、出産手当金の支給を受けることができない場合　当該受けることができる報酬の全部又は一部の額（当該額が第九十九条第二項の規定により算定される額を超える場合にあっては、当該額）と障害年金の額のいずれか多い額
四　報酬の全部又は一部を受けることができる場合であって、かつ、出産手当金の支給を受けることができる場合　当該受けることができる報酬の全部又は一部の額及び前項ただし書の規定により算定される出産手当金の額の合算額（当該合算額が第九十九条第二項の規定により算定される額を超える場合にあっては、当該額）と障害年金の額のいずれか多い額

4　傷病手当金の支給を受けるべき者が、同一の疾病又は負傷及びこれにより発した疾病につき厚生年金保険法による障害手当金の支給を受けることができるときは、当該障害手当金の支給を受けることとなった日からその者がその日以後に傷病手当金の支給を受けるとする場合の第九十九条第二項の規定により算定される額の合計額が当該障害手当金の額に達するに至る日までの間、傷病手当金は、支給しない。ただし、当該合計額が当該障害手当金の額に達するに至った日において当該合計額が当該障害手当金の額を超える場合において、報酬の全部若しくは一部又は出産手当金の支給を受けることができるときその他の政令で定めるときは、当該合計額と当該障害手当金の額との差額その他の政令で定める差額については、この限りでない。

5　傷病手当金の支給を受けるべき者（第百四条の規定により受けるべき者であって、政令で定める要件に該当するものに限る。）が、国民年金法又は厚生年金保険法による老齢を支給事由とする年金たる給付その他の老齢又は退職を支給事由とする年金である給付であって政令で定めるもの（以下この項及び次項において「老齢退職年金給付」という。）の支給を受けることができるときは、傷病手当金は、支給しない。ただし、その受けることができる老齢退職年金給付の額（当該老齢退職年金給付が二以上あるときは、当該二以上の老齢退職年金給付の額の合算額）につき厚生労働省令で定めるところにより算定した額が、傷病手当金の額より少な

いときは、その差額を支給する。

6　保険者は、前三項の規定により傷病手当金の支給を行うにつき必要があると認めるときは、老齢退職年金給付の支払をする者（次項において「年金保険者」という。）に対し、第二項の障害厚生年金若しくは障害基礎年金、第三項の障害手当金又は前項の老齢退職年金給付の支給状況につき、必要な資料の提供を求めることができる。

7　年金保険者（厚生労働大臣を除く。）は、厚生労働大臣の同意を得て、前項の規定による資料の提供の事務を厚生労働大臣に委託して行わせることができる。

第百九条　前条第一項から第四項までに規定する者が、疾病にかかり、負傷し、又は出産した場合において、その受けることができるはずであった報酬の全部又は一部につき、その全額を受けることができなかったときは傷病手当金又は出産手当金の全額、その一部を受けることができなかった場合においてその受けた額が傷病手当金又は出産手当金の額より少ないときはその額と傷病手当金又は出産手当金との差額を支給する。ただし、同条第一項ただし書、第二項ただし書、第三項ただし書又は第四項ただし書の規定により傷病手当金又は出産手当金の一部を受けたときは、その額を支給額から控除する。

2　前項の規定により保険者が支給した金額は、事業主から徴収する。

第四節　家族療養費、家族訪問看護療養費、家族移送費、家族埋葬料及び家族出産育児一時金の支給

（家族療養費）

第百十条　被保険者の被扶養者が保険医療機関等のうち自己の選定するものから療養を受けたときは、被保険者に対し、その療養に要した費用について、家族療養費を支給する。

2　家族療養費の額は、第一号に掲げる額（当該療養に食事療養が含まれるときは当該額及び第二号に掲げる額の合算額、当該療養に生活療養が含まれるときは当該額及び第三号に掲げる額の合算額）とする。

一　当該療養（食事療養及び生活療養を除く。）につき算定した費用の額（その額が現に当該療養に要した費用の額を超えるときは、当該現に療養に要した費用の額）に次のイからニまでに掲げる場合の区分に応じ、当該イからニまでに定める割合を乗じて得た額
　イ　被扶養者が六歳に達する日以後の最初の三月三十一日の翌日以後であって七十歳に達する日の属する月以前である場合　百分の七十
　ロ　被扶養者が六歳に達する日以後の最初の三月三十一日以前である場合　百分の八十
　ハ　被扶養者（ニに規定する被扶養者を除く。）が七十歳に達する日の属する月の翌月以後である場合　百分の八十
　ニ　第七十四条第一項第三号に掲げる場合に該当する被保険者その他政令で定める被保険者の被扶養者が七十歳に達する日の属する月の翌月以後である場合　百分の七十
二　当該食事療養につき算定した費用の額（その額が現に当該食事療養に要した費用の額を超えるときは、当該現に食事療養に要した費用の額）から食事療養標準負担額を控除した額
三　当該生活療養につき算定した費用の額（その額が現に当該生活療養に要した費用の額を超えるときは、当該現に生活療養に要した費用の額）から生活療養標準負担額を控除した額

3　前項第一号の療養についての費用の額の算定に関しては、保険医療機関等から療養（評価療養、患者申出療養及び選定療養を除

く。）を受ける場合にあっては第七十六条第二項の費用の額の算定、保険医療機関等から評価療養、患者申出療養又は選定療養を受ける場合にあっては第八十六条第二項第一号の費用の額の算定、前項第二号の食事療養についての費用の額の算定に関しては、第八十五条第二項の費用の額の算定、前項第三号の生活療養についての費用の額の算定に関しては、第八十五条の二第二項の費用の額の算定の例による。

4　被扶養者が第六十三条第三項第一号又は第二号に掲げる病院若しくは診療所又は薬局から療養を受けたときは、保険者は、その被扶養者が当該病院若しくは診療所又は薬局に支払うべき療養に要した費用について、家族療養費として被保険者に対し支給すべき額の限度において、被保険者に代わり、当該病院若しくは診療所又は薬局に支払うことができる。

5　前項の規定による支払があったときは、被保険者に対し家族療養費の支給があったものとみなす。

6　被扶養者が第六十三条第三項第三号に掲げる病院若しくは診療所又は薬局から療養を受けた場合において、保険者がその被扶養者の支払うべき療養に要した費用のうち家族療養費として被保険者に支払うべき額に相当する額の支払を免除したときは、被保険者に対し家族療養費の支給があったものとみなす。

7　第六十三条、第六十四条、第七十条第一項、第七十二条第一項、第七十三条、第七十六条第三項から第六項まで、第七十八条、第八十四条第一項、第八十五条第八項、第八十七条及び第九十八条の規定は、家族療養費の支給及び被扶養者の療養について準用する。

8　第七十五条の規定は、第四項の場合において療養につき第三項の規定により算定した費用の額（その額が現に療養に要した費用の額を超えるときは、当該現に療養に要した費用の額）から当該療養に要した費用について家族療養費として支給される額に相当する額を控除した額の支払について準用する。

（家族療養費の額の特例）

第百十条の二　保険者は、第七十五条の二第一項に規定する被保険者の被扶養者に係る家族療養費の支給について、前条第二項第一号イからニまでに定める割合を、それぞれの割合を超え百分の百以下の範囲内において保険者が定めた割合とする措置を採ることができる。

2　前項に規定する被扶養者に係る前条第四項の規定の適用については、同項中「家族療養費として被保険者に対し支給すべき額」とあるのは、「当該療養につき算定した費用の額（その額が現に当該療養に要した費用の額を超えるときは、当該現に療養に要した費用の額）」とする。この場合において、保険者は、当該支払をした額から家族療養費として被保険者に対し支給すべき額を控除した額をその被扶養者に係る被保険者から直接に徴収することとし、その徴収を猶予することができる。

（家族訪問看護療養費）

第百十一条　被保険者の被扶養者が指定訪問看護事業者から指定訪問看護を受けたときは、被保険者に対し、その指定訪問看護に要した費用について、家族訪問看護療養費を支給する。

2　家族訪問看護療養費の額は、当該指定訪問看護につき第八十八条第四項の厚生労働大臣の定めの例により算定した費用の額に第百十条第二項第一号イからニまでに掲げる場合の区分に応じ、同号イからニまでに定める割合を乗じて得た額（家族療養費の支給について前条第一項又は第二項の規定が適用されるべきときは、当該規定が適用されたものとした場合の額）とする。

3　第八十八条第二項、第三項、第六項から第十一項まで及び第十三項、第九十条第一項、第九十一条、第九十二条第二項及び第

三項、第九十四条並びに第九十八条の規定は、家族訪問看護療養費の支給及び被扶養者の指定訪問看護について準用する。

（家族移送費）

第百十二条　被保険者の被扶養者が家族療養費に係る療養を受けるため、病院又は診療所に移送されたときは、家族移送費として、被保険者に対し、第九十七条第一項の厚生労働省令で定めるところにより算定した金額を支給する。

2　第九十七条第二項及び第九十八条の規定は、家族移送費の支給について準用する。

（家族埋葬料）

第百十三条　被保険者の被扶養者が死亡したときは、家族埋葬料として、被保険者に対し、第百条第一項の政令で定める金額を支給する。

（家族出産育児一時金）

第百十四条　被保険者の被扶養者が出産したときは、家族出産育児一時金として、被保険者に対し、第百一条の政令で定める金額を支給する。

第五節　高額療養費及び高額介護合算療養費の支給

（高額療養費）

第百十五条　療養の給付について支払われた一部負担金の額又は療養（食事療養及び生活療養を除く。次項において同じ。）に要した費用の額からその療養に要した費用につき保険外併用療養費、療養費、訪問看護療養費、家族療養費若しくは家族訪問看護療養費として支給される額に相当する額を控除した額（次条第一項において「一部負担金等の額」という。）が著しく高額であるときは、その療養の給付又はその保険外併用療養費、療養費、訪問看護療養費、家族療養費若しくは家族訪問看護療養費の支給を受けた者に対し、高額療養費を支給する。

2　高額療養費の支給要件、支給額その他高額療養費の支給に関して必要な事項は、療養に必要な費用の負担の家計に与える影響及び療養に要した費用の額を考慮して、政令で定める。

（高額介護合算療養費）

第百十五条の二　一部負担金等の額（前条第一項の高額療養費が支給される場合にあっては、当該支給額に相当する額を控除して得た額）並びに介護保険法第五十一条第一項に規定する介護サービス利用者負担額（同項の高額介護サービス費が支給される場合にあっては、当該支給額を控除して得た額）及び同法第六十一条第一項に規定する介護予防サービス利用者負担額（同項の高額介護予防サービス費が支給される場合にあっては、当該支給額を控除して得た額）の合計額が著しく高額であるときは、当該一部負担金等の額に係る療養の給付又は保険外併用療養費、療養費、訪問看護療養費、家族療養費若しくは家族訪問看護療養費の支給を受けた者に対し、高額介護合算療養費を支給する。

2　前条第二項の規定は、高額介護合算療養費の支給について準用する。

第六節　保険給付の制限

第百十六条　被保険者又は被保険者であった者が、自己の故意の犯罪行為により、又は故意に給付事由を生じさせたときは、当該給付事由に係る保険給付は、行わない。

第百十七条　被保険者が闘争、泥酔又は著しい不行跡によって給付事由を生じさせたときは、当該給付事由に係る保険給付は、その全部又は一部を行わないことができる。

第百十八条　被保険者又は被保険者であった者が、次の各号のいずれかに該当する場合には、疾病、負傷又は出産につき、その期間

に係る保険給付（傷病手当金及び出産手当金の支給にあっては、厚生労働省令で定める場合に限る。）は、行わない。

一　少年院その他これに準ずる施設に収容されたとき。

二　刑事施設、労役場その他これらに準ずる施設に拘禁されたとき。

2　保険者は、被保険者又は被保険者であった者が前各号のいずれかに該当する場合であっても、被扶養者に係る保険給付を行うことを妨げない。

第百十九条　保険者は、被保険者又は被保険者であった者が、正当な理由なしに療養に関する指示に従わないときは、保険給付の一部を行わないことができる。

第百二十条　保険者は、偽りその他不正の行為により保険給付を受け、又は受けようとした者に対して、六月以内の期間を定め、その者に支給すべき傷病手当金又は出産手当金の全部又は一部を支給しない旨の決定をすることができる。ただし、偽りその他不正の行為があった日から一年を経過したときは、この限りでない。

第百二十一条　保険者は、保険給付を受ける者が、正当な理由なしに、第五十九条の規定による命令に従わず、又は答弁若しくは受診を拒んだときは、保険給付の全部又は一部を行わないことができる。

第百二十二条　第百十六条、第百十七条、第百十八条第一項及び第百十九条の規定は、被保険者の被扶養者について準用する。この場合において、これらの規定中「保険給付」とあるのは、「当該被扶養者に係る保険給付」と読み替えるものとする。

第五章　日雇特例被保険者に関する特例

第一節　日雇特例被保険者の保険の保険者

第百二十三条　日雇特例被保険者の保険の保険者は、協会とする。

2　日雇特例被保険者の保険の保険者の業務のうち、日雇特例被保険者手帳の交付、日雇特例被保険者に係る保険料の徴収及び日雇拠出金の徴収並びにこれらに附帯する業務は、厚生労働大臣が行う。

第二節　標準賃金日額等

（標準賃金日額）

第百二十四条　標準賃金日額は、日雇特例被保険者の賃金日額に基づき、次の等級区分（次項の規定により等級区分の改定が行われたときは、改定後の等級区分）による。

標準賃金日額等級	標準賃金日額	賃金日額
第一級	三、〇〇〇円	三、五〇〇円未満
第二級	四、四〇〇円	三、五〇〇円以上五、〇〇〇円未満
第三級	五、七五〇円	五、〇〇〇円以上六、五〇〇円未満
第四級	七、二五〇円	六、五〇〇円以上八、〇〇〇円未満
第五級	八、七五〇円	八、〇〇〇円以上九、五〇〇円未満
第六級	一〇、七五〇円	九、五〇〇円以上一二、〇〇〇円未満
第七級	一三、二五〇円	一二、〇〇〇円以上一四、五〇〇円未満
第八級	一五、七五〇円	一四、五〇〇円以上一七、〇〇〇円未満
第九級	一八、二五〇円	一七、〇〇〇円以上一九、五〇〇円未満
第一〇級	二一、二五〇円	一九、五〇〇円以上二三、〇〇〇円未満
第一一級	二四、七五〇円	二三、〇〇〇円以上

2　一の年度における標準賃金日額等級の最高等級に対応する標準賃金日額に係る保険料の延べ納付日数の当該年度における日雇特例被保険者に関する保険料の総延べ納付日数に占める割合が百分の三を超える場合において、その状態が継続すると認められるときは、翌年度の九月一日から、政令で、当該最高等級の上に更に等級を加える標準賃金日額の等級区分の改定を行うことができる。ただし、当該一の年度において、改定後の標準賃金日額等級の最高等級に対応する標準賃金日額に係る保険料の延べ納付日数の日雇特例被保険者に関する保険料の総延べ納付日数に占める割合が百分の一を下回ってはならない。

3　第四十条第三項の規定は、前項の政令の制定又は改正について準用する。

（賃金日額）

第百二十五条　賃金日額は、次の各号によって算定する。

一　賃金が日又は時間によって定められる場合、一日における出来高によって定められる場合その他日雇特例被保険者が使用された日の賃金を算出することができる場合には、その額

二　賃金が二日以上の期間における出来高によって定められる場合その他日雇特例被保険者が使用された日の賃金を算出することができない場合（次号に該当する場合を除く。）には、当該事業所において同様の業務に従事し同様の賃金を受ける者のその前日（その前日において同様の業務に従事し同様の賃金を受ける者がなかったときは、これに該当する者のあったその直近の日）における賃金日額の平均額

三　賃金が二日以上の期間によって定められる場合には、その額をその期間の総日数（月の場合は、一月を三十日として計算する。）で除して得た額

四　前三号の規定により算定することができないものについては、その地方において同様の業務に従事し同様の賃金を受ける者が一日において受ける賃金の額

五　前各号のうち二以上に該当する賃金を受ける場合には、それぞれの賃金につき、前各号によって算定した額の合算額

六　一日において二以上の事業所に使用される場合には、初めに使用される事業所から受ける賃金につき、前各号によって算定した額

2　前項の場合において、賃金のうち通貨以外のもので支払われるものについては、その価額は、その地方の時価により、厚生労働大臣が定める。

（日雇特例被保険者手帳）

第百二十六条　日雇労働者は、日雇特例被保険者となったときは、日雇特例被保険者となった日から起算して五日以内に、厚生労働大臣に日雇特例被保険者手帳の交付を申請しなければならない。ただし、既に日雇特例被保険者手帳の交付を受け、これを所持している場合において、その日雇特例被保険者手帳に健康保険印紙をはり付けるべき余白があるときは、この限りでない。

2　厚生労働大臣は、前項の申請があったときは、日雇特例被保険者手帳を交付しなければならない。

3　日雇特例被保険者手帳の交付を受けた者は、その日雇特例被保険者手帳に健康保険印紙をはり付けるべき余白の残存する期間内において日雇特例被保険者となる見込みのないことが明らかになったとき、又は第三条第二項ただし書の規定による承認を受けたときは、厚生労働大臣に日雇特例被保険者手帳を返納しなけれ

ばならない。

4 日雇特例被保険者手帳の様式、交付及び返納その他日雇特例被保険者手帳に関して必要な事項は、厚生労働省令で定める。

第三節　日雇特例被保険者に係る保険給付

（保険給付の種類）

第百二十七条　日雇特例被保険者（日雇特例被保険者であった者を含む。以下この節において同じ。）に係るこの法律による保険給付は、次のとおりとする。

一　療養の給付並びに入院時食事療養費、入院時生活療養費、保険外併用療養費、療養費、訪問看護療養費及び移送費の支給

二　傷病手当金の支給

三　埋葬料の支給

四　出産育児一時金の支給

五　出産手当金の支給

六　家族療養費、家族訪問看護療養費及び家族移送費の支給

七　家族埋葬料の支給

八　家族出産育児一時金の支給

九　特別療養費の支給

十　高額療養費及び高額介護合算療養費の支給

（他の医療保険による給付等との調整）

第百二十八条　日雇特例被保険者に係る療養の給付又は入院時食事療養費、入院時生活療養費、保険外併用療養費、療養費、訪問看護療養費、移送費、傷病手当金、埋葬料、出産育児一時金若しくは出産手当金の支給は、同一の疾病、負傷、死亡又は出産について、前章の規定、この法律以外の医療保険各法（国民健康保険法を除く。以下この条において同じ。）の規定若しくは第五十五条第一項に規定する法令の規定又は介護保険法の規定によりこれらに相当する給付を受けることができる場合には、行わない。

2　協会は、日雇特例被保険者に係る傷病手当金の支給を行うにつき必要があると認めるときは、労働者災害補償保険法、国家公務員災害補償法又は地方公務員災害補償法若しくは同法に基づく条例の規定により給付を行う者に対し、当該給付の支給状況につき、必要な資料の提供を求めることができる。

3　日雇特例被保険者に係る療養の給付又は入院時食事療養費、入院時生活療養費、保険外併用療養費、療養費、訪問看護療養費、移送費、埋葬料若しくは出産育児一時金の支給は、同一の疾病、負傷、死亡又は出産について、前章の規定又はこの法律以外の医療保険各法の規定によりこの章の規定による家族療養費（第百四十条第二項において準用する第百三十二条の規定により支給される療養費を含む。次項において同じ。）、家族訪問看護療養費、家族移送費、家族埋葬料又は家族出産育児一時金の支給に相当する給付を受けたときは、その限度において、行わない。

4　日雇特例被保険者に係る家族療養費、家族訪問看護療養費、家族移送費、家族埋葬料又は家族出産育児一時金の支給は、同一の疾病、負傷、死亡又は出産について、前章の規定若しくはこの法律以外の医療保険各法の規定又は介護保険法の規定によりこれらに相当する給付又はこの章の規定による療養の給付若しくは入院時食事療養費、入院時生活療養費、保険外併用療養費、療養費、訪問看護療養費、移送費、埋葬料若しくは出産育児一時金の支給に相当する給付を受けることができる場合には、行わない。

5　特別療養費（第百四十五条第六項において準用する第百三十二条の規定により支給される療養費を含む。）の支給は、同一の疾病又は負傷について、前章の規定、この法律以外の医療保険各法の規定若しくは第五十五条第一項に規定する法令の規定又は介護保険法の規定によりこの章の規定による療養の給付又は入院時食事

療養費、入院時生活療養費、保険外併用療養費、療養費、訪問看護療養費、家族療養費若しくは家族訪問看護療養費の支給に相当する給付を受けることができる場合には、行わない。

6　日雇特例被保険者に係る療養の給付又は入院時食事療養費、入院時生活療養費、保険外併用療養費、療養費、訪問看護療養費、移送費、家族療養費、家族訪問看護療養費、家族移送費若しくは特別療養費の支給は、同一の疾病又は負傷について、他の法令の規定により国又は地方公共団体の負担で療養又は療養費の支給を受けたときは、その限度において、行わない。

（療養の給付）

第百二十九条　日雇特例被保険者の疾病又は負傷に関しては、第六十三条第一項各号に掲げる療養の給付を行う。

2　日雇特例被保険者が療養の給付を受けるには、これを受ける日において次の各号のいずれかに該当していなければならない。ただし、第二号に該当する場合においては、第一号に該当したことにより療養の給付を受けた疾病又は負傷及びこれにより発した疾病以外の疾病又は負傷については、療養の給付を行わない。

一　当該日の属する月の前二月間に通算して二十六日分以上又は当該日の属する月の前六月間に通算して七十八日分以上の保険料が、その日雇特例被保険者について、納付されていること。

二　前号に該当することにより当該疾病（その原因となった疾病又は負傷を含む。以下この項において同じ。）又は負傷につき受けた療養の給付の開始の日（その開始の日前に当該疾病又は負傷につき特別療養費（第百四十五条第六項において準用する第百三十二条の規定により支給される療養費を含む。以下この号において同じ。）の支給又は介護保険法の規定による居宅介護サービス費の支給（その支給のうち療養に相当する指定居宅サービスに係るものに限る。以下この号、第百三十五条第四項及び第百四十五条第一項において同じ。）、特例居宅介護サービス費の支給（その支給のうち療養に相当する居宅サービス又はこれに相当するサービスに係るものに限る。以下この号、第百三十五条第四項及び第百四十五条第一項において同じ。）、地域密着型介護サービス費の支給（その支給のうち療養に相当する指定地域密着型サービスに係るものに限る。以下この号、第百三十五条第四項及び第百四十五条第一項において同じ。）、特例地域密着型介護サービス費の支給（その支給のうち療養に相当する地域密着型サービス又はこれに相当するサービスに係るものに限る。以下この号、第百三十五条第四項及び第百四十五条第一項において同じ。）、施設介護サービス費の支給（その支給のうち療養に相当する指定施設サービス等に係るものに限る。以下この号、第百三十五条第四項及び第百四十五条第一項において同じ。）、特例施設介護サービス費の支給（その支給のうち療養に相当する施設サービスに係るものに限る。以下この号、第百三十五条第四項及び第百四十五条第一項において同じ。）、介護予防サービス費の支給（その支給のうち療養に相当する指定介護予防サービスに係るものに限る。以下この号、第百三十五条第四項及び第百四十五条第一項において同じ。）若しくは特例介護予防サービス費の支給（その支給のうち療養に相当する介護予防サービス又はこれに相当するサービスに係るものに限る。以下この号、第百三十五条第四項及び第百四十五条第一項において同じ。）が行われたときは、特別療養費の支給又は介護保険法の規定による居宅介護サービス費の支給、特例居宅介護サービス費の支給、地域密着型介護サービス費の支給、特例地域密着型介護サービス費の支給、施設介護サービス費の支給、特例施設介護サービス費の支給、介護予防サービス費の支給若しくは特例介護予防サービス費の支給の開始の日）から

一年(厚生労働大臣が指定する疾病に関しては、五年)を経過していないこと(前号に該当する場合を除く。)。

3 保険者は、日雇特例被保険者が、前項第一号に該当することを、日雇特例被保険者手帳によって証明して申請したときは、これを確認したことを表示した受給資格者票を発行し、又は既に発行した受給資格者票にこれを確認したことを表示しなければならない。

4 日雇特例被保険者が第六十三条第一項各号に掲げる療養の給付を受けようとするときは、受給資格者票を同条第三項第一号又は第二号に掲げるもののうち自己の選定するものに提出して、そのものから受けるものとする。

5 前項の受給資格者票は、第三項の規定による確認を受けたものでなければならず、かつ、その確認によって、当該疾病又は負傷につき第二項に規定する受給要件が満たされていることが証明されるものでなければならない。

6 受給資格者票の様式、第三項の規定による確認その他受給資格者票に関して必要な事項は、厚生労働省令で定める。

(入院時食事療養費)
第百三十条 日雇特例被保険者(療養病床への入院及びその療養に伴う世話その他の看護である療養を受ける際、六十五歳に達する日の属する月の翌月以後である者(次条第一項において「特定長期入院日雇特例被保険者」という。)を除く。)が第六十三条第三項第一号又は第二号に掲げる病院又は診療所のうち自己の選定するものに受給資格者票を提出して、そのものから同条第一項第五号に掲げる療養の給付と併せて受けた食事療養に要した費用について、入院時食事療養費を支給する。

2 前条第二項、第四項及び第五項の規定は、入院時食事療養費の支給について準用する。

(入院時生活療養費)
第百三十条の二 特定長期入院日雇特例被保険者が第六十三条第三項第一号又は第二号に掲げる病院又は診療所のうち自己の選定するものに受給資格者票を提出して、そのものから同条第一項第五号に掲げる療養の給付と併せて受けた生活療養に要した費用について、入院時生活療養費を支給する。

2 第百二十九条第二項、第四項及び第五項の規定は、入院時生活療養費の支給について準用する。

(保険外併用療養費)
第百三十一条 日雇特例被保険者が受給資格者票を提出して、第六十三条第三項第一号又は第二号に掲げる病院若しくは診療所又は薬局のうち自己の選定するものから、評価療養、患者申出療養又は選定療養を受けたときは、その療養に要した費用について、保険外併用療養費を支給する。

2 第百二十九条第二項、第四項及び第五項の規定は、保険外併用療養費の支給について準用する。

(療養費)
第百三十二条 保険者は、療養の給付若しくは入院時食事療養費、入院時生活療養費若しくは保険外併用療養費の支給(以下この項において「療養の給付等」という。)を行うことが困難であると認めるとき、又は日雇特例被保険者が第六十三条第三項第一号若しくは第二号に掲げる病院若しくは診療所若しくは薬局以外の病院、診療所、薬局その他の者から診療、薬剤の支給若しくは手当を受けた場合において、保険者がやむを得ないものと認めるときは、療養の給付等に代えて、療養費を支給することができる。

2 日雇特例被保険者が、第百二十九条第三項に規定する確認を受けないで、第六十三条第三項第一号又は第二号に掲げる病院若しくは診療所又は薬局から診療又は薬剤の支給を受けた場合において

て、保険者が、その確認を受けなかったことを緊急やむを得ない理由によるものと認めるときも、前項と同様とする。

(訪問看護療養費)
第百三十三条 日雇特例被保険者が指定訪問看護事業者のうち自己の選定するものに受給資格者票を提出して、指定訪問看護を受けたときは、その指定訪問看護に要した費用について、訪問看護療養費を支給する。

2 第百二十九条第二項及び第五項の規定は、訪問看護療養費の支給について準用する。

(移送費)
第百三十四条 日雇特例被保険者が療養の給付(保険外併用療養費に係る療養及び特別療養費に係る療養を含む。)を受けるため、病院又は診療所に移送されたときは、移送費として、第九十七条第一項の厚生労働省令で定めるところにより算定した金額を支給する。

(傷病手当金)
第百三十五条 日雇特例被保険者が療養の給付(保険外併用療養費、療養費及び訪問看護療養費の支給並びに介護保険法の規定による居宅介護サービス費、特例居宅介護サービス費、地域密着型介護サービス費、特例地域密着型介護サービス費、施設介護サービス費、特例施設介護サービス費、介護予防サービス費及び特例介護予防サービス費の支給(これらの支給のうち療養に相当する居宅サービス若しくはこれに相当するサービス、地域密着型サービス若しくはこれに相当するサービス、施設サービス又は介護予防サービス若しくはこれに相当するサービスに係るものに限る。)であって、第百二十九条第三項の受給資格者票(同条第五項の規定に該当するものに限る。)を有する者に対して行われるものを含む。次項及び次条において同じ。)を受けている場合において、その療養(居宅サービス及びこれに相当するサービス並びに施設サービス並びに介護予防サービス及びこれに相当するサービスのうち、療養に相当するものを含む。)のため労務に服することができないときは、その労務に服することができなくなった日から起算して三日を経過した日から労務に服することができない期間、傷病手当金を支給する。

2 傷病手当金の額は、次の各号に掲げる場合の区分に応じ、一日につき、当該各号に定める金額とする。ただし、次の各号のいずれにも該当するときは、いずれか高い金額とする。

一 当該日雇特例被保険者について、その者が初めて当該療養の給付を受けた日の属する月の前二月間に通算して二十六日分以上の保険料が納付されている場合 当該期間において保険料が納付された日に係るその者の標準賃金日額の各月ごとの合算額のうち最大のものの四十五分の一に相当する金額

二 当該日雇特例被保険者について、その者が初めて当該療養の給付を受けた日の属する月の前六月間に通算して七十八日分以上の保険料が納付されている場合 当該期間において保険料が納付された日に係るその者の標準賃金日額の各月ごとの合算額のうち最大のものの四十五分の一に相当する金額

3 日雇特例被保険者に係る傷病手当金の支給期間は、同一の疾病又は負傷及びこれにより発した疾病に関しては、その支給を始めた日から起算して六月(厚生労働大臣が指定する疾病に関しては、一年六月)を超えないものとする。

4 日雇特例被保険者が、その疾病又は負傷について、第百二十八条の規定により療養の給付若しくは保険外併用療養費、療養費若しくは訪問看護療養費の支給の全部を受けることができない場合又は介護保険法第二十条の規定により同法の規定による居宅介護サービス費の支給、特例居宅介護サービス費の支給、地域密着型

介護サービス費の支給、特例地域密着型介護サービス費の支給、施設介護サービス費の支給、特例施設介護サービス費の支給、介護予防サービス費の支給若しくは特例介護予防サービス費の支給（これらの給付のうち第百二十九条第三項の受給資格者票（同条第五項の規定に該当するものに限る。）を有する者に対して行われるものに限る。以下この項において同じ。）の全部を受けることができない場合においては、療養の給付若しくは保険外併用療養費、療養費若しくは訪問看護療養費の支給又は介護保険法の規定による居宅介護サービス費の支給、特例居宅介護サービス費の支給、地域密着型介護サービス費の支給、特例地域密着型介護サービス費の支給、施設介護サービス費の支給、特例施設介護サービス費の支給、介護予防サービス費の支給若しくは特例介護予防サービス費の支給に相当する当該給付又は当該療養若しくは療養費の支給をこの章の規定による療養の給付若しくは保険外併用療養費、療養費若しくは訪問看護療養費の支給又は介護保険法の規定による居宅介護サービス費の支給、特例居宅介護サービス費の支給、地域密着型介護サービス費の支給、特例地域密着型介護サービス費の支給、施設介護サービス費の支給、特例施設介護サービス費の支給、介護予防サービス費の支給若しくは特例介護予防サービス費の支給とみなして、第一項及び第二項の規定を適用する。

（埋葬料）

第百三十六条　日雇特例被保険者が死亡した場合において、その死亡の日の属する月の前二月間に通算して二十六日分以上若しくは当該月の前六月間に通算して七十八日分以上の保険料がその者について納付されているとき、その死亡の際その者が療養の給付若しくは保険外併用療養費、療養費若しくは訪問看護療養費の支給を受けていたとき、又はその死亡が療養の給付若しくは保険外併用療養費、療養費若しくは訪問看護療養費の支給を受けなくなった日後三月以内であったときは、その者により生計を維持していた者であって、埋葬を行うものに対し、第百条第一項の政令で定める金額の埋葬料を支給する。

2　前項の規定により埋葬料の支給を受けるべき者がない場合においては、埋葬を行った者に対し、同項の埋葬料の金額の範囲内においてその埋葬に要した費用に相当する金額を支給する。

（出産育児一時金）

第百三十七条　日雇特例被保険者が出産した場合において、その出産の日の属する月の前四月間に通算して二十六日分以上の保険料がその者について納付されているときは、出産育児一時金として、第百一条の政令で定める金額を支給する。

（出産手当金）

第百三十八条　出産育児一時金の支給を受けることができる日雇特例被保険者には、出産の日（出産の日が出産の予定日後であるときは、出産の予定日）以前四十二日（多胎妊娠の場合においては、九十八日）から出産の日後五十六日までの間において労務に服さなかった期間、出産手当金を支給する。

2　出産手当金の額は、一日につき、出産の日の属する月の前四月間の保険料が納付された日に係る当該日雇特例被保険者の標準賃金日額の各月ごとの合算額のうち最大のものの四十五分の一に相当する金額とする。

（出産手当金と傷病手当金との調整）

第百三十九条　日雇特例被保険者に対し出産手当金を支給する場合においては、その期間、その者に対し、傷病手当金は、支給しない。ただし、傷病手当金の額が出産手当金の額を超えるときは、その超える部分については、この限りでない。

（家族療養費）

第百四十条　日雇特例被保険者の被扶養者が受給資格者票を第

六十三条第三項第一号又は第二号に掲げる病院若しくは診療所又は薬局のうち自己の選定するものに提出して、そのものから療養を受けたときは、日雇特例被保険者に対し、その療養に要した費用について、家族療養費を支給する。

2　第百二十九条第二項、第四項及び第五項並びに第百三十二条の規定は、家族療養費の支給について準用する。

3　第八十七条第二項及び第三項の規定は、前項において準用する第百三十二条第一項又は第二項の規定により支給する療養費の額の算定について準用する。

（家族訪問看護療養費）

第百四十一条　日雇特例被保険者の被扶養者が指定訪問看護事業者のうち自己の選定するものに受給資格者票を提出して、指定訪問看護を受けたときは、日雇特例被保険者に対し、その指定訪問看護に要した費用について、家族訪問看護療養費を支給する。

2　第百二十九条第二項及び第五項の規定は、家族訪問看護療養費の支給について準用する。

（家族移送費）

第百四十二条　日雇特例被保険者の被扶養者が家族療養費に係る療養（特別療養費に係る療養を含む。）を受けるため、病院又は診療所に移送されたときは、家族移送費として、日雇特例被保険者に対し、第九十七条第一項の厚生労働省令で定めるところにより算定した金額を支給する。

（家族埋葬料）

第百四十三条　日雇特例被保険者の被扶養者が死亡したときは、日雇特例被保険者に対し、家族埋葬料を支給する。

2　日雇特例被保険者が家族埋葬料の支給を受けるには、死亡の日の属する月の前二月間に通算して二十六日分以上又は当該月の前六月間に通算して七十八日分以上の保険料が、その日雇特例被保険者について、納付されていなければならない。

3　家族埋葬料の額は、第百十三条の政令で定める金額とする。

（家族出産育児一時金）

第百四十四条　日雇特例被保険者の被扶養者が出産したときは、日雇特例被保険者に対し、家族出産育児一時金を支給する。

2　日雇特例被保険者が家族出産育児一時金の支給を受けるには、出産の日の属する月の前二月間に通算して二十六日分以上又は当該月の前六月間に通算して七十八日分以上の保険料が、その日雇特例被保険者について、納付されていなければならない。

3　家族出産育児一時金の額は、第百一条の政令で定める金額とする。

（特別療養費）

第百四十五条　次の各号のいずれかに該当する日雇特例被保険者でその該当するに至った日の属する月の初日から起算して三月（月の初日に該当するに至った者については、二月。第五項において同じ。）を経過しないもの又はその被扶養者が、特別療養費受給票を第六十三条第三項第一号若しくは第二号に掲げる病院若しくは診療所若しくは薬局のうち自己の選定するものに提出して、そのものから療養を受けたとき、又は特別療養費受給票を指定訪問看護事業者のうち自己の選定するものに提出して、そのものから指定訪問看護を受けたときは、日雇特例被保険者に対し、その療養又は指定訪問看護に要した費用について、特別療養費を支給する。ただし、当該疾病又は負傷につき、療養の給付若しくは入院時食事療養費、入院時生活療養費、保険外併用療養費、療養費、訪問看護療養費、家族療養費若しくは家族訪問看護療養費の支給又は介護保険法の規定による居宅介護サービス費の支給、特例居宅介護サービス費の支給、地域密着型介護サービス費の支給、特例地域密着型介護サービス費の支給、施設介護サービス費の支

給、特例施設介護サービス費の支給、介護予防サービス費の支給若しくは特例介護予防サービス費の支給を受けることができるときは、この限りでない。

一 初めて日雇特例被保険者手帳の交付を受けた者

二 一月間若しくは継続する二月間に通算して二十六日分以上又は継続する三月ないし六月間に通算して七十八日分以上の保険料が納付されるに至った月において日雇特例被保険者手帳に健康保険印紙をはり付けるべき余白がなくなり、又はその月の翌月中に第百二十六条第三項の規定により日雇特例被保険者手帳を返納した後、初めて日雇特例被保険者手帳の交付を受けた者

三 前に交付を受けた日雇特例被保険者手帳(前に二回以上にわたり日雇特例被保険者手帳の交付を受けたことがある場合においては、最後に交付を受けた日雇特例被保険者手帳)に健康保険印紙をはり付けるべき余白がなくなった日又は第百二十六条第三項の規定によりその日雇特例被保険者手帳を返納した日から起算して一年以上を経過した後に日雇特例被保険者手帳の交付を受けた者

2 特別療養費の額は、第六十三条第三項第一号又は第二号に掲げる病院若しくは診療所又は薬局から受けた療養については第一号に掲げる額(当該療養に食事療養が含まれるときは当該額及び第二号に掲げる額の合算額、当該療養に生活療養が含まれるときは当該額及び第三号に掲げる額の合算額)とし、指定訪問看護事業者から受けた指定訪問看護については第四号に掲げる額とする。

一 当該療養(食事療養及び生活療養を除く。)につき算定された費用の額(その額が、現に当該療養に要した費用の額を超えるときは、当該現に療養に要した費用の額)の百分の七十に相当する額

二 当該食事療養につき算定された費用の額(その額が、現に当該食事療養に要した費用の額を超えるときは、当該現に食事療養に要した費用の額)から食事療養標準負担額を控除した額

三 当該生活療養につき算定された費用の額(その額が、現に当該生活療養に要した費用の額を超えるときは、当該現に生活療養に要した費用の額)から生活療養標準負担額を控除した額

四 当該指定訪問看護につき算定された費用の額の百分の七十に相当する額

3 第一項の療養又は指定訪問看護を受ける者が六歳に達する日以後の最初の三月三十一日以前である場合における前項の規定の適用については、同項第一号及び第四号中「百分の七十」とあるのは、「百分の八十」とする。

4 第一項の療養又は指定訪問看護を受ける者(第百四十九条において準用する第七十四条第一項第三号に掲げる場合に該当する被保険者若しくはその被扶養者又は政令で定める被保険者の被扶養者を除く。)が七十歳に達する日の属する月の翌月以後である場合における第二項の規定の適用については、同項第一号及び第四号中「百分の七十」とあるのは、「百分の八十」とする。

5 特別療養費受給票は、第一項各号のいずれかに該当する日雇特例被保険者でその該当するに至った日の属する月の初日から起算して三月を経過していないものの申請により、保険者が交付する。

6 第百三十二条の規定は、特別療養費の支給について準用する。この場合において、同条第二項中「第百二十九条第三項に規定する確認」及び「その確認」とあるのは、「特別療養費受給票の交付」と読み替えるものとする。

7 第八十七条第二項及び第三項の規定は、前項において準用する第百三十二条第一項又は第二項の規定により支給する療養費の額の算定について準用する。

8 特別療養費受給票の様式及び交付その他特別療養費受給票に関して必要な事項は、厚生労働省令で定める。

第百四十六条 特別療養費の支給は、日雇特例被保険者が第三条第二項ただし書の承認を受けたときは、その承認により日雇特例被保険者とならないこととなった日以後、日雇特例被保険者が第百二十六条第三項の規定により日雇特例被保険者手帳を返納したときは、返納の日の翌日以後は、行わない。

(高額療養費)

第百四十七条 日雇特例被保険者に係る療養の給付について支払われた一部負担金の額又は日雇特例被保険者若しくはその被扶養者の療養(食事療養及び生活療養を除く。)に要した費用の額からその療養に要した費用につき保険外併用療養費、療養費、訪問看護療養費、家族療養費、家族訪問看護療養費若しくは特別療養費として支給される額に相当する額を控除した額(次条において「日雇特例被保険者に係る一部負担金等の額」という。)が著しく高額であるときは、その療養の給付又はその保険外併用療養費、療養費、訪問看護療養費、家族療養費、家族訪問看護療養費若しくは特別療養費の支給を受けた日雇特例被保険者に対し、高額療養費を支給する。

(高額介護合算療養費)

第百四十七条の二 日雇特例被保険者に係る一部負担金等の額(前条の高額療養費が支給される場合にあっては、当該支給額に相当する額を控除して得た額)並びに介護保険法第五十一条第一項に規定する介護サービス利用者負担額(同項の高額介護サービス費が支給される場合にあっては、当該支給額を控除して得た額)及び同法第六十一条第一項に規定する介護予防サービス利用者負担額(同項の高額介護予防サービス費が支給される場合にあっては、当該支給額を控除して得た額)の合計額が著しく高額であるときは、当該一部負担金等の額に係る療養の給付又は保険外併用療養費、療養費、訪問看護療養費、家族療養費、家族訪問看護療養費若しくは特別療養費の支給を受けた日雇特例被保険者に対し、高額介護合算療養費を支給する。

(受給方法)

第百四十八条 日雇特例被保険者に係る入院時食事療養費、入院時生活療養費、保険外併用療養費、療養費、訪問看護療養費、移送費、傷病手当金、埋葬料、出産育児一時金、出産手当金、家族療養費、家族訪問看護療養費、家族移送費、家族埋葬料、家族出産育児一時金又は特別療養費の支給を受けようとする者は、厚生労働省令で定めるところにより、受給要件を備えることを証明できる日雇特例被保険者手帳又は受給資格者票及びその他の書類を添えて、申請しなければならない。

(準用)

第百四十九条 次の表の上欄に掲げる規定は、それぞれ同表の下欄に掲げる日雇特例被保険者に係る事項について準用する。

第五十六条から第六十二条まで	保険給付
第六十三条第二項、第六十四条、第七十条第一項、第七十二条第一項、第七十三条、第七十六条第三項から第六項まで、第七十八条及び第八十四条第一項	療養の給付並びに入院時食事療養費、入院時生活療養費、保険外併用療養費、家族療養費及び特別療養費の支給
第七十四条、第七十五条、第七十五条の二、第七十六条第一項及び第二項並びに第八十四条第二項	療養の給付
第七十七条	療養の給付及び保険外併用療養費の支給
第八十五条第二項及び第四項	入院時食事療養費の支給

第八十五条第五項及び第六項	入院時食事療養費、入院時生活療養費及び保険外併用療養費の支給
第八十五条第八項	入院時食事療養費、入院時生活療養費、保険外併用療養費、家族療養費及び特別療養費の支給
第八十五条の二第二項及び第四項	入院時生活療養費の支給
第八十六条第二項及び第五項	保険外併用療養費の支給
第八十七条第二項及び第三項	療養費の支給
第八十八条第二項、第六項から第十一項まで及び第十三項、第九十条第一項、第九十一条、第九十二条第二項及び第三項並びに第九十四条	訪問看護療養費、家族訪問看護療養費及び特別療養費の支給
第八十八条第四項及び第十二項	訪問看護療養費の支給
第九十七条第二項	移送費及び家族移送費の支給
第百三条第二項、第百八条第一項から第三項まで及び第五項並びに第百九条	傷病手当金及び出産手当金の支給
第百十条第二項	家族療養費の支給
第百十条第三項から第五項まで及び第八項並びに第百十条の二	家族療養費及び特別療養費の支給
第百十一条第二項	家族訪問看護療養費の支給
第百十五条第二項	高額療養費及び高額介護合算療養費の支給
第百十六条から第百二十一条まで	日雇特例被保険者又はその被扶養者

第六章　保健事業及び福祉事業

（保健事業及び福祉事業）

第百五十条　保険者は、高齢者の医療の確保に関する法律第二十条の規定による特定健康診査（次項において単に「特定健康診査」という。）及び同法第二十四条の規定による特定保健指導（以下この項及び第百五十四条の二において「特定健康診査等」という。）を行うものとするほか、特定健康診査等以外の事業であって、健康教育、健康相談及び健康診査並びに健康管理及び疾病の予防に係る被保険者及びその被扶養者（以下この条において「被保険者等」という。）の自助努力についての支援その他の被保険者等の健康の保持増進のために必要な事業を行うように努めなければならない。

2　保険者は、前項の規定により被保険者等の健康の保持増進のために必要な事業を行うに当たって必要があると認めるときは、被保険者等を使用している事業者等（労働安全衛生法（昭和四十七年法律第五十七号）第二条第三号に規定する事業者その他の法令に基づき健康診断（特定健康診査に相当する項目を実施するものに限る。）を実施する責務を有する者その他厚生労働省令で定める者をいう。以下この条において同じ。）又は使用していた事業者等に対し、厚生労働省令で定めるところにより、同法その他の法令に基づき当該事業者等が保存している当該被保険者等に係る健康診断に関する記録の写しその他これに準ずるものとして厚生労働省令で定めるものを提供するよう求めることができる。

3　前項の規定により、労働安全衛生法その他の法令に基づき保存している被保険者等に係る健康診断に関する記録の写しの提供を求められた事業者等は、厚生労働省令で定めるところにより、当該記録の写しを提供しなければならない。

4　保険者は、第一項の事業を行うに当たっては、高齢者の医療の確保に関する法律第十六条第一項に規定する医療保険等関連情報、事業者等から提供を受けた被保険者等に係る健康診断に関する記録の写しその他必要な情報を活用し、適切かつ有効に行うものとする。

5　保険者は、被保険者等の療養のために必要な費用に係る資金若しくは用具の貸付けその他の被保険者等の療養若しくは療養環境の向上又は被保険者等の出産のために必要な費用に係る資金の貸付けその他の被保険者等の福祉の増進のために必要な事業を行うことができる。

6　保険者は、第一項及び前項の事業に支障がない場合に限り、被保険者等でない者にこれらの事業を利用させることができる。この場合において、保険者は、これらの事業の利用者に対し、厚生労働省令で定めるところにより、利用料を請求することができる。

7　厚生労働大臣は、健康保険組合に対し、厚生労働省令で定めるところにより、第一項又は第五項の事業を行うことを命ずることができる。

8　厚生労働大臣は、第一項の規定により保険者が行う被保険者等の健康の保持増進のために必要な事業に関して、その適切かつ有効な実施を図るため、指針の公表、情報の提供その他の必要な支援を行うものとする。

9　前項の指針は、健康増進法（平成十四年法律第百三号）第九条第一項に規定する健康診査等指針と調和が保たれたものでなければならない。

（国民保健の向上のための匿名診療等関連情報の利用又は提供）

第百五十条の二　厚生労働大臣は、国民保健の向上に資するため、匿名診療等関連情報（診療等関連情報に係る特定の被保険者その他の厚生労働省令で定める者（次条において「本人」という。）を識別すること及びその作成に用いる診療等関連情報を復元することができないようにするために厚生労働省令で定める基準に従い加工した診療等関連情報をいう。以下同じ。）を利用し、又は厚生労働省令で定めるところにより、次の各号に掲げる者であって、匿名診療等関連情報の提供を受けて行うことについて相当の公益性を有すると認められる業務としてそれぞれ当該各号に定めるものを行うものに提供することができる。

一　国の他の行政機関及び地方公共団体　適正な保健医療サービスの提供に資する施策の企画及び立案に関する調査

二　大学その他の研究機関　疾病の原因並びに疾病の予防、診断及び治療の方法に関する研究その他の公衆衛生の向上及び増進に関する研究

三　民間事業者その他の厚生労働省令で定める者　医療分野の研究開発に資する分析その他の厚生労働省令で定める業務（特定の商品又は役務の広告又は宣伝に利用するために行うものを除く。）

2　厚生労働大臣は、前項の規定による利用又は提供を行う場合には、当該匿名診療等関連情報を高齢者の医療の確保に関する法律第十六条の二第一項に規定する匿名医療保険等関連情報、介護保険法第百十八条の三第一項に規定する匿名介護保険等関連情報その他の厚生労働省令で定めるものと連結して利用し、又は連結して利用することができる状態で提供することができる。

3　厚生労働大臣は、第一項の規定により匿名診療等関連情報を提供しようとする場合には、あらかじめ、社会保障審議会の意見を聴かなければならない。

（照合等の禁止）

第百五十条の三　前条第一項の規定により匿名診療等関連情報の提供を受け、これを利用する者（以下「匿名診療等関連情報利用者」という。）は、匿名診療等関連情報を取り扱うに当たっては、当該

匿名診療等関連情報の作成に用いられた診療等関連情報に係る本人を識別するために、当該診療等関連情報から削除された記述等（文書、図画若しくは電磁的記録（電磁的方式（電子的方式、磁気的方式その他人の知覚によっては認識することができない方式をいう。）で作られる記録をいう。）に記載され、若しくは記録され、又は音声、動作その他の方法を用いて表された一切の事項をいう。）若しくは匿名診療等関連情報の作成に用いられた加工の方法に関する情報を取得し、又は当該匿名診療等関連情報を他の情報と照合してはならない。

（消去）
第百五十条の四 匿名診療等関連情報利用者は、提供を受けた匿名診療等関連情報を利用する必要がなくなったときは、遅滞なく、当該匿名診療等関連情報を消去しなければならない。

（安全管理措置）
第百五十条の五 匿名診療等関連情報利用者は、匿名診療等関連情報の漏えい、滅失又は毀損の防止その他の当該匿名診療等関連情報の安全管理のために必要かつ適切なものとして厚生労働省令で定める措置を講じなければならない。

（利用者の義務）
第百五十条の六 匿名診療等関連情報利用者又は匿名診療等関連情報利用者であった者は、匿名診療等関連情報の利用に関して知り得た匿名診療等関連情報の内容をみだりに他人に知らせ、又は不当な目的に利用してはならない。

（立入検査等）
第百五十条の七 厚生労働大臣は、この章の規定の施行に必要な限度において、匿名診療等関連情報利用者（国の他の行政機関を除く。以下この項及び次条において同じ。）に対し報告若しくは帳簿書類の提出若しくは提示を命じ、又は当該職員に匿名診療等関連情報利用者の事務所その他の事業所に立ち入って関係者に質問させ、若しくは帳簿書類その他の物件を検査させることができる。
2　第七条の三十八第二項の規定は前項の規定による質問又は検査について、同条第三項の規定は前項の規定による権限について、それぞれ準用する。

（是正命令）
第百五十条の八 厚生労働大臣は、匿名診療等関連情報利用者が第百五十条の三から第百五十条の六までの規定に違反していると認めるときは、その者に対し、当該違反を是正するため必要な措置をとるべきことを命ずることができる。

（基金等への委託）
第百五十条の九 厚生労働大臣は、第七十七条第二項に規定する調査及び第百五十条の二第一項の規定による利用又は提供に係る事務の全部又は一部を基金又は国保連合会その他厚生労働省令で定める者（次条において「基金等」という。）に委託することができる。

（手数料）
第百五十条の十 匿名診療等関連情報利用者は、実費を勘案して政令で定める額の手数料を国（前条の規定により厚生労働大臣からの委託を受けて、基金等が第百五十条の二第一項の規定による匿名診療等関連情報の提供に係る事務の全部を行う場合にあっては、基金等）に納めなければならない。
2　厚生労働大臣は、前項の手数料を納めようとする者が都道府県その他の国民保健の向上のために特に重要な役割を果たす者として政令で定める者であるときは、政令で定めるところにより、当該手数料を減額し、又は免除することができる。
3　第一項の規定により基金等に納められた手数料は、基金等の収入とする。

第七章　費用の負担

（国庫負担）
第百五十一条 国庫は、毎年度、予算の範囲内において、健康保険事業の事務（前期高齢者納付金等、後期高齢者支援金等及び第百七十三条の規定による拠出金並びに介護納付金の納付に関する事務を含む。）の執行に要する費用を負担する。
第百五十二条 健康保険組合に対して交付する国庫負担金は、各健康保険組合における被保険者数を基準として、厚生労働大臣が算定する。
2　前項の国庫負担金については、概算払をすることができる。

（国庫補助）
第百五十三条 国庫は、第百五十一条に規定する費用のほか、協会が管掌する健康保険の事業の執行に要する費用のうち、被保険者に係る療養の給付並びに入院時食事療養費、入院時生活療養費、保険外併用療養費、療養費、訪問看護療養費、移送費、傷病手当金、出産手当金、家族療養費、家族訪問看護療養費、家族移送費、高額療養費及び高額介護合算療養費の支給に要する費用（療養の給付については、一部負担金に相当する額を控除するものとする。）の額並びに高齢者の医療の確保に関する法律の規定による前期高齢者納付金（以下「前期高齢者納付金」という。）の納付に要する費用の額に給付費割合（同法第三十四条第一項第一号及び第二号に掲げる額の合計額に対する同項第一号に掲げる額の割合をいう。以下この条及び次条において同じ。）を乗じて得た額の合算額（同法の規定による前期高齢者交付金（以下「前期高齢者交付金」という。）がある場合には、当該合算額から当該前期高齢者交付金の額に給付費割合を乗じて得た額を控除した額）に千分の百三十から千分の二百までの範囲内において政令で定める割合を乗じて得た額を補助する。
第百五十四条 国庫は、第百五十一条及び前条に規定する費用のほか、毎年度、健康保険事業の執行に要する費用のうち、日雇特例被保険者に係る療養の給付並びに入院時食事療養費、入院時生活療養費、保険外併用療養費、療養費、訪問看護療養費、移送費、傷病手当金、出産手当金、家族療養費、家族訪問看護療養費、家族移送費、特別療養費、高額療養費及び高額介護合算療養費の支給に要する費用（療養の給付については、一部負担金に相当する額を控除するものとする。）の額並びに前期高齢者納付金の納付に要する費用の額に給付費割合を乗じて得た額の合算額（前期高齢者交付金がある場合には、当該合算額から当該前期高齢者交付金の額に給付費割合を乗じて得た額を控除した額）に健康保険組合（第三条第一項第八号の承認を受けた者の国民健康保険を行う国民健康保険の保険者を含む。第百七十一条第二項及び第三項において同じ。）を設立する事業主以外の事業主から当該年度に納付された日雇特例被保険者に関する保険料の総延べ納付日数を当該年度に納付された日雇特例被保険者に関する保険料の総延べ納付日数で除して得た率を乗じて得た額に前条に規定する政令で定める割合を乗じて得た額を補助する。
2　国庫は、第百五十一条、前条及び前項に規定する費用のほか、協会が拠出すべき前期高齢者納付金及び高齢者の医療の確保に関する法律の規定による後期高齢者支援金並びに介護納付金のうち日雇特例被保険者に係るものの納付に要する費用の額の合算額（当該前期高齢者納付金の額に給付費割合を乗じて得た額を除き、前期高齢者交付金がある場合には、当該前期高齢者交付金の額から当該額に給付費割合を乗じて得た額を控除して得た額を当該合算額から控除した額）に同項に規定する率を乗じて得た額に同条に規定する政令で定める割合を乗じて得た額を補助する。

第百五十四条の二　国庫は、第百五十一条及び前二条に規定する費用のほか、予算の範囲内において、健康保険事業の執行に要する費用のうち、特定健康診査等の実施に要する費用の一部を補助することができる。

（保険料）

第百五十五条　保険者等は、健康保険事業に要する費用（前期高齢者納付金等及び後期高齢者支援金等並びに介護納付金並びに健康保険組合においては、第六十三条の規定による拠出金の納付に要する費用を含む。）に充てるため、保険料を徴収する。

2　前項の規定にかかわらず、協会が管掌する健康保険の任意継続被保険者に関する保険料は、協会が徴収する。

（保険料等の交付）

第百五十五条の二　政府は、協会が行う健康保険事業に要する費用に充てるため、協会に対し、政令で定めるところにより、厚生労働大臣が徴収した保険料その他この法律の規定による徴収金の額及び印紙をもつてする歳入金納付に関する法律（昭和二十三年法律第百四十二号）の規定による納付金に相当する額から厚生労働大臣が行う健康保険事業の事務の執行に要する費用に相当する額（第百五十一条の規定による当該費用に係る国庫負担金の額を除く。）を控除した額を交付する。

（被保険者の保険料額）

第百五十六条　被保険者に関する保険料額は、各月につき、次の各号に掲げる被保険者の区分に応じ、当該各号に定める額とする。

一　介護保険法第九条第二号に規定する被保険者（以下「介護保険第二号被保険者」という。）である被保険者　一般保険料額（各被保険者の標準報酬月額及び標準賞与額にそれぞれ一般保険料率（基本保険料率と特定保険料率とを合算した率をいう。）を乗じて得た額をいう。以下同じ。）と介護保険料額（各被保険者の標準報酬月額及び標準賞与額にそれぞれ介護保険料率を乗じて得た額をいう。以下同じ。）との合算額

二　介護保険第二号被保険者である被保険者以外の被保険者　一般保険料額

2　前項第一号の規定にかかわらず、介護保険第二号被保険者である被保険者が介護保険第二号被保険者に該当しなくなった場合においては、その月分の保険料額は、一般保険料額とする。ただし、その月に再び介護保険第二号被保険者となった場合その他政令で定める場合は、この限りでない。

3　前二項の規定にかかわらず、前月から引き続き被保険者である者がその資格を喪失した場合においては、その月分の保険料は、算定しない。

（任意継続被保険者の保険料）

第百五十七条　任意継続被保険者に関する保険料は、任意継続被保険者となった月から算定する。

2　前項の場合において、各月の保険料の算定方法は、前条の例による。

（保険料の徴収の特例）

第百五十八条　前月から引き続き被保険者（任意継続被保険者を除く。以下この条、次条及び第百五十九条の三において同じ。）である者が第百十八条第一項各号のいずれかに該当するに至った場合はその月以後、被保険者がその資格を取得した月に同項各号のいずれかに該当するに至った場合はその翌月以後、同項各号のいずれかに該当しなくなった月の前月までの期間、保険料を徴収しない。ただし、被保険者が同項各号のいずれかに該当するに至った月に同項各号のいずれかに該当しなくなったときは、この限りでない。

第百五十九条　育児休業等をしている被保険者（第百五十九条の三の規定の適用を受けている被保険者を除く。次項において同じ。）が使用される事業所の事業主が、厚生労働省令で定めるところにより保険者等に申出をしたときは、次の各号に掲げる場合の区分に応じ、当該各号に定める月の当該被保険者に関する保険料（その育児休業等の期間が一月以下である者については、標準報酬月額に係る保険料に限る。）は、徴収しない。

一　その育児休業等を開始した日の属する月とその育児休業等が終了する日の翌日が属する月とが異なる場合　その育児休業等を開始した日の属する月からその育児休業等が終了する日の翌日が属する月の前月までの月

二　その育児休業等を開始した日の属する月とその育児休業等が終了する日の翌日が属する月とが同一であり、かつ、当該月における育児休業等の日数として厚生労働省令で定めるところにより計算した日数が十四日以上である場合　当該月

2　被保険者が連続する二以上の育児休業等をしている場合（これに準ずる場合として厚生労働省令で定める場合を含む。）における前項の規定の適用については、その全部を一の育児休業等とみなす。

第百五十九条の二　厚生労働大臣が保険料を徴収する場合において、適用事業所の事業主から保険料、厚生年金保険法第八十一条に規定する保険料（以下「厚生年金保険料」という。）及び子ども・子育て支援法（平成二十四年法律第六十五号）第六十九条に規定する拠出金（以下「子ども・子育て拠出金」という。）の一部の納付があったときは、当該事業主が納付すべき保険料、厚生年金保険料及び子ども・子育て拠出金の額を基準として按あん分した額に相当する保険料の額が納付されたものとする。

第百五十九条の三　産前産後休業をしている被保険者が使用される事業所の事業主が、厚生労働省令で定めるところにより保険者等に申出をしたときは、その産前産後休業を開始した日の属する月からその産前産後休業が終了する日の翌日が属する月の前月までの期間、当該被保険者に関する保険料を徴収しない。

（保険料率）

第百六十条　協会が管掌する健康保険の被保険者に関する一般保険料率は、千分の三十から千分の百三十までの範囲内において、支部被保険者（各支部の都道府県に所在する適用事業所に使用される被保険者及び当該都道府県の区域内に住所又は居所を有する任意継続被保険者をいう。以下同じ。）を単位として協会が決定するものとする。

2　前項の規定により支部被保険者を単位として決定する一般保険料率（以下「都道府県単位保険料率」という。）は、当該支部被保険者に適用する。

3　都道府県単位保険料率は、支部被保険者を単位として、次に掲げる額に照らし、毎事業年度において財政の均衡を保つことができるものとなるよう、政令で定めるところにより算定するものとする。

一　第五十二条第一号に掲げる療養の給付その他の厚生労働省令で定める保険給付（以下この項及び次項において「療養の給付等」という。）のうち、当該支部被保険者に係るものに要する費用の額（当該支部被保険者に係る療養の給付等に関する第百五十三条の規定による国庫補助の額を除く。）に次項の規定に基づく調整を行うことにより得られると見込まれる額

二　保険給付（支部被保険者に係る療養の給付等を除く。）、前期高齢者納付金等及び後期高齢者支援金等に要する費用の予想額（第百五十三条及び第百五十四条の規定による国庫補助の額（前号の国庫補助の額を除く。）並びに第六十三条の規定による拠出金の額を除く。）に総報酬按分率（当該都道府県の支部被保

険者の総報酬額(標準報酬月額及び標準賞与額の合計額をいう。以下同じ。)の総額を協会が管掌する健康保険の被保険者の総報酬額の総額で除して得た率をいう。)を乗じて得た額

三　保健事業及び福祉事業に要する費用の額(第百五十四条の二の規定による国庫補助の額を除く。)並びに健康保険事業の事務の執行に要する費用及び次条の規定による準備金の積立ての予定額(第百五十一条の規定による国庫負担金の額を除く。)のうち当該支部被保険者が分担すべき額として協会が定める額

4　協会は、支部被保険者及びその被扶養者の年齢階級別の分布状況と協会が管掌する健康保険の被保険者及びその被扶養者の年齢階級別の分布状況との差異によって生ずる療養の給付等に要する費用の額の負担の不均衡並びに支部被保険者の総報酬額の平均額と協会が管掌する健康保険の被保険者の総報酬額の平均額との差異によって生ずる財政力の不均衡を是正するため、政令で定めるところにより、支部被保険者を単位とする健康保険の財政の調整を行うものとする。

5　協会は、二年ごとに、翌事業年度以降の五年間についての協会が管掌する健康保険の被保険者数及び総報酬額の見通し並びに保険給付に要する費用の額、保険料の額(各事業年度において財政の均衡を保つことができる保険料率の水準を含む。)その他の健康保険事業の収支の見通しを作成し、公表するものとする。

6　協会が都道府県単位保険料率を変更しようとするときは、あらかじめ、理事長が当該変更に係る都道府県に所在する支部の支部長の意見を聴いた上で、運営委員会の議を経なければならない。

7　支部長は、前項の意見を求められた場合のほか、都道府県単位保険料率の変更が必要と認める場合には、あらかじめ、当該支部に設けられた評議会の意見を聴いた上で、理事長に対し、当該都道府県単位保険料率の変更について意見の申出を行うものとする。

8　協会が都道府県単位保険料率を変更しようとするときは、理事長は、その変更について厚生労働大臣の認可を受けなければならない。

9　厚生労働大臣は、前項の認可をしたときは、遅滞なく、その旨を告示しなければならない。

10　厚生労働大臣は、都道府県単位保険料率が、当該都道府県における健康保険事業の収支の均衡を図る上で不適当であり、協会が管掌する健康保険の事業の健全な運営に支障があると認めるときは、協会に対し、相当の期間を定めて、当該都道府県単位保険料率の変更の認可を申請すべきことを命ずることができる。

11　厚生労働大臣は、協会が前項の期間内に同項の申請をしないときは、社会保障審議会の議を経て、当該都道府県単位保険料率を変更することができる。

12　第九項の規定は、前項の規定により行う都道府県単位保険料率の変更について準用する。

13　第一項及び第八項の規定は、健康保険組合が管掌する健康保険の一般保険料率について準用する。この場合において、第一項中「支部被保険者(各支部の都道府県に所在する適用事業所に使用される被保険者及び当該都道府県の区域内に住所又は居所を有する任意継続被保険者をいう。以下同じ。)を単位として協会が決定するものとする」とあるのは「決定するものとする」と、第八項中「都道府県単位保険料率」とあるのは「健康保険組合が管掌する健康保険の一般保険料率」と読み替えるものとする。

14　特定保険料率は、各年度において保険者が納付すべき前期高齢者納付金等の額及び後期高齢者支援金等の額(協会が管掌する健康保険及び日雇特例被保険者の保険においては、その額から第百五十三条及び第百五十四条の規定による国庫補助額を控除した

額)の合算額(前期高齢者交付金がある場合には、これを控除した額)を当該年度における当該保険者が管掌する被保険者の総報酬額の総額の見込額で除して得た率を基準として、保険者が定める。

15　基本保険料率は、一般保険料率から特定保険料率を控除した率を基準として、保険者が定める。

16　介護保険料率は、各年度において保険者が納付すべき介護納付金(日雇特例被保険者に係るものを除く。)の額を当該年度における当該保険者が管掌する介護保険第二号被保険者である被保険者の総報酬額の総額の見込額で除して得た率を基準として、保険者が定める。

17　協会は、第十四項及び第十五項の規定により基本保険料率及び特定保険料率を定め、又は前項の規定により介護保険料率を定めたときは、遅滞なく、その旨を厚生労働大臣に通知しなければならない。

(準備金)

第百六十条の二　保険者は、政令で定めるところにより、健康保険事業に要する費用の支出に備えるため、毎事業年度末において、準備金を積み立てなければならない。

(保険料の負担及び納付義務)

第百六十一条　被保険者及び被保険者を使用する事業主は、それぞれ保険料額の二分の一を負担する。ただし、任意継続被保険者は、その全額を負担する。

2　事業主は、その使用する被保険者及び自己の負担する保険料を納付する義務を負う。

3　任意継続被保険者は、自己の負担する保険料を納付する義務を負う。

4　被保険者が同時に二以上の事業所に使用される場合における各事業主の負担すべき保険料の額及び保険料の納付義務については、政令で定めるところによる。

(健康保険組合の保険料の負担割合の特例)

第百六十二条　健康保険組合は、前条第一項の規定にかかわらず、規約で定めるところにより、事業主の負担すべき一般保険料額又は介護保険料額の負担の割合を増加することができる。

第百六十三条　削除

(保険料の納付)

第百六十四条　被保険者に関する毎月の保険料は、翌月末日までに、納付しなければならない。ただし、任意継続被保険者に関する保険料については、その月の十日(初めて納付すべき保険料については、保険者が指定する日)までとする。

2　保険者等(被保険者が協会が管掌する健康保険の任意継続被保険者である場合は協会、被保険者が健康保険組合が管掌する健康保険の被保険者である場合は当該健康保険組合、これら以外の場合は厚生労働大臣をいう。次項において同じ。)は、被保険者に関する保険料の納入の告知をした後に告知をした保険料額が当該納付義務者の納付すべき保険料額を超えていることを知ったとき、又は納付した被保険者に関する保険料額が当該納付義務者の納付すべき保険料額を超えていることを知ったときは、その超えている部分に関する納入の告知又は納付を、その告知又は納付の日の翌日から六月以内の期日に納付されるべき保険料について納期を繰り上げてしたものとみなすことができる。

3　前項の規定によって、納期を繰り上げて納入の告知又は納付をしたものとみなしたときは、保険者等は、その旨を当該納付義務者に通知しなければならない。

(任意継続被保険者の保険料の前納)

第百六十五条　任意継続被保険者は、将来の一定期間の保険料を前

納することができる。

2　前項の場合において前納すべき額は、当該期間の各月の保険料の額から政令で定める額を控除した額とする。

3　第一項の規定により前納された保険料については、前納に係る期間の各月の初日が到来したときに、それぞれその月の保険料が納付されたものとみなす。

4　前三項に定めるもののほか、保険料の前納の手続、前納された保険料の還付その他保険料の前納に関して必要な事項は、政令で定める。

（口座振替による納付）

第百六十六条　厚生労働大臣は、納付義務者から、預金又は貯金の払出しとその払い出した金銭による保険料の納付をその預金口座又は貯金口座のある金融機関に委託して行うことを希望する旨の申出があった場合においては、その納付が確実と認められ、かつ、その申出を承認することが保険料の徴収上有利と認められるときに限り、その申出を承認することができる。

（保険料の源泉控除）

第百六十七条　事業主は、被保険者に対して通貨をもって報酬を支払う場合においては、被保険者の負担すべき前月の標準報酬月額に係る保険料（被保険者がその事業所に使用されなくなった場合においては、前月及びその月の標準報酬月額に係る保険料）を報酬から控除することができる。

2　事業主は、被保険者に対して通貨をもって賞与を支払う場合においては、被保険者の負担すべき標準賞与額に係る保険料に相当する額を当該賞与から控除することができる。

3　事業主は、前二項の規定によって保険料を控除したときは、保険料の控除に関する計算書を作成し、その控除額を被保険者に通知しなければならない。

（日雇特例被保険者の保険料額）

第百六十八条　日雇特例被保険者に関する保険料額は、一日につき、次に掲げる額の合算額とする。

一　その者の標準賃金日額の等級に応じ、次に掲げる額の合算額を基準として政令で定めるところにより算定した額

　　イ　標準賃金日額に平均保険料率（各都道府県単位保険料率に各支部被保険者の総報酬額の総額を乗じて得た額の総額を協会が管掌する健康保険の被保険者の総報酬額の総額で除して得た率をいう。以下同じ。）と介護保険料率とを合算した率（介護保険第二号被保険者である日雇特例被保険者以外の日雇特例被保険者については、平均保険料率）を乗じて得た額

　　ロ　イに掲げる額に百分の三十一を乗じて得た額

二　賞与額（その額に千円未満の端数がある場合には、これを切り捨てるものとし、その額が四十万円（第百二十四条第二項の規定による標準賃金日額の等級区分の改定が行われたときは、政令で定める額。以下この号において同じ。）を超える場合には、四十万円とする。）に平均保険料率と介護保険料率とを合算した率（介護保険第二号被保険者である日雇特例被保険者以外の日雇特例被保険者については、平均保険料率）を乗じて得た額

2　第四十条第三項の規定は前項第二号の政令の制定又は改正について、第四十八条の規定は日雇特例被保険者の賞与に関する事項について、第百二十五条第二項の規定は賞与の全部又は一部が通貨以外のもので支払われる場合におけるその価額の算定について準用する。

（日雇特例被保険者に係る保険料の負担及び納付義務）

第百六十九条　日雇特例被保険者は前条第一項第一号イの額の二分の一に相当する額として政令で定めるところにより算定した額及び同項第二号の額の二分の一の額の合算額を負担し、日雇特例被保険者を使用する事業主は当該算定した額、同項第一号ロの額に相当する額として政令で定めるところにより算定した額及び同項第二号の額の二分の一の額の合算額を負担する。

2　事業主（日雇特例被保険者が一日において二以上の事業所に使用される場合においては、初めにその者を使用する事業主。第四項から第六項まで、次条第一項及び第二項並びに第百七十一条において同じ。）は、日雇特例被保険者を使用する日ごとに、その者及び自己の負担すべきその日の標準賃金日額に係る保険料を納付する義務を負う。

3　前項の規定による保険料の納付は、日雇特例被保険者が提出する日雇特例被保険者手帳に健康保険印紙をはり、これに消印して行わなければならない。

4　日雇特例被保険者手帳を所持する日雇特例被保険者は、適用事業所に使用される日ごとに、その日雇特例被保険者手帳を事業主に提出しなければならない。

5　事業主は、日雇特例被保険者を使用する日ごとに、日雇特例被保険者にその所持する日雇特例被保険者手帳の提出を求めなければならない。

6　事業主は、第二項の規定により保険料を納付したときは、日雇特例被保険者の負担すべき保険料額に相当する額をその者に支払う賃金から控除することができる。この場合においては、事業主は、その旨を日雇特例被保険者に告げなければならない。

7　事業主は、日雇特例被保険者に対して賞与を支払った日の属する月の翌月末日までに、その者及び自己の負担すべきその日の賞与額に係る保険料を納付する義務を負う。

8　第百六十四条第二項及び第三項並びに第百六十六条の規定は前項の規定による保険料の納付について、第百六十七条第二項及び第三項の規定は日雇特例被保険者に対して通貨をもって賞与を支払う場合について準用する。

（日雇特例被保険者の標準賃金日額に係る保険料額の告知等）

第百七十条　事業主が前条第二項の規定による保険料の納付を怠ったときは、厚生労働大臣は、その調査に基づき、その納付すべき保険料額を決定し、これを事業主に告知する。

2　事業主が、正当な理由がないと認められるにもかかわらず、前条第二項の規定による保険料の納付を怠ったときは、厚生労働大臣は、厚生労働省令で定めるところにより、前項の規定により決定された保険料額の百分の二十五に相当する額の追徴金を徴収する。ただし、決定された保険料額が千円未満であるときは、この限りでない。

3　追徴金を計算するに当たり、決定された保険料額に千円未満の端数があるときは、その端数は、切り捨てる。

4　第二項に規定する追徴金は、その決定された日から十四日以内に、厚生労働大臣に納付しなければならない。

（健康保険印紙の受払等の報告）

第百七十一条　事業主は、その事業所ごとに健康保険印紙の受払及び前条第一項に規定する告知に係る保険料の納付（以下この条において「受払等」という。）に関する帳簿を備え付け、その受払等の都度、その受払等の状況を記載し、かつ、翌月末日までに、厚生労働大臣にその受払等の状況を報告しなければならない。

2　前項の場合において、健康保険組合を設立する事業主は、併せて当該健康保険組合に同項の報告をしなければならない。

3　前項の規定により報告を受けた健康保険組合は、厚生労働省令で定めるところにより、毎年度、厚生労働大臣に当該健康保険組合を設立する事業主の前年度の受払等の報告をしなければならない。

（保険料の繰上徴収）

第百七十二条 保険料は、次に掲げる場合においては、納期前であっても、すべて徴収することができる。

一 納付義務者が、次のいずれかに該当する場合

イ 国税、地方税その他の公課の滞納によって、滞納処分を受けるとき。

ロ 強制執行を受けるとき。

ハ 破産手続開始の決定を受けたとき。

ニ 企業担保権の実行手続の開始があったとき。

ホ 競売の開始があったとき。

二 法人である納付義務者が、解散をした場合

三 被保険者の使用される事業所が、廃止された場合

（日雇拠出金の徴収及び納付義務）

第百七十三条 厚生労働大臣は、日雇特例被保険者に係る健康保険事業に要する費用（前期高齢者納付金等及び後期高齢者支援金等並びに介護納付金の納付に要する費用を含む。第百七十五条において同じ。）に充てるため、第百五十五条の規定により保険料を徴収するほか、毎年度、日雇特例被保険者を使用する事業主の設立する健康保険組合（以下「日雇関係組合」という。）から拠出金を徴収する。

2 日雇関係組合は、前項に規定する拠出金（以下「日雇拠出金」という。）を納付する義務を負う。

（日雇拠出金の額）

第百七十四条 前条第一項の規定により日雇関係組合から徴収する日雇拠出金の額は、当該年度の概算日雇拠出金の額とする。ただし、前年度の概算日雇拠出金の額が前年度の確定日雇拠出金の額を超えるときは、当該年度の概算日雇拠出金の額からその超える額を控除して得た額とするものとし、前年度の概算日雇拠出金の額が前年度の確定日雇拠出金の額に満たないときは、当該年度の概算日雇拠出金の額にその満たない額を加算して得た額とする。

（概算日雇拠出金）

第百七十五条 前条の概算日雇拠出金の額は、当該年度の日雇特例被保険者に係る健康保険事業に要する費用の見込額から当該年度の日雇特例被保険者に関する保険料相当額の見込額を控除した額として厚生労働省令で定めるところにより算定する額に、当該日雇関係組合を設立する事業主から前年度に納付された日雇特例被保険者に関する保険料の総延べ納付日数を前年度に納付された日雇特例被保険者に関する保険料の総延べ納付日数で除して得た率を乗じて得た額とする。

（確定日雇拠出金）

第百七十六条 第百七十四条の確定日雇拠出金の額は、前年度の日雇特例被保険者に係る健康保険事業に要した費用（前期高齢者納付金等及び後期高齢者支援金等並びに介護納付金の納付に要した費用を含む。）から前年度の日雇特例被保険者に関する保険料相当額を控除した額として厚生労働省令で定めるところにより算定した額に、当該日雇関係組合を設立する事業主から前年度に納付された日雇特例被保険者に関する保険料の総延べ納付日数を前年度に納付された日雇特例被保険者に関する保険料の総延べ納付日数で除して得た率を乗じて得た額とする。

（日雇拠出金の額の算定の特例）

第百七十七条 合併又は分割により成立した日雇関係組合、合併又は分割後存続する日雇関係組合及び解散をした日雇関係組合の権利義務を承継した健康保険組合に係る日雇拠出金の額の算定の特例については、高齢者の医療の確保に関する法律第四十一条に規定する前期高齢者交付金及び前期高齢者納付金等の額の算定の特例の例による。

（政令への委任）

第百七十八条 第百七十三条から前条までに定めるもののほか、日雇拠出金の額の決定、納付の方法、納付の期限、納付の猶予その他日雇拠出金の納付に関して必要な事項は、政令で定める。

（国民健康保険の保険者への適用）

第百七十九条 第三条第一項第八号の承認を受けた者の国民健康保険を行う国民健康保険の保険者は、健康保険組合とみなして、第百七十三条から前条までの規定を適用する。

（保険料等の督促及び滞納処分）

第百八十条 保険料その他この法律の規定による徴収金（第二百四条の二第一項及び第二百四条の六第一項を除き、以下「保険料等」という。）を滞納する者（以下「滞納者」という。）があるときは、保険者等（被保険者が協会が管掌する健康保険の任意継続被保険者である場合、協会が管掌する健康保険の被保険者若しくは日雇特例被保険者であって第五十八条、第七十四条第二項及び第百九条第二項（第百四十九条においてこれらの規定を準用する場合を含む。）の規定による徴収金を納付しなければならない場合又は解散により消滅した健康保険組合の権利を第二十六条第四項の規定により承継した場合であって当該健康保険組合の保険料等で未収のものに係るものがあるときは協会、被保険者が健康保険組合が管掌する健康保険の被保険者である場合は当該健康保険組合、これら以外の場合は厚生労働大臣をいう。以下この条及び次条第一項において同じ。）は、期限を指定して、これを督促しなければならない。ただし、第百七十二条の規定により保険料を徴収するときは、この限りでない。

2 前項の規定によって督促をしようとするときは、保険者等は、納付義務者に対して、督促状を発する。

3 前項の督促状により指定する期限は、督促状を発する日から起算して十日以上を経過した日でなければならない。ただし、第百七十二条各号のいずれかに該当する場合は、この限りでない。

4 保険者等は、納付義務者が次の各号のいずれかに該当する場合においては、国税滞納処分の例によってこれを処分し、又は納付義務者の居住地若しくはその者の財産所在地の市町村（特別区を含むものとし、地方自治法（昭和二十二年法律第六十七号）第二百五十二条の十九第一項の指定都市にあっては、区又は総合区とする。第六項において同じ。）に対して、その処分を請求することができる。

一 第一項の規定による督促を受けた者がその指定の期限までに保険料等を納付しないとき。

二 第百七十二条各号のいずれかに該当したことにより納期を繰り上げて保険料納入の告知を受けた者がその指定の期限までに保険料を納付しないとき。

5 前項の規定により協会又は健康保険組合が国税滞納処分の例により処分を行う場合においては、厚生労働大臣の認可を受けなければならない。

6 市町村は、第四項の規定による処分の請求を受けたときは、市町村税の例によってこれを処分することができる。この場合においては、保険者は、徴収金の百分の四に相当する額を当該市町村に交付しなければならない。

（延滞金）

第百八十一条 前条第一項の規定によって督促をしたときは、保険者等は、徴収金額に、納期限の翌日から徴収金完納又は財産差押えの日の前日までの期間の日数に応じ、年十四・六パーセント（当該督促が保険料に係るものであるときは、当該納期限の翌日から三月を経過する日までの期間については、年七・三パーセント）の割合を乗じて計算した延滞金を徴収する。ただし、次の各号のい

ずれかに該当する場合又は滞納につきやむを得ない事情があると認められる場合は、この限りでない。

一　徴収金額が千円未満であるとき。

二　納期を繰り上げて徴収するとき。

三　納付義務者の住所若しくは居所が国内にないため、又はその住所及び居所がいずれも明らかでないため、公示送達の方法によって督促をしたとき。

2　前項の場合において、徴収金額の一部につき納付があったときは、その納付の日以後の期間に係る延滞金の計算の基礎となる徴収金は、その納付のあった徴収金額を控除した金額による。

3　延滞金を計算するに当たり、徴収金額に千円未満の端数があるときは、その端数は、切り捨てる。

4　督促状に指定した期限までに徴収金を完納したとき、又は前三項の規定によって計算した金額が百円未満であるときは、延滞金は、徴収しない。

5　延滞金の金額に百円未満の端数があるときは、その端数は、切り捨てる。

（協会による広報及び保険料の納付の勧奨等）

第百八十一条の二　協会は、その管掌する健康保険の事業の円滑な運営が図られるよう、当該事業の意義及び内容に関する広報を実施するとともに、保険料の納付の勧奨その他厚生労働大臣の行う保険料の徴収に係る業務に対する適切な協力を行うものとする。

（協会による保険料の徴収）

第百八十一条の三　厚生労働大臣は、協会と協議を行い、効果的な保険料の徴収を行うために必要があると認めるときは、協会に保険料の滞納者に関する情報その他必要な情報を提供するとともに、当該滞納者に係る保険料の徴収を行わせることができる。

2　厚生労働大臣は、前項の規定により協会に滞納者に係る保険料の徴収を行わせることとしたときは、当該滞納者に対し、協会が当該滞納者に係る保険料の徴収を行うこととなる旨その他の厚生労働省令で定める事項を通知しなければならない。

3　第一項の規定により協会が保険料の徴収を行う場合においては、協会を保険者等とみなして、第百八十条及び第百八十一条の規定を適用する。

4　第一項の規定により協会が保険料を徴収したときは、その徴収した額に相当する額については、第百五十五条の二の規定により、政府から協会に対し、交付されたものとみなす。

5　前各項に定めるもののほか、協会による保険料の徴収に関し必要な事項は、政令で定める。

（先取特権の順位）

第百八十二条　保険料等の先取特権の順位は、国税及び地方税に次ぐものとする。

（徴収に関する通則）

第百八十三条　保険料等は、この法律に別段の規定があるものを除き、国税徴収の例により徴収する。

第八章　健康保険組合連合会

（設立、人格及び名称）

第百八十四条　健康保険組合は、共同してその目的を達成するため、健康保険組合連合会（以下「連合会」という。）を設立することができる。

2　連合会は、法人とする。

3　連合会は、その名称中に健康保険組合連合会という文字を用いなければならない。

4　連合会でない者は、健康保険組合連合会という名称を用いてはならない。

（設立の認可等）

第百八十五条　連合会を設立しようとするときは、規約を作り、厚生労働大臣の認可を受けなければならない。

2　連合会は、設立の認可を受けた時に成立する。

3　厚生労働大臣は、健康保険組合に対し、組合員である被保険者の共同の福祉を増進するため必要があると認めるときは、連合会に加入することを命ずることができる。

（規約の記載事項）

第百八十六条　連合会は、規約において、次に掲げる事項を定めなければならない。

一　目的及び事業

二　名称

三　事務所の所在地

四　総会に関する事項

五　役員に関する事項

六　会員の加入及び脱退に関する事項

七　資産及び会計に関する事項

八　公告に関する事項

九　前各号に掲げる事項のほか、厚生労働省令で定める事項

（役員）

第百八十七条　連合会に、役員として会長、副会長、理事及び監事を置く。

2　会長は、連合会を代表し、その業務を執行する。

3　副会長は、会長を補佐して連合会の業務を執行し、会長に事故があるときはその職務を代理し、会長が欠員のときはその職務を行う。

4　理事は、会長の定めるところにより、会長及び副会長を補佐して連合会の業務を掌理し、会長及び副会長に事故があるときはその職務を代理し、会長及び副会長が欠員のときはその職務を行う。

5　監事は、連合会の業務の執行及び財産の状況を監査する。

（準用）

第百八十八条　第七条の三十八、第七条の三十九、第九条第二項、第十六条第二項及び第三項、第十八条第一項及び第二項、第十九条、第二十条、第二十六条第一項（第二号に係る部分を除く。）及び第二項、第二十九条第二項、第三十条、第百五十条並びに第百九十五条の規定は、連合会について準用する。この場合において、これらの規定中「組合会」とあるのは「総会」と、第七条の三十九第一項中「厚生労働大臣は」とあるのは「厚生労働大臣は、第百八十八条において準用する前条の規定により報告を徴し、又は質問し、若しくは検査した場合において」と、「定款」とあるのは「規約」と、第十六条第二項中「前項」とあるのは「第百八十六条」と、第二十九条第二項中「前項」とあるのは「第百八十八条」と、「前条第二項の規定に違反した指定健康保険組合、同条第三項の求めに応じない指定健康保険組合その他政令で定める指定健康保険組合の事業」とあるのは「その事業」と、第百五十条第二項中「前項の規定により被保険者等の健康の保持増進のために必要な事業」とあるのは「前項の事業」と、「被保険者等を」とあるのは「健康保険組合又は被保険者等を」と、「又は」とあるのは「若しくは」と、「同法」とあるのは「それぞれ当該健康保険組合が保存している医療保険等関連情報（高齢者の医療の確保に関する法律第十六条第一項に規定する医療保険等関連情報をいう。次項及び第四項において同じ。）又は労働安全衛生法」と、同条第三項中「労働安全衛生法」とあるのは「医療保険等関連情報の提供を求められた健康保険組合又は労働安全衛生法」と、「当該」とあるのは「当該医療保険等関連情報又は当該」と、同条第四項中「高齢者の医療の確保に関す

る法律第十六条第一項に規定する」とあるのは「健康保険組合から提供を受けた」と読み替えるものとする。

第九章　不服申立て

（審査請求及び再審査請求）

第百八十九条　被保険者の資格、標準報酬又は保険給付に関する処分に不服がある者は、社会保険審査官に対して審査請求をし、その決定に不服がある者は、社会保険審査会に対して再審査請求をすることができる。

2　審査請求をした日から二月以内に決定がないときは、審査請求人は、社会保険審査官が審査請求を棄却したものとみなすことができる。

3　第一項の審査請求及び再審査請求は、時効の完成猶予及び更新に関しては、裁判上の請求とみなす。

4　被保険者の資格又は標準報酬に関する処分が確定したときは、その処分についての不服を当該処分に基づく保険給付に関する処分についての不服の理由とすることができない。

第百九十条　保険料等の賦課若しくは徴収の処分又は第百八十条の規定による処分に不服がある者は、社会保険審査会に対して審査請求をすることができる。

（行政不服審査法の適用関係）

第百九十一条　前二条の審査請求及び第百八十九条第一項の再審査請求については、行政不服審査法（平成二十六年法律第六十八号）第二章（第二十二条を除く。）及び第四章の規定は、適用しない。

（審査請求と訴訟との関係）

第百九十二条　第百八十九条第一項に規定する処分の取消しの訴えは、当該処分についての審査請求に対する社会保険審査官の決定を経た後でなければ、提起することができない。

第十章　雑則

（時効）

第百九十三条　保険料等を徴収し、又はその還付を受ける権利及び保険給付を受ける権利は、これらを行使することができる時から二年を経過したときは、時効によって消滅する。

2　保険料等の納入の告知又は督促は、時効の更新の効力を有する。

（期間の計算）

第百九十四条　この法律又はこの法律に基づく命令に規定する期間の計算については、民法（明治二十九年法律第八十九号）の期間に関する規定を準用する。

（被保険者等記号・番号等の利用制限等）

第百九十四条の二　厚生労働大臣、保険者、保険医療機関等、指定訪問看護事業者その他の健康保険事業又は当該事業に関連する事務の遂行のため保険者番号及び被保険者等記号・番号（以下この条において「被保険者等記号・番号等」という。）を利用する者として厚生労働省令で定める者（以下この条において「厚生労働大臣等」という。）は、当該事業又は事務の遂行のため必要がある場合を除き、何人に対しても、その者又はその者以外の者に係る被保険者等記号・番号等を告知することを求めてはならない。

2　厚生労働大臣等以外の者は、健康保険事業又は当該事業に関連する事務の遂行のため被保険者等記号・番号等の利用が特に必要な場合として厚生労働省令で定める場合を除き、何人に対しても、その者又はその者以外の者に係る被保険者等記号・番号等を告知することを求めてはならない。

3　何人も、次に掲げる場合を除き、その者が業として行う行為に関し、その者に対し売買、貸借、雇用その他の契約（以下この項において「契約」という。）の申込みをしようとする者若しくは申込みをする者又はその者と契約の締結をした者に対し、当該者又は当該者以外の者に係る被保険者等記号・番号等を告知することを求めてはならない。

一　厚生労働大臣等が、第一項に規定する場合に、被保険者等記号・番号等を告知することを求めるとき。

二　厚生労働大臣等以外の者が、前項に規定する厚生労働省令で定める場合に、被保険者等記号・番号等を告知することを求めるとき。

4　何人も、次に掲げる場合を除き、業として、被保険者等記号・番号等の記録されたデータベース（その者以外の者に係る被保険者等記号・番号等を含む情報の集合物であって、それらの情報を電子計算機を用いて検索することができるように体系的に構成したものをいう。）であって、当該データベースに記録された情報が他に提供されることが予定されているもの（以下この項において「提供データベース」という。）を構成してはならない。

一　厚生労働大臣等が、第一項に規定する場合に、提供データベースを構成するとき。

二　厚生労働大臣等以外の者が、第二項に規定する厚生労働省令で定める場合に、提供データベースを構成するとき。

5　厚生労働大臣は、前二項の規定に違反する行為が行われた場合において、当該行為をした者が更に反復してこれらの規定に違反する行為をするおそれがあると認めるときは、当該行為をした者に対し、当該行為を中止することを勧告し、又は当該行為が中止されることを確保するために必要な措置を講ずることを勧告することができる。

6　厚生労働大臣は、前項の規定による勧告を受けた者がその勧告に従わないときは、その者に対し、期限を定めて、当該勧告に従うべきことを命ずることができる。

（報告及び検査）

第百九十四条の三　厚生労働大臣は、前条第五項及び第六項の規定による措置に関し必要があると認めるときは、その必要と認められる範囲内において、同条第三項若しくは第四項の規定に違反していると認めるに足りる相当の理由がある者に対し、必要な事項に関し報告を求め、又は当該職員に当該者の事務所若しくは事業所に立ち入って質問させ、若しくは帳簿書類その他の物件を検査させることができる。

2　第七条の三十八第二項の規定は前項の規定による質問又は検査について、同条第三項の規定は前項の規定による権限について、それぞれ準用する。

（印紙税の非課税）

第百九十五条　健康保険に関する書類には、印紙税を課さない。

（戸籍事項の無料証明）

第百九十六条　市町村長（特別区の区長を含むものとし、地方自治法第二百五十二条の十九第一項の指定都市にあっては、区長又は総合区長とする。第二百三条において同じ。）は、保険者又は保険給付を受けるべき者に対して、当該市町村（特別区を含む。）の条例で定めるところにより、被保険者又は被保険者であった者の戸籍に関し、無料で証明を行うことができる。

2　前項の規定は、被扶養者に係る保険給付を行う場合においては、被扶養者又は被扶養者であった者の戸籍について準用する。

（報告等）

第百九十七条　保険者（厚生労働大臣が行う第五条第二項及び第百二十三条第二項に規定する業務に関しては、厚生労働大臣。次項において同じ。）は、厚生労働省令で定めるところにより、被保険者を使用する事業主に、第四十八条に規定する事項以外の事項

に関し報告をさせ、又は文書を提示させ、その他この法律の施行に必要な事務を行わせることができる。

2　保険者は、厚生労働省令で定めるところにより、被保険者（日雇特例被保険者であった者を含む。）又は保険給付を受けるべき者に、保険者又は事業主に対して、この法律の施行に必要な申出若しくは届出をさせ、又は文書を提出させることができる。

（立入検査等）

第百九十八条　厚生労働大臣は、被保険者の資格、標準報酬、保険料又は保険給付に関して必要があると認めるときは、事業主に対し、文書その他の物件の提出若しくは提示を命じ、又は当該職員をして事業所に立ち入って関係者に質問し、若しくは帳簿書類その他の物件を検査させることができる。

2　第七条の三十八第二項の規定は前項の規定による質問又は検査について、同条第三項の規定は前項の規定による権限について準用する。

（資料の提供）

第百九十九条　厚生労働大臣は、被保険者の資格、標準報酬又は保険料に関し必要があると認めるときは、官公署に対し、法人の事業所の名称、所在地その他必要な資料の提供を求めることができる。

2　厚生労働大臣は、第六十三条第三項第一号又は第八十八条第一項の指定に関し必要があると認めるときは、当該指定に係る開設者若しくは管理者又は申請者の社会保険料の納付状況につき、当該社会保険料を徴収する者に対し、必要な書類の閲覧又は資料の提供を求めることができる。

（厚生労働大臣と協会の連携）

第百九十九条の二　厚生労働大臣及び協会は、この法律に基づく協会が管掌する健康保険の事業が、適正かつ円滑に行われるよう、必要な情報交換を行う等、相互の緊密な連携の確保に努めるものとする。

（共済組合に関する特例）

第二百条　国に使用される被保険者、地方公共団体の事務所に使用される被保険者又は法人に使用される被保険者であって共済組合の組合員であるものに対しては、この法律による保険給付は、行わない。

2　共済組合の給付の種類及び程度は、この法律の給付の種類及び程度以上であることを要する。

第二百一条　厚生労働大臣は、共済組合について、必要があると認めるときは、その事業及び財産に関する報告を徴し、又はその運営に関する指示をすることができる。

第二百二条　第二百条第一項の規定により保険給付を受けない者に関しては、保険料を徴収しない。

（市町村が処理する事務等）

第二百三条　日雇特例被保険者の保険の保険者の事務のうち厚生労働大臣が行うものの一部は、政令で定めるところにより、市町村長が行うこととすることができる。

2　協会は、市町村（特別区を含む。）に対し、政令で定めるところにより、日雇特例被保険者の保険の保険者の事務のうち協会が行うものの一部を委託することができる。

（機構への厚生労働大臣の権限に係る事務の委任）

第二百四条　次に掲げる厚生労働大臣の権限に係る事務（第百八十一条の三第一項の規定により協会が行うこととされたもの、前条第一項の規定により市町村長が行うこととされたもの及び第二百四条の七第一項に規定するものを除く。）は、日本年金機構（以下「機構」という。）に行わせるものとする。ただし、第十八号から第二十号までに掲げる権限は、厚生労働大臣が自ら行うこ

とを妨げない。

一　第三条第一項第八号の規定による承認

二　第三条第二項ただし書（同項第一号及び第二号に係る部分に限る。）の規定による承認

三　第三十一条第一項及び第三十三条第一項の規定による認可（健康保険組合に係る場合を除く。）、第三十四条第一項の規定による承認（健康保険組合に係る場合を除く。）並びに第三十一条第二項及び第三十三条第二項の規定による申請の受理（健康保険組合に係る場合を除く。）

四　第三十九条第一項の規定による確認

五　第四十一条第一項、第四十二条第一項、第四十三条第一項、第四十三条の二第一項及び第四十三条の三第一項の規定による標準報酬月額の決定又は改定（第四十三条の二第一項及び第四十三条の三第一項の規定による申出の受理を含み、第四十四条第一項の規定により算定する額を報酬月額として決定又は改定する場合を含む。）

六　第四十五条第一項の規定による標準賞与額の決定（同条第二項において準用する第四十四条第一項の規定により算定する額を標準賞与額として決定する場合を含む。）

七　第四十八条（第百六十八条第二項において準用する場合を含む。）の規定による届出の受理及び第五十条第一項の規定による通知

八　第四十九条第一項の規定による認可に係る通知（健康保険組合に係る場合を除く。）、同条第三項の規定による届出の受理（健康保険組合に係る場合を除く。）並びに同条第四項及び第五項の規定による公告（健康保険組合に係る場合を除く。）

九　第四十九条第一項の規定による確認又は標準報酬の決定若しくは改定に係る通知、同条第三項（第五十条第二項において準用する場合を含む。）の規定による届出の受理並びに第四十九条第四項及び第五項（第五十条第二項においてこれらの規定を準用する場合を含む。）の規定による公告

十　第五十一条第一項の規定による請求の受理及び同条第二項の規定による請求の却下

十一　第百二十六条第一項の規定による申請の受理、同条第二項の規定による交付及び同条第三項の規定による日雇特例被保険者手帳の受領

十二　第百五十九条第一項及び第百五十九条の三の規定による申出の受理

十三　第百六十六条（第百六十九条第八項において準用する場合を含む。）の規定による申出の受理及び承認

十四　第百七十一条第一項及び第三項の規定による報告の受理

十五　第百八十条第四項の規定による国税滞納処分の例による処分及び同項の規定による市町村に対する処分の請求

十六　第百八十三条の規定により国税徴収の例によるものとされる徴収に係る権限（国税通則法（昭和三十七年法律第六十六号）第三十六条第一項の規定の例による納入の告知、同法第四十二条において準用する民法第四百二十三条第一項の規定の例による納付義務者に属する権利の行使、国税通則法第四十六条の規定の例による納付の猶予その他の厚生労働省令で定める権限並びに次号に掲げる質問及び検査並びに捜索を除く。）

十七　第百八十三条の規定によりその例によるものとされる国税徴収法（昭和三十四年法律第百四十七号）第百四十一条の規定による質問及び検査並びに同法第百四十二条の規定による捜索

十八　第百九十七条第一項の規定による報告、文書の提示その他この法律の施行に必要な事務を行わせること並びに同条第二項の規定による申出及び届出並びに文書の提出をさせること。

十九　第百九十八条第一項の規定による命令並びに質問及び検査（健康保険組合に係る場合を除く。）

二十　第百九十九条第一項の規定による資料の提供の求め

二十一　前各号に掲げるもののほか、厚生労働省令で定める権限

2　機構は、前項第十五号に掲げる国税滞納処分の例による処分及び同項第十七号に掲げる権限（以下「滞納処分等」という。）その他同項各号に掲げる権限のうち厚生労働省令で定める権限に係る事務を効果的に行うため必要があると認めるときは、厚生労働省令で定めるところにより、厚生労働大臣に当該権限の行使に必要な情報を提供するとともに、厚生労働大臣自らその権限を行うよう求めることができる。

3　厚生労働大臣は、前項の規定による求めがあった場合において必要があると認めるとき、又は機構が天災その他の事由により第一項各号に掲げる権限に係る事務の全部若しくは一部を行うことが困難若しくは不適当となったと認めるときは、同項各号に掲げる権限の全部又は一部を自ら行うものとする。

4　厚生年金保険法第百条の四第四項から第七項までの規定は、機構による第一項各号に掲げる権限に係る事務の実施又は厚生労働大臣による同項各号に掲げる権限の行使について準用する。

（財務大臣への権限の委任）

第二百四条の二　厚生労働大臣は、前条第三項の規定により滞納処分等及び同条第一項第十六号に掲げる権限の全部又は一部を自らが行うこととした場合におけるこれらの権限並びに同号に規定する厚生労働省令で定める権限のうち厚生労働省令で定めるもの（以下この項において「滞納処分等その他の処分」という。）に係る納付義務者が滞納処分等その他の処分の執行を免れる目的でその財産について隠ぺいしているおそれがあることその他の政令で定める事情があるため保険料その他この法律の規定による徴収金（第五十八条、第七十四条第二項及び第百九条第二項（第百四十九条においてこれらの規定を準用する場合を含む。）の規定による徴収金を除く。第二百四条の六第一項において「保険料等」という。）の効果的な徴収を行う上で必要があると認めるときは、政令で定めるところにより、財務大臣に、当該納付義務者に関する情報その他必要な情報を提供するとともに、当該納付義務者に係る滞納処分等その他の処分の権限の全部又は一部を委任することができる。

2　厚生年金保険法第百条の五第二項から第七項までの規定は、前項の規定による財務大臣への権限の委任について準用する。

（機構が行う滞納処分等に係る認可等）

第二百四条の三　機構は、滞納処分等を行う場合には、あらかじめ、厚生労働大臣の認可を受けるとともに、次条第一項に規定する滞納処分等実施規程に従い、徴収職員に行わせなければならない。

2　厚生年金保険法第百条の六第二項及び第三項の規定は、前項の規定による機構が行う滞納処分等について準用する。

（滞納処分等実施規程の認可等）

第二百四条の四　機構は、滞納処分等の実施に関する規程（次項において「滞納処分等実施規程」という。）を定め、厚生労働大臣の認可を受けなければならない。これを変更しようとするときも、同様とする。

2　厚生年金保険法第百条の七第二項及び第三項の規定は、滞納処分等実施規程の認可及び変更について準用する。

（機構が行う立入検査等に係る認可等）

第二百四条の五　機構は、第二百四条第一項第十九号に掲げる権限に係る事務を行う場合には、あらかじめ、厚生労働大臣の認可を受けなければならない。

2　前項に規定する場合における第百九十八条第一項の規定の適用については、同項中「、保険料又は保険給付」とあるのは「又は保険料」と、「当該職員」とあるのは「日本年金機構の職員」とする。

（機構が行う収納）

第二百四条の六　厚生労働大臣は、会計法（昭和二十二年法律第三十五号）第七条第一項の規定にかかわらず、政令で定める場合における保険料等の収納を、政令で定めるところにより、機構に行わせることができる。

2　厚生年金保険法第百条の十一第二項から第六項までの規定は、前項の規定による機構が行う収納について準用する。この場合において、必要な技術的読替えは、政令で定める。

（協会への厚生労働大臣の権限に係る事務の委任）

第二百四条の七　第百九十八条第一項の規定による厚生労働大臣の命令並びに質問及び検査の権限（健康保険組合に係る場合を除き、保険給付に関するものに限る。）に係る事務は、協会に行わせるものとする。ただし、当該権限は、厚生労働大臣が自ら行うことを妨げない。

2　前項に定めるもののほか、協会による同項に規定する権限に係る事務の実施に関し必要な事項は、厚生労働省令で定める。

（協会が行う立入検査等に係る認可等）

第二百四条の八　協会は、前条第一項に規定する権限に係る事務を行う場合には、あらかじめ、厚生労働大臣の認可を受けなければならない。

2　前項に規定する場合における第百九十八条第一項の規定の適用については、同項中「被保険者の資格、標準報酬、保険料又は保険給付」とあるのは「保険給付」と、「当該職員」とあるのは「協会の職員」とする。

（地方厚生局長等への権限の委任）

第二百五条　この法律に規定する厚生労働大臣の権限（第二百四条の二第一項及び同条第二項において準用する厚生年金保険法第百条の五第二項に規定する厚生労働大臣の権限を除く。）は、厚生労働省令で定めるところにより、地方厚生局長に委任することができる。

2　前項の規定により地方厚生局長に委任された権限は、厚生労働省令で定めるところにより、地方厚生支局長に委任することができる。

（機構への事務の委託）

第二百五条の二　厚生労働大臣は、機構に、次に掲げる事務（第百八十一条の三第一項の規定により協会が行うこととされたもの及び第二百三条第一項の規定により市町村長が行うこととされたものを除く。）を行わせるものとする。

一　第三条第二項ただし書（同項第三号に係る部分に限る。）の規定による承認に係る事務（当該承認を除く。）

二　第四十六条第一項及び第百二十五条第二項（第百六十八条第二項において準用する場合を含む。）の規定による価額の決定に係る事務（当該決定を除く。）

三　第五十一条の二の規定による情報の提供に係る事務（当該情報の提供を除く。）

四　第百八条第六項の規定による資料の提供に係る事務（当該資料の提供を除く。）

五　第百五十五条第一項、第百五十八条、第百五十九条、第百五十九条の三及び第百七十二条の規定による保険料の徴収に係る事務（第二百四条第一項第十二号、第十三号及び第十五号から第十七号までに掲げる権限を行使する事務並びに第二百四条の六第一項の規定により機構が行う収納、第百八十条第一項の規定による督促その他の厚生労働省令で定める権限を行使す

る事務並びに次号、第七号、第九号及び第十一号に掲げる事務を除く。）

六　第百六十四条第二項及び第三項（第百六十九条第八項においてこれらの規定を準用する場合を含む。）の規定による納付に係る事務（納期を繰り上げて納入の告知又は納付をしたものとみなす決定及びその旨の通知を除く。）

七　第百七十条第一項の規定による保険料額の決定及び告知に係る事務（当該保険料額の決定及び告知を除く。）並びに同条第二項の規定による追徴金の徴収に係る事務（第二百四条第一項第十五号から第十七号までに掲げる権限を行使する事務及び第二百四条の六第一項の規定により機構が行う収納、第百八十条第一項の規定による督促その他の厚生労働省令で定める権限を行使する事務並びに第九号及び第十一号に掲げる事務を除く。）

八　第百七十三条第一項の規定による拠出金の徴収に係る事務（第二百四条第一項第十五号から第十七号までに掲げる権限を行使する事務及び第二百四条の六第一項の規定により機構が行う収納、第百八十条第一項の規定による督促その他の厚生労働省令で定める権限を行使する事務並びに次号及び第十一号に掲げる事務を除く。）

九　第百八十条第一項及び第二項の規定による督促に係る事務（当該督促及び督促状を発すること（督促状の発送に係る事務を除く。）を除く。）

十　第百八十一条第一項及び第四項の規定による延滞金の徴収に係る事務（第二百四条第一項第十五号から第十七号までに掲げる権限を行使する事務及び第二百四条の六第一項の規定により機構が行う収納、第百八十条第一項の規定による督促その他の厚生労働省令で定める権限を行使する事務並びに前号及び次号に掲げる事務を除く。）

十一　第二百四条第一項第十六号に規定する厚生労働省令で定める権限に係る事務（当該権限を行使する事務を除く。）

十二　介護保険法第六十八条第五項その他の厚生労働省令で定める法律の規定による求めに応じたこの法律の実施に関し厚生労働大臣が保有する情報の提供に係る事務（当該情報の提供及び厚生労働省令で定める事務を除く。）

十三　前各号に掲げるもののほか、厚生労働省令で定める事務

2　厚生年金保険法第百条の十第二項及び第三項の規定は、前項の規定による機構への事務の委託について準用する。この場合において、必要な技術的読替えは、政令で定める。

（情報の提供等）

第二百五条の三　機構は、厚生労働大臣に対し、厚生労働省令で定めるところにより、被保険者の資格に関する事項、標準報酬に関する事項その他厚生労働大臣の権限の行使に関して必要な情報の提供を行うものとする。

2　厚生労働大臣及び機構は、この法律に基づき協会が管掌する健康保険の事業が、適正かつ円滑に行われるよう、必要な情報交換を行うことその他相互の密接な連携の確保に努めるものとする。

（基金等への事務の委託）

第二百五条の四　保険者は、第七十六条第五項（第八十五条第九項、第八十五条の二第五項、第八十六条第四項、第百十条第七項及び第百四十九条において準用する場合を含む。第一号において同じ。）及び第八十八条第十一項（第百十一条第三項及び第百四十九条において準用する場合を含む。同号において同じ。）に規定する事務のほか、次に掲げる事務を基金又は国保連合会に委託することができる。

一　第四章の規定による保険給付及び第五章第三節の規定による日雇特例被保険者に係る保険給付のうち厚生労働省令で定める

ものの支給に関する事務（第七十六条第五項及び第八十八条第十一項に規定する事務を除く。）

二　第四章の規定による保険給付及び第五章第三節の規定による日雇特例被保険者に係る保険給付の支給、第六章の規定による保健事業及び福祉事業の実施、第百五十五条の規定による保険料の徴収その他の厚生労働省令で定める事務に係る被保険者若しくは被保険者であった者又はこれらの被扶養者（次号において「被保険者等」という。）に係る情報の収集又は整理に関する事務

三　第四章の規定による保険給付及び第五章第三節の規定による日雇特例被保険者に係る保険給付の支給、第六章の規定による保健事業及び福祉事業の実施、第百五十五条の規定による保険料の徴収その他の厚生労働省令で定める事務に係る被保険者等に係る情報の利用又は提供に関する事務

2　保険者は、前項の規定により同項第二号又は第三号に掲げる事務を委託する場合は、他の社会保険診療報酬支払基金法第一条に規定する保険者と共同して委託するものとする。

（関係者の連携及び協力）

第二百五条の五　国、協会及び健康保険組合並びに保険医療機関等その他の関係者は、電子資格確認の仕組みの導入その他手続における情報通信の技術の利用の推進により、医療保険各法等（高齢者の医療の確保に関する法律第七条第一項に規定する医療保険各法及び高齢者の医療の確保に関する法律をいう。）の規定により行われる事務が円滑に実施されるよう、相互に連携を図りながら協力するものとする。

（経過措置）

第二百六条　この法律に基づき命令を制定し、又は改廃する場合においては、その命令で、その制定又は改廃に伴い合理的に必要と判断される範囲内において、所要の経過措置（罰則に関する経過措置を含む。）を定めることができる。

（実施規定）

第二百七条　この法律に特別の規定があるものを除くほか、この法律の実施のための手続その他その執行について必要な細則は、厚生労働省令で定める。

第十一章　罰則

第二百七条の二　第七条の三十七第一項（同条第二項及び第二十二条の二において準用する場合を含む。）の規定に違反して秘密を漏らした者は、一年以下の懲役又は百万円以下の罰金に処する。

第二百七条の三　次の各号のいずれかに該当する者は、一年以下の懲役若しくは五十万円以下の罰金に処し、又はこれを併科する。

一　第百五十条の六の規定に違反して、匿名診療等関連情報の利用に関して知り得た匿名診療等関連情報の内容をみだりに他人に知らせ、又は不当な目的に利用した者

二　第百五十条の八の規定による命令に違反した者

第二百七条の四　第百九十四条の二第六項の規定による命令に違反した者は、一年以下の懲役又は五十万円以下の罰金に処する。

第二百八条　事業主が、正当な理由がなくて次の各号のいずれかに該当するときは、六月以下の懲役又は五十万円以下の罰金に処する。

一　第四十八条（第百六十八条第二項において準用する場合を含む。）の規定に違反して、届出をせず、又は虚偽の届出をしたとき。

二　第四十九条第二項（第五十条第二項において準用する場合を含む。）の規定に違反して、通知をしないとき。

三　第百六十一条第二項又は第百六十九条第七項の規定に違反し

て、督促状に指定する期限までに保険料を納付しないとき。

四　第百六十九条第二項の規定に違反して、保険料を納付せず、又は第百七十一条第一項の規定に違反して、帳簿を備え付けず、若しくは同項若しくは同条第二項の規定に違反して、報告せず、若しくは虚偽の報告をしたとき。

五　第百九十八条第一項の規定による文書その他の物件の提出若しくは提示をせず、又は同項の規定による当該職員（第二百四条の五第二項において読み替えて適用される第百九十八条第一項に規定する機構の職員及び第二百四条の八第二項において読み替えて適用される第百九十八条第一項に規定する協会の職員を含む。次条において同じ。）の質問に対して、答弁せず、若しくは虚偽の答弁をし、若しくは第百九十八条第一項の規定による検査を拒み、妨げ、若しくは忌避したとき。

第二百九条　事業主以外の者が、正当な理由がなくて第百九十八条第一項の規定による当該職員の質問に対して、答弁せず、若しくは虚偽の答弁をし、又は同項の規定による検査を拒み、妨げ、若しくは忌避したときは、六月以下の懲役又は三十万円以下の罰金に処する。

第二百十条　被保険者又は被保険者であった者が、第六十条第二項（第百四十九条において準用する場合を含む。）の規定により、報告を命ぜられ、正当な理由がなくてこれに従わず、又は同項の規定による当該職員の質問に対して、正当な理由がなくて答弁せず、若しくは虚偽の答弁をしたときは、三十万円以下の罰金に処する。

第二百十一条　第百二十六条第一項の規定による申請に関し虚偽の申請をした者は、六月以下の懲役又は三十万円以下の罰金に処する。

第二百十二条　第百二十六条第一項の規定に違反して、申請をせず、又は第百六十九条第四項の規定に違反して、日雇特例被保険者手帳を提出しなかった者は、三十万円以下の罰金に処する。

第二百十二条の二　第七条の三十八第一項の規定による報告をせず、若しくは虚偽の報告をし、若しくは同項の規定による当該職員の質問に対して、答弁をせず、若しくは虚偽の答弁をし、若しくは同項の規定による検査を拒み、妨げ、若しくは忌避し、又は第七条の三十九第一項の規定による命令に違反したときは、その違反行為をした協会の役員又は職員は、三十万円以下の罰金に処する。

第二百十三条　健康保険組合又は第百五十四条第一項に規定する国民健康保険の保険者である国民健康保険組合の役員、清算人又は職員が、第百七十一条第三項の規定に違反して、報告をせず、又は虚偽の報告をしたときは、五十万円以下の罰金に処する。

第二百十三条の二　次の各号のいずれかに該当する者は、五十万円以下の罰金に処する。

一　第百五十条の七第一項の規定による報告若しくは帳簿書類の提出若しくは提示をせず、若しくは虚偽の報告若しくは虚偽の帳簿書類の提出若しくは提示をし、又は同項の規定による当該職員の質問に対して、答弁をせず、若しくは虚偽の答弁をし、若しくは同項の規定による検査を拒み、妨げ、若しくは忌避した者

二　第百八十三条の規定によりその例によるものとされる国税徴収法第百四十一条の規定による徴収職員の質問（協会又は健康保険組合の職員が行うものを除く。）に対して答弁をせず、又は偽りの陳述をした者

三　第百八十三条の規定によりその例によるものとされる国税徴収法第百四十一条の規定による検査（協会又は健康保険組合の職員が行うものを除く。）を拒み、妨げ、若しくは忌避し、又は

当該検査に関し偽りの記載若しくは記録をした帳簿書類を提示した者

第二百十三条の三　正当な理由がなくて第百九十四条の三第一項の規定による報告をせず、若しくは虚偽の報告をし、又は同項の規定による当該職員の質問に対して、正当な理由がなくて答弁をせず、若しくは虚偽の答弁をし、若しくは正当な理由がなくて同項の規定による検査を拒み、妨げ、若しくは忌避した者は、三十万円以下の罰金に処する。

第二百十三条の四　第二百七条の三の罪は、日本国外において同条の罪を犯した者にも適用する。

第二百十四条　法人（法人でない社団又は財団で代表者又は管理人の定めがあるもの（以下この条において「人格のない社団等」という。）を含む。以下この項において同じ。）の代表者（人格のない社団等の管理人を含む。）又は法人若しくは人の代理人、使用人その他の従業者が、その法人又は人の業務又は財産に関して、第二百七条の三から第二百八条まで、第二百十三条の二又は第二百十三条の三の違反行為をしたときは、行為者を罰するほか、その法人又は人に対しても、各本条の罰金刑を科する。

2　人格のない社団等について前項の規定の適用がある場合においては、その代表者又は管理人がその訴訟行為につき当該人格のない社団等を代表するほか、法人を被告人又は被疑者とする場合の刑事訴訟に関する法律の規定を準用する。

第二百十五条　医師、歯科医師、薬剤師若しくは手当を行った者又はこれを使用する者が、第六十条第一項（第百四十九条において準用する場合を含む。）の規定により、報告若しくは診療録、帳簿書類その他の物件の提示を命ぜられ、正当な理由がなくてこれに従わず、又は同項の規定による当該職員の質問に対して、正当な理由がなくて答弁せず、若しくは虚偽の答弁をしたときは、十万円以下の過料に処する。

第二百十六条　事業主が、正当な理由がなくて第百九十七条第一項の規定に違反して、報告をせず、若しくは虚偽の報告をし、文書の提示をせず、又はこの法律の施行に必要な事務を行うことを怠ったときは、十万円以下の過料に処する。

第二百十七条　被保険者又は保険給付を受けるべき者が、正当な理由がなくて第百九十七条第二項の規定に違反して、申出をせず、若しくは虚偽の申出をし、届出をせず、若しくは虚偽の届出をし、又は文書の提出を怠ったときは、十万円以下の過料に処する。

第二百十七条の二　次の各号のいずれかに該当する場合には、その違反行為をした協会の役員は、二十万円以下の過料に処する。

一　第七条の七第一項の規定による政令に違反して登記することを怠ったとき。

二　第七条の二十七、第七条の三十一第一項若しくは第二項又は第七条の三十四の規定により厚生労働大臣の認可を受けなければならない場合において、その認可を受けなかったとき。

三　第七条の二十八第二項の規定により厚生労働大臣の承認を受けなければならない場合において、その承認を受けなかったとき。

四　第七条の二十八第四項の規定に違反して財務諸表、事業報告書等若しくは監事及び会計監査人の意見を記載した書面を備え置かず、又は閲覧に供しなかったとき。

五　第七条の三十三の規定に違反して協会の業務上の余裕金を運用したとき。

六　第七条の三十五第二項又は第七条の三十六第二項の規定による届出をせず、又は虚偽の届出をしたとき。

七　第七条の三十五第二項又は第七条の三十六第二項の規定によ

る公表をせず、又は虚偽の公表をしたとき。

八　この法律に規定する業務又は他の法律により協会が行うものとされた業務以外の業務を行ったとき。

第二百十八条　健康保険組合の設立を命ぜられた事業主が、正当な理由がなくて厚生労働大臣が指定する期日までに設立の認可を申請しなかったときは、その手続の遅延した期間、その負担すべき保険料額の二倍に相当する金額以下の過料に処する。

第二百十九条　健康保険組合又は連合会が、第十六条第三項（第百八十八条において準用する場合を含む。）の規定による届出をせず、若しくは虚偽の届出をし、第二十九条第一項若しくは第百八十八条において準用する第七条の三十八の規定による報告をせず、若しくは虚偽の報告をし、若しくは第二十九条第一項若しくは第百八十八条において準用する第七条の三十八の規定による当該職員の質問に対して、答弁せず、若しくは虚偽の答弁をし、若しくは同条の規定による検査を拒み、妨げ、若しくは忌避し、又は第二十九条第一項若しくは第百八十八条において準用する第七条の三十九第一項の規定による命令に違反したときは、その役員を二十万円以下の過料に処する。

第二百二十条　第七条の八、第十条第二項又は第百八十四条第四項の規定に違反して、全国健康保険協会という名称、健康保険組合という名称又は健康保険組合連合会という名称を用いた者は、十万円以下の過料に処する。

第二百二十一条　機構の役員は、次の各号のいずれかに該当する場合には、二十万円以下の過料に処する。

一　第二百四条の三第一項、同条第二項において準用する厚生年金保険法第百条の六第二項、第二百四条の四第一項、第二百四条の五第一項及び第二百四条の六第二項において準用する同法第百条の十一第二項の規定により厚生労働大臣の認可を受けなければならない場合において、その認可を受けなかったとき。

二　第二百四条の四第二項において準用する厚生年金保険法第百条の七第三項の規定による命令に違反したとき。

第二百二十二条　協会の役員は、第二百四条の八第一項の規定により厚生労働大臣の認可を受けなければならない場合において、その認可を受けなかったときは、二十万円以下の過料に処する。

社会保険審査官及び社会保険審査会法

昭和28年法律第206号

第一章　社会保険審査官

第一節　設置

（設置）

第一条　健康保険法（大正十一年法律第七十号）第百八十九条、船員保険法（昭和十四年法律第七十三号）第百三十八条、厚生年金保険法（昭和二十九年法律第百十五号）第九十条（同条第二項及び第六項を除く。以下同じ。）及び石炭鉱業年金基金法（昭和四十二年法律第百三十五号）第三十三条第一項、国民年金法（昭和三十四年法律第百四十一号）第百一条（同法第百三十八条において準用する場合を含む。以下同じ。）並びに厚生年金保険の保険給付及び国民年金の給付の支払の遅延に係る加算金の支給に関する法律（平成二十一年法律第三十七号。以下「年金給付遅延加算金支給法」という。）第八条（年金給付遅延加算金支給法附則第二条第一項において準用する場合を含む。以下同じ。）の規定による審査請求の事件を取り扱わせるため、各地方厚生局（地方厚生支局を含む。以下同じ。）に社会保険審査官（以下「審査官」という。）を置く。

2　審査官の定数は、政令で定める。

（任命）

第二条　審査官は、厚生労働省の職員のうちから、厚生労働大臣が命ずる。

第二節　審査請求の手続

（管轄審査官）

第三条　健康保険法第百八十九条、船員保険法第百三十八条、厚生年金保険法第九十条若しくは石炭鉱業年金基金法第三十三条第一項、国民年金法第百一条又は年金給付遅延加算金支給法第八条の規定による審査請求は、次に掲げる審査官に対してするものとする。

一　日本年金機構（以下「機構」という。）がした処分（第四号に規定する処分を除く。）に対する審査請求にあつては、その処分に関する事務を処理した機構の事務所（年金事務所（日本年金機構法（平成十九年法律第百九号）第二十九条に規定する年金事務所をいう。以下この項及び第五条第二項において同じ。）が当該事務を処理した場合にあつては、当該年金事務所がその業務の一部を分掌する従たる事務所（同法第四条第二項に規定する従たる事務所をいう。以下この項及び第五条第二項において同じ。）とし、審査請求人が当該処分につき経由した機構の事務所がある場合にあつては、当該経由した機構の事務所（年金事務所を経由した場合にあつては、当該年金事務所がその業務の一部を分掌する従たる事務所）とする。）の所在地を管轄する地方厚生局に置かれた審査官

二　全国健康保険協会、健康保険組合、石炭鉱業年金基金又は国民年金基金（以下「健康保険組合等」という。）がした処分に対す

る審査請求にあつては、その処分に関する事務を処理した健康保険組合等の事務所の所在地を管轄する地方厚生局に置かれた審査官

三　厚生労働大臣がした処分（次号に規定する処分を除く。）に対する審査請求にあつては、審査請求人が当該処分につき経由した地方厚生局又は機構の事務所（従たる事務所を経由した場合にあつては、その従たる事務所（年金事務所を経由した場合にあつては、当該年金事務所がその業務の一部を分掌する従たる事務所））若しくは国民年金法第三条第二項に規定する共済組合等の事務所の所在地を管轄する地方厚生局に置かれた審査官

四　国民年金の保険料その他国民年金法の規定による徴収金の賦課若しくは徴収若しくは同法第九十六条の規定による処分又は年金給付遅延加算金支給法第六条第一項（年金給付遅延加算金支給法附則第二条第一項において準用する場合を含む。以下同じ。）の規定による徴収金（給付遅延特別加算金（国民年金法附則第九条の三の二第一項の規定による脱退一時金に係るものを除く。第四条第一項において同じ。）に係るものに限る。）の賦課若しくは徴収若しくは年金給付遅延加算金支給法第六条第二項（年金給付遅延加算金支給法附則第二条第一項において準用する場合を含む。以下同じ。）の規定によりその例によるものとされる同法第九十六条の規定による処分に対する審査請求にあつては、その処分をした者の所属する機関の事務所として厚生労働省令で定めるものの所在地を管轄する地方厚生局に置かれた審査官

2　審査官は、次に掲げる者以外の者でなければならない。

一　審査請求に係る処分に関与した者又は審査請求に係る不作為に係る処分に関与し、若しくは関与することとなる者

二　審査請求人

三　審査請求人の配偶者、四親等内の親族又は同居の親族

四　審査請求人の代理人

五　前二号に掲げる者であつた者

六　審査請求人の後見人、後見監督人、保佐人、保佐監督人、補助人又は補助監督人

七　第九条第一項の規定により通知を受けた保険者以外の利害関係人

（標準審理期間）

第三条の二　厚生労働大臣は、審査請求がされたときから当該審査請求に対する決定をするまでに通常要すべき標準的な期間を定めるよう努めるとともに、これを定めたときは、地方厚生局における備付けその他の適当な方法により公にしておかなければならない。

（審査請求期間）

第四条　審査請求は、被保険者若しくは加入員の資格、標準報酬若しくは保険給付（国民年金法による給付並びに年金給付遅延加算金支給法による保険給付遅延特別加算金（厚生年金保険法附則第二十九条第一項の規定による脱退一時金に係るものを除く。）及び給付遅延特別加算金を含む。）、標準給与、年金たる給付若しくは一時金たる給付又は国民年金の保険料その他国民年金法の規定による徴収金若しくは年金給付遅延加算金支給法第六条第一項の規定による徴収金（給付遅延特別加算金に係るものに限る。）に関する処分があつたことを知つた日の翌日から起算して三月を経過したときは、することができない。ただし、正当な事由によりこの期間内に審査請求をすることができなかつたことを疎明したときは、この限りでない。

2　被保険者若しくは加入員の資格、標準報酬又は標準給与に関する処分に対する審査請求は、原処分があつた日の翌日から起算し

て二年を経過したときは、することができない。

3　審査請求書を郵便又は民間事業者による信書の送達に関する法律（平成十四年法律第九十九号）第二条第六項に規定する一般信書便事業者若しくは同条第九項に規定する特定信書便事業者による同条第二項に規定する信書便で提出した場合における審査請求期間の計算については、送付に要した日数は、算入しない。

（審査請求の方式）

第五条　審査請求は、政令の定めるところにより、文書又は口頭ですることができる。

2　審査請求は、原処分に関する事務を処理した地方厚生局、機構の従たる事務所、年金事務所若しくは健康保険組合等は審査請求人の居住地を管轄する地方厚生局、機構の従たる事務所、年金事務所若しくは当該地方厚生局に置かれた審査官を経由してすることができる。

3　前項の場合における審査請求期間の計算については、その経由した機関に審査請求書を提出し、又は口頭で陳述した時に審査請求があつたものとみなす。

（代理人による審査請求）

第五条の二　審査請求は、代理人によつてすることができる。

2　代理人は、各自、審査請求人のために、当該審査請求に関する一切の行為をすることができる。ただし、審査請求の取下げは、特別の委任を受けた場合に限り、することができる。

（却下）

第六条　審査請求が不適法であつて補正することができないものであるときは、審査官は、決定をもつて、これを却下しなければならない。

（補正）

第七条　審査請求が不適法であつて補正することができるものであるときは、審査官は、相当の期間を定めて、補正を命じなければならない。

2　審査官は、審査請求人が前項の期間内に補正しないときは、決定をもつて、審査請求を却下することができる。但し、前項の不適法が軽微なものであるときは、この限りでない。

（移送）

第八条　審査請求が管轄違であるときは、審査官は、事件を管轄審査官に移送し、且つ、その旨を審査請求人に通知しなければならない。

2　事件が移送されたときは、はじめから、移送を受けた審査官に審査請求があつたものとみなす。

（保険者に対する通知等）

第九条　審査官は、審査請求がされたときは、第六条又は第七条第二項本文の規定により当該審査請求を却下する場合を除き、政令の定めるところにより、原処分をした保険者（石炭鉱業年金基金、国民年金事業の管掌者、国民年金基金、機構、財務大臣（その委任を受けた者を含む。）又は健康保険法若しくは船員保険法の規定により健康保険若しくは船員保険の事務を行う厚生労働大臣を含む。以下同じ。）及びその他の利害関係人に通知しなければならない。

2　前項の通知を受けた者は、審査官に対し、事件につき意見を述べることができる。

（審査請求の手続の計画的進行）

第九条の二　審査請求人及び前条第一項の規定により通知を受けた保険者その他の利害関係人並びに審査官は、簡易迅速かつ公正な審理の実現のため、審査請求の手続において、相互に協力するとともに、審査請求の手続の計画的な進行を図らなければならない。

（口頭による意見の陳述）

第九条の三 審査官は、審査請求人又は第九条第一項の規定により通知を受けた保険者以外の利害関係人の申立てがあつたときは、当該申立てをした者（以下この条において「申立人」という。）に口頭で意見を述べる機会を与えなければならない。ただし、当該申立人の所在その他の事情により当該意見を述べる機会を与えることが困難であると認められる場合には、この限りでない。

2　前項本文の規定による意見の陳述（以下この条において「口頭意見陳述」という。）は、審査官が期日及び場所を指定し、審査請求人及び第九条第一項の規定により通知を受けた保険者その他の利害関係人を招集してさせるものとする。

3　口頭意見陳述において、審査官は、申立人のする陳述が事件に関係のない事項にわたる場合その他相当でない場合には、これを制限することができる。

4　口頭意見陳述に際し、申立人は、審査官の許可を得て、審査請求に係る事件に関し、原処分をした保険者に対して、質問を発することができる。

（原処分の執行の停止等）

第十条 審査請求は、原処分の執行を停止しない。但し、審査官は、原処分の執行により生ずることのある償うことの困難な損害を避けるため緊急の必要があると認めるときは、職権でその執行を停止することができる。

2　審査官は、いつでも前項の執行の停止を取り消すことができる。

3　第一項の執行の停止は、審査請求があつた日から二月以内に審査請求についての決定がない場合において、審査請求人が、審査請求を棄却する決定があつたものとみなして再審査請求をしたときは、その効力を失う。

4　執行の停止及び執行の停止の取消は、文書により、且つ、理由を附し、原処分をした保険者に通知することによつて行う。

5　審査官は、執行の停止又は執行の停止の取消をしたときは、審査請求人及び第九条第一項の規定により通知を受けた保険者以外の利害関係人に通知しなければならない。

（手続の併合又は分離）

第十条の二 審査官は、必要があると認めるときは、数個の審査請求の手続を併合し、又は併合された数個の審査請求の手続を分離することができる。

（文書その他の物件の提出）

第十条の三 審査請求人又は第九条第一項の規定により通知を受けた保険者以外の利害関係人は、証拠となるべき文書その他の物件を提出することができる。

2　原処分をした保険者は、当該原処分の理由となる事実を証する文書その他の物件を提出することができる。

3　前二項の場合において、審査官が、文書その他の物件を提出すべき相当の期間を定めたときは、その期間内にこれを提出しなければならない。

（審理のための処分）

第十一条 審査官は、審理を行うため必要があるときは、審査請求人若しくは第九条第一項の規定により通知を受けた保険者その他の利害関係人の申立てにより又は職権で、次に掲げる処分をすることができる。

一　審査請求人又は参考人の出頭を求めて審問し、又はこれらの者から意見若しくは報告を徴すること。

二　文書その他の物件の所有者、所持者若しくは保管者に対し、相当の期間を定めて、当該物件の提出を命じ、又は提出物件を留め置くこと。

三　鑑定人に鑑定させること。

四　事件に関係のある事業所その他の場所に立ち入つて、事業主、従業員その他の関係人に質問し、又は帳簿、書類その他の物件を検査すること。

2　審査官は、他の審査官に、前項第一号又は第四号の処分を嘱託することができる。

3　第一項第四号の規定により立入検査をする審査官は、その身分を示す証票を携帯し、関係人から求められたときは、これを呈示しなければならない。前項の規定により嘱託を受けた審査官も、同様とする。

4　審査官は、審査請求人又は第九条第一項の規定により通知を受けた保険者その他の利害関係人の申立てにより第一項第四号の処分をしようとするときは、あらかじめ、その日時及び場所をその申立てをした者に通知し、これに立ち会う機会を与えなければならない。

5　審査官は、審査請求人又は第九条第一項の規定により通知を受けた保険者その他の利害関係人が、正当な理由がなく、第一項第一号若しくは第二項の規定による処分に違反して出頭せず、陳述をせず、報告をせず、若しくは虚偽の陳述若しくは報告をし、第一項第二号の規定による処分に違反して物件を提出せず、又は第一項第四号若しくは第二項の規定による検査を拒み、妨げ、若しくは忌避したときは、その審査請求を棄却し、又はその意見を採用しないことができる。

6　第一項の規定による処分は、犯罪捜査のために認められたものと解釈してはならない。

（特定審査請求手続の計画的遂行）

第十一条の二 審査官は、審査請求に係る事件について、審理すべき事項が多数であり又は錯綜そうしているなど事件が複雑であることその他の事情により、迅速かつ公正な審理を行うため、第九条の三、第十条の三並びに前条第一項及び第四項に定める審査請求の手続（以下この条において「特定審査請求手続」という。）を計画的に遂行する必要があると認める場合には、期日及び場所を指定して、審査請求人又は第九条第一項の規定により通知を受けた保険者その他の利害関係人を招集し、あらかじめ、特定審査請求手続の申立てに関する意見の聴取を行うことができる。

2　審査官は、審査請求人又は第九条第一項の規定により通知を受けた保険者その他の利害関係人が遠隔の地に居住している場合その他相当と認める場合には、政令で定めるところにより、審査官及び審査請求人又は同項の規定により通知を受けた保険者その他の利害関係人が音声の送受信により通話をすることができる方法によつて、前項に規定する意見の聴取を行うことができる。

3　審査官は、前二項の規定による意見の聴取を行つたときは、遅滞なく、特定審査請求手続の期日及び場所を決定し、これらを審査請求人及び第九条第一項の規定により通知を受けた保険者その他の利害関係人に通知するものとする。

（審査請求人等による文書その他の物件の閲覧等）

第十一条の三 審査請求人又は第九条第一項の規定により通知を受けた保険者その他の利害関係人は、決定があるまでの間、審査官に対し、第十条の三第一項若しくは第二項又は第十一条第一項の規定により提出された文書その他の物件の閲覧（電磁的記録（電子的方式、磁気的方式その他人の知覚によつては認識することができない方式で作られる記録であつて、電子計算機による情報処理の用に供されるものをいう。以下この項において同じ。）にあつては、記録された事項を厚生労働省令で定めるところにより表示したものの閲覧）又は当該文書の写し若しくは当該電磁的記録に記録された事項を記載した書面の交付を求めることができる。この

場合において、審査官は、第三者の利益を害するおそれがあると認めるとき、その他正当な理由があるときでなければ、その閲覧又は交付を拒むことができない。

2　審査官は、前項の規定による閲覧をさせ、又は同項の規定による交付をしようとするときは、当該閲覧又は交付に係る文書その他の物件の提出人の意見を聴かなければならない。ただし、審査官が、その必要がないと認めるときは、この限りでない。

3　審査官は、第一項の規定による閲覧について、日時及び場所を指定することができる。

4　第一項の規定による交付を受ける審査請求人又は第九条第一項の規定により通知を受けた保険者以外の利害関係人は、政令で定めるところにより、実費の範囲内において政令で定める額の手数料を納めなければならない。

5　審査官は、経済的困難その他特別の理由があると認めるときは、政令で定めるところにより、前項の手数料を減額し、又は免除することができる。

（手続の受継）

第十二条　審査請求人が、審査請求の決定前に死亡したときは、承継人が、審査請求の手続を受け継ぐものとする。

（審査請求の取下げ）

第十二条の二　審査請求人は、決定があるまでは、いつでも審査請求を取り下げることができる。

2　審査請求の取下げは、文書でしなければならない。

（本案の決定）

第十三条　審査官は、審理を終えたときは、遅滞なく、審査請求の全部又は一部を容認し、又は棄却する決定をしなければならない。

（決定の方式）

第十四条　決定は、次に掲げる事項を記載し、決定をした審査官が記名押印した決定書によりしなければならない。

一　主文

二　事案の概要

三　審査請求人及び第九条第一項の規定により通知を受けた保険者その他の利害関係人の主張の要旨

四　理由

2　決定書には、社会保険審査会に対して再審査請求をすることができる旨及び再審査請求期間を記載しなければならない。

（決定の効力発生）

第十五条　決定は、審査請求人に送達された時に、その効力を生ずる。

2　決定の送達は、決定書の謄本を送付することによつて行なう。ただし、送達を受けるべき者の所在が知れないとき、その他決定書の謄本を送付することができないときは、公示の方法によつてすることができる。

3　公示の方法による送達は、審査官が決定書の謄本を保管し、いつでもその送達を受けるべき者に交付する旨を当該審査官が職務を行なう場所の掲示場に掲示し、かつ、その旨を官報その他の公報に少なくとも一回掲載してするものとする。この場合においては、その掲示を始めた日の翌日から起算して二週間を経過した時に決定書の謄本の送付があつたものとみなす。

4　審査官は、決定書の謄本を第九条第一項の規定により通知を受けた保険者その他の利害関係人に送付しなければならない。

（決定の拘束力）

第十六条　決定は、第九条第一項の規定により通知を受けた保険者その他の利害関係人を拘束する。

（文書その他の物件の返還）

第十六条の二　審査官は、決定をしたときは、すみやかに、事件につき提出された文書その他の物件をその提出人に返還しなければならない。

（決定の変更等）

第十七条　決定の変更及び更正については、民事訴訟法（平成八年法律第百九号）第二百五十六条第一項（変更の判決）及び第二百五十七条第一項（更正決定）の規定を準用する。この場合において、これらの規定中「裁判所」とあるのは「審査官」と、「判決」とあるのは「決定」と、同法第二百五十六条第一項中「その言渡し後一週間以内」とあるのは「その決定書の謄本が審査請求人に送付された後二週間以内」と、「弁論」とあるのは「審理のための処分」と読み替えるものとする。

（審査請求の制限）

第十七条の二　この節の規定に基づく処分又はその不作為については、審査請求をすることができない。

（政令委任）

第十八条　この節に定めるもののほか、審査請求の手続は、政令で定める。

第二章　社会保険審査会

第一節　設置及び組織

（設置）

第十九条　健康保険法第百八十九条、船員保険法第百三十八条、厚生年金保険法第九十条、石炭鉱業年金基金法第三十三条第一項、国民年金法第百一条及び年金給付遅延加算金支給法第八条の規定による再審査請求並びに健康保険法第百九十条、船員保険法第百三十九条、厚生年金保険法第九十一条第一項、石炭鉱業年金基金法第三十三条第二項及び年金給付遅延加算金支給法第九条（年金給付遅延加算金支給法附則第二条第一項において準用する場合を含む。以下同じ。）の規定による審査請求（年金給付遅延加算金支給法第九条の規定による厚生年金保険法附則第二十九条第一項の規定による脱退一時金に係る保険給付遅延特別加算金に係るもの及び国民年金法附則第九条の三の二第一項の規定による脱退一時金に係る給付遅延特別加算金に係るものを除く。第三十二条第二項において同じ。）の事件を取り扱わせるため、厚生労働大臣の所轄の下に、社会保険審査会（以下「審査会」という。）を置く。

（職権の行使）

第二十条　審査会の委員長及び委員は、独立してその職権を行う。

（組織）

第二十一条　審査会は、委員長及び委員五人をもつて組織する。

（委員長及び委員の任命）

第二十二条　委員長及び委員は、人格が高潔であつて、社会保障に関する識見を有し、かつ、法律又は社会保険に関する学識経験を有する者のうちから、両議院の同意を得て、厚生労働大臣が任命する。

2　委員長又は委員の任期が満了し、又は欠員を生じた場合において、国会の閉会又は衆議院の解散のために、両議院の同意を得ることができないときは、厚生労働大臣は、前項の規定にかかわらず、人格が高潔であつて、社会保障に関する識見を有し、かつ、法律又は社会保険に関する学識経験を有する者のうちから、委員長又は委員を任命することができる。

3　前項の場合においては、任命後最初の国会で、両議院の事後の承認を得なければならない。この場合において、両議院の事後の承認を得られないときは、厚生労働大臣は、その委員長又は委員を罷免しなければならない。

（任期）

第二十三条　委員長及び委員の任期は、三年とする。但し、補欠の委員長又は委員の任期は、前任者の残任期間とする。

2　委員長及び委員は、再任されることができる。

（身分保障）

第二十四条　委員長及び委員は、次の各号のいずれかに該当する場合を除いては、在任中、その意に反して罷免されることがない。

一　破産手続開始の決定を受けたとき。

二　禁錮こ以上の刑に処せられたとき。

三　審査会により、心身の故障のため、職務の執行ができないと認められたとき、又は職務上の義務違反その他委員長若しくは委員たるに適しない非行があると認められたとき。

（罷免）

第二十五条　厚生労働大臣は、委員長又は委員が前条各号の一に該当するときは、その委員長又は委員を罷免しなければならない。

（委員長）

第二十六条　委員長は、会務を総理し、審査会を代表する。

2　審査会は、あらかじめ委員のうちから、委員長に故障があるときに委員長を代理する者を定めて置かなければならない。

（合議体）

第二十七条　審査会は、委員長及び委員のうちから、審査会が指名する者三人をもつて構成する合議体で、再審査請求又は審査請求の事件を取り扱う。

2　前項の規定にかかわらず、審査会が定める場合においては、委員長及び委員の全員をもつて構成する合議体で、再審査請求又は審査請求の事件を取り扱う。

第二十七条の二　前条第一項又は第二項の各合議体を構成する者を審査員とし、うち一人を審査長とする。

2　前条第一項の合議体のうち、委員長がその構成に加わるものにあつては、委員長が審査長となり、その他のものにあつては、審査会の指名する委員が審査長となる。

3　前条第二項の合議体にあつては、委員長が審査長となり、委員長に故障があるときは、第二十六条第二項の規定により委員長を代理する委員が審査長となる。

第二十七条の三　第二十七条第一項の合議体は、これを構成するすべての審査員の、同条第二項の合議体は、四人以上の審査員の出席がなければ、会議を開き、議決をすることができない。

2　第二十七条第一項の合議体の議事は、その合議体を構成する審査員の過半数をもつて決する。

3　第二十七条第二項の合議体の議事は、出席した審査員のうちの三人以上の者の賛成をもつて決し、賛否それぞれ三人のときは、審査長の決するところによる。

（委員会議）

第二十七条の四　審査会の会務の処理（再審査請求又は審査請求の事件の取扱いを除く。）は、委員長及び委員の全員の会議（以下「委員会議」という。）の議決によるものとする。

2　委員会議は、委員長及び過半数の委員の出席がなければ、これを開き、議決をすることができない。

3　委員会議の議事は、出席した委員長及び委員の過半数をもつて決し、可否同数のときは、委員長の決するところによる。

4　審査会が第二十四条第三号の規定による認定をするには、前項の規定にかかわらず、出席した委員長及び委員のうちの本人を除く全員の一致がなければならない。

（給与）

第二十八条　委員長及び委員の給与は、別に法律で定める。

（特定行為の禁止）

第二十九条　委員長及び委員は、在任中、次の各号のいずれかに該当する行為をしてはならない。

一　国会若しくは地方公共団体の議会の議員その他公選による公職の候補者となり、又は積極的に政治活動をすること。

二　厚生労働大臣の許可のある場合を除くほか、報酬のある他の職務に従事すること。

三　営利事業を営み、その他金銭上の利益を目的とする業務を行うこと。

2　委員長及び委員は、職務上知ることができた秘密を漏らしてはならない。その職を退いた後も同様とする。

（利益を代表する者の指名）

第三十条　厚生労働大臣は、健康保険、船員保険及び厚生年金保険（石炭鉱業年金基金の行う事業を含む。）ごとに、被保険者（石炭鉱業年金基金法第十六条第一項に規定する坑内員及び同法第十八条第一項に規定する坑外員を含む。第三十九条第二項において同じ。）の利益を代表する者及び事業主（船員保険にあつては、船舶所有者）の利益を代表する者各二名を、関係団体の推薦により指名するものとする。

2　厚生労働大臣は、国民年金の被保険者及び受給権者の利益を代表する者四名を指名するものとする。

第三十一条　削除

第二節　再審査請求及び審査請求の手続

（再審査請求期間等）

第三十二条　健康保険法第百八十九条第一項、船員保険法第百三十八条第一項、厚生年金保険法第九十条第一項若しくは石炭鉱業年金基金法第三十三条第一項、国民年金法第百一条第一項又は年金給付遅延加算金支給法第八条第一項の規定による再審査請求は、審査官の決定書の謄本が送付された日の翌日から起算して二月を経過したときは、することができない。

2　健康保険法第百九十条、船員保険法第百三十九条、厚生年金保険法第九十一条第一項、石炭鉱業年金基金法第三十三条第二項又は年金給付遅延加算金支給法第九条の規定による審査請求は、当該処分があつたことを知つた日の翌日から起算して三月を経過したときは、することができない。

3　第四条第一項ただし書及び第三項の規定は、前二項の期間について準用する。

4　第五条の規定は、第一項に規定する再審査請求に準用する。

5　第一項の再審査請求及び第二項の審査請求においては、原処分をした保険者（健康保険法第百八十条第四項、船員保険法第百三十二条第四項及び厚生年金保険法第八十六条第五項（石炭鉱業年金基金法第二十二条第一項において準用する場合及び年金給付遅延加算金支給法第六条第二項の規定によりその例によるものとされる場合を含む。）並びに国民年金法第九十六条第四項（年金給付遅延加算金支給法第六条第二項の規定によりその例によるものとされる場合を含む。）の規定による請求を受けて処分をした者を含む。以下同じ。）をもつて相手方とする。

（保険者等に対する通知）

第三十三条　審査会は、再審査請求又は審査請求がされたときは、第四十四条において読み替えて準用する第六条又は第七条第二項本文の規定により当該再審査請求又は審査請求を却下する場合を除き、政令の定めるところにより、原処分をした保険者及び第三十条第一項又は第二項の規定により指名された者に通知しなければならない。

（参加）

第三十四条　審査会は、必要があると認めるときは、申立てにより

又は職権で、利害関係のある第三者を当事者として再審査請求又は審査請求の手続に参加させることができる。

2　審査会は、前項の規定により第三者を手続に参加させるときは、あらかじめ当事者及び当該第三者の意見を聞かなければならない。

3　再審査請求又は審査請求への参加は、代理人によつてすることができる。

4　前項の代理人は、各自、第一項の規定により当該再審査請求又は審査請求に参加する者のために、当該再審査請求又は審査請求への参加に関する一切の行為をすることができる。ただし、再審査請求又は審査請求への参加の取下げは、特別の委任を受けた場合に限り、することができる。

（原処分の執行の停止等）

第三十五条　再審査請求及び審査請求は、原処分の執行を停止しない。但し、審査会は、原処分の執行により生ずることのある償うことの困難な損害を避けるため緊急の必要があると認めるときは、職権でその執行を停止することができる。

2　審査会は、いつでも前項の執行の停止を取り消すことができる。

3　執行の停止及び執行の停止の取消は、文書により、且つ、理由を附し、原処分をした保険者に通知することによつて行う。

4　審査会は、執行の停止又は執行の停止の取消をしたときは、原処分をした保険者以外の当事者に通知しなければならない。

（審理の期日及び場所）

第三十六条　審査会は、審理の期日及び場所を定め、当事者及び第三十条第一項又は第二項の規定により指名された者に通知しなければならない。

（審理の公開）

第三十七条　審理は、公開しなければならない。但し、当事者の申立があつたときは、公開しないことができる。

（審理の指揮）

第三十八条　審理期日における審理の指揮は、審査長が行なう。

（意見の陳述等）

第三十九条　当事者及びその代理人は、審理期日に出頭し、意見を述べることができる。

2　第三十条第一項の規定により指名された者のうち、被保険者の利益を代表する者は、同項に規定する各保険の被保険者たる当事者の利益のため、事業主の利益を代表する者は、事業主たる当事者の利益のため、それぞれ審理期日に出頭して意見を述べ、又は意見書を提出することができる。

3　第三十条第二項の規定により指名された者は、国民年金の被保険者又は受給権者たる当事者の利益のため、審理期日に出頭して意見を述べ、又は意見書を提出することができる。

4　第一項の規定による意見の陳述（以下この条において「意見陳述」という。）は、審査会が全ての当事者を招集してさせるものとする。

5　意見陳述において、審査長は、当事者若しくはその代理人又は第三十条第一項若しくは第二項の規定により指名された者のする陳述が事件に関係のない事項にわたる場合その他相当でない場合には、これを制限することができる。

6　意見陳述に際し、当事者（原処分をした保険者を除く。）及びその代理人は、審査長の許可を得て、再審査請求又は審査請求に係る事件に関し、原処分をした保険者に対して、質問を発することができる。

（審理のための処分）

第四十条　審査会は、審理を行うため必要があるときは、当事者若

しくは第三十条第一項若しくは第二項の規定により指名された者の申立てにより又は職権で、次に掲げる処分をすることができる。

一　当事者又は参考人の出頭を求めて審問し、又はこれらの者から意見若しくは報告を徴すること。

二　文書その他の物件の所有者、所持者若しくは保管者に対し、相当の期間を定めて、当該物件の提出を命じ、又は提出物件を留め置くこと。

三　鑑定人に鑑定させること。

四　事件に関係のある事業所その他の場所に立ち入つて、事業主、従業員その他の関係人に質問し、又は帳簿、書類その他の物件を検査すること。

五　必要な調査を官公署、学校その他の団体に嘱託すること。

2　審査会は、審査員に、前項第一号又は第四号の処分をさせることができる。

3　前項の規定により立入検査をする審査員は、その身分を示す証票を携帯し、関係人から求められたときは、これを呈示しなければならない。

4　審査会は、当事者が、正当な理由がなく、第一項第一号若しくは第二項の規定による処分に違反して出頭せず、陳述をせず、報告をせず、若しくは虚偽の陳述若しくは報告をし、第一項第二号の規定による処分に違反して物件を提出せず、又は第一項第四号若しくは第二項の規定による検査を拒み、妨げ、若しくは忌避したときは、その再審査請求若しくは審査請求を棄却し、又はその意見を採用しないことができる。

5　第十一条第四項及び第六項の規定は、第一項の規定による処分に準用する。

（調書）

第四十一条　審査会は、審理の期日における経過について、調書を作成しなければならない。

2　当事者及び第三十条第一項又は第二項の規定により指名された者は、厚生労働省令の定める手続に従い、前項の調書を閲覧することができる。

3　第十一条の三第一項後段及び第三項の規定は、前項の規定による閲覧について準用する。この場合において、これらの規定中「審査官」とあるのは、「審査会」と読み替えるものとする。

（合議）

第四十二条　審査会の合議は、公開しない。

（裁決の方式）

第四十三条　裁決は、次に掲げる事項を記載し、審査長及び合議に関与した審査員が記名押印した裁決書によりしなければならない。審査長又は合議に関与した審査員が記名押印することができないときは、合議に関与した審査員又は審査長が、その事由を付記して記名押印しなければならない。

一　主文

二　事案の概要

三　当事者及び第三十条第一項又は第二項の規定により指名された者の主張の要旨

四　理由

（準用規定）

第四十四条　第三条の二、第五条の二から第七条まで、第九条の二、第十条の二、第十条の三、第十一条の二から第十三条まで、第十五条、第十六条の二及び第十七条の規定は、再審査請求又は審査請求の手続に、第十七条の二の規定は、この節の規定に基づいて審査会がした処分に準用する。この場合において、これらの規定（第十条の二、第十五条第三項及び第十七条の二を除く。）中

「審査請求」とあるのは「再審査請求又は審査請求」と、「審査官」とあるのは「審査会」と、「決定」とあるのは「裁決」と、「決定書」とあるのは「裁決書」と読み替えるほか、次の表の上欄に掲げる規定中同表の中欄に掲げる字句は、それぞれ同表の下欄に掲げる字句に読み替えるものとする。

第三条の二	厚生労働大臣	審査会
	地方厚生局	厚生労働省
第五条の二第二項及び第七条第二項	審査請求人	再審査請求人又は審査請求人
第九条の二	審査請求人及び前条第一項の規定により通知を受けた保険者その他の利害関係人	当事者及び第三十条第一項又は第二項の規定により指名された者
第十条の二	審査官	審査会
	審査請求	再審査請求若しくは審査請求
第十条の三第一項	審査請求人又は第九条第一項の規定により通知を受けた保険者以外の利害関係人	当事者（原処分をした保険者を除く。）又は第三十条第一項若しくは第二項の規定により指名された者
第十一条の二の見出し	特定審査請求手続	特定再審査請求等手続
第十一条の二第一項	第九条の三、第十条の三並びに前条第一項及び第四項	第三十九条、第四十条第一項、同条第五項において準用する第十一条第四項及び第四十四条において準用する第十条の三
	特定審査請求手続	特定再審査請求等手続
	審査請求人又は第九条第一項の規定により通知を受けた保険者その他の利害関係人	当事者又は第三十条第一項若しくは第二項の規定により指名された者
第十一条の二第二項	審査請求人又は第九条第一項の規定により通知を受けた保険者その他の利害関係人	当事者又は第三十条第一項若しくは第二項の規定により指名された者
	審査請求人又は同項の規定により通知を受けた保険者その他の利害関係人	当事者又は同条第一項若しくは第二項の規定により指名された者
第十一条の二第三項	特定審査請求手続	特定再審査請求等手続
	審査請求人及び第九条第一項の規定により通知を受けた保険者その他の利害関係人	当事者及び第三十条第一項又は第二項の規定により指名された者
第十一条の三の見出し	審査請求人等	当事者等
第十一条の三第一項	審査請求人又は第九条第一項の規定により通知を受けた保険者その他の利害関係人	当事者又は第三十条第一項若しくは第二項の規定により指名された者
	第十条の三第一項若しくは第二項又は第十一条第一項	第四十条第一項又は第四十四条において準用する第十条の三第一項若しくは第二項
第十一条の三第四項	審査請求人又は第九条第一項の規定により通知を受けた保険者以外の利害関係人	当事者（原処分をした保険者を除く。）
第十二条、第十二条の二第一項及び第十五条第一項	審査請求人	再審査請求人又は審査請求人
第十五条第三項	、審査官	、審査会
	決定書	裁決書
	当該審査官	審査会
第十五条第四項	第九条第一項の規定により通知を受けた保険者その他の利害関係人	当事者
第十七条	審査請求人	再審査請求人又は審査請求人

（政令委任）

第四十五条 この節に定めるもののほか、再審査請求及び審査請求の手続は、政令で定める。

第三章　罰則

第四十五条の二　第二十九条第二項の規定に違反して秘密を漏らした者は、一年以下の懲役又は五十万円以下の罰金に処する。

第四十六条　第十一条第一項第四号若しくは第二項又は第四十条第一項第四号若しくは第二項の規定による検査を拒み、妨げ、又は忌避した者は、二十万円以下の罰金に処する。但し、審査官が取り扱う審査請求事件の審査請求人若しくは第九条第一項の規定により通知を受けた保険者その他の利害関係人又は審査会が取り扱う再審査請求事件若しくは審査請求事件の当事者は、この限りでない。

第四十七条　左の各号の一に該当する者は、十万円以下の罰金に処する。但し、審査官が取り扱う審査請求事件の審査請求人若しくは第九条第一項の規定により通知を受けた保険者その他の利害関係人又は審査会が取り扱う再審査請求事件若しくは審査請求事件の当事者は、この限りでない。

一　第十一条第一項第一号若しくは第二項又は第四十条第一項第一号若しくは第二項の規定による処分に違反して出頭せず、陳述をせず、報告をせず、又は虚偽の陳述若しくは報告をした者

二　第十一条第一項第二号又は第四十条第一項第二号の規定による物件の所有者、所持者又は保管者に対する処分に違反して物件を提出しない者

三　第十一条第一項第三号又は第四十条第一項第三号の規定による鑑定人に対する処分に違反して鑑定をせず、又は虚偽の鑑定をした者

第四十八条　法人の代表者又は法人若しくは人の代理人、使用人その他の従業者がその法人又は人の業務に関して、第四十六条又は前条第一号若しくは第二号の違反行為をしたときは、行為者を罰するほか、その法人又は人に対しても、前二条の罰金刑を科する。

主な通知

保険事故タル疾病ノ範囲ニ属セサル疾病ノ手術ヲ為シタル為労務ニ服シ能ハサリシ者ニ対スル傷病手当金ニ関スル件

（昭和四年六月二九日／保理第1704号）

昭和四年五月十五日付四給発第一五九号ヲ以テ伺出相成候標記ノ件ハ前段ニ依リ取扱相成可然

診療方針ニヨリ療養給付ヲ為ササルコトトシタル疾病若ハ先天的障碍ト傷病手当金ニ関スル件伺

（昭和4年5月15日　四給発第159号）

（社会局保険部長あて　東京健康保険署長照会）

診療方針ニヨリ療養給付ヲ為ササルコトトシタル疾病若ハ先天的障碍ニ対シ被保険者カ自己ノ費用ヲ以テ手術ヲ施シ為ニ労務ニ服スルコト能ハサルニ至リタル場合ニ於テハ之ニ対シ傷病手当金ハ支給スヘカラサル儀ニ有之候哉或ハ療養給付ハナスヘカラサルモ傷病手当金ハ之ヲ支給シ可然哉聊カ疑義相生シ候ニ付何分ノ御指示相仰度此段及稟伺候也

法人の代表者又は業務執行者の被保険者資格について

（昭和24年7月28日／保発第74号）

法人の理事、監事、取締役、代表社員及び無限責任社員等法人の代表者又は業務執行者であつて、他面その法人の業務の一部を担任している者は、その限度において使用関係にある者として、健康保険及び厚生年金保険の被保険者として取扱つて来たのであるが、今後これら法人の代表者又は業務執行者であつても、法人から、労務の対償として報酬を受けている者は、法人に使用される者として被保険者の資格を取得させるよう致されたい。

なお、法人に非ざる社団又は組合の総裁、会長及び組合及び組合長等その団体の理事者の地位にある者、又は地方公共団体の業務執行者についても同様な取扱と致されたい。

按摩、鍼灸術にかかる健康保険の療養費について

（昭和25年1月19日／保発第4号）

標記については療術業者の団体と契約の下に、これを積極的に支給する向もあるやに聞き及んでいるが本件については従前通り御取扱いを願いたい。従つてこの施術に基いて療養費の請求をなす場合においては、緊急その他真に已むを得ない場合を除いては、すべて医師の同意書を添付する等、医師の同意があつたことを確認するに足る証憑を添えるよう指導することとして、その支給の適正を期することと致されたい。

傷病手当金及び出産手当金の請求権消滅時効の起算日について

（昭和30年9月7日／保険発第199号の2）

標記について、鶴舞社会保険出張所長から別紙甲のとおり照会があつたので、別紙乙のとおり回答したのでお知らせする。

おつて、昭和四年保発第三八八号（社会局保険部長通ちよう）「傷病手当金及出産手当金の請求権消滅時効期間の起算日に関する件」は廃止する。

なお、船員保険法による傷病手当金及び出産手当金についても同様に解し、取り扱わるべきものであるから、念の為申し添える。

〔別紙甲〕

（昭和三〇年八月二三日　鶴保給雑第四二二号）

（厚生省保険局長あて　鶴舞社会保険出張所長照会）

昭和四年七月十七日付保険発第三八八号社会局保険部長通牒に「支給期日の定めなきものに在りては労務可能となりたる日の翌日又は給付期間満了の翌日」とありますが、民法第百六十六条には「消滅時効は権利を行使することを得る時より進行する」とあり傷病手当金及び出産手当金の請求権は労務不能の日の翌日一日毎に請求権が得られるものと解せられますので消滅時効の起算日に疑義が生じましたから何分の御指示賜りたくお伺します。

おつて事例は次の通りであります。

記

1　傷病手当金請求書
　提出年月日　昭和三十年八月十五日
2　傷病手当金請求期間　自昭和二十八年三月十日
　五四九日間
　至昭和二十九年九月九日
3　傷病名　肺結核
4　その他　入院期間　自昭和二十九年一月二十五日
　至昭和二十九年九月二十二日

〔別紙乙〕

（昭和三〇年九月七日　保険発第一九九号）

（鶴舞社会保険出張所長あて　厚生省保険局健康保険課長）

（回答）

昭和三十年八月二十三日付鶴保給雑第四二二号で照会のあつた標記については、御見解のとおり、労務不能日に係る傷病手当金の請求権が発生しこれを行使し得るものであるから、傷病手当金の消滅時効は、労務不能であつた日ごとにその翌日から起算されるものである。したがつて、設例については、健康保険法第四条の規定に基き昭和二十八年八月十五日から昭和二十九年九月九日までの期間に係る傷病手当金を支給すべきものであるが、更にこの場合は、昭和二十八年八月十四日にかかる分についても、その起算日に対する応当日の前日（昭和三十年八月十四日）が日曜日であるため、時効が完成せずその日分をも支給すべきこととなる。

なお、出産手当金についても右と同様に解し、取り扱われたい。

健康保険法及び厚生年金保険法における標準報酬月額の定時決定及び随時改定の取扱いについて

（昭和36年1月26日／保発第4号）

標記の取扱いについては、昭和二八年八月二八日保発第五七号「健康保険法の一部を改正する法律、厚生年金保険法の一部を改正する法律及び船員保険法の一部を改正する法律の施行について」の通達に基づいて実施されてきたところであるが、この取扱いを改

め、左記のとおり取扱いの基準を定めたので、この取扱いに適正を期せられたい。

おって貴管下健康保険組合に対しては、貴職からそれぞれ御示達のうえ、遺憾のないよう特に御配意願いたい。

記

1 定時決定

標準報酬月額の定時決定に際し、健康保険法第四四条第一項又は厚生年金保険法第二四条第一項の規定により、保険者において算定する場合は、健康保険法第四一条第一項又は厚生年金保険法第二一条第一項の規定により算定することが困難である場合を除き、次に掲げる場合とすること。

(1) 四、五、六月の三か月間において、三月分以前の給料の遅配分を受け、又は、さかのぼった昇給によって数月分の差額を一括して受ける等通常受けるべき報酬(健康保険法第三条第五項ただし書及び厚生年金保険法第三条第一項第五号ただし書の規定に該当するもの以外の報酬)以外の報酬を当該期間において受けた場合

(2) 四、五、六月のいずれかの月において低額の休職給を受けた場合

(3) 四、五、六月のいずれかの月においてストライキによる賃金カットがあった場合

(4) 当年の四、五、六月の三か月間に受けた報酬の月平均額から算出した標準報酬月額と、前年の七月から当年の六月までの間に受けた報酬の月平均額から算出した標準報酬月額の間に二等級以上の差を生じた場合であって、当該差が業務の性質上例年発生することが見込まれる場合

2 随時改定

(1) 標準報酬月額の随時改定は、次の各項のいずれかに該当する場合に行なうこと。

ア 昇給又は降給によって健康保険法第四三条第一項又は厚生年金保険法第二三条第一項の規定により算定した額(以下「算定月額」という。)による等級と現在の等級との間に二等級以上の差を生じた場合

イ 健康保険第四九級又は厚生年金保険第三一級の標準報酬月額にある者の報酬月額が昇給したことにより、その算定月額が健康保険一四一万五、〇〇〇円以上又は厚生年金保険六六万五、〇〇〇円以上となった場合

ウ 第一級の標準報酬月額にある者の報酬月額(健康保険にあっては報酬月額が五万三、〇〇〇円未満、厚生年金保険にあっては報酬月額が八万三、〇〇〇円未満である場合に限る。)が昇給したことにより、その算定月額が第二級の標準報酬月額に該当することとなった場合

エ 健康保険第五〇級又は厚生年金保険第三二級の標準報酬月額にある者の報酬月額(健康保険にあっては報酬月額が一四一万五、〇〇〇円以上、厚生年金保険にあっては報酬月額が六六万五、〇〇〇円以上である場合に限る。)が降給したことにより、その算定月額が健康保険第四九級又は厚生年金保険第三一級以下の標準報酬月額に該当することとなった場合

オ 第二級の標準報酬月額にある者の報酬月額が降給したことにより、その算定月額が健康保険にあっては五万三、〇〇〇円未満、厚生年金保険にあっては八万三、〇〇〇円未満となった場合

(2) (1)のアからオまでにいう昇給又は降給とは、固定的賃金の増額又は減額をいい、ベースアップ又はベースダウン及び賃金体系の変更による場合並びにこれらの遡及適用によって差額支給

を受ける場合を含み、休職による休職給を受けた場合を含まいものとすること。

(3) (1)のアからオまでにいう算定月額の算定にあたっては、原則としていずれも当該昇給月又は降給月以後継続した三か月間に受けた報酬をその計算の基礎とすること。

(4) 標準報酬月額の随時改定に際し、保険者が健康保険法第四四条第一項又は厚生年金保険法第二四条第一項に規定する算定(以下「保険者算定」という。)を行う場合は、次の各項のいずれかに該当する場合とし、保険者が算定する報酬月額は、それぞれ当該各項に定める報酬月額とすること。

ア 昇給及び降給が遡及したため、それに伴う差額支給によって報酬月額に変動が生じた場合 随時改定されるべき月以降において受けるべき報酬月額

イ 算定月額から算出した標準報酬月額による等級と、昇給月以後の継続した三か月の間に受けた固定的賃金の月平均額に昇給月前の継続した九か月及び昇給月以後の継続した三か月の間に受けた非固定的賃金の月平均額を加えた額(以下「昇給時の年間平均額」という。)から算出した標準報酬月額による等級の間に二等級以上の差を生じた場合であって、当該差が業務の性質上例年発生することが見込まれる場合 昇給時の年間平均額から算出した報酬月額

ウ 算定月額から算出した標準報酬月額による等級と、降給月以後の継続した三か月の間に受けた固定的賃金の月平均額に降給月前の継続した九か月及び降給月以後の継続した三か月の間に受けた非固定的賃金の月平均額を加えた額(以下「降給時の年間平均額」という。)から算出した標準報酬月額による等級の間に二等級以上の差を生じた場合であって、当該差が業務の性質上例年発生することが見込まれる場合 降給時の年間平均額から算出した報酬月額

(5) (4)イ又はウによる保険者算定を行う場合は、(1)アにかかわらず、(4)イ又はウにより算出した標準報酬月額による等級と現在の等級との間に一等級以上の差を生じた場合は、随時改定を行うこと。

ただし、(4)イによる保険者算定を行う場合であって、昇給時の年間平均額から算出した標準報酬月額による等級が現在の等級と同等級又は下回る場合は、現在の等級のままとし、随時改定は行わないこと。また、(4)ウによる保険者算定を行う場合であって、降給時の年間平均額から算出した標準報酬月額による等級が現在の等級と同等級又は上回る場合は、現在の等級のままとし、随時改定は行わないこと。

前 文(第一一次改正)抄

〔前略〕健康保険については平成六年一〇月一日から、厚生年金保険については平成六年一一月一日から、それぞれ適用する。

「健康保険法及び厚生年金保険法における標準報酬月額の定時決定及び随時改定の取扱いについて」の一部改正について

(平成23年3月31日／保発0331第17号／年発0331第9号)

健康保険及び厚生年金保険において保険者が算定する標準報酬月額の取扱いについては、健康保険法(大正11年法律第70号)第44条第1項及び厚生年金保険法(昭和29年法律第115号)第24条第1項に基づき、「健康保険法及び厚生年金保険法における標準報酬月額の定時決定及び随時改定の取扱いについて」(昭和36年1月26日保発第4号)においてお示ししてきたところである。

今般、標準報酬月額の定時決定に当たって基準となる4月から6月の報酬の月平均額と、年間の報酬の月平均額とが著しく乖離する場合に配慮し、標準報酬月額を保険者が算定することについて、以下のとおりその基準を見直すこととしたので、日本年金機構におかれては、御了知の上、取扱いに遺憾なきよう御配意願いたい。

記

保険者算定を行うことが可能な場合について、「1 定時決定」の(1)から(3)に加え、(4)として以下の場合を追加し、平成23年4月1日から適用すること。

(4) 当年の四、五、六月の三か月間に受けた報酬の月平均額から算出した標準報酬月額と、前年の七月から当年の六月までの間に受けた報酬の月平均額から算出した標準報酬月額の間に二等級以上の差を生じた場合であって、当該差が業務の性質上例年発生することが見込まれる場合

月又は降給月前の継続した9か月及び昇給月又は降給月以後の継続した3か月の間に受けた非固定的賃金等を記載した書類を提出すること。

(4) (1)の申立を行う事業主は、その被保険者の報酬月額変更届の備考欄に、その旨を附記して提出すること。

4. 保険者における留意点について

今回新たに追加した事由に基づく保険者算定についての事業主からの申立があった場合には、保険者は、その申立が要件に該当するものであること、特にその被保険者の報酬月額の変動が、業務の性質上例年発生することが見込まれるものであるかどうかを確認すること。

5. 施行期日

この取扱いについては、平成30年10月1日以降の随時改定から適用すること。

「健康保険法及び厚生年金保険法における標準報酬月額の定時決定及び随時改定の取扱いについて」の一部改正に伴う事務処理について

(平成30年3月1日／保保発0301第1号／年管管発0301第4号)

健康保険及び厚生年金保険における標準報酬月額につき、保険者において算定する場合の取扱いについては、本日付けで「「健康保険法及び厚生年金保険法における標準報酬月額の定時決定及び随時改定の取扱いについて」の一部改正について」(平成30年3月1日付け保発0301第8号・年管発0301第1号)を発出し、随時改定における保険者算定を行うことが可能な場合を追加したところである。

これに伴い、今回追加した場合に関する事務処理方法について示すこととしたので、遺漏の無いよう取り計らわれたい。

記

1. 改正の趣旨

業務の性質上、季節的に報酬が変動することにより、通常の方法によって随時改定を行うことが著しく不当であると認められる場合について、新たに保険者算定の対象とすること。

2. 改正の概要

3か月間の報酬の平均から算出した標準報酬月額(通常の随時改定の計算方法により算出した標準報酬月額)と、昇給月又は降給月以後の継続した3か月の間に受けた固定的賃金の月平均額に昇給月又は降給月前の継続した9か月及び昇給月又は降給月以後の継続した3か月の間に受けた非固定的賃金の月平均額を加えた額から算出した標準報酬月額(年間平均額から算出した標準報酬月額)との間に2等級以上の差があり、当該差が業務の性質上例年発生することが見込まれる場合であって、現在の標準報酬月額と年間平均額から算出した標準報酬月額との間に1等級以上の差がある場合は、保険者算定の対象とすること。

3. 保険者算定の申立手続について

(1) 事業主が、今回新たに追加した事由に基づく保険者算定を申し立てるに当たっては、日本年金機構及び健康保険組合(以下「保険者等」という。)に対して、その被保険者が保険者算定の要件に該当すると考えられる理由を記載した申立書を提出すること。

(2) (1)の申立書には、保険者算定を申し立てることに関する被保険者の同意書を添付すること。

(3) (1)の申立を行うに当たっては、保険者算定の要件に該当するものであることを保険者が確認できるよう、事業主は昇給月又は降給月以後の継続した3か月の間に受けた固定的賃金と昇給

健康保険法第六十条に該当する者に対する埋葬料の支給について

(昭和36年7月5日／保険発第63号の2)

標題のことについて、富士社会保険出張所長から別紙1の照会があり、これに対して別紙2のとおり回答したからお知らせする。

別紙1
健康保険法第六十条該当者の埋葬料の支給可否について
(昭和36年6月2日 富社保第414-1号)
(厚生省健康保険課あて 富士社会保険保険出張所長照会)

健康保険の被保険者が、道路交通法違反による処罰せられるべき行為(例えば、制限速度超過、無免許運転等)中起した事故により死亡した場合において、その死亡事故が、当該犯罪行為と相当因果関係があると認められるときは、健康保険法第六十条の規定により、埋葬料は保険給付の制限に該当するものと思われるが、死亡は最終的一回限りの絶対的な事故であるとともに、この死亡に対する埋葬料支給は、被保険者であつた者に生計を依存していた者で、埋葬を行う者に対し、その救済または弔慰を目的として支給するという性質のものである趣旨にかんがみ、前述事例について埋葬料を支給してさしつかえないか何分の御指示をお願いします。

別紙2
健康保険法第六十条に該当する者に対する埋葬料の支給について
(昭和36年7月5日 保険発第63号)
(富士社会保険出張所長あて 厚生省健康保険課長回答)

昭和三十六年六月二日富社保第四一四一一号をもつて照会のあつた標記については、ご見解のとおりの取扱いとされたい。

はり、きゅう及びマッサージの施術に係る療養費の取扱いについて

(昭和42年9月18日／保発第32号)

はり、きゅう及びマッサージの施術に係る療養費の支給にあっては、もとより保険者がその必要ありと認めたときに限り支給されるところであるが、その具体的取扱いは昭和四二年一〇月一日から次のとおりとしたので、貴管下各保険者を指導するとともに関係方面に、この旨の周知をはかられたい。

記

1 施術同意書について

(1) 療養費支給申請書に添付するはり、きゅう及びマッサージ

の施術に係る医師の同意書については、病名、症状（主訴を含む。）及び発病年月日の明記された診断書であって療養費払の施術の対象の適否の判断が出来るものに限り、これを当該同意書に代えて差し支えないものとすること。

ただし、脱臼又は骨折に施術するマッサージについては、なお従前のとおり医師の同意書により取り扱うものとすること。

(2) 同意書又は診断書は、療養費支給申請のつどこれに添付することを原則とするものであるが、次に掲げる場合は、第二回目以降その添付を省略して差し支えないものとすること。

ア　はり及びきゅうの場合

同意書又は、診断書に加療期間の記載のあるときは、その期間内。なお、療養費は初療の日から三か月を限度として支給するものであるから、三か月をこえる期間が記載されていてもそのこえる期間は、療養費の支給はできないものであること。

イ　マッサージの場合

同意書又は、診断書に加療期間の記載のあるときは、その期間内。ただし、この場合は、三か月以内とし、三か月をこえる場合は、改めて同意書又は診断書の添付を必要とするものであること。

2　類症疾患について

はり及びきゅうに係る施術の療養費の支給対象となる疾病は、慢性病であって、医師による適当な治療手段のないものであり、主として神経痛、リウマチなどであって類症疾患については、これら疾病と同一範ちゅうと認められるものに限り支給の対象とすること。

なお、類症疾患とは、頚腕症候群、五十肩、腰痛症及び頚椎捻挫後遺症等の病名であって、慢性的な疼痛を主症とする疾患をいう。

3　往療について

はり及びきゅうに係る施術において治療上真に必要があると認められる場合に行なう往療については認めて差し支えないこと。

この場合において、往療料の算定にあたっては、柔道整復師の施術に係る療養費の算定基準（昭和四一年九月二八日保発第二七号通知）の往療料の項に準ずるものとすること。ただし同項の注3については、適用しないものとすること。

柔道整復師の施術に係る療養費の算定基準の実施上の留意事項等について

（平成9年4月17日／保険発第57号）

柔道整復師の施術に係る療養費の算定及び審査の適正を図るため、今般、算定基準の実施上の留意事項等に関する既通知及び疑義等を整理し、別紙のとおり定め、本年五月一日より適用することとしたので、貴管下の関係者に柔道整復師を対象とする講習会の開催等を通じ周知徹底を図るとともに、その取扱いに遺漏のないよう御配慮願いたい。

別紙
柔道整復師の施術に係る算定基準の実施上の留意事項
第一　通則

1　療養費の支給対象となる柔道整復師の施術は、柔道整復師法（昭和四五年四月一四日法律第一九号）に違反するものであってはならないこと。

2　脱臼又は骨折（不全骨折を含む。以下第一において同じ。）に対する施術については、医師の同意を得たものでなければならないこと。また、応急手当をする場合はこの限りではないが、応急手当後の施術は医師の同意が必要であること。

3　医師の同意は個々の患者が医師から得てもよく、又施術者が直接医師から得てもよいが、いずれの場合であっても医師の同意は患者を診察した上で書面又は口頭により与えられることを要すること。なお、実際に医師から施術につき同意を得た旨が施術録に記載してあることが認められれば、必ずしも医師の同意書の添付を要しないこと。

また、施術につき同意を求める医師は、必ずしも整形外科、外科等を標榜する医師に限らないものであること。

4　現に医師が診療中の骨折又は脱臼については、当該医師の同意が得られている場合のほかは、施術を行ってはならないこと。ただし、応急手当をする場合はこの限りでないこと。

この場合、同意を求めることとしている医師は、原則として当該負傷について診療を担当している医師とするが、当該医師の同意を求めることができないやむを得ない事由がある場合には、この限りではないこと。

なお、この場合における当該骨折又は脱臼に対する施術料は、医師が整復又は固定を行っている場合は整復料又は固定料は算定せず、初検料、後療料等により算定すること。

5　療養費の支給対象となる負傷は、急性又は亜急性の外傷性の骨折、脱臼、打撲及び捻挫であり、内科的な原因による疾患は含まれないこと。なお、急性又は亜急性の介達外力による筋、腱の断裂（いわゆる肉ばなれをいい、挫傷を伴う場合もある。）については、第五の3の(5)により算定して差し支えないこと。

6　単なる肩こり、筋肉疲労に対する施術は、療養費の支給対象外であること。

7　柔道整復の治療を完了して単にあんま（指圧及びマッサージを含む。）のみの治療を必要とする患者に対する施術は支給対象としないこと。

8　既に保険医療機関での受診又は他の施術所での施術を受けた患者及び受傷後日数を経過して受療する患者に対する施術については、現に整復、固定又は施療を必要とする場合に限り初検料、整復料、固定料又は施療料を算定できること。なお、整復、固定又は施療の必要がない場合は、初検料、後療料等により算定すること。

9　保険医療機関に入院中の患者の後療を医師から依頼された場合の施術は、当該保険医療機関に往療した場合、患者が施術所に出向いてきた場合のいずれであっても、支給対象としないこと。

10　骨折、脱臼、打撲及び捻挫に対する施術料は、膏薬、湿布薬等を使用した場合の薬剤料、材料代等を含むものであること。

11　患者の希望により後療において新しい包帯を使用した場合は、療養費の支給対象とならないので、患者の負担とするもやむを得ないものであること。なお、その際、患者が当該材料の使用を希望する旨の申出書を患者から徴するとともに、徴収額を施術録に記載しておくこと。

12　柔道整復師宅に滞在して手当てを受けた場合に要した食費、寝具費、室代等は支給対象としないこと。

第二　初検料

1　患者の負傷が治癒した後、同一月内に新たに発生した負傷に対し施術を行った場合の初検料は算定できること。

2　現に施術継続中に他の負傷が発生して初検を行った場合は、それらの負傷に係る初検料は合わせて一回とし、一回目の初検のときに算定するものであること。

3　同一の施術所において同一の患者に二以上の負傷により同時に初検を行った場合であっても、初検料は一回とすること。この場合、施術者が複数であっても、初検料は合わせて一回のみとすること。

4 患者が任意に施術を中止し、一月以上経過した後、再び同一の施術所において施術を受けた場合には、その施術が同一負傷に対するものであっても、当該施術は初検として取り扱うこと。

　なお、この場合の一月の期間の計算は暦月によること。すなわち、二月一〇日～三月九日、七月一日～七月三一日、九月一五日～一〇月一四日等であること。

5 同一の患者について、自費施術途中に受領委任の取扱いができることとなった場合は、同一の負傷に関するものである限り、その切り替え時の施術について初検料は算定できないこと。その際、施術録及び支給申請書の「摘要」欄に「〇月〇日自費初検、〇月〇日健保被保険者資格取得」等の記載をしておくこと。

　なお、保険種別に変更があった場合も同様とすること。その際、施術録及び支給申請書の「摘要」欄に「〇月〇日初検、〇月〇日保険種別変更による健保被保険者資格取得」等の記載をしておくこと。

6 患者が異和を訴え施術を求めた場合で、初検の結果何ら負傷と認むべき徴候のない場合は、初検料のみ算定できること。

7 時間外加算及び深夜加算の取扱いについては、以下によること。

(1) 休日加算と時間外加算又は深夜加算との重複算定は認められないこと。

(2) 時間外加算又は深夜加算は、初検が時間外又は深夜に開始された場合に認められるものであるが、施術所においてやむを得ない事情以外の都合により時間外又は深夜に施術が開始された場合は算定できないこと。

(3) 各都道府県の施術所における施術時間の実態、患者の受療上の便宜等を考慮して一定の時間以外の時間をもって時間外として取り扱うこととし、その標準は、概ね午前八時前と午後六時以降（土曜日の場合は、午前八時前と正午以降）及び休日加算の対象となる休日以外の日を終日休術日とする施術所における当該休術日とすること。

(4) 施術時間外でも実態上施術応需の体制をとっているならば、時間外加算は認められないこと。

(5) 深夜加算は、深夜時間帯（午後一〇時から午前六時までの間をいう。ただし、当該施術所の表示する施術時間が深夜時間帯にまで及んでいる場合は、深夜時間帯のうち当該表示する施術時間と重複していない時間をいう。）を施術時間としていない施術所において、緊急やむを得ない理由により受療した患者について算定すること。したがって、常態として又は臨時に当該深夜時間帯を施術時間としている施術所に受療した患者の場合は該当しないこと。

(6) 施術所は、施術時間をわかりやすい場所に表示すること。

8 休日加算の取扱いについては、以下によること。

(1) 休日加算の算定の対象となる休日とは、日曜日及び国民の祝日に関する法律（昭和二三年法律第一七八号）第三条に規定する休日をいうものであること。なお、一二月二九日から一月三日まで（ただし一月一日を除く。）は、年末・年始における地域医療の確保という見地から休日として取扱って差し支えないこと。

(2) 休日加算は、当該休日を休術日とする施術所に、又は当該休日を施術日としている施術所の施術時間以外の時間に、緊急やむを得ない理由により受療した患者の場合に算定できるものとすること。したがって、当該休日を常態として又は臨時に施術日としている施術所の施術時間内に受療した患者の

場合は該当しないものであること。

(3) 施術所の表示する休日に往療した場合は、往療料に対する休日加算は算定できないこと。

第三　往療料

1 往療は、往療の必要がある場合に限り行うものであること。

2 往療料は、下肢の骨折又は不全骨折、股間節脱臼、腰部捻挫等による歩行困難等真に安静を必要とするやむを得ない理由により患家の求めに応じて患家に赴き施術を行った場合に算定できるものであり、単に患者の希望のみにより又は定期的若しくは計画的に患家に赴いて施術を行った場合には算定できないこと。

3 二戸以上の患家に対して引き続き往療を行った場合の往療順位第二位以下の患家に対する往療距離の計算は、柔道整復師の所在地を起点とせず、それぞれ先順位の患家の所在地を起点とするものであること。ただし、先順位の患家から次順位の患家へ行く途中で、その施術所を経由するときは、第二患家への往療距離は、その施術所からの距離で計算すること。

　この場合、往療距離の計算は、最短距離となるように計算すること。

4 往療の距離は施術所の所在地と患家の直線距離によって算定すること。

5 片道一六kmを超える往療については、当該施術所からの往療を必要とする絶対的な理由がある場合に認められるものであるが、かかる理由がなく、患家の希望により一六kmを超える往療をした場合の往療料は、全額患者負担とすること。

6 同一家屋内の二人目以降の患者を施術した場合の往療料は、別々に算定できないこと。

7 難路加算における難路とは、常識で判断されるもので、第三者に納得され得る程度のものでなければならないこと。

8 暴風雨雪加算における暴風雨又は暴風雪とは、気象警報の発せられているものに限られ、気象警報の発せられない場合は原則として認められないこと。

9 夜間加算については、以下によること。

(1) 夜間の取扱いについては、おおむね午後六時から翌日の午前六時まで、又は、午後七時から翌日午前七時までのように、一二時間を標準として各都道府県において統一的に取扱うこと。

(2) 後療往療の場合は算定できないこと。

10 往療に要した交通費については、患家の負担とすること。往療時に要したバス、タクシー、鉄道、船等の交通費は、その実費とすること。自転車、スクーター等の場合は、土地の慣例、当事者間の合議によるべきであるが、通例は交通費に該当しないこと。

第四　再検料

1 再検料は、初検料を算定する初検の日後最初の後療の日のみ算定できるものであり、二回目以降の後療においては算定できないこと。

2 医師から後療を依頼された患者、既に保険医療機関での受診又は他の施術所での施術を受けた患者及び受傷後日数を経過して受療する患者の場合は、初検料を算定した初検の日後最初の後療の日に算定できること。

第五　その他の施術料

1 骨折の部・不全骨折の部

(1) 肋骨骨折における施術料金は、左右側それぞれを一部位として所定料金により算定するものであること。

(2) 指・趾骨の骨折における施術料は、骨折の存する指・趾一指（趾）を単位として所定料金により算定し、指・趾骨の不全骨折における施術料金は、一手又は一足を単位とし所定料金に

より算定するものであること。

(3) 関節近接部位の骨折又は不全骨折の場合、同時に生じた当該関節の捻挫に対する施術料金は骨折又は不全骨折に対する所定料金のみにより算定すること。

(4) 膝蓋骨骨折の後療については、特に医師から依頼があった場合に限り算定できるものであること。

この場合の料金は初検料と骨折の後療料等により算定することとし、支給申請書の「摘要」欄に後療を依頼した医師又は医療機関名を付記すること。

(5) 頭蓋骨骨折又は不全骨折、脊椎骨折又は不全骨折、胸骨骨折その他の単純ならざる骨折又は不全骨折については原則として算定できないが、特に医師から後療を依頼された場合に限り算定できるものであること。その場合は、支給申請書の摘要欄に後療を依頼した医師又は医療機関名を付記すること。

(6) 肋骨骨折にて喀血し、又は皮下気泡を触知する場合、負傷により特に神経障害を伴う場合、観血手術を必要とする場合、臓器出血を認め又はその疑いのある場合には、必ず医師の診療を受けさせるようにすること。

(7) 近接部位の算定方法については、第五の4の(1)を参照すること。

2　脱臼の部

(1) 指・趾関節脱臼における施術料金は、脱臼の存する指・趾一指（趾）を単位として所定料金により算定するものであること。

(2) 先天性股関節脱臼等の疾病は、支給対象としないこと。

(3) 顎関節脱臼は左右各一部位として算定して差し支えないが、同時に生じた同側の顔面部打撲に対する施術料金は、脱臼に対する所定料金のみにより算定すること。

(4) 近接部位の算定方法については、第五の4の(1)を参照すること。

3　打撲・捻挫の部

(1) 打撲・捻挫の施術が初検の日から三月を超えて継続する場合は、負傷部位、症状及び施術の継続が必要な理由を明らかにした別紙様式1による長期施術継続理由書を支給申請書に添付すること。

なお、同様式を支給申請書の裏面に印刷及びスタンプ等により調製し、又は、「摘要」欄に長期施術継続理由を記載して差し支えないこと。

(2) 指・趾の打撲・捻挫における施術料は、一手又は一足を単位として所定料金により算定するものであること。

(3) 打撲の部においては、顔面部、胸部、背部（肩部を含む。）及び殿部は左右合わせて一部位として算定すること。

(4) 肩甲部打撲は、背部打撲として取扱うものであること。なお、肩甲部打撲の名称を使用しても差し支えないが、肩甲部及び背部の二部位として取扱うものではないこと。

(5) 筋又は腱の断裂（いわゆる肉ばなれをいい、挫傷を伴う場合もある。）については、打撲の部の所定料金により算定して差し支えないこと。

算定に当たっては、以下によること。

ア　支給の対象は、介達外力による筋、腱の断裂（いわゆる肉ばなれ）であって柔道整復師の業務の範囲内のものとすること。

なお、打撲及び捻挫と区分する必要があることから、支給申請書に記載する負傷名は挫傷として差し支えないこと。

イ　算定部位は次のものに限ること。

(ア)　胸部挫傷

胸部を走行する筋の負傷であって、肋間筋、胸筋等の損傷であるもの

(イ)　背部挫傷

背部を走行する筋の負傷であって、広背筋、僧帽筋等の損傷であるもの

(ウ)　上腕部挫傷

上腕部を走行する筋の負傷であって、上腕二頭筋、上腕三頭筋等、肩関節と肘関節の間の損傷であるもの

(エ)　前腕部挫傷

上腕部を走行する筋の負傷であって、円回内筋、手根屈筋、腕橈骨筋等、肘関節と手関節との間の損傷であるもの

(オ)　大腿部挫傷

大腿部を走行する筋の負傷であって、大腿四頭筋、内転筋、大腿二頭筋等、股関節と膝関節の間の損傷であるもの

(カ)　下腿部挫傷

下腿部を走行する筋の負傷であって、腓腹筋、ヒラメ筋、脛骨筋等、膝関節と足関節の間の損傷であるもの

ウ　胸部及び背部は、左右合わせて一部位として算定すること。

(6) 近接部位の算定方法については、第五の4の(1)を参照すること。

4　その他の事項

(1) 近接部位の算定方法

ア　頚部、腰部又は肩関節のうちいずれか二部位の捻挫と同時に生じた背部打撲（肩部を含む。）又は挫傷に対する施術料は、捻挫に対する所定料金のみにより算定すること。

イ　左右の肩関節捻挫と同時に生じた頚部捻挫又は背部打撲に対する施術料は、左右の肩関節捻挫に対する所定料金のみにより算定すること。

ウ　顎関節の捻挫は、捻挫の部の料金をもって左右各一部位として算定して差し支えないが、同時に生じた同側の顔面部打撲に対する施術料は、捻挫に対する所定料金のみにより算定すること。

エ　指・趾骨の骨折又は脱臼と同時に生じた不全骨折、捻挫又は打撲に対する施術料は、骨折又は脱臼に対する所定料金のみにより算定すること。

オ　関節近接部位の骨折の場合、同時に生じた当該骨折の部位に最も近い関節の捻挫に対する施術料は、骨折に対する所定料金のみにより算定すること。

また、関節捻挫と同時に生じた当該関節近接部位の打撲又は挫傷に対する施術料は、別にその所定料金を算定することなく、捻挫に対する所定料金のみにより算定すること。この場合の近接部位とは、次の場合を除き、当該捻挫の部位から上下二関節までの範囲のものであること。

① 手関節捻挫と前腕部打撲又は挫傷（上部に限る。）

② 肘関節捻挫と前腕部打撲又は挫傷（下部に限る。）

③ 肘関節捻挫と上腕部打撲又は挫傷（上部に限る。）

④ 肩関節捻挫と上腕部打撲又は挫傷（下部に限る。）

⑤ 足関節捻挫と下腿部打撲又は挫傷（上部に限る。）

⑥ 膝関節捻挫と下腿部打撲又は挫傷（下部に限る。）

⑦ 膝関節捻挫と大腿部打撲又は挫傷（上部に限る。）

⑧ 股関節捻挫と大腿部打撲又は挫傷（下部に限る。）

(注) 上部、下部とは、部位を概ね上部、幹部、下部に三等分した場合のものであること。

なお、当該負傷の施術継続中に発生した同一部位又は近接

部位の負傷に係る施術料は、当該負傷と同時に生じた負傷の場合と同様の取扱いとすること。

カ　近接部位の算定例は次のとおりであること。
　① 算定できない近接部位の負傷例（骨折・不全骨折の場合）
　　骨折・不全骨折の種類
　　算定できない近接部位の負傷例
　　【負傷例1〜16まで略】
　② 算定できない近接部位の負傷例（脱臼・打撲・捻挫・挫傷の場合）
　　脱臼・打撲・捻挫・挫傷の種類
　　算定できない近接部位の負傷例
　　【負傷例1〜11まで略】
　③ 算定可能な部位の負傷例（骨折・不全骨折の場合）
　　骨折・不全骨折の種類
　　算定可能な部位の負傷例
　　【負傷例1〜16まで略】
　④ 算定可能な部位の負傷例（脱臼・打撲・捻挫・挫傷の場合）
　　脱臼・打撲・捻挫・挫傷の種類
　　算定可能な部位の負傷例
　　【負傷例1〜13まで略】

(2)　罨法料
　ア　骨折又は不全骨折の受傷の日から起算して八日以上を経過した場合であっても、整復又は固定を行った初検の日は、温罨法料の加算は算定できないこと。また、脱臼、打撲、不全脱臼又は捻挫の受傷の日より起算して六日以上を経過して整復又は施療を行った初検の日についても算定できないこと。
　　ただし、初検の日より後療のみを行う場合は算定して差し支えないこと。
　イ　温罨法と併せて電気光線器具を使用した場合の電療料の加算は、柔道整復師の業務の範囲内において低周波、高周波、超音波又は赤外線療法を行った場合に算定できること。
　　なお、電気光線器具の使用は、柔道整復業務の範囲内で行われるものに限られるものであること。

(3)　施術部位が三部位以上の場合の算定方法
　ア　多部位逓減は、骨折、不全骨折、脱臼、捻挫及び打撲の全てのものが対象となること。
　イ　三部位目から四部位目までの施術部位については、所定料金にそれぞれの逓減率を乗じた額を算定し、五部位目以降の施術に係る後療料、温罨法料、冷罨法料及び電療料については、五部位目までの料金に含まれること。
　　なお、多部位の負傷の施術中、特定の部位に係る負傷が先に治癒し、施術部位数が減少した場合は、減少後の施術部位数に応じた逓減率を乗じた額を算定するものであること。
　ウ　逓減率が変更されるのは他の部位が治癒したことによる場合のみであり、三部位以上の施術期間中、その日に二部位のみについて施術するような場合については逓減率は変更されないこと。
　エ　施術録には、六部位目以降の負傷名も含め記載すること。
　オ　部位ごとの算定の過程において一円未満の端数が生じた場合は、その都度小数点以下一桁目を四捨五入することにより端数処理を行うものとすること。

(4)　長期施術の場合の算定方法
　ア　長期に係る減額措置については、各部位ごとにその初検日を含む月（ただし、初検の日が月の一六日以降の場合にあっては当該月の翌月）から起算するものとすること。

　イ　部位ごとの算定の過程において一円未満の端数が生じた場合は、その都度小数点以下一桁目を四捨五入することにより端数処理を行うものとすること。

(5)　長期・多部位の施術の場合の算定方法
　ア　地方社会保険事務局長及び都道府県知事に対し、「柔道整復師の施術に係る療養費の算定基準」（昭和六〇年五月二〇日付け保発第五六号別紙）の備考5に掲げる施術（以下「長期・多部位の施術」という。）の場合の定額料金を算定する旨を届け出た施術所において、柔道整復師が当該施術を行った場合は、施術部位数に関係なく、一二〇〇円を算定し、当該施術に要する費用の範囲内に限り、これを超える金額の支払いを患者から受けることができること。
　　ただし、柔道整復師が扱う骨折、脱臼、打撲及び捻挫が国の公費負担医療制度の受給対象となる場合は、患者からの特別の料金の徴収については認められないものであること。
　イ　患者から特別の料金を徴収しようとする場合は、患者への十分な情報提供を前提として、当該特別の料金に係る施術の内容、料金等を施術所内の見やすい場所に明示するものとすること。
　ウ　特別の料金の設定については、施術所単位で同一のものとし、例えば柔道整復師ごと、又は患者ごとに異なった料金の設定は行わないこと。なお、部位数又は施術内容に応じた料金の設定を行っても差し支えないこと。
　エ　特別の料金については、その徴収の対象となる施術に要するものとして社会的にみて妥当適切な範囲の額とすること。
　オ　当該施術を行い、長期・多部位の施術の場合の定額料金を算定し、患者から特別の料金を徴収した場合は、その旨を施術録に記載しておくこと。

(6)　金属副子加算
　ア　骨折、脱臼の整復及び不全骨折の固定に際し、特に施術上金属副子による固定を必要としてこれを使用した場合に、整復料又は固定料の加算として算定できること。
　イ　金属副子加算の対象となるのは、使用した金属副子が網目状のものである場合に限ること。
　ウ　金属副子加算は、固定に使用した金属副子の数にかかわらず、次の基準により算定できるものであること。
　　① 大型金属副子加算については、固定部位の範囲が一肢又はこれに準ずる範囲に及ぶ場合
　　② 中型金属副子加算については、固定部位の範囲が半肢又はこれに準ずる範囲に及ぶ場合
　　③ 小型金属副子加算については、固定部位の範囲が前記の①又は②に及ばない程度の場合
　エ　金属副子加算の所定金額には、金属副子の費用及び包帯等の費用が含まれているものであること。

(7)　施術情報提供料
　ア　施術情報提供料は、骨折、不全骨折又は脱臼に係る柔道整復師の応急施術を受けた患者について、保険医療機関での診察が必要と認められる場合において、当該患者が、柔道整復師の紹介に基づき、実際に保険医療機関に受診した場合に、紹介状の年月日が初検日と同一日である場合に限り算定できるものであること。
　イ　紹介に当たっては、柔道整復師は事前に紹介先の保険医療機関と調整の上、別紙様式2により施術情報提供紹介書を作成し、患者又は紹介先の保険医療機関に交付しなければならないものであること。また、交付した文書の写しを施術録に添付しておくとともに、請求にあっては、支給申請書に同文

書の写しを添付すること。
　ウ　保険医療機関と電話等で予め連絡の上で紹介し、受診についても確認する等連絡を密にするとともに、紹介する保険医療機関の選定に際しては患者の利便性等も考慮すること。
　エ　紹介先の保険医療機関については、骨折等の診療に適切と認められる診療科(例えば整形外科等)を標榜する保険医療機関とすること。
　オ　レントゲン撮影のために保険医療機関に紹介した場合及びレントゲンの撮影を保険医療機関に依頼した場合については、算定できないものであること。
　カ　柔道整復師が骨折、不全骨折又は脱臼であると判断して応急施術を行い、保険医療機関に紹介した場合であっても、紹介先の保険医療機関において骨折等でないと診断された場合は、やむを得ない場合を除き、原則として算定できないものであること。
　キ　保険医療機関に紹介した患者について、一定期間の治療後に医師の指示により再度柔道整復師に後療を依頼された場合については、初検料は算定できないこと。なお、この場合、後療料等を算定できること。
第六　施術録について
1　療養費の支給対象となる柔道整復師の施術については、別添の記載・整備事項を網羅した施術録を患者毎に作成しておくこと。
　　なお、同一患者にあっては、初検毎又は負傷部位毎に別葉とすることなく、同じ施術録に記載すること。また、施術明細を書ききれない場合は、別紙に記載して施術録に添付しておくこと。
2　地方社会保険事務局長及び都道府県知事との協定及び契約又は関係通知等により、保険者等に施術録の提示及び閲覧を求められた場合は、速やかに応じること。
3　施術録は、施術完結の日から五年間保管すること。
第七　一部負担金
施術所の窓口での事務の負担軽減を考慮し、患者が一部負担金を支払う場合の一〇円未満の金額については四捨五入の取扱いとすること。
　また、施術所の窓口においては、一〇円未満の四捨五入を行う旨の掲示を行うことにより、被保険者等との間に無用の混乱のないようにすること。
　なお、保険者が支給する療養費の額は、一〇円未満の四捨五入を行わない額であること。
【施術録の記載・整備事項　略】

資格喪失後の継続給付に係る関係通知の廃止及び「健康保険法第98条第1項及び第99条第1項の規定の解釈運用」について

（平成15年2月25日／保険発第0225007号／庁保険発第4号）

　健康保険法等の一部を改正する法律(平成14年法律第102号)により、平成15年4月1日から、従来の資格喪失後の継続給付が廃止され、また、被保険者が資格喪失し、かつ、健康保険法(大正11年法律第70号)第3条第2項による被保険者又はその被扶養者となった場合に支給される特別療養給付が創設されることとなる。
　今回の改正に伴い、「健康保険法第四十五条及び第五十五条第一項の規定の解釈運用について」(昭和49年8月6日保険発第86号・庁保険発第17号)及び「継続療養の受給者が被保険者資格を取得しさ

らに喪失した場合における取扱いについて」(昭和52年4月6日保険発22号・庁保険発第6号)を廃止するとともに、健康保険法第98条第1項及び第99条第1項の規定の解釈運用については、本通知によるものとするので、その実施に当たり、遺漏のないよう配慮されたい。
　健康保険法第98条第1項及び第99条第1項の規定の解釈運用
1　健康保険法第98条第1項に規定する被保険者の「資格を喪失した際に療養の給付……を受けている」及び「療養の給付……を受けることかできる」の解釈運用については、被保険者であった際、疾病又は負傷(以下「疾病等」という。)に関し、療養の給付等を受けており、被保険者資格喪失当時又は資格喪失後において当該疾病等に関し一時的に具体的な医療行為を現実に受けていなかったとしても、そのことを理由に直ちに同条にいう「療養の給付……を受けている」に該当しないものとすることなく、当該疾病等の性質、その治癒に必要な療養の性質及び内容、具体的な医療行為を受けていない理由等に照らし、依然として療養を継続する必要性があり、全体としてみれば療養の状態が継続していると認められる限りは、なお、療養の給付等を受けているものと解する取り扱いとするものであること。
　　このように療養の状態が継続するかどうかの判断に当たっては、当該疾病等の性質、その治癒に必要な療養の性質及び内容、具体的な医療行為を受けていない理由等が重要な判断の要素となるものであり、これらの諸点を総合的に勘案のうえ、処理されたいこと。
2　健康保険法第99条第1項に規定する「療養のため労務に服することができないとき」(労務不能)の解釈運用については、被保険者がその本来の職場における労務に就くことが不可能な場合であっても、現に職場転換その他の措置により就労可能な程度の他の比較的軽微な労務に服し、これによって相当額の報酬を得ているような場合は、労務不能には該当しないものであるが、本来の職場における労務に対する代替的性格をもたない副業ないし内職等の労務に従事したり、あるいは傷病手当金の支給があるまでの間、一時的に軽微な他の労務に服することにより、賃金を得るような場合その他これらに準ずる場合には、通常なお労務不能に該当するものであること。
　　したがって、被保険者がその提供する労務に対する報酬を得ている場合に、そのことを理由に直ちに労務不能でない旨の認定をすることなく、労務内容、労務内容との関連におけるその報酬額等を十分検討のうえ労務不能に該当するかどうかの判断をされたいこと。

法人の代表者等に対する健康保険の保険給付について

（平成15年7月1日　保発第0701002号）

　健康保険法(大正11年法律第70号。以下「法」という。)は、業務外の事由による疾病等に関して保険給付を行うこととされているため、業務遂行の過程において業務に起因して生じた傷病は、健康保険の給付対象とならない。
　一方、法人の代表者又は業務執行者(以下「代表者等」という。)は、原則として労働基準法(昭和22年法律第49号)上の労働者に該当しないため、労働者災害補償保険法(昭和22年法律第50号)に基づく保険給付も行われない。
　しかしながら、極めて小規模な事業所の法人の代表者等については、その事業の実態等を踏まえ、当面の措置として、下記のとおり

取り扱うこととしたので、その実施に当たり遺憾のないよう取り扱われたい。

1　健康保険の給付対象とする代表者等について

　被保険者が5人未満である適用事業所に所属する法人の代表者等であって、一般の従業員と著しく異ならないような労務に従事している者については、その者の業務遂行の過程において業務に起因して生じた傷病に関しても、健康保険による保険給付の対象とすること。

2　労災保険との関係について

　法人の代表者等のうち、労働者災害補償保険法の特別加入をしている者及び労働基準法上の労働者の地位を併せ保有すると認められる者であって、これによりその者の業務遂行の過程において業務に起因して生じた傷病に関し労災保険による保険給付が行われてしかるべき者に対しては給付を行わないこと。

　このため、労働者災害補償保険法の特別加入をしている者及び法人の登記簿に代表者である旨の記載がない者の業務に起因して生じた傷病に関しては、労災保険による保険給付の請求をするよう指導すること。

3　傷病手当金について

　業務遂行上の過程において業務に起因して生じた傷病については、小規模な法人の代表者等は、一般的には事業経営につき責任を負い、自らの報酬を決定すべき立場にあり、業務上の傷病について報酬の減額等を受けるべき立場にない。

　こうしたことも踏まえ、法第108条第1項の趣旨にかんがみ、法人の代表者等が、業務遂行上の過程において業務に起因して生じた傷病については、傷病手当金を支給しないこと。

4　適用について

　本通知は、本日以降に発生した傷病について適用すること。

●本書のお問い合わせについて

　本書の内容に関するご質問は、Eメールにて弊社までお問い合わせください。

　なお、制度に関するご質問や、本書の内容を超えたご質問はお受けできませんので、ご了承ください。

　【お問い合わせ先】　健康と年金出版社　　　E-mail：editor@ken-nen.co.jp

社会保険審査会裁決事例集
～健康保険編～

2023 年 3 月 1 日　　初版　第 1 刷発行

発行者　　株式会社　健康と年金出版社
　　　　　〒 231-0015
　　　　　神奈川県横浜市中区尾上町 1 − 6
　　　　　TEL：045-664-4677
　　　　　FAX：045-664-4680
　　　　　URL：https://www.ken-nen.co.jp/

印刷・製本　シナノ印刷株式会社

©2023　Printed in Japan

ISBN978-4-901354-93-6